国家级一流本科专业配套教材
科学出版社"十四五"普通高等教育本科规划教材
物流管理专业新形态精品系列教材

物流管理

主编 鲁 渤

科学出版社
北 京

内 容 简 介

本书以培养全面创新和应用型人才为目标，涉及现代物流管理的基本理论与主要功能，共 16 章内容，主要包括：物流概论、物流管理概论、物流与供应链管理、运输管理、仓储管理、库存管理、配送管理、装卸管理、包装管理、流通加工管理、物流信息管理、物流成本管理、物流质量管理、第三方物流管理、电子商务物流、现代物流发展趋势。

本书紧密结合当前物流领域实践，体现物流管理的最新理论知识，可作为高等院校物流管理、工商管理、电子商务等经济管理类专业的教材，供学生与教师使用，也适合物流从业人员阅读参考。

图书在版编目（CIP）数据

物流管理/鲁渤主编. —北京：科学出版社，2023.3
国家级一流本科专业配套教材
科学出版社"十四五"普通高等教育本科规划教材
物流管理专业新形态精品系列教材
ISBN 978-7-03-074065-6

Ⅰ. ①物⋯ Ⅱ. ①鲁⋯ Ⅲ. ①物流管理–高等学校–教材
Ⅳ. ①F252

中国版本图书馆 CIP 数据核字（2022）第 227922 号

责任编辑：方小丽 / 责任校对：贾娜娜
责任印制：张 伟 / 封面设计：蓝正设计

科 学 出 版 社 出版
北京东黄城根北街 16 号
邮政编码：100717
http://www.sciencep.com

北京中石油彩色印刷有限责任公司 印刷
科学出版社发行 各地新华书店经销

*

2023 年 3 月第 一 版　开本：787×1092　1/16
2024 年 1 月第二次印刷　印张：21
字数：486 000

定价：49.00 元
（如有印装质量问题，我社负责调换）

前　言

改革开放40多年以来，我国物流产业在组织管理效率、自主创新能力以及国际化影响力方面取得了整体上的长足进展，在现代物流管理思想和方法上也有了相当的积累。《"十四五"现代物流发展规划》标志着我国物流业迈入系统整合、转型发展、功能提升的新阶段。特别是在"两个大局"的历史背景下，我国已形成时代特色鲜明的现代物流发展思想、战略方向和任务体系。党的二十大报告中明确提出，"增强国内大循环内生动力和可靠性，提升国际循环质量和水平，加快建设现代化经济体系，着力提高全要素生产率，着力提升产业链供应链韧性和安全水平"。目前，我国成为一百四十多个国家和地区的主要贸易伙伴，货物贸易总额居世界第一，吸引外资和对外投资居世界前列。

教育部在《新文科建设宣言》中，明确提出发展新文科以应对新科技革命和产业变革带来的机遇和挑战。随着人工智能、大数据、5G技术、虚拟技术和区块链等科学技术的突破，以跨界融合为特征的新产业、新业态应运而生。新业态环境促进了企业的数字化转型进程，对物流管理类专业人才培养提出了新的目标。这不仅契合了我国加快建设教育强国的战略目标和加快建设高质量教育体系的建设要求，也顺应当前我国高等院校"新文科"建设的根本要求。与此同时，全球新一轮科技革命正快速而深刻地重塑全球企业和产业竞争格局，中外企业所处的竞争环境呈现出了复杂性、模糊性和不确定性特征。随着经济全球化和信息化时代的到来，用户需求与市场环境的不断变化要求企业做出准确、快速的反应，物流业也向智能化、自动化、及时化方向飞速发展。可见，对物流管理的理论与实践研究具有重要的社会意义与应用前景。在我国加快构建"国内大循环为主体、国内国际双循环相互促进的新发展格局"，加快建设"现代化产业体系"，推动"一带一路"高质量发展等背景下，夯实物流管理研究方法，探索具有中国特色的现代物流管理实践，增强物流产业的国际竞争力与影响力，已成为我国物流管理专业人才培养的重要任务。

现代物流一头连着生产，一头连着消费，高度集成并融合运输、仓储、分拨、配送、信息等服务功能，是延伸产业链、提升价值链、打造供应链的重要支撑，在构建现代流通体系、促进形成强大国内市场、推动高质量发展、建设现代化经济体系中发挥着先导性、基础性、战略性作用。我国现代物流发展已经取得积极成效，服务质量效益明显提升，政策环境持续改善，对国民经济发展的支撑保障作用显著增强，到2025年，我国将基本建成供需适配、内外联通、安全高效、智慧绿色的现代物流体系。当前，我国物流产业高质量发展面临诸多重大战略需求，这给我国物流管理建设与人才培养带来了新的要求。第一，物流管理专业具有很强的理论与实践紧密结合性，这就决定了不仅要在现行培养体系中重视夯实学生的理论基础，而且必须积极重视培养学生理论联系实践，运用理论知识解决物流管理实际问题的能力；第二，"新文科"的建设要求促进各学科之间的深度融合与创新发展，改革创新人才培养组织形式，促进高校专业的"文理"结合、"管工"交叉，这是新时代高等教育的历史使命。因此，以新文科建设为引领，创新物流管理专业人才培养模式，建立具有中国特色的物流管理理论体系，是提高人才培养质量的必然要求，也是解决新时代物流管理人才供需矛盾的迫切需求。

为了帮助我国企业的各类管理者和物流管理相关专业的学生了解到国内外最新的物流管理理念、方法与技术，以及国内外企业的最新实践，洞悉物流管理的精髓，大连理工大学《物流管理》教材的编写团队紧紧围绕物流行业的需求和发展现状，聚焦国家发展战略、新兴产业和新技术的发展，同时立足我国国情和我国高等教育发展的现状，组织编写了本书。本书共计 16 章，全面系统地介绍了物流管理基本概念、主要功能要素和发展趋势，阐述了运输、仓储、库存、配送、装卸、包装、流通加工等多种物流管理的职能，还介绍了物流信息管理、物流成本管理、物流质量管理、第三方物流管理等物流管理领域的重要概念。本书还介绍了电子商务物流并结合物流管理未来的发展趋势，对绿色供应链管理、智慧物流、物流金融的相关概念进行了介绍。

在内容设计上，本书遵循物流管理理论阐述与案例教学相结合的原则，通过课前导读和案例讨论的方式引导读者深入理解、分析、研究物流管理的知识，同时鼓励读者使用理论知识解决实际问题，培养学生的创新思维与实践能力。本书顺应时代的潮流，对现代物流管理体系进行了重新梳理和归纳，并从新时代中国特色社会主义思想、社会主义核心价值观、中华传统优秀文化、职业理想和职业道德等方面出发，结合物流管理专业人才培养的目标，在书中融入课程思政元素。此外，本书通过案例教学，展现了党和国家取得的历史性成就和一系列标志性成果，致力于提升学生的民族认同感和自豪感，最终达到物流管理思政育人的目标。

本书在编写过程中引用了诸多学者的研究成果，在此谨对他们为中国管理学事业的发展与本书所做的贡献表示衷心的感谢。由于我国物流管理正处在阶段性的变革发展中，部分理论和实践操作还在探索，尽管我们已经付出了很多努力，但是本书难免存在不足之处，还望各位同仁、专家和读者朋友不吝赐教，提出建设性的修改意见，使之日臻完善。让我们携手并进，共同开创中国物流管理人才培养的新时代。

编 者

2023 年 1 月

目　　录

第1章　物流概论 ··· 1
　1.1　物流的起源与发展 ·· 1
　1.2　物流的定义和分类 ·· 2
　1.3　物流的价值 ··· 4
　1.4　物流的职能与作用 ·· 6
　1.5　现代物流 ·· 10
　本章小结 ·· 13

第2章　物流管理概论 ·· 15
　2.1　物流管理的定义 ·· 15
　2.2　物流管理的概述 ·· 16
　2.3　国内外现代物流管理发展趋势 ··· 19
　本章小结 ·· 32

第3章　物流与供应链管理 ··· 34
　3.1　供应链概述 ··· 34
　3.2　供应链管理概述 ·· 44
　3.3　供应链管理的实施战略与实施步骤 ··································· 50
　3.4　供应链管理的发展趋势 ·· 54
　本章小结 ·· 55

第4章　运输管理 ·· 57
　4.1　物流运输概述 ··· 57
　4.2　物流运输方式 ··· 62
　4.3　运输方式的选择 ·· 79
　4.4　运输定价 ·· 80
　4.5　运输合理化 ··· 82
　4.6　供应链中的运输管理 ·· 88
　本章小结 ·· 91

第5章　仓储管理 ·· 93
　5.1　仓储与仓储管理概述 ·· 93

5.2	仓储的分类	99
5.3	仓库的布局	103
5.4	物流仓储管理业务流程	105
5.5	货物的保管与养护	111
本章小结		118

第6章 库存管理 119

6.1	库存	119
6.2	库存管理概述	122
6.3	库存控制成本	124
6.4	库存管理方法	127
6.5	库存管理策略	144
本章小结		150

第7章 配送管理 152

7.1	物流配送概念与基本要素	152
7.2	配送管理概述	160
7.3	配送中心概述	164
7.4	物流配送作业流程	169
7.5	物流配送发展现状与趋势	172
本章小结		175

第8章 装卸管理 177

8.1	物流装卸概述	177
8.2	装卸搬运机械	181
8.3	装卸搬运操作流程	185
8.4	装卸搬运合理化原则与途径	190
本章小结		194

第9章 包装管理 196

9.1	物流包装概述	196
9.2	物流包装的方法	202
9.3	物流包装的合理化	212
本章小结		215

第10章 流通加工管理 217

10.1	流通加工概述	217
10.2	流通加工的类型与方式	220
10.3	流通加工合理化	224
10.4	流通加工的流程与管理	226
本章小结		228

第11章 物流信息管理 230

11.1	物流信息管理概述	230

  11.2 物流信息管理技术 ·· 234
  11.3 供应链信息管理 ·· 238
  本章小结 ·· 241

第 12 章 物流成本管理 ·· 243
  12.1 物流成本管理的概念与特点 ·· 243
  12.2 物流成本的构成与分类 ·· 246
  12.3 物流成本的核算 ·· 248
  12.4 物流成本管理过程 ··· 256
  本章小结 ·· 262

第 13 章 物流质量管理 ·· 264
  13.1 物流质量管理概述 ··· 264
  13.2 物流质量管理内容 ··· 266
  13.3 物流标准化 ··· 271
  本章小结 ·· 275

第 14 章 第三方物流管理 ··· 276
  14.1 第三方物流概述 ·· 276
  14.2 第三方物流的服务与运作 ··· 280
  14.3 第三方物流的发展及其趋势 ·· 289
  本章小结 ·· 290

第 15 章 电子商务物流 ·· 292
  15.1 电子商务及电子商务物流概述 ·· 292
  15.2 电子商务物流运作模式 ·· 300
  15.3 电子商务环境下的物流管理 ·· 302
  15.4 电子商务物流发展状况 ·· 306
  本章小结 ·· 308

第 16 章 现代物流发展趋势 ·· 310
  16.1 绿色供应链管理 ·· 310
  16.2 智慧物流 ·· 316
  16.3 物流金融 ·· 320
  本章小结 ·· 325

参考文献 ·· 327

第1章 物流概论

物流是运输、储存、装卸、搬运、包装、流通加工、配送、信息处理等基本功能实施的有机结合，本章主要探讨物流的起源与发展、物流的定义和分类、物流的价值、物流的职能与作用以及现代物流的具体内容。通过本章的学习，读者能够对物流概念、发展历史、主要功能以及未来发展趋势有一个基本的了解。

1.1 物流的起源与发展

1915年，美国阿奇·萧在《市场分销中的若干问题》中提出"物流"一词，是最早提出物流概念并进行实践探讨的学者，他将物流解释为"实物分配"或"货物配送"（Shaw，1915）。1935年，美国市场营销协会阐述了"实物分配"的概念："实物分配是包含于销售之中的物质资料和服务在从生产场所到消费者的流动过程中所伴随的种种经济活动。"1963年，物流的概念被引入日本，当时的物流被理解为"在连接生产和消费间对物资履行保管、运输、装卸、包装、加工等功能以及作为控制这类功能后援的信息功能，它在物资销售中起了桥梁作用"。

20世纪初，物流是指分销物流，英文是physical distribution，缩写为"P. D."，即销售过程中的物流。第二次世界大战期间，美国军队建立了"运筹学"理论与"后勤理论"，并将其应用于战争活动中。"后勤"是指将战时物资生产、采购、运输、配给等活动作为一个整体进行统一布置，以求战略物资补给的费用更低、速度更快、服务更好。后来"后勤"在企业中得到了广泛的应用，并出现了"商业后勤""流通后勤"的提法。这时的"后勤"（英文：logistics）包含了生产过程和流通过程中的物流，是一个范畴更广的物流概念，逐渐替代"分销物流"成为物流新的概念。物流就不单纯要考虑从生产者到消费者的货物配送问题，而且要考虑从供应商到生产者的原材料采购问题，生产者本身在产品制造过程中的运输、保管和信息等各个方面，以及全面地、综合性地提高经济效益和效率的问题（Ballou，2007；刘鹏飞和谢如鹤，2005）。

我国是在20世纪70年代末才接触"物流"这个概念的。此时的物流已被称为logistics，已经不是过去"P. D."的概念了。

1.2 物流的定义和分类

1.2.1 国内外对物流的定义

1. 国外对物流的定义

人类进入文明社会后，就产生了物流的活动，传统的物流概念是指物质实体在空间和时间上的流动，我们长期以来称这种流动为"位移"。通俗地说，传统物流就是指商品在运输、装卸和储存等方面的活动过程。关于物流的定义，不同的时间段有不同的表述。其中国外对物流的定义比较有影响力的有以下几种。

美国物流管理协会认为物流是为满足消费者需求而进行的对原材料、中间库存、最终产品及相关信息从起始点到消费地的有效流动，以及为实现这一流动而进行的计划、管理和控制过程；美国物流管理委员会对物流的定义是：物流作为客户生产过程中供应环节的一部分，它的实施及控制提供了有效的、经济的货物流动及存储服务，提供了从货物原始地到消费者的相关信息，以期满足客户的需求；美国物流协会对物流的定义是：物流是有计划地将原材料、半成品及产成品由生产地送到消费地的所有流通活动，其内容包括为用户服务、需求预测、情报信息联系、材料搬运、订单处理、选址、采购、包装、运输、装卸、废料处理及仓库管理等。

日本通商产业省运输综合研究所对物流的定义是：物流是产品从卖方到买方的全部转移过程。为了全面实现某一战略、目标或任务，把运输、供应、维护、采购、承包和自动化综合成一个单一的功能，以确保每个环节的最优化。

2. 国内对物流的定义

台湾物流协会对物流的定义是：物流是若干经济活动系统的、集成的、一体的现代概念。它的基本含义可以理解为按用户（商品的购买者、需求方、下一道工序、货主等）的要求，将物的实体（商品、货物、原材料、零配件、半成品等）从供给地向需求地转移的过程。在这一过程中，管理程序通过有效结合运输、仓储、装卸、包装、流通加工、信息传递等相关物流机能性活动，能够创造价值、满足顾客及社会需求。简单地说：物流是物品从生产地至消费者或使用地点的整个流通过程。

物流过程涉及运输、储存、保管、搬运、装卸、货物处置、货物拣选、包装、流通加工、信息处理等许多相关活动。

在2021年颁布的中华人民共和国国家标准《物流术语》（GB/T 18354—2021）中，物流定义为：根据实际需要，将运输、储存、装卸、搬运、包装、流通加工、配送、信息处理等基本功能实施有机结合，使物品从供应地向接收地进行实体流动的过程。

尽管国内外对物流的解释多种多样，但是就现代物流而言，主要包括四个方面：关于原材料、半成品及产成品运输的实质流动；关于原材料、半成品及产成品储存的实质储存；关于相关信息联网的信息流通；关于对物流活动进行计划、实施和有效控制的过程的管理协调（肖汛，2013；卢山等，1999）。

1.2.2 物流的分类

标准不同,对物流的分类方式也不同,在现实情况中,主要包括按历史进程、作用领域、物流的范畴、服务的主体和物流的流向等几种方式进行分类。

1. 根据发展的历史进程进行分类

根据发展的历史进程,物流可分为传统物流、综合物流和现代物流。

传统物流的重点集中在仓储和库存的管理与派送上,但有时也会把主要精力放在仓储和运输方面,以弥补在时间和空间上的差异。

综合物流是对整个供应链的管理,不仅提供运输服务,还包括许多协调工作,如对陆运、仓储部门等一些分销商的管理,也包括订单处理、采购等内容。综合物流与传统物流的区别是,前者将很多精力放在供应链管理上,责任更大,管理也更复杂。

现代物流是为了满足消费者的需要,把制造、运输、销售等市场情况统一起来考虑的一种战略措施。它强调了从起点到终点的过程,提高了物流的标准和要求,是各国物流的发展方向。就国际上大型物流公司而言,现代物流有两个重要功能,一是能够管理不同货物的流通质量;二是开发信息和通信系统,通过网络建立商务联系,直接从客户处获得订单。

2. 根据作用领域进行分类

根据作用领域的不同,物流可分为生产领域的物流和流通领域的物流。

生产领域的物流贯穿生产的全过程,从原材料的采购开始,便要求有采购生产所需的材料等相应的供应物流活动;在生产的各工艺流程之间,需要原材料、半成品的物流过程,即生产物流;部分余料、可重复利用的物资的回收,就是回收物流;废弃物的处理则需要废弃物物流。

流通领域的物流主要是指销售物流。在当今买方市场条件下,销售物流活动带有极强的服务性,以满足买方的需求,最终实现销售。在这种市场前提下,销售往往在送达用户并经过售后服务后才算终止,因此企业销售物流的特点便是通过包装、送货、配送等一系列物流实现销售。

3. 根据物流的范畴进行分类

根据物流的范畴,物流可分为宏观物流和微观物流。

宏观物流也称社会物流,是指超越一家一户的、面向社会的物流活动。宏观物流涉及在商品的流通领域所发生的所有物流活动,带有宏观性和广泛性,也称为大物流或社会物流。

微观物流指企业物流,是指生产和流通企业围绕其经营活动所发生的物流活动,包括生产物流、供应物流、销售物流、回收物流和废弃物物流等。

4. 根据提供服务的主体进行分类

根据提供服务的主体,物流可分为代理物流和企业内部物流。

代理物流也叫第三方物流,是指由物流劳务的供方、需方之外的第三方去完成物流服务的运作模式。第三方就是提供物流交易双方的部分或全部物流功能的外部服务提供者。

企业内部物流是指企业内部物资的流动。例如，一个生产企业从原材料进厂后，经过多道工序加工成零件，然后零件组装成部件，最后组装成成品出厂这一过程中的物资流动。

5. 根据物流的流向进行分类

根据物流的流向，物流可分为内向物流和外向物流。

内向物流是企业从生产资料供应商进货所引发的产品流动，即企业从市场采购的过程。

外向物流是从企业到消费者之间的产品流动，即企业将产品送达市场并完成与消费者交换的过程。

1.3 物流的价值

物流不创造价值，却可以实现价值增值，所创造的主要价值增值包括时间价值、场所价值和增值服务价值。

1. 时间价值

"物"从供给者到需求者之间有一段时间差，时间价值是指改变这一时间差所创造的价值增值。通过物流获得时间价值的途径有以下几种。

1）缩短时间创造价值增值

物流管理重点研究的一个课题是如何采取技术的、管理的、系统的方法来尽量缩短物流的宏观时间和有针对性地缩短微观物流时间，从而取得较高的时间价值。其中缩短物流时间有很多好处，如减少物流损失、降低物流消耗、增加物的周转、节约资金等。物流中的高速自动分拣技术缩短了物流中心入库和出库时间，快递实现了物品配送的快速响应，智能化物流系统缩短了生产物流时间，从而提高了劳动生产率。

2）弥补时间差创造价值增值

在经济社会中，需求和供给是存在时间性差异的，如粮食生产有严格的季节性和周期性，这就决定了粮食是集中产出的，但是人们的粮食消费是每天都有所需求的，因而供给和需求之间就出现了时间差。又如，农作物的化肥消耗是有季节性的，而化肥生产企业的生产必须连续进行，每天、每时都在生产产品，但是其消费却带有一定的集中性。再如，前日采摘的果蔬在次日出售等，都说明供给与需求之间存在时间差。正是有了这个时间差，商品才能取得自身的最高价值，才能获得理想的效益。

但是，商品本身是不会自动弥补这个时间差的，如果没有有效的方法，集中生产出的粮食除了当时的少量消耗外，就会腐烂掉，而在非产出时间人们则会找不到粮食吃。同样，农作物施肥季节就可能会出现化肥供给不足的现象，影响收成。物流便是以科学的系统方法来弥补甚至改变这种时间差，实现时间价值。

3）延长时间差创造价值增值

物流中存在人为地、能动地延长物流时间来创造价值增值的情况。例如，未来市场价格预期上涨的生产资料的存储便是一种有意识地延长物流时间、有意识地增加时间差来创造价值增值的活动。仓库的重要价值之一就是通过物料储备的时间延迟来产生价值增值，如当国际大宗商品由于某种突发因素出现价格暴跌时，某些企业进行低位收储，就获得了非常高的价值增值。

2. 场所价值

"物"从供给者到需求者有一段空间差异。场所价值是指供给者和需求者往往处于不同的场所，改变这一场所的差别创造的价值。增值物流创造场所价值是由现代社会产业结构、社会分工所决定的，主要原因是供给和需求之间的空间差，商品在不同的地理位置有不同的价值，通过物流将商品由低价值区转到高价值区，便可获得价值差，即场所价值。场所价值有以下几种具体形式。

1）从集中生产场所流入分散需求场所创造价值增值

通过集中的、大规模的生产来提高生产效率、降低成本，使在一个小范围集中生产的产品可以覆盖大面积的需求地区，有时甚至可以覆盖一个国家乃至若干个国家，是现代化大生产的特点之一。通过物流将产品从集中生产的低价位区转移到分散于各处的高价位区有时可以获得很高的利益，例如，现代生产中，钢铁、水泥、煤炭等原材料生产往往以几百万吨甚至几千万吨的大量生产规模聚集在一个地区，汽车生产有时也可达百万辆以上，这些产品、车辆都需通过物流方式流入分散的需求地区，物流的场所价值也以此决定。

2）从分散生产场所流入集中需求场所创造价值增值

与第一种情况相反，物流园区、物流中心、配送中心是这一价值形态的体现。例如，粮食是分散生产出来的，而一个大城市的需求却相对大规模集中；一个大汽车厂的零配件生产也分布得非常广，但却集中在一个大厂中装配，这也形成了分散生产和集中需求，物流便因此取得了场所价值。

> **案例**

华为松山湖供应链物流中心

在中国东莞松山湖有个占地面积达 25 000 平方米的现代化自动物流中心——华为松山湖供应链物流中心。该物流中心采用射频、电子标签拣货系统、货到人挑选、旋转式传送带等多种先进技术，集物料接收、存储、挑选、齐套、配送功能于一体，是华为重要的样板点基地之一。

在松山湖自动物流中心建成之后，华为启动了智慧物流与数字化仓储项目，旨在通过构建实时可视、安全高效、按需交付的物流服务能力，主动支撑交付保障，提升客户体验，改善物流运营效率。截至目前，项目已经初步实现了物流全过程可视，打造了收发预约、装车模拟、RFID 数字化应用等系列产品，已经取得了上千万元的收益。

华为松山湖供应链物流中心按功能模块分成不同区域，包括栈板存储区及料箱存储区、货到人拣选区、高频物料拣选区、集货区等，以多位一体的先进模式，实现物流端到端业务可视及决策性业务智能处理，极大地提升了物流各环节的协同运作效率。

3）从生产的甲地流入需求的乙地创造价值增值

在现代化社会中，供应与需求往往存在差异，既受到大生产的影响，也有很多是由自然地理和社会发展因素决定的。例如，农村生产粮食、蔬菜而与城市消费不在同一地点、南方生产荔枝而与各地消费不在同一地点、北方生产高粱而与各地消费不在同一地点等。现代人每日消费的物品几乎都是在相距一定距离甚至十分遥远的地方生产的，这么复杂交错的供给与需求空间差都是靠物流来调节的，物流也从中获得了利益。

3. 增值服务价值

物流可以为客户提供其他服务性物流增值项目，进行各项业务活动的延伸，如流通加工、第三方物流、第四方物流、物流金融、供应链管理等。

以流通加工为例，物流可以创造加工附加价值。加工是生产领域常用的手段，并不是物流的本来职能，但是现代物流的一个重要特点是根据自己的优势从事一定补充性的加工活动，这种加工活动不是创造商品的主要实体、形成商品主要功能和使用价值，而是带有完善、补充、增加产品需求便利性的特点，这种活动必然会形成劳动对象的附加价值。

1.4 物流的职能与作用

1.4.1 物流的职能

物流的职能是指物流活动应该具备的基本能力，以及通过对物流活动的有效组合，达到物流的最终经济目的，主要包含包装、装卸搬运、运输、储存、流通加工、配送以及与上述职能相关的物流信息等。物流的职能是一个系统工程，可以分为主要职能、辅助职能与信息管理职能。

1. 主要职能

物流的主要职能包括运输、配送和储存。

1）运输

在物流过程中，运输是指物流企业或受货主委托的运输企业为了完成物流业务所进行的运输组织和运输管理工作。

在生产过程中，运输主要为原材料的运输，半成品、产成品的运输，包装物的运输；在流通过程中，运输主要为物资运输、商品运输、粮食运输及其他货物的运输；在回收物流过程中，主要包括各种回收物品的分类、捆装和运输；在废弃物流过程中，包括各种废弃物如垃圾的分类和运输等。运输工作是物流的中心业务活动，是物流的重要组成部分，而无论哪一种运输，都追求最大限度地实现运输合理化的目标。

有三个因素对运输来讲很重要，即总成本、速度和一致性。

运输总成本是指为两个地理位置间的运输所支付的款项及与管理支出和维持运输中的存货有关的费用。物流系统设计的目标应该是把运输总成本降到最低。

运输速度是指完成特定运输所需的时间。但是若提供更快的运输，公司要收取更多的运费，而运输服务越快，运输存货越少，无法利用的运输间隔时间就越短。因此需要选择最佳的运输方式，平衡运输服务的速度与成本、效益之间的关系。

运输一致性是指在多次装运过程中，某一特定的运次所需的时间与原定时间或与前几次运输所需时间的一致性。一致性反映了运输的可靠性，是高质量运输最重要的特征，如果运输缺乏一致性，就需要安全储备存货，以防无法预料的服务故障。运输一致性问题会影响买卖双方的存货水平和有关的风险。

2）配送

配送的业务活动面很广，既有物资部门给工厂的配送，也有商业部门给消费者的配送，还有工矿企业内部的供应部门给各个车间配送原材料、零部件等。配送是物流业的一种崭新的服务形式，强调及时性和服务性。

3）储存

储存主要是指生产储存和流通储存。工厂为了维持连续生产进行原材料储存、零部件储存；商业、物资企业为了保证供应、避免脱销所进行的商品储存和物资储存；在回收物流过程中，为了分类、加工和运送而进行的储存；在废弃物流过程中，为了进行分类和等待处理的临时储存都是储存的业务活动。

为了保证社会生产和供应，储存要实现合理化，这就需要采取一些措施，例如，有些工厂采用按计划供应、随用随送、保质保量且准时的"零库存"机制，避免积压原材料和资金等状况的发生。

2. 辅助职能

物流的职能，除运输、配送和储存构建的物流体系框架，还存在着诸多辅助性的职能。这些辅助职能就整个物流体系而言是不可或缺的，存在于每一次细微的物流活动中。辅助职能主要有三个：包装、装卸搬运和流通加工。

1）包装

在物流的运输、储存、装卸搬运、销售等各个环节中，都需要包装。尤其是在运输和装卸作业中，包装加固能够避免商品破损。包装是物流的重要职能之一，包装的好坏能够极大地影响整个物流的成本和运行。

2）装卸搬运

装卸搬运是物流业务中经常性的活动。无论是生产物流、销售物流还是其他物流，也无论是运输、储存还是其他物流作业活动，都离不开物品的装卸搬运。所以说，装卸搬运在整个物流业务活动中，也是一项很重要的职能。在装卸搬运作业中，采用自动化、机械化、半机械化和手工操作等方式。

3）流通加工

流通加工是生产过程在流通领域内的继续，是指产品已经离开生产领域进入流通领域，但还未进入消费的过程中，为了销售和方便顾客而进行的加工。作为物流职能的一个重要发展过程，无论生产资料还是生活资料，都有一些物资和商品必须在商业或物资部门进行加工才便于销售和运输。

3. 信息管理职能

在物流工作中，每天都会有大量的物流信息，从订货、发货到配送、结算等，信息是联结物流各个环节业务活动的链条，是完成物流整个生产过程的重要手段。只有及时处理物流信息，才能够减少信息的积压和处理失当，减少给物流业务活动带来的不利影响，进而顺利完成物流任务。

物流信息管理主要包括五个过程：市场信息收集与需求分析；订单处理；物流动态信息传递；物流作业信息处理与控制；客户关系管理与物流经营管理决策支持。

1.4.2 物流的作用

物流活动在整个生产过程中是一个很重要的过程，虽然并不能创造或增加产品价值，但是可以创造附加价值。随着经济和社会的发展，物流在国民经济中的作用越来越重要，具体体现为：节约；保值；促进国际贸易；保护环境；提高服务水平，增强企业竞争力；加快商品流通，促进经济发展；创造社会效益和附加价值等。

1. 节约

集装箱化运输，可以简化商品包装，节省大量包装用纸和木材；机械化装卸作业和仓库保管自动化，可以节省作业人员数量与工作量，降低人员开支。在整个过程中，重视物流、加强物流建设，能够节约很多费用，如节约自然资源、人力资源与能源等，也能够为企业节约生产费用。

2. 保值

任何产品在经过运输、保管、包装、装卸搬运等多环节、多次数的物流活动过程后，都可能会淋雨受潮，遭受生锈、丢失、破损等使产品减值的情况。而物流的作用之一就是避免上述现象的发生，保证产品从生产者到消费者移动过程中的质量和数量。物流具有保值的作用，保护产品的存在价值，使该产品在到达消费者时使用价值不变。

3. 促进国际贸易

随着社会的发展，我们可以看到在某个城市可以买到全国各地的商品、信件来回的时间缩短、快递甚至可以在一天内到达等，这种快捷的物流速度，促进了国际贸易，拉近了国与国之间的距离，也使人们感觉整个地球在变小，关系越来越密切。

4. 保护环境

在现代化的生活中，对于环境的改善仍有很大的空间。走在公路上，我们偶尔可以看到路面上存在很多黄土、石渣等，车辆行驶时会带起路面的灰尘，下雨过后产生大量的泥泞，车辆的增多有时会导致交通崩溃，噪声、雾霾等严重影响到我们的身心健康，甚至会影响到心情，幸福指数降低。

保护环境、治理污染是世界各国的共同目标，也是当今时代的主题。而上述问题的产生都与物流的落后有一定的关系，如路面黄土的堆积是装卸不当，车厢有缝；公路堵车属于流通设施建设不足，雾霾、噪声等是由于能源使用不当，这些如果从物流的角度考虑，都可以找到解决的办法。

例如，我们在城市外围多设几个物流中心、流通中心，大型货车不管白天还是晚上就都不用进城了，只利用小吨位货车配送，夜晚的噪声就会减轻；政府重视物流，大力建设城市道路、车站、码头，城市的交通阻塞状况就会缓解，空气质量自然也会改善。

5. 提高服务水平，增强企业竞争力

在物资短缺年代，企业可以靠扩大产量、降低制造成本来获取第一利润源；在物资丰富的年代，企业又可以通过扩大销售获取第二利润源。第一利润源和第二利润源已基本到了极限，目前剩下的一块就是物流。

在当今新经济社会中，企业之间的竞争越来越激烈，制造企业相互之间的竞争主要表现在价格、质量、功能、款式、售后服务的竞争上，但是在工业科技如此进步的今天，对于质量、功能、款式及售后服务，同类各企业的水平已经没有太大的差别，唯一可比的地方往往是价格。降价是近几年很多企业之间主要的竞争手段，降价竞争还能获利的保障是企业总成本的降低，即功能、质量、款式和售后服务以外的成本降价，也就是我们所说的降低物流成本。

国外的很多制造企业早已认识到物流是企业竞争力的法宝，搞好物流可以实现零库存、零距离和零流动资金占用，是提高用户服务质量、构筑企业供应链、提高企业核心竞争力的重要途径。在经济全球化、信息全球化和资本全球化的21世纪，企业只有建立现代物流结构，才能在激烈的竞争中求得生存和发展。

6. 加快商品流通，促进经济发展

配送中心利用计算机网络，将商场、配送中心和供货商、生产企业进行连接，并以配送中心为枢纽形成商业、物流业和生产企业的有效组合。在计算机迅速、及时的信息传递和分析下，通过配送中心的高效率作业、及时配送，并将信息反馈给供货商和生产企业，可以形成一个高效率、高能量的商品流通网络，为企业管理决策提供重要依据；同时，还能够大大地加快商品流通的速度，降低商品的零售价格，刺激消费者的购买欲望，从而促进国民经济的发展。

7. 创造社会效益和附加价值

物流可以创造社会效益。装卸搬运作业机械化、自动化能够提高劳动生产率，解放生产力，从多年前就有的"宅急便""宅配便"到近年来的"宅急送"，服务形式不断升级和多样化，为消费者提供了更舒适、更方便的生活；超市购物发展过程中手推车的出现，在商品便宜、安全、环境好的条件下，给予了消费者诸多的方便，这些都创造了社会效益。

物流可以创造附加价值。附加价值主要表现在流通加工方面，如把钢卷剪切成钢板、把原木加工成板材、把粮食加工成食品、把水果加工成罐头；名著、名画都会通过流通中的加工，使装帧更加精美，从而大大提高了商品的欣赏性和附加值。

1.5 现代物流

1.5.1 现代物流的定义

现代物流是相对于传统物流而言的，是在传统物流的基础上，运用计算机等高科技手段进行信息联网，并对物流信息进行科学管理，从而使物流速度加快、准确率提高、库存减少、成本降低，以此延伸和放大传统物流的功能。

在中国有很多专家学者认为，现代物流是根据客户的需要，以最经济的费用将物资从供给地向需求地转移的过程。它主要包括运输、储存、加工、包装、装卸、配送和信息管理等活动。2001年3月，中国六部委对现代物流的定义为：原材料、产成品从起点至终点及相关信息有效流动的全过程，它将运输、仓储、装卸、加工、整理、配送、信息等方面有机结合，形成完整的供应链，为用户提供多功能、一体化的综合性服务。

就现代物流产业而言，著名物流专家徐寿波院士提出了"大物流产业论"：整个国民经济是由物的生产、物的流动和物的消费三大领域组成的，即整个国民经济是由生产、物流和消费三大支柱产业群组成的。物流是一个支柱产业群，涉及运输、仓储、配送、包装、流通加工、物流信息、物流设备制造、物流设施建设、物流科技开发、物流教育、物流服务、物流管理等产业。

现代经济中的物流产业，是利用现代信息技术进行货物储存、交易、装卸搬运的运作方式和管理机制。信息化技术的突飞猛进，为现代物流产业的发展带来巨大的推动作用。在促进物流产业加速发展的几个基本条件中，电子商务是最重要的因素。网上购物的兴起、信用制度的完善，使相应货品配送的服务需求量越来越大。21世纪的物流是把握市场的关键所在。

目前国际上流行的趋势，是涉及运输、仓储、装卸搬运、包装、流通加工、配送、流通信息处理7个方面的现代物流企业，逐步向规模化、网络化、利用信息技术为客户提供低成本服务方向发展。未来电子商务运作模式是基于计算机网络间的信息交换，供应商、制造商及客户间通过信息网络交换货品订单等多项商务内容，直接由配送中心、物流企业来衔接生产、批发、零售和销售各环节。现代物流业不仅能使更多的企业实现"无仓库无车队"运作，更多商品实现"不停留不留地"卸运，而且能提高现有交通运输设施的使用效率，实现高效、低耗的物流过程。

1.5.2 现代物流的基本特征

1. 物流技术专业化

现代技术和设施设备的应用能够提高物流活动的效率与扩大活动领域，在物流活动中得到了广泛的应用。例如，条形码技术、射频识别技术、电子数据交换（electronic data interchange，EDI）技术、自动化技术、网络技术、区块链技术、智能化和柔性化技术等；运输、装卸、仓储等也普遍采用专业化、标准化、智能化的物流设施设备。

2. 物流服务社会化

随着社会分工的深化和市场需求的日益复杂,生产经营对物流技术和物流管理的要求也越来越高。在发展过程中,企业逐渐意识到企业自身的力量不能在每个领域都获得竞争优势,通常采取资源外取的方式,将本企业不擅长的物流环节交由专业物流公司,或者在企业内部设立相对独立的物流专业部门,而将有限的资源集中于自己真正的优势领域。现代物流服务社会化主要表现为第三方物流与物流中心的迅猛发展,通过利用具备人才优势、技术优势和信息优势的专业物流,利用更先进的物流技术和管理方式,取得规模经济效益,从而达到物流合理化,使产品从供方到需方的全过程中,实现环节最少、时间最短、路程最短、费用最省。

3. 物流过程一体化

现代物流是将经济活动中所有供应、生产、销售、运输、库存及相关的信息流动等活动视为一个动态的系统总体,关心的是整个系统的运行效能与成本,具有系统综合和总成本控制的思想。

物流过程一体化的重要表现是供应链的出现,把物流系统从采购开始经过生产过程和货物配送到达用户的整个过程,看作一条环环相扣的"链",物流管理以整个供应链为基本单位,而不再是单个的功能部门。在采用供应链管理时,世界级的公司力图通过增加整个供应链提供给消费者的价值、减少整个供应链的成本的方法来增强整个供应链的竞争力,其竞争不再仅仅是单个公司之间的竞争,而上升为供应链与供应链的竞争。

4. 物流管理信息化

现代物流的高度取决于对大量数据的信息采集、分析、处理和及时更新的程度,物流管理信息化是整个社会信息化的必然需求。在信息技术、网络技术高度发达的现代社会,信息化渗透至物流的每一个领域,现代物流竞争已成为物流信息的竞争。

5. 物流活动国际化

跟随产业全球化的浪潮,跨国公司普遍采取全球战略,在全世界范围内选择原材料、零部件的来源,选择产品和服务的销售市场。对物流的选择和配置超出国界,因此选择一个适应全球分配的分配中心以及关键供应物资的集散仓库;在获得原材料以及分配新产品时使用当地现存的物流网络,并且把这种先进的物流技术推广到新的地区市场,是着眼于全球大市场、大型跨国公司普遍的做法。

1.5.3 现代物流的合理化目标

物流的主要职能包括包装、装卸搬运、运输、储存保管、配送、流通加工和物流信息管理等。通过保证物流的合理化,可以进一步满足全球经济社会发展的客观需要。物流合理化的最终目标主要包括以下内容。

1. 缩短距离

物质资料的物理型移动包括运输、保管、包装、装卸搬运、流通加工、配送等活动,只要是"移动"就会产生距离，而移动的距离越长，费用就越多。就运输而言，如果产品在产地消费则能大大节省运输成本，减少能源消耗；采取直达运输，尽量不中转，避免或减少交叉运输、空车返回，也能做到运距短；大中城市间采取大批量运输方式，在城市外围建立配送中心，由配送中心向各类用户进行配送，就能杜绝重复运输，缩短运距。现在一些发达国家进行"门到门""线到线""点到点"的送货，进一步缩短了运输距离，大幅度减少了运输上的浪费。除此之外，缩短距离还包括缩短装卸搬运距离，其中货架、传送带和分拣机械等都是缩短装卸搬运距离的工具。

2. 减少时间

时间主要指的是产品从离开生产线至到达最终用户的时间，这期间主要包括从原材料生产线到制造、加工生产线。压缩保管时间，能够减少库存费用和资金占用，节约总的生产成本；减少装卸搬运时间，可以进行举叉车作业、传送带作业、托盘化作业、自动分类机、自动化仓库等设备与操作，实现机械化、自动化作业，节约费用，提高效率；此外，通过装卸搬运环节的有效连接，还可激活整体物流过程，在包装环节，使用打包机作业比人工作业要高效很多倍。

运输时间少、保管时间少、装卸搬运时间少和包装时间少等都会减少物品的在途时间，现代物流手段之一的模块化包装和模拟仿真等，也为物流流程的效率化提供了有利条件。所以说，尽量减少物流时间，是物流合理化的重要目标之一。

3. 提高质量

物流合理化目标的核心是提升物流服务的质量，这要求物流服务的运输、保管、包装、装卸搬运、配送和信息各环节的服务质量都要有所保障。高质量的物流服务要求：送货的数量准确、地址准确、中途无意外情况、保质保量按时送达是运输和保管过程的职责；及时入库、上架、登记，保证库存物品数量准确、货位确切，还应将库存各种数据及时传递给各有关部门是库存保管过程的职责；对库存数据和信息的质量要求保持高标准，这是生产和销售的依据。可见，没有高水平的物流管理就没有高水平的物流，也就无法实现物流合理化的目标。

4. 节省费用

物流的质量高，为客户提供的服务好，会增加总体成本，这是很多人的正常观点。但是物流合理化目标中，既要求距离短、时间少、质量高，又要求费用省，这似乎是很矛盾的。

实际上如果真正实现了物流合理化，物流费用照样能省。减少交叉运输和空车行驶会节约运输费用；利用计算机进行库存管理，充分发挥信息的功能，可以大幅度减少库存占用、加快仓库周转、避免货物积压，也会大大节省费用；采取机械化、自动化装卸搬运作业，既能大幅度削减作业人员，又能降低人工费用。由此可以看到，物流合理化关于质量高、费用少的目标是可以实现的。

5. 促进整合

物流是运输、保管、包装、装卸搬运、流通加工、配送以及信息的有机组合，是一个系统,强调综合性、整合性。如果一个企业花费庞大的资金搭建了全自动化立体仓库,实现了保管作业的高效率,但是运输环节落后,交叉运输、空车往返,或者道路拥挤致使运输速度和效率低,不能与全自动化立体仓库匹配,则全自动化立体仓库意义不大;如果保管效率提高,但商品包装破损、托盘尺寸和包装尺寸不标准,物流过程混乱,整体的效率也不会得到较大的提高;如果企业运输、保管、包装和装卸四个环节都现代化了,只是信息环节落后,造成信息收集少、传递不及时、筛选分析质量差或者计算差错率高等,整个物流系统同样不能高效运转。

由此我们可以得知,只有整合各个流程、发挥物流作用、降低成本,才能实现整体效益最大化。

6. 准确、安全、环保

在物流活动的过程中,需要确保货物能够准时、准点、保质保量地送达;也必须保证货物的安全,避免雨淋、日晒、冻、火等因素的影响;同时在装卸搬运、保管、包装、流通加工的各个环节都要注意保护环境,尽量减少灰尘、噪声、震动等的产生,将对环境的损害降到最低。

本章小结

"物流"一词起源于美国,早期被解释为"实物分配"或"货物配送",实物分配是包含于销售之中的物质资料和服务在从生产场所到消费者的流动过程中所伴随的种种经济活动。日本对物流的理解为"在连接生产和消费间对物资履行保管、运输、装卸、包装、加工等功能以及作为控制这类功能后援的信息功能,它在物资销售中起了桥梁作用"。我国将物流定义为:根据实际需要,将运输、储存、装卸、搬运、包装、流通加工、配送、信息处理等基本功能实施有机结合,使物品从供应地向接收地进行实体流动的过程。

物流的分类多种多样,根据发展的历史进程进行分类,可分为传统物流、综合物流和现代物流;根据作用领域的不同进行分类,可分为生产领域的物流和流通领域的物流;根据物流的范畴进行分类,可分为宏观物流和微观物流;根据提供服务的主体不同进行分类,可分为代理物流和企业内部物流;根据物流的流向不同进行分类,可分为内向物流和外向物流。

物流不创造价值,却可以实现价值增值,所创造的主要价值增值包括时间价值、场所价值和增值服务价值。物流的主要职能包括运输、配送和储存,辅助职能主要包括包装、装卸搬运和流通加工,此外还具有信息管理职能。物流活动在整个生产过程中是一个很重要的过程,具有节约;保值;促进国际贸易;保护环境;提高服务水平,增强企业竞争力;加快商品流通,促进经济发展;创造社会效益和附加价值等作用。

现代物流的基本特征是物流技术专业化、物流服务社会化、物流过程一体化、物流管理信息化、物流活动国际化等。现代物流的合理化目标是缩短距离,减少时间,提高质量,节省费用,促进整合,准确、安全、环保。

现代物流是一个新兴的产业，主要职能包括包装、装卸搬运、运输、储存保管、配送、流通加工和物流信息管理等。

拓展阅读+案例分析

第 2 章　物流管理概论

物流管理是战略管理的重要方面，具有战略意义。从企业的市场需求和经济效益出发，进行合理的、科学化的管理，能够降低成本、提高物流的效率，这是物流管理的目标。美国追求高度自动化的物流管理，日本强调独树一帜的物流成本，德国利用先进、创新的物流管理，英国建立综合物流体制，不同的国家对物流采取的措施多样。在我国，现代物流的发展起源于 20 世纪 70 年代末从外引进的"物流"概念，到 80 年代开始启蒙及宣传普及，90 年代开始重点发展，直到 21 世纪物流管理的发展开始逐渐升温。目前我国的物流现状已经进入了一个崭新的发展阶段。

物流管理能够影响一个国家的经济发展，也能决定一个企业的经济效益，分析国内外现代物流管理的发展趋势、研究物流的起源与发展过程，有利于帮助我国构建现代化物流体系，推动我国物流业的发展。本章主要介绍物流管理的定义，基本过程、组成要素和管理职能等物流管理主要内容，物流管理的特点，物流管理在宏观与微观层面起到的作用，以及国外和国内现代物流管理的发展趋势，通过本章的学习，读者能够更清晰地了解物流管理的发展过程以及未来的发展方向。

2.1　物流管理的定义

在《市场营销管理》一书中，现代营销之父菲利普·科特勒对物流管理的表述是：物流是物的流通过程，是指计划、执行与控制原材料和最终产品从产地到使用地的实际流程，并在盈利的基础上满足顾客的需要。

我国国家标准《物流术语》(GB/T 18354—2021) 对物流管理的定义为：为达到既定的目标，从物流全过程出发，对相关物流活动进行的计划、组织、协调与控制。物流管理的目的是通过合适的物流成本达到满足用户的服务水平，对正向及反向的物流活动过程进行相关信息的计划、组织、协调与控制。

综合国内外对物流管理的概述，本书将其定义为：物流管理是通过对采购、运输、保管、搬运、包装、流通加工、回收、信息活动等过程的计划、组织、指挥、协调与控制，使这一过程实现物的价值增值和组织目标，是为实现商品的价值，使物质实体从供应地到接收地转移的物理性经济活动。

2.2 物流管理的概述

2.2.1 物流管理的内容

物流管理的主要内容包含基本过程、组成要素和管理职能等要素。首先，管理物流活动的各环节，包括采购、运输、储存、搬运、包装、流通加工、配送、回收等实体环节的管理；其次，管理物流各活动过程中的要素，包括对其中人、财、物、设备、方法和信息六大要素的管理；最后，对物流职能的管理，包括对物流计划、质量、技术、经济等职能的管理等（Buscher et al., 2021）。

物流管理的研究对象主要包含分销物流、绿色物流、生产物流、废弃物物流、环保物流、回收物流和社会物流七部分。

1. 分销物流

分销物流是指伴随销售活动，将产品所有权转给用户的物流活动，也是生产企业、流通企业出售商品时，物品在供方与需方之间的实体流动。分销物流的特点是：通过包装、送货、配送等一系列物流实现销售，研究送货方式、包装水平、运输路线等，采取各种少批量、多批次、定时、定量配送等特殊的物流方式达到目的。

2. 绿色物流

绿色物流是物流管理与环境科学交叉的一门分支，是指在物流过程中抑制物流对环境造成危害的同时，实现对物流环境的净化，使物流资源得到最充分利用的一种物流方式。在原材料的取得和产品的分销过程中，运输作为主要的物流活动，对环境可能会产生一系列的影响，而且，废旧物品如何合理回收，以减少对环境的污染且最大可能地再利用也是物流管理所需要考虑的内容。

3. 生产物流

生产物流是生产过程中，原材料、在制品、半成品、产成品等从企业仓库或企业"门口"进入生产线的开端，随生产加工过程流过各个环节，直到生产加工终结，再流至生产成品仓库的活动。

4. 废弃物物流

从环保的角度来看，对废弃物物流进行管理是对包装、流通加工等过程产生的废弃物进行回收再利用。废弃物物流是指将经济活动中失去原有使用价值的物品，根据实际需要进行收集、分类、加工、包装、搬运、储存等，并分送到专门处理场所时所形成的物品实体流动，即对企业排放的无用物进行运输、装卸、处理等的物流活动。

5. 环保物流

环保物流有多种类型，如社区垃圾回收，社区中的家庭均会产生各式各样的垃圾，需由当地环保单位规划、运行回收系统。

6. 回收物流

企业在生产、供应、销售活动中总会产生各种边角余料和废料，这些东西的回收是需要伴随物流活动的。回收物流是指不合格物品的返修、退货以及周转使用的包装容器从需方返回到供方所形成的物品实体流动，如果对回收的物品处理不当，会影响到整个生产环境和产品质量，可能会占用很大的空间，造成浪费。

7. 社会物流

社会物流是超越一家一户的以整个社会为范畴，以面向社会为目的的物流，是企业外部物流活动的总称。这种物流的社会性很强，经常是由专业的物流承担者来完成的，是社会在生产各过程之间、国民经济各部门之间以及国与国之间的实物流通，直接影响到国民经济的效益。

2.2.2 物流管理的特点

物流管理是战略管理的重要方面，具有战略意义。从企业的市场需求和经济效益出发，进行合理的、科学化的管理，从而能够降低成本、提高物流的效率，这是物流管理的目标，也是对再生产过程中的资源的整体配置和利用。保证企业可持续发展，增长企业总体价值离不开战略管理，尤其是物流管理。

物流管理是系统化的管理，是从生产到销售的一体化管理，要对生产、仓储、运输、销售等不同过程中的物流、商流、信息流进行统一组织和构建，使它们之间有机衔接和匹配，形成一个有计划、有目的的大系统。

随着现代化大生产的发展和企业经营全球化，物流的规模和空间也在迅速发生变化，传递内容日益复杂化。原始的联系工具已经不能适应现代物流的需要，需要利用现代化的技术手段如信息编码和电子商务等技术，新方法已经成为物流管理中被广泛使用的工具和手段，随着科学技术的发展，新的技术与方法还将不断地被应用于物流管理领域。

2.2.3 物流管理的作用

从宏观层面来看，物流管理能够影响一个国家的经济发展；从中观层面来看，物流管理能够影响地区的经济发展；从微观层面来看，物流管理能决定企业的经济效益。

1. 支撑国民经济的增长

在一些国家中，物流对国民经济起支柱作用或物流与其他生产活动起支柱作用，是国家或地区财政收入的主要来源，能提供主要就业领域，成为科技进步的主要发源地和现代科技的应用领域。这些国家一般处于特定的地理位置或特定的产业结构条件下，如欧洲的荷兰、亚洲的新加坡、美洲的巴拿马等，特别是日本以海运立国，物流的支柱作用是显而易见的。新制度经济学的流行和新兴古典经济学的兴起使经济学对运输业的重要性有了进一步的认识。

我国经济纵深广阔，在新发展格局下，生产和消费的规模、结构、时空分布将发生较大变化。这些变化为更广区域、更多主体加入经济循环和现代流通创造了历史机遇。同时，也应看到，在一定时期内，随着流通空间范围的扩大，商品和资源要素可能更为分散，规模效益可能会减弱。物流业的高质量发展，是促进形成强大国内市场，构建现代化经济体系，实现国民经济高质量发展的内在要求。物流业发展的贡献不仅在于行业企业本身创造的税收、就业等，更在于支撑和促进区域内各相关产业产生更多的税收和就业，有力推动区域经济较快增长。要把推动物流高质量发展作为当前和今后一段时期改善产业发展和投资环境的重要抓手，培育经济发展新动能的关键一招，以物流高质量发展为突破口，加快推动提升区域经济和国民经济综合竞争力。

2. 区域性物流中心成为地区经济增长极

在物流中心的形成和发展中，人力资源迅速聚集，主导产业迅速形成，物流产业有很强的关联效应、乘数效应和竞争优势，呈现出发展快、竞争力强的特点，资金迅速聚集。物流中心或物流园区，既是自身增长极的形成过程，又是逐步开始发挥地区经济增长极作用的过程。物流中心的增长极作用主要体现在区域经济增长的带动效应与改造传统产业的辐射效应两大方面。

3. 带动区域产业结构升级，形成区域支柱产业

现代物流业若想成为某一地区的主导产业，需要综合发展，主导部门由铁道、公路、水运、空运、仓储、托运等主体组成，与联系的若干部门构成主导部门综合体系，通过前向效应、后向效应和旁侧效应带动其他产业的增长。

前向效应是指物流产业对物流新工艺、新技术、新原料、新能源、新装备工具出现的诱导作用；后向效应是指物流产业对某些供给资料部门的影响；旁侧效应是指物流产业对所在地区的商业、供销、粮食、外贸等行业及地区经济的所有行业的供应、生产、销售中的物流活动的影响。

4. 降低企业物流成本

物流成本作为交易成本的重要组成部分，在资源要素的配置和产业结构调整的过程中起到重要的作用。此外，物流成本的高低也会影响工商企业的运营效率和服务质量。美国供应链管理专业协会发布了社会物流费用占国内生产总值（gross domestic product，GDP）比重这一指标，用以评价和分析物流业的景气程度。2001年这一指标首次被引入我国，当年我国社会物流费用占GDP比重约为20%，是发达国家的2~3倍之多。2021年中国社会物流总成本与GDP的比率为14.6%，反映近年来我国物流效率得到了明显的提升，但与欧美发达国家8%左右的水平相比仍有差距。

当企业销售额为1000亿元时，如果物流成本占销售额的10%，就是100亿元，只要降低10%的运输、保管、装卸、包装等各环节的物流费，就等于增加10亿元的利润。而如果企业销售利润率为2%，创造10亿元的利润需要增加500亿元的销售额，相比降低10%的物流费，这是很困难的。也就是说，降低10%的物流费用所起的作用，相当于销售额增加50%，通过进行合理的物流管理，能够极大地提高企业利润。

2.3 国内外现代物流管理发展趋势

物流水平代表着一个国家的经济发展程度,也体现了各个国家民族性情的模式,本节对国内外现代物流管理的发展趋势进行分析,研究物流的起源与发展过程,比较分析我国与发达国家之间物流的差别,有利于构建现代物流体系。

2.3.1 国外现代物流管理发展趋势

1. 美国追求高度自动化的物流管理

美国物流业的状况,可以用一句话来形容:"工欲善其事,必先利其器",其中"器"是指物流机械。作为世界上最早发展物流业的国家,自由、发达的经济政策使美国的物流发展处于相对领先的地位。第二次世界大战期间,美国军队运用运筹学的理论方法,通过合理统筹安排人力调用军用物资,解决了一系列物流供应中出现的矛盾和问题。在此之后,这种组织管理手段被应用于企业生产管理,开拓了企业生产的崭新局面,取得了很好的经济效益。这是美国物流业的初创阶段,也是世界范围内最初萌生的"物流"现象。20世纪80年代后,物流管理的重点转移到对物流的战略研究上,从企业内部延伸到企业外部;到了20世纪90年代,电子商务的发展使现代物流提升到重要地位。电子商务是一种在线电子支付的新型商业运营方式,是在互联网络开放环境下一种基于网络的电子交易,这种变革极大地降低了交易成本、提高了效率,同时也促使物流向信息化、网络化发展。

现在,美国的物流研究已经很广泛,相关研究主要包括物流需求预测,存货控制,物料搬运,订货处理,厂址、仓库地点的选择等。虽然美国十分重视机械化和自动化,但也有明确的目标,并非盲目地追求全自动化。美国根据任务大小及其他制约条件,全面论证后再确定自动化项目的建设。例如,全军大型仓库34座,仅有16座仓库实现了全自动化管理,其余各库均采用半自动化作业模式。美国的物流包装也十分强调适用性,尤其对作战物资的包装,着重从强化包装质量入手,改进包装方法,方便物资的储存与运输。美国的物流成本在GDP中所占的份额也在不断降低,从1981年的16.2%到1985年的12.4%,再到1999年的10%,并在之后一直处在低于10%的水平(张兆民和韩彪,2018)。

美国物流管理的发展特点为物流规模不断扩大,物流进入供应链管理时代,专业化特色物流服务突出,物流企业现代化、规模化、网络化程度高,第三方物流加速发展,第四方物流服务商作用日益明显,政府推动物流业发展。

1)物流规模不断扩大

2019年美国供应链管理专业协会发布的数据显示,2018年美国物流总成本为1.64万亿美元,物流总成本占GDP的8%。物流和经济都在扩大与发展,且物流给经济所带来的效益远大于其投入(张兆民和韩彪,2018)。

2）物流进入供应链管理时代

美国物流业的发展主要包括三个不同层次的发展阶段：传统的货物运输—集散分销管理—电子商务与供应链管理。在科技进步与管理技术创新驱动下，物流业已经发生了从量变到质变的变化。美国供应链管理专业协会的多次改名也可体现其质的飞跃，1963年成立时，协会的名字是"美国实物配送协会"，1985年更名为"美国物流协会"，原因是运输和配送增加了越来越多的内容，从狭义的运输和仓储发展到更广的物流领域。直到2005年，该协会又更名为"美国供应链管理专业协会"，这意味着物流进入了新阶段。

3）专业化特色物流服务突出

美国的物流业发展较早，也更加发达，专门提供物流服务的公司超过1000家。虽然数量很多，但它们都会形成各自的业务特色，选择不同领域或不同对象。有专做小件包裹物流服务的，有专做货车量物流服务的，也有专做食品、水果、蔬菜物流服务或专做高科技产品物流服务的。针对某一项服务，可以使员工业务精通、服务质量好、资源利用率高而形成竞争力。在综合物流服务发展的同时，一些功能性物流服务提供商也在市场细分中培育自身的核心竞争力，逐步形成了综合的第三方物流服务商、专业的运输服务商、仓储服务商和区域性配送服务商分工合作的产业形态。

客户可以选择功能性物流服务提供商，也可以通过第三方物流服务商来整合功能性服务商，提供一体化物流解决方案。这样，专业性和综合性物流服务提供商在竞争中发挥各自的优势，形成各自的特色，可以满足各种用户的不同需求。

4）物流企业现代化、规模化、网络化程度高

在美国物流业中，经营设施均实现了高度的机械化、自动化和计算机化。企业的物流作业中铲车、叉车、货物升降机、传送带等机械的运用程度较高；配送中心的分拣设施、拼装作业安排犹如生产企业的生产流水线一样，非常先进，有的已经使用数码分拣系统。计算机管理系统、条码及射频技术被普遍应用，信息传输快捷而准确。这些措施和手段大大降低了企业的单据处理、人事、库存等运行成本，改善了企业和客户的关系，提高了企业的竞争力。

除了政府提供的先进的基础设施，物流业的设施的技术水平也在不断完善和提高。科技的发展为物流产业规模化、网络化创造了良好的条件，保证了物流服务的高质量。而规模化和网络化消化了高科技所需的高资本投入。

5）第三方物流加速发展

第三方物流是指从提供运输、仓储等功能性服务向提供咨询、信息和管理服务延伸，致力于为客户提供一体化解决方案，与客户结成双赢的战略合作伙伴关系。就第三方物流企业营业额而言，2021年，美国第三方物流营业总额已达3479亿美元，约占美国物流总费用的29%。行业调查结果显示，第三方物流能够显著降低客户物流成本，缩短订货周期，降低库存总量，从多方面提升客户的价值。

第三方物流能够加速发展，也受到外部环境的影响，如美国的高速公路世界第一，集装箱与厢式货运车极其发达；多式联运已成为主导运输方式；物流企业与企业物流并

重，物流外包与物流自营并重，完全按企业的实际需要运作。在政治法律法规环境、交通运输装备环境、物流人才环境、经济发展环境、理论指导环境、行业协会环境、物流技术与标准化条件等方面都存在很大的优势，美国的物流业没有统一模式，也不要求统一模式，充分尊重客观规律，又发挥主观能动性，呈现出欣欣向荣的局面。

6）第四方物流服务商作用日益明显

针对公司物流业务量大、第三方物流公司众多和供应链系统复杂等现状与问题，第四方物流出现了，其主要作用是对制造企业或分销企业的供应链进行监控，在客户和它的物流和信息供应商之间充当唯一的"联系人"的角色。目前第四方物流服务商已正式进入市场，并展现出极强的生命力。

7）政府推动物流业发展

在构建物流平台、营造积极和谐的物流环境方面，美国政府起到了不可缺少的作用。虽然从总体上来看，美国物流业是依靠市场力量推动和逐步发展壮大的，但美国政府在法律总体框架下，为了发挥各州的比较优势，给予了各州充分的自主权，从而使各州在培育和发展本地物流市场时可根据自身特点出台各具特色的发展政策。为了在更大程度上促进物流业以及地区经济的发展，有的州政府也通过建立开发区和保税区，制定特色的财政政策，以优惠政策来吸引全球开发商。开发区或保税区内企业可以享受多项优惠政策。例如，税收的减免或延期缴付、保税区内的货物可免缴库存占用税，还可享受多项涉及货物进出口流通费用的节约优惠等。保税区内可完成货物的流通加工、海关通关业务等多项物流业务环节。此外，政府还通过直接注资物流项目来促进开发区的发展。

2. 日本独树一帜的物流成本

最近几十年，日本在物流方面获得了飞速的发展，走出了一条既符合国情又能与欧美等地的发达国家并驾齐驱的发展道路。日本现代物流的发展是其特定的经济社会状况、产业格局和具体国情的综合反映，它不仅是为了降低生产成本、开辟新的利润源，更是出于本国经济社会发展的战略考虑。日本是一个资源和产品"两头在外、大进大出"的加工贸易型国家，发展现代物流有助于"贸易立国"和"海运立国"思想的确立。与此同时，日本以制造业为主的产业格局也需要高度发达的物流业为其提供强有力的支撑，需要运输方式和仓储业的革命性变化来提高经济效益。

在不断降低成本的过程中，日本总结出一套行之有效的物流成本管理方法，即通过管理成本的方法管理物流，提高物流效益。成本核算涉及各个领域：供应物流、企业物流、销售物流、退货物流、废弃物物流。具体到每一个项目，日本物流界也有严格的考核办法。这种物流管理方式在日本表现得卓有成效，也在世界物流理论界独树一帜。

在整个国民经济中，日本物流业的卓越贡献为：物流总成本下降，日本的国际竞争力和综合国力相对提高；物流业的发展在提高产业竞争力方面起到了非常显著的作用，企业成品库存的下降和资金周转率提高，有利于制造业和流通业的集约经营，提高企业竞争力；物流业本身是国民经济当中一个不可忽视的支柱产业，其附加价值的创造和新的利润源的涌现，使日本物流业的发展对社会经济生活产生了深远的影响。例如，配送行业的兴起引发了仓储、批发零售业态的革新，也带来了货品输送路线的合理化，减少了社会资源的浪费；宅配便（上门快递服务）的盛行，使日本的社会生活变得更为方便，购物、搬家、投递和运送物件变得轻而易举。物流业在提高社会效率、节省时间方面做出了大量的贡献，为日本国民创造了更多的余暇和生活便利。

日本物流管理的特点和优势主要表现为：全面完善的物流基础设施建设，使物流产业发展有了坚实的依托和优越的发展条件；重视物流管理方式的创新，不断提高物流管理的现代化水平；致力于信息网络对物流业的全方位覆盖和信息技术的广泛运用；逐步实现制造业的物流专门化和物流业的专业化，高度重视社会资源的整合和物流成本的降低，把物流管理提升为一种竞争手段和经营战略。

1）完善物流基础设施建设，为物流业发展提供依托和条件

在几十年的基建过程中，日本已在全国范围内开展了包括高速公路网、新干线铁路运输网、沿海港湾设施、航空枢纽港、流通聚集地在内的各种基础设施建设，构造新型的物流运输体系和仓储系统，既拉动了投资和内需的上升，又为扩大物流市场和促进物流业的发展提供了有力的保证。

从时间上看，日本的大规模基础设施建设阶段基本是与现代物流业的兴起同步的。20世纪60年代下半期到70年代末，日本交通运输业快速发展，高速公路、汽车以及集装箱的出现，极大地促进了物流的发展。为了适应现阶段物流业的发展，日本已经将基础设施建设的重点转向国际海港等国际物流基地、海上高速网络、干线公路网络和连接港口、机场与高速公路的出入口交通设施。同时通过修建市内环状公路、改进道口等来扩大交通容量，解决城市内物流的瓶颈制约问题。

从空间布局上看，日本从国土和人口等国情出发，把物流性基础设施的重点放在高速公路网和沿海港口设施、海运网络上，以避免在狭小国土上铁路运输的不便，发挥公路运输快捷可控和灵活机动的优势，同时突出"海运立国"的发展战略。如今政府和业界又从环境保护和合理利用能源、运力的角度，提出将重点转向适应复合联运的交通体系建设。这些都是因地制宜和顺应时代潮流建设物流基础设施的具体表现。

2）重视物流管理方式创新，提高物流管理现代化水平

长期以来，日本的物流业界在经营管理过程中，逐渐积累了一些行之有效的原则，即"采集计划化、配送共同化、运输直达化、物流大量化、管理系统化"。这些原则的内容十分丰富，综合表现在采集、运输、仓储、包装、配送的各个环节，环环相扣，构成了一个完整的物流体系，将物流管理手段与工业化生产有机结合起来。广泛采用标准化操作和专业性管理方式是物流管理现代化的基础。在清水港的集装箱码头，桥式起重机、移动式起重机和各种类型的叉车形成强大的有机配合的装卸搬运系统，加上计算机终端在这些装卸机械上的运用以及员工的规范化操作，对特定部位的集装箱装卸搬运顷刻之间就可准确无误地完成。

3）广泛运用物流信息技术

通过实现物流信息资源共享化，以及信息技术装备和信息管理系统在物流诸多环节的全过程覆盖，物流管理和运作如虎添翼。当前日本物流业界在信息化方面最关注的课

题是如何实现公共部门、制造业、商家与物流业之间的信息自由交换。当然，要达到这些目标并非易事，需要政府、企业和学术界的大量协作与互相支持，其中相当重要的是信息网络平台的建立和通用数据交换软件的开发应用。在物流企业内部，也要把信息数据处理的触角延伸到包括经营管理、财务和人事在内的所有相关部门，使物流业的管理水平和应对能力可以更快地提高。

4）逐步实现制造业物流专门化与物流业专业化

这需要重视社会资源整合和物流成本降低，将物流管理提升为一种竞争手段和经营战略。

首先，日本大多数制造型企业将物流职能从其生产职能中剥离出来，强化了自身的物流管理，降低了物流活动总成本。例如，朝日啤酒采用直接配送和调整物流网络的方式，使到达消费者手中的啤酒鲜度大为提高，朝日由此一跃成为日本第一大啤酒生产商；而索尼公司则通过因特网方式，与世界各地的供应商连接，实行零部件的按时调配，大大减少了资金的占用。

其次，日本的物流业在专业化的浪潮中进行重组和整合。传统的物流企业在走向专业化的过程中，一般都经历了一个相当艰巨的重组、磨合和提高的过程。从日本物流业发展的过程看，这是一个历史性的进步：专业化的一个直接后果就是使物流企业把眼睛盯在与物流相关的经营管理领域，以更多的精力完善企业的现代物流功能，发展物流中心业务。

最后，日本的物流业企业非常注重物流资源的优化整合，以保持核心竞争力和专业优势。在物流基地、配送中心和专业仓库，不管货物出入库的具体操作还是流通加工，凡是能让其他业务单位和中介机构承担的普通业务，都由它们来承担，如日本著名的货物服务公司佐川急便公司、西浓运输公司就在相当大的程度上担负起流通加工、出入库操作、包装捆扎、货物配送的具体事务，而物流企业的业务骨干和中层干部、技术专家则可以集中精力从事物流管理和经营业务，开发和运用物流信息系统和其他管理系统。在实行"供应链管理"的过程中，日本的物流业也非常强调对物流各个环节的运行方案的优化，强调"链"的作用和它们之间的衔接，提高从原材料供应采购到产成品销售直至送达用户手中的全过程物流效率。

3. 德国先进创新的物流管理

德国现代物流企业在国民经济中占有很高的地位，尤其在世界金融风暴期间，德国凭借强大的制造业和物流业，在欧洲经济中展现出强大的力量。德国物流经济的发展特点主要为：现代物流业成为新的经济增长点；以物流园区为核心推动物流产业集约化、规模化发展；物流产业定位与分工更趋明确；多种运输方式实现无缝衔接；物流标准化、信息化水平高；先进的物流管理方法得到广泛应用。

1）现代物流业已成为德国经济新的增长点

德国现代物流业起初服务于制造业和国际贸易，但之后依托高度发达的交通、通信网络设施和先进的信息技术，逐步发展壮大，形成了独立的复合型服务产业。

目前德国物流业的企业数量已超过7万家，吸纳就业人口500万人，年营业额达到2000亿欧元，约占德国国内生产总值的7%，拥有DHL等世界知名的物流企业。而且产业构成也由传统的运输、仓储管理，发展到涵盖物流信息处理及软件开发、物流流程设计和物流咨询服务的众多领域，成为德国经济新的增长点。

德国现代物流业的发展，从国际地位来看，进一步增强了其在欧盟的影响力，德国作为欧洲的区位中心，通过发展物流业，承担了促进区域内商品顺畅流动、连通东西欧经贸交往的角色，在欧盟地区的影响力和主导地位显著增强。从国家发展来看，进一步巩固了德国作为制造业和贸易强国的地位。德国是传统的制造业强国和世界贸易出口强国，现代物流业发展推动制造业改造业务流程、提高效率、降低成本、增强国际竞争力，巩固了制造业和国际贸易强国的地位。

2）以物流园区为核心推动物流产业集约化、规模化发展

德国通过发展物流园区，促进物流企业集聚，提高产业集约化和规模化水平，重点发展物流产业集群。

德国的物流园区与周边交通干线连接，由统一的园区管理中心提供服务，吸引大量的物流企业和相关的贸易、制造业企业以及报关、维修、餐饮等配套服务企业进驻，为物流企业创造了良好的运营环境。例如，德国最早兴建的不莱梅物流园区，集中建设了现代化的公路、铁路、水路（以下简称公、铁、水）联运和集装箱中转等设施，并为物流企业提供通信、加油、维修、代理危险品检验等综合后勤服务，促进了一大批从事多式联运、统一配送和中转运输的物流企业迅速成长，形成了欧洲重要的物流中转基地。又如，在德国第一大港口汉堡港附近，专门开辟了面积相当于港口面积两倍的物流园区，集中了各类物流企业，通过提供统一的铁路和公路中转设施，满足各类企业中转和配送需要，同时，园区内物流企业提供的中转和拼箱等增值服务，也促进了汉堡港海运优势的充分发挥。

物流园区的发展有利于充分发挥物流公共基础设施的功能，避免重复建设，节约土地、资金等社会资源；有利于物流企业充分竞争、加强协作，促进了资源整合和优势互补，提高了规模效益；提高各种运输方式之间的转换效率，促使公路运输逐步转移到铁路或航运，减少了交通压力和环境污染，货物运输的集中也有利于城市的总体规划布局，大幅减少了交通拥挤和汽车尾气排放对居民的影响。

3）物流产业定位与分工更趋明确

伴随社会分工的发展，德国物流业经历了从分散到集中，再到专业化的发展过程，从流通和制造业中分离外包。通过现代信息技术整合传统的交通、仓储资源，已形成独立的产业类型，如专业物流以及物流咨询与增值服务等，多个物流行业已经初具规模。

例如，在为制造业服务的专业物流领域，德国第三大物流公司超捷物流有限公司（Dachser）在世界各地设立了分公司或办事处，通过一体化的供应链解决方案，为全球性生产商的产品和原料供应提供第三方服务。德莎公司2006年总产值为31亿欧元，拥有仓储面积100万平方米，车辆7300辆，员工人数为15 000人，只要客户提出需求信息，德莎公司即可完成从车间、发货港口、航运、终点港口、中转仓库、分拣、仓储、分箱陆运直到用户的全程一条龙服务。

又如，在为商贸业服务的专业物流领域，德国著名的销售连锁商Tchibo公司将物流

业务外包，由 BLG 公司通过在全国 5 个物流园区设立的配送分拨中心，承担 Tchibo 公司在全德国的商品配送和产品回收业务。BLG 公司利用先进的信息网络技术，采用多种物流数控设备，为 Tchibo 公司的分销网点和订货用户提供门对门的货物配送服务。一个分拨中心可以满足半径 200 千米范围内地区的配送需要，一般 24 小时就可将客户所订购的货物送达。

4）多种运输方式实现无缝衔接

德国南部最大的公、铁、水联运综合物流园区纽伦堡物流园区，建有 5300 米水运岸线，与具有 2000 吨级船舶通航能力的莱茵河和多瑙河相连，拥有 35 千米铁路专用线，每天开行 6 趟专列直达汉堡港，具备公、铁、水转运的条件。每年由铁路到公路的集装箱转运量达 15.5 万箱。铁路到水运的集装箱转运量为 3.5 万箱。园区年吞吐货物 1000 万吨左右。园区开辟专门的转运作业区域，采用龙门吊、铁路搬道器等设施，实行货物分类定点高效管理，使货物转运只需 10 分钟左右，大大提高了物流中转效率。

德国在物流园区普遍建设两种以上运输方式连接和转运设施，形成将传统的分散、独立的公、铁、水等运输资源有效整合的系统，实现铁路与港口、码头及公路场站的无缝对接。德国重视多种运输方式的无缝衔接，这样可方便货物的转运，降低不同运输方式转换的成本和运营风险，为提高企业供应链管理的灵活性创造了条件。

5）物流标准化、信息化水平高

德国注重物流的标准化与信息化。物品无论进入工厂、商店、建筑工地还是仓库、码头、配送中心，都是通过集装单元、托盘和各种装卸搬运、输送机械，以及专用车辆等实现，由于标准统一，这些工具和设施在欧洲大部分地区都可以通用。此外先进计算机信息管理系统的配备，显著提高了物流效率，降低了物流费用。

例如，德莎公司按照欧洲标准设置货架和托盘，并将其统一纳入德莎总部的计算机管理，应用无线射频技术对托盘条形码进行扫描，在欧洲甚至全球任何地方都可以随时查询客户委托货物的准确位置和所处状态。

6）先进的物流管理方法得到广泛应用

德国高度重视物流技术创新和物流基础研究，将物流业定位于高技术产业，鼓励将准时生产（just in time，JIT）、准时化顺序供应（just in sequence，JIS）、供应商管理库存（suppler managed inventory，SMI）、精细物流、闭环物流等先进方法论运用于生产。

例如，在德国柏林的波茨坦广场建设中，通过充分运用物流规划和策略管理，成功地解决了城市中心开展大型基建工程影响交通和环境的问题，同时加强了对建设物资的监控和管理，满足了复杂、多变的施工物流需要，大大提高了建设速度，原计划 13 年建成的项目仅用 7 年时间就完成了。

在大型建筑项目中，创新和应用新的物流方法，能够支持物流流程设计和物流管理咨询服务等专业管理服务发展。

4. 英国综合物流体制的建立

英国物流管理中心成立于 20 世纪 60 年代末期，以工业企业高级顾客委员会形式出现，协助企业制订物流人才培训计划，组织各类物流专业性的会议。直到 20 世纪 70 年代，英国物流管理协会正式组建，其中的成员多半是从事出口业务、物资流通、运输的管理人员。协会宗旨是提高物流管理的专业化程度，为运输、装卸等部门管理者和其他对物流有兴趣的人员提供一个相互交流的中心场所。

英国重点关注综合性的物流理念，并致力于发展综合物流体制，全面规划物资的流通业务。物流企业不仅为用户提供铁路、公路以及水运、空运等运输服务，而且向用户出租仓库并提供其他的配套服务。在这一思想下建立的综合物流中心向社会提供以下业务：建立配送中心，办理海关手续，提供保税和非保税仓库，货物担保，医疗服务，消防设备、道路和建筑物的维护，铁路专用线，邮政电传系统，代办税收，就业登记，以及提供具有住宿、购物等多种功能的服务中心等，为用户提供综合性的服务。

多功能综合物流中心的建立，形成了英国综合性的物流体制，对整个欧洲的影响很大。此外，在物流体系的建设中，计算机技术如计算机辅助仓库设计、仓库业务的计算机处理，为英国现代物流揭开了新的一页。

2.3.2 国内现代物流管理发展趋势

1. 现代物流发展的趋势

目前我国的物流现状已经进入了一个崭新的发展阶段，具体阐述如下。

1）省市开始重视现代物流的发展

物流能够推动经济发展、改善投资环境，提高地区经济和工商企业在国内外市场竞争能力的作用已经被我国部分省市政府所注意到，并采取行动，将发展现代物流作为一项涉及经济全局的战略性问题来抓。

天津、上海、深圳、山东等为了使地区经济持续高速发展，"三市一省"从战略高度出发，把发展现代物流作为经济腾飞的重要措施和支撑点之一，高度重视发展现代物流。现代物流业发展水平正成为衡量地区综合竞争力的重要标志，发展现代物流是再创本地区发展新优势的重要举措，发展现代物流是本地区信息化、工业化、城市化、市场化的加速器。

2）工商企业开始重视物流管理

物流是除降低物资消耗、提高劳动生产率之外，能够使企业增加效益和增强竞争能力的"第三利润源泉"，一些工商企业不断强化企业的物流管理，并取得了明显的成效。

海尔集团成立了物流推进本部，下设采购事业部、配送事业部和储运事业部，对物流业务和物流资源优化重组，将集团的采购、仓储、配送和运输等物流活动统一集中管理，把物流能力摆在企业核心竞争力的位置，实施企业流程管理再造工程，获得了巨大的经济效益。一些商业企业为了集中精力进行销售、扩大市场占有率，将产品的进货、储存和配送统一由自己的物流系统完成。例如，上海联华超市，建立了智能型仓储配送中心，装卸区可供25辆大型车辆同时进出配送货物。该中心采用了计算机管理和机械化操作，配送中心根据各超市网上传递的要货单，经计算机处理后向各楼层发出指令，各楼层按指令配货到集散地装车，中心实施24小时服务，同时为30家超市配送，做到40分钟送到门市部，实现了快速、高效的配送服务，日销商品已达到7.8万箱。

3）一批运输、仓储及货代企业逐步向物流企业发展

在我国计划经济体制下，形成了一大批运输、仓储及货代企业，我国对社会物流的需求增加，对物流的认识也在不断深化。为适应新形势下竞争的需要，企业正在改变原有单一的仓储或运输服务方向，积极扩展经营范围，延伸物流服务项目，逐渐向多功能的现代物流企业方向发展。

4）国外物流企业开始进入中国

我国的物流企业在经营规模、管理技术和管理水平方面相对落后，服务质量很难满足一些企业，特别是跨国公司对高质量物流服务的需求。但是我国的物流市场发展空间还是很大的，因此近些年来国际上一些著名物流企业普遍看好我国的发展，陆续进入我国，在我国许多地方开始建立物流网络及物流联盟。这些国外物流企业运用国际成功的物流服务经验，为客户提供完整的综合物流服务。

此外，这些物流企业的服务对象，大都是在我国境内的中外合资或外商独资企业，这种结合方式，形成了在我国境内两个外资企业之间的"强强联合"。

5）一些物流企业开始重视物流服务质量管理

服务质量的好坏关乎物流企业的发展，直接关系到物流企业在激烈的市场竞争中的成败，物流的本质是服务。因此我国的一些物流企业与国际接轨时，把提高服务质量作为国际物流领域的入门证，将质量保证思想运用到物流运作中，确立物流质量管理的关键要素，将每项要素的具体标准及要求汇编成《质量管理手册》，还专门设立了质量管理部，具体落实《质量管理手册》，使每一项业务运作从作业开始就实施质量控制和跟踪，保证了业务运作质量稳定、可靠。

6）信息技术和通信技术已逐步在物流业务中运用

计算机网络技术早在20世纪90年代便在物流活动中应用，直到1995年，国际互联网在商业领域中获得应用，这使信息技术在物流领域有了突破性进展，也促进了我国以网络物流为基础的物流业发展。通过利用互联网和电子数据交换系统，工厂和供应商可以随时查看最近交易状况与库存结构和数量，物流总体效益趋向最优化。

7）为电子商务提供服务的物流企业得到了发展

电子商务是指通过计算机和计算机网络完成商品交易等一系列的商业活动的一种商品流通方式。第三方物流企业以高科技信息技术为基础，为电子商务提供服务，充分利用互联网、无线通信和条形码等现代信息技术，以代理的形式对物流系列实行统一管理，建立了全国性的、快速的、以信息技术为基础的、专门服务于电子商务的物流服务系统，为客户提供便捷的网上物流交易商务平台。

8）物流研究和技术开发工作取得了一定进展

我国的物流理论将国外先进物流理论和经验成果与我国的实际情况相结合，在物流系统建设、物流规划法、物流企业的发展战略方面都取得了丰硕的成果，对我国物流发展起到了积极的作用。我国在物流技术研究方面也取得了长足进步，如激光导引无人运输车系统、巷道堆垛机、机器人穿梭车等技术的开发，以及在物流信息技术和物流管理技术、网上仓库管理信息系统和汽车调度信息系统、卫星定位系统、配送物流系统等方

面取得的重大进展。

美国、欧洲一些国家和日本非常注重物流企业的发展，也正是物流企业这样的物流主体进一步带动了这些国家物流产业的发展。而与发达国家相比，我国的物流水平存在一定的差距，亟须解决的问题还较多，如观念障碍、体制分割；第三方物流服务水平有待提高；物流技术装备落后，资源整合较差。只有当我国大部分生产制造企业能够切实重视物流管理和物流技术，我国的物流才可以说是真正发展起来了。

2. 中国物流业的"四次飞跃"

自改革开放后，中国物流业迅速发展，可分为四次大的飞跃：第一次是物流基础工作的全面展开；第二次是加入世界贸易组织，对中国物流业的全面冲击；第三次是国家重大物流规划的出台，物流产业地位全方位确立；第四次是国家确立"一带一路"倡议，带来中国物流业新的发展机遇。

1）物流基础工作全面展开

中国物流业历史发展的一次飞跃是 2001 年中国物流与采购联合会的成立，中国的物流作为一个行业登上了历史舞台。物流企业的出现使中国企业增加了新的成员，物流行业由物流企业组成，是物流企业的联合体，这一举动改变了中国企业的整体格局。

"2014 年度中国物流企业 50 强排名"中，第 50 名物流企业业务收入为 22.4 亿元，入围门槛比上年提高 2 亿元，2015 年我国 A 级物流企业总数已达 3176 家，其中，5A 级企业近 200 家。一批行业领先企业不断涌现。根据国家市场监督管理总局提供的数字，自 2001 年起，中国全面展开物流基础工作，这些基础工作是开创性的、全局性的、战略性的。例如，物流人才教育工程、物流统计、物流标准化建设和物流信息化建设、物流科学与技术工程、物流规划与设计、物流理论研究、物流企业与企业物流的推进、物流基本知识的普及以及物流业的总体规划等。这些基础工作是非常重要的，而且有深远的意义，不仅仅是当前受益，而且是长远受益。物流基础工作的开展，带来了中国物流事业的一次飞跃。

2）加入世界贸易组织

在加入世界贸易组织后，外资进入对中国物流业的全面发展起到了一个很大的促进作用，也极大地冲击了中国传统物流业。

联邦快递、联合包裹、美国总统轮船公司等进入中国，告诉我们国际快递业应该如何运行；马士基、德国邮政、日本通用、新加坡海王等企业进入中国，告诉我们如何运作港口物流、如何运作进出口物流、如何运作供应链设计；美国普洛斯等外资进入中国，告诉我们如何运作物流地产；国际采购联盟，美国、日本、欧洲的物流协会，告诉我们如何运作物流的行业组织、如何运作物流知识的普及、如何运作物流的标准等。这些外资进入中国以后，不仅给中国带来了新的理念和模式，也带来了很多先进的物流管理和物流技术，引进了资金和人才。我国国有和民营物流企业的成长和外资的进入有很大的关系。

3）国家重大物流规划的出台

我国自 1978 年引进物流概念以来，现代物流经历了理念传播、实践探索、产业地位确立和创新发展的阶段。

2006年，现代物流业第一次被写进国家五年规划。《国民经济和社会发展第十一个五年规划纲要》中第十六章"大力发展现代物流业"一节，明确了物流在我国国民经济中的产业地位。

2009年，国务院出台"十大产业振兴规划"之一的《物流业调整和振兴规划》，明确物流业是融合运输业、仓储业、货代业和信息业等的复合型服务产业，是国民经济的重要组成部分，涉及领域广，吸纳就业人数多，促进生产、拉动消费作用大，在促进产业结构调整、转变经济发展方式和增强国民经济竞争力等方面发挥着重要作用。2011年，国务院办公厅印发《关于促进物流业健康发展政策措施的意见》（业内称为"物流国九条"），促进现代物流发展的专题政策开始列入国务院政策层面。

党的十八大以来，现代物流发展进入新阶段。习近平多次深入物流市场和企业考察调研，从国家战略高度和发展全局出发，发表了一系列重要讲话，作出一系列重要指示批示。习近平创造性地运用马克思主义关于生产、流通、消费的关系理论，从市场经济体系全局来看待现代物流的地位和作用，从产业链、供应链、价值链层面指明了新阶段现代物流创新发展的方向。2014年9月，国务院印发《物流业发展中长期规划（2014—2020年）》，把物流业提升到基础性、战略性产业高度，对"十三五"时期物流业健康发展发挥了重要指导作用。有关部门出台了《促进物流业发展三年行动计划（2014—2016年）》。这些重大政策的出台，促进了中国物流业的快速发展。

2022年，国务院办公厅印发《"十四五"现代物流发展规划》，实施期限与《中华人民共和国国民经济和社会发展第十四个五年规划和2035年远景目标纲要》同步。与以往物流规划相比，此次规划的实施主体由"物流业"扩展为"现代物流"，体现了现代物流与相关产业融合创新发展的趋势与规律，强调了现代物流在现代化经济体系中的先导性、基础性、战略性地位和作用。

4）国家"一带一路"倡议的推进

中国国家主席习近平在2013年9月和10月出访中亚和东南亚国家期间，先后提出共建"丝绸之路经济带"和"21世纪海上丝绸之路"（简称"一带一路"）的重大倡议，得到了国际社会的高度关注。"一带一路"建设有利于促进沿线各国经济繁荣与区域经济合作，加强不同文明交流互鉴，促进世界和平发展，是一项造福世界各国人民的伟大事业，同时，作为基础性的产业，物流业获得了新的发展机遇。

3. 中国物流发展的主要模式

1）信息中介模式

过去由于信息不通畅，依托本地经营的优势，在一些货运车场、物流园区形成了一些小型的物流公司和货运公司，可以提供车辆与货源对接的中介信息服务，通过赚取信息费进行获利。随着2013年中国税制"营改增"的全国推广，这样的信息服务中介不具备开出增值税发票的可能，因此它们可能会陆续被整合或被淘汰。

商业模式价值：信息通路已经打通，该模式无太大生存空间。

2）项目服务模式

项目服务主要包括合同物流、物流软件项目服务、物流咨询项目服务等，其商业模式是过去20年中国物流应用最多的模式，包括第三方物流外包、物流软件开发与实施、物流咨询项目、物流工程项目等。这种阶段性的项目服务一般是由一个或多个需求驱动，按照一定的目标进行交付。

商业模式价值：市场做得好，生存空间也不错，但不具备规模化价值。

3）"苦力服务"模式

中国物流的基层商业模式是从运输、仓储运营中赚苦力费用，如长期在路上驾驶卡车的驾驶员、在仓库做传统的物流服务模式的企业，它们的生存空间越来越窘迫，发展空间较少。

商业模式价值：处于物流商业模式的底层，基本是体力活。

4）一体化物流模式

这种商业模式，是甲方将整个物流运营外包给乙方，乙方靠资源整合、业务整合、提供增值服务等内容获取利润空间。对于制造业一体化物流服务来说，可以实现采购供应物流+生产线旁物流+成品干线物流+区域配送+末端最后一公里物流+逆向物流全面整合。这种服务企业间互信度高，比传统的合同物流更有深度的商业价值，在系统上一般都会实现对接。

商业模式价值：该商业模式合作稳定，但乙方的角色难转变，被动地提供物流服务。

5）卖产品模式

卖产品模式主要是指出售物流软件、物流设备的模式。这种模式的参与者主要是信息技术企业或物流设备供应商等。

商业模式价值：物流运营离不开软件+硬件这样的工具，但卖产品很难做到标准化。

6）卖集成服务模式

出售"解决方案+物流软件+硬件"是目前比较流行的卖家服务模式。客户需要解决问题，需要从方案到系统，从系统到硬、软件集成的一整套服务，这是一些国际咨询公司商业模式变化的方向：先卖咨询，再卖系统，再整合一家合作伙伴来实施，这也是想一锅端的服务模式。

商业模式价值：系统集成服务是一项利润不错的业务，但风险相当高。

7）众包整个供应链服务模式

物流企业提供多维度的供应链综合服务，它们抓住一个产业链巨头的供应链链主企业，然后上下延伸，服务类别涵盖物流、报关、保税、供应链金融、流通加工等多项增值服务。提供这种服务的企业中已经有不少公司上市了；马云投资的一达通更是整合了外贸电商供应链综合服务平台的价值；以顺丰速运为代表的企业正在细分领域做综合的一体化供应链服务。

商业模式价值：具备控制供应链的价值，但不少企业的商业模式缺乏创新。

8）信息化服务模式

国内一些物流信息化服务商，创新推出软件即服务（software-as-a-service，SaaS）或类似SaaS的服务平台，如易流、维天运通、汇通天下，这三家企业都是在物流信息技术服务上提供创新服务的企业，各有各的特色，它们的共同点都是开放的运营平台服务模式,根据用户数来收费。

商业模式价值:以开放平台模式,提供 SaaS,通过整合松散的物流运力资源来挖掘市场潜力。

9)物流、供应链金融模式

依托物流为载体,提供金融服务,是物流增值服务的重要商业模式。在流通过程中,针对具备金融质押价值的商品开展物流金融。中储集团、民生银行、广发银行等率先在中国开展了物流金融业务,平安银行还设置了物流金融事业部。物流金融或称供应链金融已经成为物流增值服务的重要渠道。

商业模式价值:依托物流为载体,物流供应链金融市场潜力很大。

10)平台经济模式

零担平台:德邦快递、安能物流分别是直营零担、加盟模式的典型代表。直营模式建立周期长且稳定;加盟模式是以品牌统一、管理标准输出、业务整合为基点进行资源整合的模式,发展速度快,在社会资本的推动下能较快地实现商业价值。

公路港平台:以传化公路港为代表的公路港模式是结合中国运力资源松散的现状,依托车辆停靠的公路港为节点,提供信息、金融、生活等一系列服务的平台模式。公路港模式打造必须具备一定的网络基础。

快递平台:中国快递主要有加盟和直营模式,四通一达(申通快递、圆通速递、中通快递、百世汇通、韵达快递的合称)是加盟模式的典型代表,整个电商的重要运力都在它们身上;直营模式以顺丰速运、邮政特快专递服务(express mail service,EMS)、宅急送为代表。加盟快递的平台模式中公司总部主要有两种盈利模式:面单费用和加盟站点抽成费用。

最后一公里平台:伴随着电商的发展,最后一公里物流已经百花齐放。例如,"猫屋"模式,以友宝、宝盒为代表的最后一公里智能快递服务箱,北京地铁快递自提柜,天天快递的社区自提柜等。未来谁靠消费者近,谁能给消费者带来便捷服务,谁就拥有巨大的商业价值。

园区物流平台:指多区域、网络化、标准化运营整合的平台。例如,以普洛斯为代表的直营自建的园区平台,这样的平台主要负责选址征地、园区建设,提供给各大需求仓储的企业。这样的平台还包括安博、嘉民、国美等企业的物流园区模式。又如,天地汇物流平台模式是另一种整合模式,以园区整合为切入点,延伸公路港、零担干线等深度整合,具有探索意义。《"十四五"现代物流发展规划》明确指出:"把握物流需求多元化趋势,加强现代物流科技赋能和创新驱动,推进现代物流服务领域拓展和业态模式创新。"这是我国现代物流发展的重要方向。当前,我国现代物流的发展,要积极提高物流网络对经济要素高效流动的支持能力,引导产业集群发展和经济合理布局,推动跨区域资源整合、产业链联动和价值协同创造,发展枢纽经济、通道经济新形态,培育区域经济新增长点。物流园区作为物流业集聚发展和经济发展的重要载体,在提升物流效率,推动物流业转型升级,促进物流业与商贸业、制造业联动发展等方面,发挥了巨大作用。

11）物流商业地产模式

这是坐享地皮增值的模式，从 2009 年 3 月，物流业进入十大国家振兴行业起，中国的物流园区的兴起如雨后春笋，从国家级、省级、地市级直至县级，全国上千家物流园区遍地开花。中国物流真的需要这么多物流园区吗？物流园区真的运营起来了吗？中国物流园区存在的突出问题是：能够拿到地做园区的人，大多不会运营；园区的价值定义很粗放，有的就定义成车场、堆场、仓库，而真正的物流园区应当是当地产业、商业运营的载体，会涉及交易、金融、物流、数据等综合服务。目前来看，中国的物流园区相当一部分是在坐享商业地产的增值。

12）立体生态经济模式

商业模式中最大的赢家是链主企业，供应链从一条链向多条链整合过后就延伸出来前面描述的平台模式，如果多个平台建设和整合，就成了立体的经济模式。例如，菜鸟网络是一种整合的立体生态模式，包括基层的末端配送运营、干线整合、全国仓储圈地、信息平台建设、大数据战略、金融服务，延伸到制造代工等。

本章小结

物流管理的研究对象主要包含分销物流、绿色物流、生产物流、废弃物物流、环保物流、回收物流和社会物流七部分。物流管理能够支撑国民经济的增长；区域性物流中心成为地区经济增长极；带动区域产业结构升级，形成区域支柱产业；降低企业物流成本。

国外现代物流管理的发展趋势为：美国追求高度自动化的物流管理，发展特点为物流规模不断扩大；物流进入供应链管理时代；专业化特色物流服务突出；物流企业现代化、规模化、网络化程度高；第三方物流加速发展；第四方物流服务商作用日益明显；政府推动物流业发展。日本拥有独树一帜的物流成本管理方式，主要特点为通过完善物流基础设施建设，为物流业发展提供依托和条件；重视物流管理方式创新，提高物流管理现代化水平；广泛运用物流信息技术；逐步实现制造业物流专门化与物流业专业化。德国运用先进创新的物流管理，其发展趋势为现代物流业已成为德国经济新的增长点；以物流园区为核心推动物流产业集约化、规模化发展；物流产业定位与分工更趋明确；多种运输方式实现无缝衔接；物流标准化、信息化水平高；先进的物流管理方法得到广泛应用。多功能综合物流中心的建立，形成了英国综合性的物流体制，对整个欧洲影响很大。

国内现代物流管理的发展趋势为：省市开始重视现代物流的发展；工商企业开始重视物流管理；一批运输、仓储及货代企业逐步向物流企业发展；国外物流企业开始进入中国；一些物流企业开始重视物流服务质量管理；信息技术和通信技术已逐步在物流业务中运用；为电子商务提供服务的物流企业得到了发展；物流研究和技术开发工作取得了一定进展。其中中国的物流业存在"四次飞跃"：物流基础工作全面展开；加入世界贸易组织；国家重大物流规划的出台；国家"一带一路"倡议的推进。中国物流发展的主要模式是信息中介模式；项目服务模式；"苦力服务"模式；一体化物流模式；卖产品模式；卖集成服务模式；众包整个供应链服务模式；信息化服务模式；物流、供应链金融模式；平台经济模式；物流商业地产模式；立体生态经济模式。

拓展阅读+案例分析

第 3 章 物流与供应链管理

全球采购、销售等趋势的形成，信息化时代的到来，国际专业分工日趋明显，竞争的激烈促使每个企业都在讨论什么是供应链以及如何更好地管理供应链。供应链是围绕核心企业，通过对信息流、物流、资金流的控制，从采购原材料开始，到制成中间产品以及最终产品，最后由销售网络把产品送到消费者手中的将供应商、制造商、分销商、零售商直到最终用户连成一个整体的功能网链结构模式。供应链管理是通过用系统的观点对供应链中的物流、信息流和资金流进行设计、规划、控制和优化，以建立供、产、销企业以及客户间的战略合作伙伴关系，最大限度地减少内耗与浪费，实现供应链整体效率的最优化并保证供应链成员取得相应的绩效和利益，来满足顾客需要的整个管理过程。在全球网络供应链中，企业的形态和边界将发生根本性改变，整个供应链的协同运作将取代传统的电子订单，供应商与客户间信息交流层次的沟通与协调将是一种交互式、透明的协同工作。这种全球网络供应链，将广泛和彻底地影响并改变所有企业的经营运作方式。

本章主要介绍供应链、供应链管理的概念，供应链管理的实施战略与实施步骤，供应链管理的发展趋势等。通过本章的学习，读者可以掌握供应链管理的特征与运营机制、供应链管理的实施战略与实施步骤，并了解当前供应链全球化与敏捷化的发展趋势。

3.1 供应链概述

3.1.1 供应链的概念

21 世纪以来，全球经济一体化的浪潮不断推进，资本流动国际化、跨国界生产和流通、在消费地生产和组装产品形成一种新趋势。物流的内涵和范围进一步扩展，它不仅包括物流的内容，而且包括采购、生产运作、营销的功能。传统的运输、仓储等物流环节被纳入供应链的框架之内；生产制造企业的物流活动，扩大到了跨企业的范畴。2005 年供应链管理协会的成立，是从物流到供应链的演进，标志着全球物流进入了供应链时代。

随着全球采购、销售等趋势的形成，信息化时代的到来，国际专业分工日趋明显；同时还因为国际贸易竞争、企业争夺国际市场的激化，为了降低成本、加强竞争力，越来越多的跨国公司采取了加强核心业务、甩掉多余包袱的做法。它们将生产、流通和销售等多种业务外包给合作伙伴，自己只做自己最擅长、最为专业的部分。这样做既维持了国际贸易份额，又与贸易对象国紧紧地融合在一起，增强了抗风险的能力，减少了外界干扰。供应链形成后，它们既达到了预想的目的，又节省了费用，而利润不减少，稳定度加强，风险降低。跨国公司在全球范围内寻求合作伙伴，在众多的选择对象中择优选择，结成广泛的生产、流通、销售网链，形成了一股潮流和趋势。

竞争的激烈促使每个企业都在讨论什么是供应链以及如何更好地管理供应链。最先进的供应链管理不仅要探寻如何提高整个供应渠道中的成本抑制能力，还必须首先满足顾客对及时、高效的服务的日益增长的需求，并且考虑到技术领域的快速发展。对整条供应链进行管理的理念正在推动着世界主要制造商、贸易商和物流企业的业务模式发生根本性的变革。

供应链是跨企业的商业活动和物流活动的集成。供应链管理包括所有物流活动，也包括生产运作，它促使企业内部和企业之间的销售、产品设计、财务和信息技术等过程和活动协调一致。全球物流进入供应链时代之后，供应链和供应链管理的观念在企业管理领域越来越深入人心，只有了解供应链和供应链管理才能更好地了解物流。

对于"供应链是什么"这一问题，许多学者与组织从不同的角度给出了很多不同的答案，到目前为止尚未有统一的定义。

美国供应链管理专业协会对供应链的概念给出了权威性的解释："供应链，目前国际上广泛使用的一个术语，它囊括了涉及生产与交付最终产品和服务的一切努力，从供应商的供应商到客户的客户。供应链管理包括管理供应与需求，原材料、备品备件的采购、制造与装配，物件的存放及库存查询，订单的录入与管理，渠道分销及最终交付用户。"

美国运营管理协会将供应链定义为：①供应链是自原材料供应直至最终产品消费、联系跨越供应商与客户的整个流程；②供应链涵盖企业内部和外部的各项功能，这些功能形成了向消费者提供产品或服务的价值链。

国际供应链理事会对供应链的定义为：供应链涵盖了从供应商的供应到消费者的消费、自生产到成品交货的各种工作努力。这些工作努力可以用计划、寻找资源、制造、交货和退回五种基本流程来表述。

我国国家标准《物流术语》（GB/T 18354—2021）将供应链定义为：生产及流通过程中，围绕核心企业的核心产品或服务，由所涉及的原材料供应商、制造商、分销商、零售商直到最终用户等形成的网链结构。

我们从不同的定义中可以得到供应链的"共性"之处。

（1）供应链上存在不同行为主体，如消费者、零售商、批发商、制造商及原材料供应商。

（2）供应链是企业之间以及企业内各职能部门之间的互动与合作。

（3）供应链具有特定的功能，如为顾客提供某类商品或服务。

（4）供应链具有特定的结构特征，如有起始点和终结点、呈现出网状结构等。

（5）供应链的业务过程和操作，可以从工作流程、实物流程、信息流程和资金流程四个方面进行分析。

3.1.2 供应链的特征

从供应链的含义可以看出,供应链是一个网链结构,由围绕核心企业的供应商、供应商的供应商和用户、用户的用户组成。一个企业是一个节点,节点企业和节点企业之间是一种需求与供应关系。因此,供应链主要具有以下一些特征。

1. 复杂性

首先,由于受到不同外部环境、不同行业、不同生产技术和不同产品的影响,会产生不同形态结构、不同行为主体构成和采用不同控制方式的供应链;其次,同一供应链上的各种行为主体,如制造商、供应商、零售商等,也可能分别具有不同甚至相互冲突的目标。因此,对于某一企业来说,找到最优的供应链发展战略本身就是一项具有挑战性的工作。

经济发达程度、物流基础设施、物流管理水平和技术能力等因地域不同而不同,而供应链操作又必须保证其目的的准确性、行动的快速反应性和高质量服务性,这便不难看出供应链复杂性的特点。

党的二十大报告提出:着力提升产业链供应链韧性和安全水平。这对于推动高质量发展、加快建设现代化经济体系、维护国家产业安全具有重要指导意义。近年来,我国产业链供应链核心竞争力不断增强,在全球产业链供应链中的地位持续攀升,但产业链供应链发展不平衡的情况较为突出,不同产业在发展速度、发展阶段和现代化水平上有明显差异。提升产业链供应链韧性和安全水平,需要根据各行业实际做好战略设计,加强精准施策。要深入贯彻落实党中央决策部署,充分发挥我国集中力量办大事的制度优势和超大规模市场优势,坚持用新发展理念引领实体经济高质量发展,更加注重补短板和锻长板,着力提升产业链供应链韧性和安全水平。

2. 持续性

供应链上的消费需求和生产供应始终存在时间差和空间分隔。通常,在实现产品销售的数周或数月之前,制造商必须先期决定生产的款式和数量。这一策略直接影响到供应链系统的生产、仓储、配送等功能的容量设定以及相关的各种成本构成。因而,供应链上的供需匹配隐含着巨大的财务和供应风险。

3. 动态性

消费需求在不断变化,即使制造商和销售商能够通过各种手段和方法(如各种合同与订单)较准确地得到某些消费信息,它们也需要面对消费季节性波动、消费趋势、广告、促销、竞争对手的定价策略等因素的不断变化,这些因素直接影响成本的构成和计划的制订。供应链管理的目标既要满足消费需求,又要实现系统成本最小化。供应链中的企业都是在众多企业中筛选出的合作伙伴,合作关系是非固定的,也就是在动态中调整的。因为供应链需要随目标的转变而转变,随服务方式的变化而变化,它随时处在一个动态调整过程中。

4. 交叉性

对于产品而言，每种产品的供应链都由多个链条组成。对于企业而言，每个企业既可以是这个链条的成员，同时也可以是另外几个链条的成员。众多的链条形成交叉结构，增加了供应链协调管理的难度。

5. 协调性和整合性

供应链本身就是一个整体合作、协调一致的系统，它有多个合作者，像链条一样环环连接在一起，大家为了一个共同的目标，协调动作、紧密配合。每个供应链成员企业都是"链"中的一个环节，都要与整个链的动作一致，绝对服从于全局。做到方向一致、动作一致。

推进供应链创新发展，支撑产业补链、延链、固链、强链。产业链尚不完整的一些传统行业，可以重点完善供应链，以供应链发展带动产业链发展，推动传统行业转型升级。由于这些行业的一些配套服务相对缺乏，需要加强供应链服务创新，为产业发展提供完善的配套和支撑，推动产业链加快发育和提升竞争力。要聚焦产业链发展需要，提供专业化、一体化、现代化的供应链服务，如资源整合、信息赋能、金融信贷、科技创新、物流运输等，助力产业链发展。充分利用工业互联网平台，实现信息流、物流、资金流的高效匹配，推动供应链高质高效发展，并以供应链服务创新赋能产业链发展，促进产业链补链、延链、固链、强链，推动传统行业的产业链现代化转型。

6. 虚拟性

供应链的虚拟性主要表现在它是一个协作组织，而并不一定是一个集团企业或托拉斯企业。这种协作组织以协作的方式组合在一起，依靠信息网络的支撑和相互信任关系，为了共同的利益，强强联合、优势互补、协调运转。由于供应链需要永远保持高度的竞争力，必须是优势企业之间的连接，所以组织内的吐故纳新、优胜劣汰是必然的。供应链犹如一个虚拟的强势企业群体，在不断地优化组合。

7. 面向用户需求

供应链的形成、存在、重构，都是基于一定的市场需求而发生的，并且在供应链的运作过程中，用户的需求拉动是供应链中信息流、商品流和服务流、资金流运作的驱动源。

8. 创新性

许多产品的生命周期有不断缩短的趋势。某些产品的生命周期只有几个月，生产和销售厂商可能只有一次生产和销售机会，没有历史数据可供制造商用于判断和分析消费需求。此外，在这些行业中，产品获利性高，这使消费需求变得更加难以判断和预测，许多产品上市以后，采用撇脂定价策略，然后产品价格不断下降，价格和消费成为互动的博弈关系。

3.1.3 供应链的分类

供应链是一个非常复杂的大系统。面对如此复杂的系统，必须认识到不同情况下供应链系统的特征，这样才能有目的地选择适合本企业的运作模式。同时，分清不同的类型，才能有针对性地选择最适宜的管理。根据不同的划分标准，我们可以将供应链分为以下几种类型。

1. 生产推动型供应链和需求拉动型供应链

顾客需求的满足可能是主动取得的，也可能是被动取得的。对供应链而言，对市场上顾客需求把握的方式可能存在不同，据此可以将供应链划分为生产推动型供应链和需求拉动型供应链。生产推动型供应链主要根据长期预测或销售订单进行生产决策，其主要形式为面向成品库存生产。一般地，制造商利用从零售商处接收到的订单来进行需求预测。需求拉动型供应链中的生产则根据实际消费需求而不是预测需求来开展计划和组织生产，其主要形式为面向订单生产。供应链通过使用快速的信息流机制将客户需求信息向上传递。两种系统的优缺点比较如表3-1所示。

表3-1 生产推动型供应链与需求拉动型供应链优缺点比较[①]

优缺点	生产推动型	需求拉动型
优点	能够稳定供应链的生产负荷，提高机器设备利用率，缩短交货周期，提高交货可靠性	大大降低各类库存和流动资金占用，减少库存变质和失效的风险
缺点	需要备有较多的原材料、在制品和制成品库存，库存占用的流动资金较大，当市场需求发生变化时，企业应变能力较弱	将面对能否及时获取资源和及时交货以满足市场需求的风险

2. 效率型供应链和反应型供应链

一般来说，根据需求是否可预测，可将供应链划分为两种不同类型：效率型供应链和反应型供应链。效率型供应链主要体现供应链的物料转化功能，即以最低的成本将原材料转化成零部件、半成品、产品，以及在供应链中的运输等；而反应型供应链主要体现供应链对市场需求的反应功能，即把产品分配到满足用户需求的市场，对未预知的需求做出快速反应等。两种类型的供应链的比较见表3-2。

表3-2 效率型供应链与反应型供应链的比较

比较的内容	效率型供应链	反应型供应链
主要目标	以最低的成本供应可预测的需求	快速响应不可预测的需求，减少缺货、过期降价、废弃库存造成的损失
产品设计策略	绩效最大、成本最小	使用模块化设计，尽量延迟产品差异化
制造策略	维持高平均利用率	消除多余的缓冲能力
库存策略	使库存最小以减少成本	维持缓冲库存，满足不确定性需求
提前期	在不增加成本的前提下缩短提前期	采取主动措施缩短提前期
选择供应商指标	依据成本和质量	依据速度、柔性和质量

---

① 资料来源：孙云欣. 供应链管理原理. 上海：上海财经大学出版社，2003.

当知道产品和供应链的特征后，就可以设计出与产品需求一致的供应链。设计策略如图 3-1 所示。

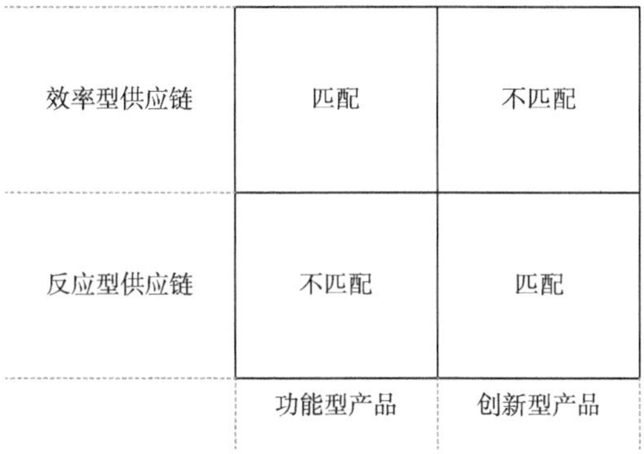

	功能型产品	创新型产品
效率型供应链	匹配	不匹配
反应型供应链	不匹配	匹配

图 3-1　供应链设计与产品类型策略矩阵

策略矩阵的四个元素代表四种可能的产品和供应链的组合，管理者可以据此判断企业的供应链流程设计是否与产品类型一致。这就是基于产品的供应链设计策略：效率型供应链流程适于功能型产品，反应型供应链流程适于创新型产品，否则就会产生问题，即产品如果与供应链不匹配，将不能很好地满足市场需求，并使供应链缺乏市场竞争力。对于图 3-1 中右上方不匹配的情况，可以采用两种改进方法：一种方法是向左平移，将创新型产品变为功能型产品；另一种方法是向下垂直移动，实现从效率型供应链向反应型供应链的转变，正确的决策取决于创新型产品所产生的边际利润是否足以弥补采用反应型供应链所增加的成本。

对于功能型产品来说，关键在于如何以低成本满足市场的需要，通常可采取以下措施。

（1）加强企业与供应商、分销商之间的合作，有效降低整个供应链的成本。

（2）维持价格的稳定，避免频繁的价格促销活动。

对于创新型产品来说，由于产品需求的不确定性，在市场中取胜的关键在于如何快速地满足市场的需求，通常可采取以下措施。

（1）通过共享零部件提高零部件需求的预测准确性，从而减少需求的不确定性。

（2）通过缩短提前期和增加供应链的柔性，实现按订单生产，从而避免需求的不确定性。

（3）通过设置库存缓冲和能力缓冲，防范需求的不确定性。

3．平衡的供应链和倾斜的供应链

根据供应链的容量与用户需求的关系，可以将供应链划分为平衡的供应链和倾斜的供应链。一个供应链具有一定的相对稳定的设备容量和生产能力（所有节点企业能力的综合，包括供应商、制造商、运输商、分销商、零售商等），但用户需求处于不断变化的过程中。当供应链的容量能满足用户需求时，供应链处于平衡状态，而当市场变化加剧，造成供应链成本增加、库存增加、浪费增加等现象时，企业不是在最优状态下运作，供应链则处于倾斜状态,如图 3-2 所示。

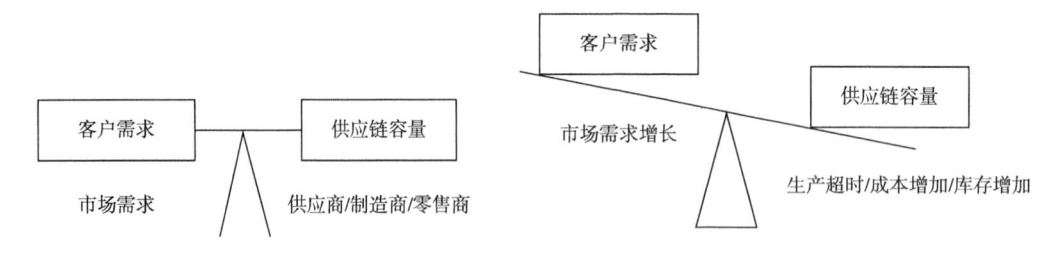

图 3-2 平衡的供应链和倾斜的供应链

平衡的供应链可以实现各主要职能(采购/低采购成本、生产/规模效益、分销/低运输成本、市场/产品多样化和财务/资金周转快)之间的均衡。

4. 稳定的供应链和动态的供应链

根据供应链存在的稳定性,可以将供应链划分为稳定的供应链和动态的供应链。基于供应链管理基础相对稳定、单一的市场需求而组成的供应链稳定性较强,在较长的时间段里,供应链中的成员构成、协作关系都相对稳定,称为稳定的供应链。而基于相对频繁变化、复杂的需求组成的供应链动态性较高,不管是成员构成还是彼此之间的关系,都处于一个动态的过程中,呈现动态平衡的状态。它在实际管理运作中,需要根据不断变化的需求,相应地改变供应链的组成。

3.1.4 供应链的运作方式与工作流程

1. 运作方式

供应链是由各种实体构成的网络,网络上流动着物流、资金流和信息流。这些实体包括一些子公司、制造厂、仓库、外部供应商、运输公司、配送中心、零售商和用户。一个完整的供应链始于原材料的供应商,止于最终用户,如图 3-3 所示。

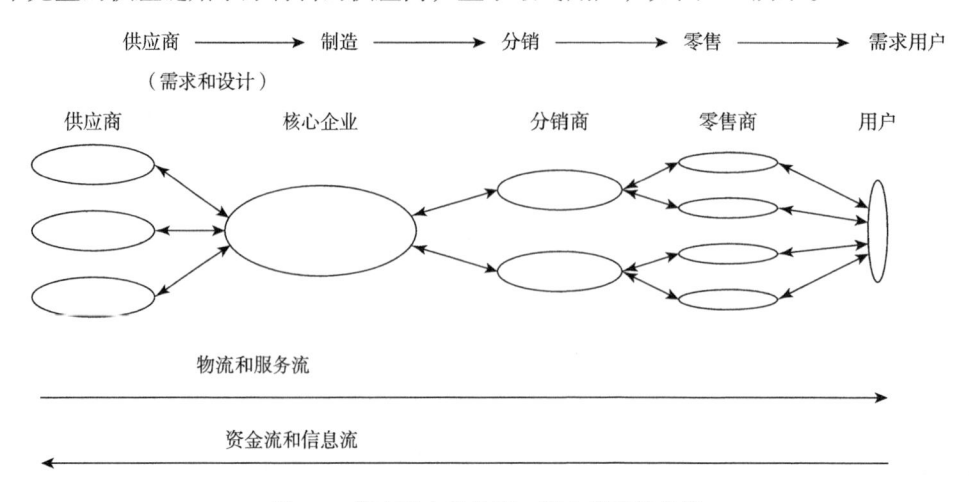

图 3-3 供应链中的物流、资金流和信息流

从企业供应链的运作模式上看，可以分为供给推动模式和需求拉动模式，一般两种模式都是混合使用的，即推-拉结合模式，很少有企业能够完全采用供给推动模式或完全采用需求拉动模式。企业供应链运作模式决定了物流形式和物流管理方式。

1）供给推动模式

供给推动模式的供应链运作方式以制造商为核心，产品生产出来后从分销商逐级推向用户。分销商和零售商处于被动接受的地位，各个企业之间的集成度较低，通常采取提高安全库存量的方法应付需求变动，因此整个供应链上的库存量较高，对需求变动的响应能力较差。供给推动模式如图3-4所示。

图3-4 供给推动模式

2）需求拉动模式

需求拉动模式下，供应链的驱动力产生于最终用户的需求，整个供应链的集成度较高，信息交换迅速，可以根据用户的需求实现定制化服务。采用这种运作方式的供应链系统库存量较低。需求拉动模式如图3-5所示。

图3-5 需求拉动模式

3）推-拉结合模式

推-拉结合模式是指企业的供应链运作分为两部分：一部分为推动模式，另一部分为拉动模式。推动模式与拉动模式的接口处称为推-拉边界，如图3-6所示。

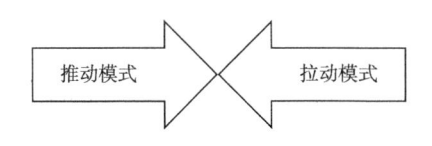

图3-6 推-拉结合模式

在推拉边界的左边，供应链的驱动模式为生产推动型，而在推拉边界的右边，供应链的驱动模式转变为订单拉动型。推拉边界为生产模式的转换点，是两种驱动模式的结合点，因而也是企业供应链有效集成的关键点。在生产组织过程中，需要在众多的节点中根据客户的需求，在真正满足客户需求的前提下，选择出企业内的供应链推拉边界，并处理好两种驱动模式的交互关系。

2. 工作流程

供应链上的工作流程是指业务规则、交易规则及其操作流程；实物流也就是物流，主要是指从供应链上游到下游直至客户手中的物质转换流程和产品流；信息流包括产品需求、订单传递、交货状态、交易条件和库存等信息；资金流包括信用条件、支付方式以及委托与所有权契约等。供应链的一般构造从简单到复杂可以依次分为内部供应链、基本供应链、段落供应链、最终供应链和互联网供应链。

（1）内部供应链：从狭义上讲，"供应链"一词也用于大型企业内部工作流、实物流、资金流及信息流的协调。这些企业往往在多个国家设有分支，但整个企业有统一的高层管理部门，所以决策过程会相对容易些。

（2）基本供应链：由一家企业、该企业的直接供货商和直接客户组成，包括了供需的最小循环。它是供应链的最基本模式，每一个企业都是一个基本供应链的组成部分。

（3）段落供应链：每个段落供应链均由若干基本供应链组成，每个段落供应链都提供不同的部件或服务，为产品增加附加值。

（4）最终供应链：各个段落供应链联合起来则成为一条最终供应链，每一个最终消费者享用的产品或服务都是由一条最终供应链提供的。目前也有很多学者提到全球供应链（global supply chain），即在全球范围内组成的供应链。全球供应链的概念是随着企业出于自身需要，根据不同产品特性和经营环境将供应、生产、市场置于全球范围内的最适合的地方，并在世界各地选取最有竞争力的合作伙伴结成全球供应链网络以实现该段供应链的最优化而形成的。事实上，全球供应链也是最终供应链的一种表现形式。

（5）互联网供应链：电子商务意义下的新型供应链，也称作电子供应链。它利用互联网这个"工具"将现实世界中的供应链搬到网上进行。互联网供应链上的成员企业均是平等的，供应链随一个"项目"的启动而组合，随"项目"结束而解散。它克服了目前供应链中的许多结构性弊病，尽管现在还不成熟，但它是供应链未来发展的方向。

每一条供应链的目标都是使供应链整体价值最大化。一条供应链所创造的价值，就是最终产品对于顾客的价值与供应链为满足顾客的需求所付出的总成本之间的差额，即"供应链盈利"。显然，整条供应链成功与否最终应体现为它的盈利程度，因此，一个自然的问题就是寻找"供应链收入"与"供应链成本"的来源。

对于任何一条供应链来说，唯一的收入来源就是最终顾客。在一条供应链中，只有顾客才能带来正的现金流。例如，顾客从联华超市购买洗涤剂的行为才能给供应链带来正的现金流，其他的现金流只是在供应链中发生的资金转移，当联华超市付款给供应商的时候，它拿走了收到款项的一部分，同时将另一部分资金转移给它的供应商。

所有工作流、物流、信息流和资金流都将增加整条供应链的成本。因此，如何合理地管理工作流、物流、信息流和资金流，是供应链取得成功的关键。供应链管理是指在满足顾客需求的前提下，对供应链各环节内部和各环节之间的工作流、物流、信息流和资金流进行协调和集成管理，以实现供应链整体利润最大化。供应链管理的基本原则包括：①以消费者为中心的原则；②贸易伙伴之间密切合作、共享盈利和共担风险的原则；③促进信息充分流动与共享的原则。所有企业都要应用计算机与信息网络技术，按信息充分流动的原则，重新组织和安排业务流程，实现集成化管理。

3.1.5 物流与供应链的关系

物流与供应链是两个不同的范畴。目前，物流与供应链的关系如下。

1. 物流是供应链的重要组成部分

物流不等同于供应链。物流解决整个供应系统中物的流动的问题，而供应链中往往还包括生产制造等活动。具体而言，供应链设计从原材料到产品交付的整个物流过程，供应链中的产品需要靠物流来实现交换和流通。物流是供应链实现价值的基础，是供应链的重要组成部分。

2. 物流在供应链中起重要作用

在供应链中，物流的作用举足轻重，即使是制造活动，物流也不仅仅是生产的辅助部门而只起支持作用。现代企业环境的变化要求企业能尽快适应市场需要，物流系统具有与制造系统协调运作的能力，可以提高供应链的敏捷性和快速反应能力，增强其对于环境的适应性。例如，物流系统可以做到：准时交货，降低用户成本；降低流通费用，减少供应链消耗；快速反应与传递市场信息，创造顾客价值，提高供应链的竞争力；供需协调，实现供应链的快速连接。以往商品经由制造、批发、仓储、零售各环节间的多层复杂途径，最终到消费者手里，现代物流业已简化为经配送中心的直接分配而送至各零售点，大大提高了社会的整体生产力和经济效益。

供应链条件下物流系统的充分延伸，能不断创造和提供从原料到最终消费者之间的增值服务。

3. 供应链管理环境下物流的特征

供应链管理观念的引入，直接影响了物流的应用环境，使之产生了变化。

1）物流和物流业大大扩展

如前所述，供应链管理实质上是一个扩展模式，表现为建立战略联盟，提高企业核心能力；扩大资源的利用和共享；合作竞争，创造群体价值；同步运作，实现快速反应；用户驱动，满足市场需求。这些特点深入影响物流管理，使物流管理产生最重要的变化，物流的范围和业务量大大扩展，进一步超越时间、空间的局限。例如，建立跨行业、跨国界物流，物流专业产销分工扩大化、精细化，建立多种形式的运输网络和配送中心，提高物流系统的重组和适应能力等。

2）信息量大大增加，透明度提高

在传统条件下，物流过程的信息传递是纵向一体化式的，无论需求信息还是供给信息，都是从顾客到供应商或者从供应商到顾客这样一层层单向传递的，中间环节多，容易发生歪曲和阻滞。而在供应链管理环境中，成员之间的横向联盟使信息的传递也是网络式的，因而信息量大大增加，任何一个企业都可以通过联网形式掌握供应链上不同环节的供求信息和市场信息。

信息流增加主要表现为共享信息的增加。通过信息共享，供应链上任何节点的企业都能及时掌握市场的需求动态和整个供应链的运行态势，每个环节的物流信息都能与其他环节进行交流与沟通，从而减少信息歪曲现象，能正确反映现实情况。共享信息的增加和透明度的提高，使供应链物流过程更加清晰化，也为实时控制物流过程提供了条件，依靠共享信息系统和信息反馈机制，许多企业有能力跟踪企业之外的物流过程，提高了企业对外界的适应性。

3）物流网络规划能力增强，物流作业精细化

供应链管理环境下的物流，是一种统一规划下的物流系统，它具有供应链的管理特征，表现出集成化优势。例如，可以设计一个专业化的灵活多变的物流网络。建立合理的路径和节点，全面提高运行系统的能力。它可以充分利用第三方物流系统、代理运输等多种形式的运输和交货手段，降低库存的压力和安全库存水平等。

供应链管理中"业务流程重组"的思想，也导致了作业流程快速重组能力的极大提高，进一步带来了物流系统的敏捷性，通过消除不增加价值的部分，为供应链的物流系统进一步降低成本和精细化运作提供了基本保障。

4）物流过程的高度协调性

供应链是一个整体，合作性与协调性是供应链管理的一个重要特点。在这一环境中的物流系统也需要"无缝连接"，它的整体协调性得到强化。例如，运输的货物要准时到达，顾客的需要才能及时得到满足；采购的物资不能在途中受阻，才会增强供应链的合作性。因此，供应链物流系统获得高度的协调性是保证供应链获得成功的前提条件。

我们认为，供应链不仅仅只是对物流概念进行扩展，供应链与企业的业务集成息息相关。

物流是物质以物理形态在供应链中流动，因此物流是供应链的载体、具体形态或表现形式。供应链的载体或表现形态不止物流，还有信息流和资金流，只不过物流的有形流动更外在一些。现代物流由于现代科技进步和信息化的作用，使物流的流速、流量、流向、流通规模、范围和效益等方面发生了质的变化，感觉上物流更具体、更明显，实质上供应链及其管理的巨大效应恰恰由物流这种外在的表现而体现出来，使供应链的构成具有现代意义，在经济社会中体现出十分重大的影响。

没有供应链的生产环节就没有物流，生产是物流的前提与条件；反过来，没有物流，供应链中生产的产品的使用价值就不能得以实现。从本质上讲，物流不创造价值，只增加供应链成本，因此存在一个"最小物流费用问题"；物流强调的是过程，物流运动及其管理的控制作用是由供应链中的信息流来完成的，信息互动使高效率供应链和物流活动成为可能。

物流供应商是供应链构成中的一个节点，在一个供应链网链结构中往往需要多个物流供应商提供物流服务。物流解决方案一般由供应链决定，由第三方物流和综合企业来实施；供应链管理提供现代供应链问题解决方案，并由自身实施。

3.2 供应链管理概述

自从有了商业活动以来，供应链管理的行为就客观存在，但是作为一门管理思想，

它产生于 20 世纪 80 年代，并在最近几年受到广泛重视。供应链管理改变了企业的竞争方式，将单个企业竞争转变为由核心企业、供应商、制造商、批发商、零售商及用户所形成的供应链联盟的竞争，是企业赢得竞争优势的重要源泉。因此，企业要在激烈的竞争环境中生存下来，必须重视和加强供应链管理工作。

党的二十大报告提出："着力提升产业链供应链韧性和安全水平。"习近平在中共中央政治局第二次集体学习时进一步强调，要"增强产业链供应链的竞争力和安全性"。自 20 世纪 90 年代以来，全球产业链分工日益占据重要地位，如何通过融入全球产业分工体系并不断提升本国产业链供应链现代化水平，成为发展中国家在现代化进程中面临的主要难题。中国共产党领导中国人民成功走出一条中国式现代化道路，拓展了发展中国家参与全球产业链分工的路径。

3.2.1 供应链管理的概念

由于供应链管理对企业的生存和发展有着巨大的影响，自从供应链管理的概念被提出以来，人们从不同的角度对供应链管理有不同的认识和结论，导致对供应链管理至今都没有一个公认的、完整的定义。这里介绍几种典型的供应链管理定义。

美国供应链管理专业协会的供应链管理概念在全球广泛使用，其定义为：供应链管理包括了对涉及采购、外包、转化等过程的全部计划和全部物流管理活动。从本质上来说，供应链管理是企业内部和企业之间的供给和需求的集成。总部设于美国俄亥俄州立大学的全球供应链论坛的成员于 1994 年提出，并于 1998 年修订的定义是：供应链管理是从最终用户到最初供应商的所有为用户及其他投资人提供价值增值的产品、服务和信息的关键业务流程的一体化。这里的业务流程实际上包括了两个相向的流程组合：一是从最终用户到初始供应商的市场需求信息的逆流而上的传导过程；二是从初始供应商向最终用户的顺流而下，且不断增值的产品和服务的传递过程。供应链管理就是针对这两个核心业务流程实施一体化运作、实现供应链的优化并最终取得满意的结果的过程。

著名的供应链专家艾拉姆（Ellram）认为："供应链管理是在从供应商到最终用户的过程中，用于计划和控制物资流动的集成的管理方法。"

易凡思（Evens）认为："供应链管理是通过前馈的信息流和反馈的物料流及信息流，将供应商、制造商、分销商、零售商直到最终用户连成一个整体的管理模式。"

菲利普（Phillip）则认为："供应链管理是一种新的管理策略，它把不同企业集成起来以提高整个供应链的效率，注重企业之间的合作。"

香港货品编码协会认为："供应链管理是一种业务战略，它使在供应链中的贸易伙伴共同承担责任、携手合作，使客户实现最低的供应链费用，为客户和消费者带来更大的价值。"

还有的学者认为，供应链管理是对整个供应链系统进行计划、协调、操作、控制和优化的各种活动和过程，其目标是要将顾客所需的正确的产品能够在正确的时间按照正确的数量、正确的质量和正确的状态送到正确的地点，并使总成本最小。

我国国家标准《物流术语》（GE/T 18354—2021）对供应链管理的定义是：从供应链整体目标出发，对供应链中采购、生产、销售各环节的商流、物流、信息流及资金流进行统一计划、组织、协调、控制的活动和过程。

综上，供应链管理是用系统的观点通过对供应链中的物流、信息流和资金流进行设计、规划、控制和优化，以寻求建立供、产、销企业以及客户间的战略合作伙伴关系，最大限度地减少内耗与浪费，实现供应链整体效率的最优化并保证供应链成员取得相应的绩效和利益，来满足顾客需要的整个管理过程。

3.2.2 供应链管理的特征

供应链管理是一种新型的管理模式，主要致力于建立成员之间的合作关系，它主要具有以下特征。

1. 系统观念

它要求把供应链看成一个整体，而不是将供应链看成由采购、制造、分销和销售等构成的一些分离的功能块。

2. 以顾客为中心的战略决策

战略决策的出发点是满足消费者的需求和偏好，基于最终消费者对成本、质量、交货速度、快速反应等多种要求及其重要性进行排序，建立整个供应链的共同目标和行动方案。

3. 动态管理

在供应链管理的具体实践中，应该始终关注对关键过程的管理和测评，对供应链的价值增值过程和合作伙伴关系开展动态管理。同时，高度动态的市场环境要求企业管理层能够经常对供应链的运营状况实施规范的监控和评价，如果没有实现预期的管理目标，就必须考虑可能的替代供应链并做出适当的应变。

4. 强调协调机制，建立新型的企业伙伴关系

供应链管理强调通过谨慎地选择业务伙伴、减少供应商数目来改变过去企业与企业之间的敌对关系，将其调整为紧密合作的业务伙伴关系。新型企业关系表现为信息共享以及有共同解决问题的协调机制等。

5. 开发核心竞争能力

供应链上的企业努力发展自身的核心竞争能力，即向专业化方向发展。企业自身核心竞争能力的形成，有助于保持和强化供应链上的合作伙伴关系。

6. 强调集成管理

物流更加关注组织内部的功能整合，而供应链管理认为仅有组织内部的一体化是远远不够的。供应链管理是一个高度互动和复杂的系统工程，需要同步考虑不同层次上相互关联的技术经济问题并进行成本效益权衡。

7. 依赖共同价值

如果说物流管理是为了提高产品面向客户的可行性,那么供应链管理则迫切需要解决供应链伙伴之间信息可靠性的问题,通过构筑信息平台在供应链伙伴之间形成一种相互信任、相互依赖、互惠互利和共同发展的价值观和依存关系。

8. 以供应链各环节上的信息集成与共享为条件

从客户价值导向出发,企业必须加强信息集成和共享。因为只有在信息集成和共享条件下,企业才能够使客户订单、库存报告、零售数据报告以及其他关键信息从一个企业(部门)开放地、迅速地流向另一个企业(部门),才能实现对客户的快速反应。例如,在超市的收款台前,扫描器采集到客户所购商品的确切信息后,产品就会从分销仓库中发出,数据在分销仓库进一步集中后又传给制造商,这样,制造商就可以据此做好准备,确定下一次交货时间以补充分销仓库中的货物。据此,制造商将调整和更新原有计划,以便使上游各方相应地调整各自的交货计划。

9. 以客户价值为导向的"需求动力"模式

新的供应链模式是以客户价值为导向的模式,其基本思想是供应链上的企业必须首先了解客户需要什么样的产品和服务。只有提供更好的客户使用价值,才能实现企业自身的价值,因此,有效客户反应(efficient consumer response,ECR)的实施作为一项战略方针应运而生。

10. 供应链的竞争新概念

实施供应链管理,市场竞争不再是单个企业与企业之间的竞争,而是供应链与供应链之间的竞争,所以,培育供应链的能力就显得非常重要。

综上所述,供应链新模式要求面对顾客和市场,增加产品的可替换形式;缩短订货周期;改进质量;降低单元成本,提高运作优势;建立完善的评估机制和执行系统。

3.2.3 供应链管理的运营机制

供应链管理的运营机制包括供应链管理的合作机制、决策机制、激励机制和自律机制等,通过有效管理这些机制,能够实现满足顾客需求、使顾客满意以及留住顾客等功能目标,从而实现供应链管理的最终目标:社会就业需求、经济目标(创造最佳利益)和环境目标之一,具体如图3-7所示。

1. 合作机制

供应链合作机制体现了战略伙伴关系和企业内外资源的集成与优化利用。基于这种企业环境的产品制造过程,从产品的研究开发到投放市场,周期大大地缩短,而且顾客导向化(customization)程度更高,模块化、简单化产品,标准化组件,使企业在多变的市场中柔性和敏捷性显著增强,虚拟制造与动态联盟提高了业务外包(outsourcing)策略的利用程度。企业集成的范围扩展了,从原来的中低层次的内部业务流程重组上升到企业间的协作,这是一种更高级别的企业集成模式。

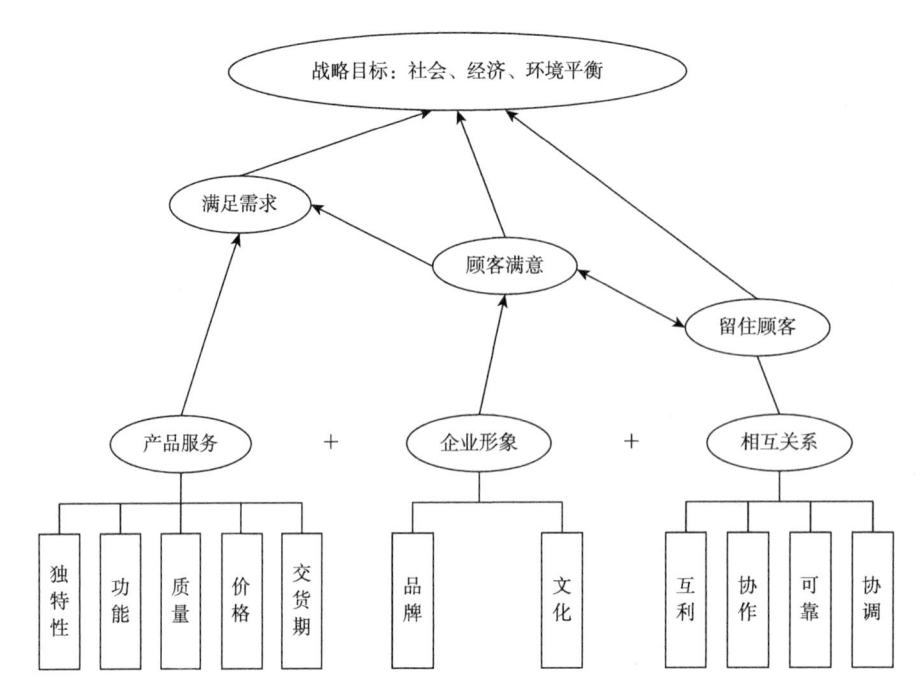

图 3-7 供应链管理目标实现过程

2. 决策机制

由于供应链企业决策信息的来源不再仅限于一个企业内部,而是在开放的信息网络环境下,不断进行信息的交换和共享,达到供应链企业同步化、集成化计划与控制的目的,而且随着互联网发展成为新的企业决策支持系统,企业的决策模式将会产生很大的变化,因此处于供应链中的任何企业决策模式应该是基于互联网的开放性信息环境的群体决策模式。

3. 激励机制

归根到底,供应链管理和任何其他的管理思想一样,都是要使企业在 21 世纪的竞争中在 TQCSF(T 为时间,指反应快,如提前期短、交货迅速等;Q 为质量,控制产品、工作及服务质量高;C 为成本,企业要以更少的成本获取更大的收益;S 为服务,企业要不断提高用户服务水平,提高用户的满意度;F 为柔性,企业要有较好的应变能力)上有上佳表现。缺乏均衡一致的供应链管理业绩评价指标和评价方法是目前供应链管理研究的弱点,也是导致供应链管理实践效率不高的一个主要问题。为了掌握供应链管理的技术,必须建立、健全业绩评价和激励机制,使供应链管理能够沿着正确的轨道与方向发展,真正成为能被企业管理者乐于接受和实践的新的管理模式。

4. 自律机制

自律机制要求供应链企业向行业的领头企业或最具竞争力的竞争对手看齐,不断对产品、服务和供应链业绩进行评价,并不断地改进,以使企业能保持自己的竞争力并持续发展。自律机制主要包括企业内部的自律、对比竞争对手的自律、对比同行企业的自律和比较领头企业的自律。企业通过推行自律机制，可以降低成本，增加利润和销售量，更好地了解竞争对手，提高客户满意度，增加信誉，企业内部部门之间的业绩差距也可以得到缩小，提高企业的整体竞争力。

3.2.4 物流管理与供应链管理的关系

1. 供应链管理与物流管理的联系

人们最初提出"供应链管理"一词，是用来强调物流管理过程中，在减少企业内部库存的同时也应考虑减少企业之间的库存。随着供应链管理思想越来越受到欢迎和重视，其视角早已拓宽，不仅仅着眼于降低库存，其管理触角还伸展到企业内外的各个环节、各个角落。从某些场合下人们对供应链管理的描述来看，它类似于穿越不同组织界限的、一体化的物流管理。实质上，供应链管理战略的成功实施必然以成功的企业内物流管理为基础。能够真正认识并率先提出供应链管理概念的正是一些具有丰富物流管理经验和先进物流管理水平的世界级顶尖企业，这些企业在研究企业发展战略的过程中发现，面临日益激化的市场竞争，仅靠一个企业和一种产品的力量，已不足以占据优势，企业必须与它的原料供应商、产品分销商、第三方物流服务商等结成持久、紧密的联盟，共同建设高效率、低成本的供应链，才可以从容应对市场竞争，并取得最终胜利。

2. 供应链管理与物流管理间的区别

越来越多的顶级企业和组织已认识到并承认供应链管理和物流管理间的区别。

（1）从范围来看，物流管理作为供应链管理的一个子集，两者并非同义词。物流管理在恰当的实施下，总是以点到点为目的；而供应链管理将许多物流以外的功能穿越企业间的界限整合起来，它的功能超越了企业物流的范围。供应链涉及范围从新产品的研发、工程设计、原料采购、生产制造、储存管理、配送运输和订单履行直到客户服务及市场需求预测这样一个全过程。供应链可以指所有组成部分均在同一地区的单一独立企业，也可以指由分散在不同地区的许多企业组成的大型公司。这样一个大系统的子系统可以是一个装置、一个车间、一个分厂，乃至一个公司。强大的产品开发能力可以成为企业有别于其对手的竞争优势，乃至于成为促使其长期发展的核心竞争能力。而在产品开发过程中，需要涉及方方面面的业务关系，包括营销理念、研发组织形式、制造能力和物流能力、筹资能力等。这些业务关系不是一个企业内部的，往往还涉及企业的多个供应商或经销商，以便缩短新产品进入市场的周期。

（2）从学科发展来看，供应链管理也不能简单地理解为一体化的物流管理。一体化物流管理分为内部一体化和外部一体化两个阶段。目前，即使在物流管理发展较早的国家，许多企业也仅仅处于内部一体化的阶段，或者已经认识到结合企业外部力量的重要性。也正因为这样，一些学者才提出"供应链管理"这一概念，以使那些领导管理方法潮流的企业率先实施外部一体化战略，以区别于传统企业内部的物流管理。要真正使供应链管理成熟发展，成为一门内涵丰富的新型独立学科，就有必要将供应链管理与一体化物流管理加以区分，不能将供应链管理简单地视为一体化物流管理的代名词。一些实施供应链管理战略的世界顶级企业的高层管理者，对供应链管理的理解和把握比研究者更为准确。在供应链管理的定义中所指出的，供应链管理所包含的内容比传统物流管理要广泛得多，在考察同样的问题时，从供应链管理来看，视角更为宽泛，立场更有高度。

（3）供应链管理的研究者范围也比物流管理更为广泛。除了物流管理研究领域的研究者以外，还有许多制造与运作管理的研究者也研究和应用供应链管理。他们对供应链管理研究的推进和重视，绝不亚于物流管理的研究者。

（4）供应链管理思想的形成与发展，是建立在多个学科体系（系统论、企业管理等）的基础上的，其理论根基远远超出了传统物流管理的范围。正因为如此，供应链管理还涉及许多制造管理的理论和内容，它的内涵比传统的物流管理更丰富、覆盖面更加广泛，而对企业内部单个物流环节的管理就不如传统物流管理那么集中、考虑那么细致。

（5）供应链管理把对成本有影响和在产品满足客户需求的过程中起作用的每一方面都考虑在内：从供应商的供应商、制造工厂、仓库和配送中心，到零售商和商店及客户的客户；而物流管理只考虑自己路径范围内的业务。物流管理主要涉及组织内部商品流动的最优化，而供应链管理强调仅有组织内部的合作和最优化是不够的。

（6）供应链管理的目的在于追求效率和整个系统的费用有效性，使系统总成本达到最小，这个成本包括从运输和配送成本到原材料、在制品和产成品的库存成本。因此，供应链管理的重点不在于简单地使运输成本达到最小或减少库存，而在于采用系统方法来进行整体供应链管理；而物流管理的运作在这方面是孤立和个别地进行的。

（7）供应链管理是围绕着把供应商、制造商、仓库和商店有效率地结合成一体这一问题来展开的，因此它包括公司许多层次上的活动，从战略层次到战术层次，一直到作业层次。战略层处理的是对公司有长远影响的决策，包括关于仓库和制造工厂的数量、布局和能力，以及材料在物流网络中流动等方面的决策；战术层处理的是每季度或每年都要进行更新的决策，这些包括采购和生产决策、库存策略和运输策略；作业层的活动指日常决策，如计划、估计提前期、安排运输路线、装车等。

3.3 供应链管理的实施战略与实施步骤

3.3.1 供应链管理的实施战略

1. 快速反应

快速反应（quick response，QR）是指在供应链中，为了实现共同的目标，零售商和制造商建立战略伙伴关系，利用 EDI 等信息技术，进行销售时点的信息交换以及订货补充等其他经营信息的交换，用多频度、小批量配送方式连续补充商品，以缩短交货周期、减少库存、提高客户服务水平和企业竞争力的供应链管理方法。QR 最早由连锁零售商沃尔玛、诺马特等为主力开始推动，并逐步推广到纺织服装行业。

QR 的成功实施必须具备以下五个条件。

（1）改变传统的经营方式，革新企业的经营意识和组织结构。一是企业必须改变只依靠独立的力量来提高经营效率的传统经营意识，树立通过与供应链各方建立战略合作伙伴关系，从而利用供应链各成员的资源来提高经营效率的现代经营理念；二是零售商在垂直型 QR 系统中起主导作用，零售店铺是垂直型 QR 系统的起始点；三是在垂直型 QR 系统内，通过销售终端（point of sale，POS）数据等销售信息和成本信息的相互公开和交换来提高各个供应链成员企业的运作效率；四是明确垂直型 QR 系统内各个企业之间的分工协作范围和形式，消除重复作业及无效作业，建立有效的分工协作框架体系；五是通过利用信息技术实现事务作业的无纸化与自动化。

（2）开发和应用现代信息技术。这些现代信息技术包括：条形码技术、电子订货系统（electronic ordering system，EOS）、POS 数据读取系统、EDI 技术、预先发货清单（advanced shipping note，ASN）技术、电子资金转账系统（electronic funds transfer system，EFTS）、供应商管理库存（vendor managed inventory，VMI）和持续补货（continuous replenishment practice，CRP）系统等。

（3）与供应链上下游企业建立战略伙伴关系。其具体内容包括积极寻找和发现战略合作伙伴并在合作伙伴之间建立分工和协作关系。合作的目标是既要削减库存，又要避免缺货现象的发生，还要降低商品风险，避免大幅度降价现象发生，以及减少作业人员和简化事务性作业等。

（4）改变对企业商业信息保密的传统做法。将销售信息、库存信息、生产信息、成本信息等与合作伙伴交流分享，并在此基础上，要求各方在一起发现问题、分析问题和解决问题。

（5）缩短生产周期和减少商品库存。供应方必须做到缩短商品的生产周期；进行多品种、少批量生产和多频度、小批量配送，降低零售商的库存水平，提高为顾客服务的水平；在商品实际需要将要发生时参照 JIT 生产方式组织生产，降低供应商的库存水平。

2. 高效消费者回应

高效消费者回应（efficient customer responses，ECR）是在分销系统中，通过零售商与制造商的协作，以消费者为中心创造消费者价值最大化的产品和服务的供应链管理系统。其优势在于供应链各方为提高消费者满意度这一共同的目标进行合作，分享信息和决策，它是一种把以往处于分散状态的供应链节点有机联系在一起以满足消费者需求的工具。

应用 ECR 时必须遵守以下五个基本原则。

（1）以较少的成本，不断致力于为供应链客户提供更优的产品、更高的质量、更好的分类、更好的库存服务以及更多的便利服务。

（2）ECR 必须由相关的商业带头人启动。该商业带头人应决心通过代表共同利益的商业联盟取代旧式的贸易关系而达到获利的目的。

（3）必须利用准确、实时的信息来支持有效的市场、生产及后勤决策。这些信息将以 EDI 的方式在贸易伙伴间自由流动，它将影响以计算机信息为基础的系统信息的有效利用。

（4）产品必须随其不断增值的过程，从生产至包装，直至流动至最终客户的手中，以确保客户能随时获得所需产品。

（5）必须建立共同的成果评价体系。该体系注重整个系统的有效性（即通过降低成本与库存以及更好地利用资产，实现最优价值），清晰地标识出潜在的回报（即增加的价值和利润），促进对回报的公平分享。

有效的产品引进（efficient product introductions）、有效的店铺分类组合（efficient store assortment）、有效的促销（efficient promotion）以及有效的补货（efficient replenishment）被称为 ECR 的四大要素，如表 3-3 所示。

表 3-3　ECR 四大要素的内容

要素	内容
有效的产品引进	通过采集和分享供应链伙伴间时效性强的更加准确的购买数据，提高新产品销售的成功率
有效的店铺分类组合	通过有效地利用店铺的空间和店内布局，来最大限度地提高商品的盈利能力，如建立空间管理系统、有效的商品品类管理系统等
有效的促销	通过简化分销商和供应商的贸易关系，提高贸易和促销的系统效率，如可采取消费者广告（优惠券、货架上标明促销）、贸易促销（远期购买、转移购买）等方式
有效的补货	从生产线到收款台，通过 EDI 以需求为导向的自动连续补货和计算机辅助订货等技术手段，使补货系统的时间和成本最小化，从而降低商品的售价

3. 联合计划、预测与补给

联合计划、预测与补给（collaborative planning, forecasting and replenishment, CPFR）是一种面向供应链的新型合作伙伴的策略和管理模式。它通过零售企业与生产企业共同预测和补给，并将各企业内部的计划工作（如生产计划、库存计划、配送计划、销售计划等）由供应链各企业共同参与，改善零售商和供应商的伙伴关系，以提高预测的准确度，改进计划和补给的过程和质量，最终达到提高供应链效率、减少库存和提高消费者满意度的目的。

CPFR 最大的优势是能及时、准确地预测由各项促销措施或异常变化带来的销售高峰和波动，从而使销售商和供应商都能做好充分的准备，赢得主动。同时，CPFR 采取了一种"双赢"的原则，始终从全局的观点出发，制定统一的管理目标以及方案实施办法，以库存管理为核心，兼顾供应链上其他方面的管理。它既是一个概念，也是一个软件系统，即整个概念和模式是通过一套软件系统的运行来实现的。从 CPFR 的基本思想看，供应链上下游企业只有确立共同的目标，才能使双方的绩效都得到提升，取得综合性的效益。CPFR 的指导性原则如下。

（1）贸易伙伴框架结构和运作过程以消费者为中心，并且面向价值链运作。

（2）贸易伙伴共同负责开发单一、共享的消费者需求预测系统。这个系统驱动整个价值链计划。

（3）贸易伙伴均承诺共享预测并在消除供应过程约束上共担风险。

CPFR 的实施可划分为计划、预测和补给 3 个阶段，包括 9 个主要流程。实践表明：CPFR 是一种有效的新的合作理念，由 Syncra System 公司和 Industry Direction 公司对全球制造商、零售商、分销商、物流提供商和其他经营者（主要集中于消费品领域）的 CPFR

实践进行调研得出，8%的合作伙伴业务得到了增加，销售额增加，库存降低10%，客户满意度增加，计划准确性提高。

3.3.2 供应链管理的实施步骤

供应链设计通常由七个步骤构成。

1. 分析市场竞争环境

分析市场竞争环境的目的在于找到针对哪些产品开发供应链才有效，为此，必须知道现在的产品需求是什么，产品的类型和特征是什么。分析市场特征的过程中，要对供应商、用户和竞争者进行调查，提出"用户想要什么？""他们在市场中的份额有多大？"之类的问题，以确认用户的需求和因供应商、用户、竞争者产生的压力。

2. 总结、分析企业现状

这一步骤主要分析企业供需管理的现状。如果企业已经有供应链管理，则分析供应链的现状。这一步骤的目的不在于评价供应链设计策略的重要性和适应性，而是着重于研究供应链开发的方向，分析、总结企业存在的问题及影响供应链设计的阻力等因素。

3. 根据基于产品的供应链设计策略提出供应链设计的目标

这一步骤的主要目标在于取得高用户服务水平和低库存投资、低单位成本两个目标之间的平衡（这两个目标往往存在冲突），同时还应包括以下目标。

（1）进入新市场。
（2）开发新产品。
（3）开发新的营销渠道。
（4）改善售后服务水平。
（5）提高用户满意度。
（6）降低物流成本。
（7）通过降低库存提高工作效率等。

4. 分析供应链的组成，提出供应链组成的基本框架

分析供应链的组成成员可以为确定供应链模式提供基本框架。供应链中的成员组成分析主要包括制造工厂、设备和工艺、供应商、分销商、零售商及用户的选择及定位，以及确定选择与评价的标准。

5. 分析和评价供应链设计的技术可能性

本步骤不仅仅要提出某种策略或改善技术的推荐清单，还要在可行性分析的基础上，结合本企业的实际情况为开发供应链提出技术选择建议和支持。这也是一个决策的过程，如果认为方案可行，就可以进行下面的设计。如果不可行，就要重新进行分析和评价。

6. 解决供应链设计中的关键问题

在供应链设计中，要解决的关键问题包括以下几点。

（1）供应链的成员，如供应商、设备、工厂、分销中心的选择与定位、计划与控制方法。

（2）原材料的来源问题，包括供应商、流量、价格、运输等问题。

（3）生产方式设计，如需求预测、生产什么产品、生产能力、供应给哪些分销中心、价格、生产计划、生产作业计划和跟踪控制、库存管理等问题。

（4）分销任务与能力设计，如产品服务于哪些市场以及运输、价格等问题。

（5）相关信息管理系统设计。

（6）物流管理系统设计等。

在供应链设计中，要广泛地应用许多工具和技术，包括归纳法、流程图、模拟和设计软件等。

7. 检验供应链

供应链设计完成以后，应通过一定的方法、技术进行测试检验或试运行，如果不行，则返回第3步重新进行设计。如果没有什么问题，就可实施供应链管理了。

3.4 供应链管理的发展趋势

3.4.1 供应链全球化

互联网、交互式 Web 应用以及电子商务的出现，将彻底改变我们的商业方式，也将改变现有供应链的结构，传统意义的经销商将消失，其功能将被全球网络电子商务所取代。传统多层的供应链将转变为基于 Internet 的开放式的全球网络供应链，其结构对比如图 3-8 和图 3-9 所示。

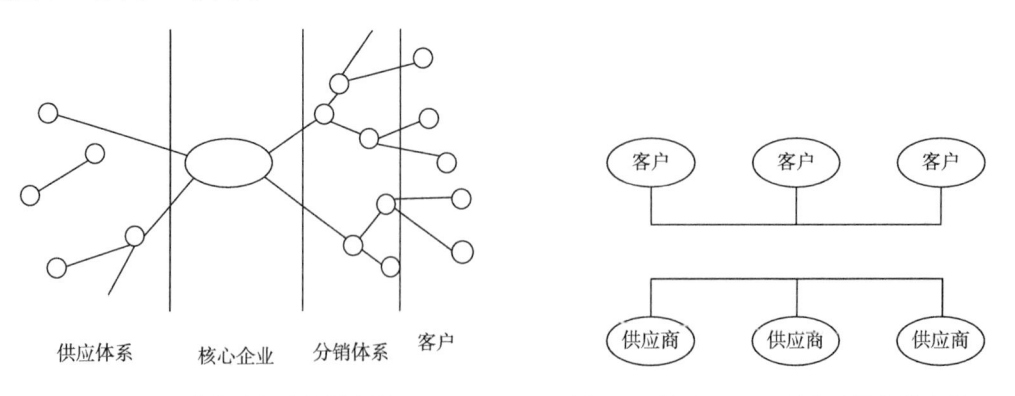

图 3-8　传统多层式的供应链　　　　图 3-9　基于 Internet 的全球网络供应链

网络上的企业都具有两重身份，既是客户同时又是供应商，它不仅是上网交易，它更重要的是构成该供应链的一个元素。在这种新的商业环境下，所有的企业都将面临更为严峻的挑战，它们必须在提高客户服务水平的同时努力降低运营成本，必须在提高市场反应速度的同时给客户更多的选择。同时 Internet 和电子商务也将使供应商与客户的关系发生重大的改变，其关系将不再仅仅局限于产品的销售，更多将是以服务的方式满足客户的需求来替代将产品卖给客户。越来越多的客户不再仅以购买产品的方式来实现其需求，而是更看重未来应用的规划与实施、系统的运行维护等，本质上讲，他们需要的是某种效用或能力，而不是产品本身，这将极大地改变供应商与客户的关系。企业必须更加细致、深入地了解每一个客户的特殊要求，才能巩固其与客户的关系，这是一种长期的有偿服务，而不是产品时代的一次或多次性的购买。

一些新型的、有益于供应链运作的代理服务商将替代传统的经销商，并成为新兴业务，如交易代理、信息检索服务等，将会有更多的商业机会等待着人们去发现。这种全球网络供应链，将广泛和彻底地影响并改变所有企业的经营运作方式。

3.4.2 敏捷供应链

效率型和反应型供应链的划分主要是从市场需求变化的角度出发的，重点是供应链如何处理市场需求不确定的运作问题。在实际供应链管理过程中，不仅要处理来自需求端的不确定性问题，而且要考虑如何处理来自供应端的不确定性问题。在有些情况下，来自供应端的不确定性对整个供应链运作绩效的影响可能更大一些。例如，2004 年出现在国内原煤市场上的供应紧张现象，使以原煤为输入资源的供应链企业都感到前所未有的压力。那些具有较高应变能力的供应链能够及时调整策略渡过难关，而那些不具备应变能力的供应链企业则面临被市场淘汰的局面。图 3-10 是需求不稳定性和供应不确定性对某些典型行业影响的示意图。

供应不确定性	低需求不稳定性	高需求不稳定性
高	水力发电、某些食品加工	电信、高端计算机
低	杂货、服装、食品、石油和天然气	时装、家具、计算机、流行音乐

图 3-10 需求不稳定性和供应不确定性示例

本章小结

供应链是一个网链结构，由围绕核心企业的供应商、供应商的供应商和用户、用户的用户组成，具有复杂性、持续性、动态性、交叉性、协调性和整合性、虚拟性、面向用户需求、创新性等特征。供应链可分为生产推动型供应链和需求拉动型供应链、效率型供应链和反应型供应链、平衡的供应链和倾斜的供应链、稳定的供应链和动态的供应链等。

供应链的运作方式包括供给推动模式、需求拉动模式与推-拉结合模式。供应链上的工作流程是指业务规则、交易规则及其操作流程；实物流也就是物流，主要是指从供应链上游到下游直至客户手中的物质转换流程和产品流；信息流包括产品需求、订单传递、交货状态、交易条件和库存等信息；资金流包括信用条件、支付方式以及委托与所有权契约等。

供应链管理的特征包括：系统观念；以顾客为中心的战略决策；动态管理；强调协调机制，建立新型的企业伙伴关系；开发核心竞争能力；强调集成管理；依赖共同价值；以供应链各环节上的信息集成与共享为条件；以客户价值为导向的"需求动力"模式；供应链的竞争新概念。

供应链成长过程体现在企业在市场竞争中的成熟与发展之中，通过供应链管理的合作机制、决策机制、激励机制和自律机制等来实现满足顾客需求、使顾客满意以及留住顾客等功能目标，从而实现供应链管理的最终目标：社会就业需求、经济目标（创造最佳利益）和环境目标之一。

供应链管理的实施战略有快速反应；高效消费者回应；联合计划、预测与补给。供应链设计通常由七个步骤构成：分析市场竞争环境；总结、分析企业现状；根据基于产品的供应链设计策略提出供应链设计的目标；分析供应链的组成，提出供应链组成的基本框架；分析和评价供应链设计的技术可能性；解决供应链设计中的关键问题；检验供应链。

拓展阅读+案例分析

第4章 运输管理

物流能够改变时间和空间状态，运输是改变空间状态的主要手段。运输是借助运输工具在一定的交通路线上实现运输对象空间位移的有目的的活动。现代化运输主要包括公路运输、铁路运输、航空运输、水路运输和管道运输五种基本方式，在现实的运输情况中，组织没有必要全程应用一种方式，根据路况、相对成本和方式间的转换费用等因素，在行程中通常包含两种或两种以上的运输方式，做出最优选择。通过对运输进行管理，可以在原有运输概念的基础上更加合理地组织货物运输，力求做到运力省、速度快、费用低，以实现物流运输合理化。

从本章的学习中，我们可以了解到运输的相关概念、作用、功能与原理，掌握多种运输的具体操作方式，根据影响运输合理化的因素与不合理运输的表现，掌握制订合理运输方案的方法。

4.1 物流运输概述

4.1.1 运输的概念

运输是指对"人"和"物"的输送和载运，本章主要介绍"物"的运输，它是借助于运输工具在一定的交通路线上实现运输对象空间位移的有目的的活动。即在不同的地域范围，如两个国家、两个城市、两个工厂或一个大企业内距离较远的两个车间之内，以改变"物"的空间位置为目的的活动，是对"物"进行的空间转移。运输活动把社会生产、分配、交换和消费等各个环节有机地联系起来，是保证社会经济活动得以正常进行和发展的前提条件。运输管理的目标是在满足客户服务水平的前提下，用最低的运输成本连接供货地点和客户。

运输网络一般由运输连接点、运输路径和运输手段构成，如图4-1所示。运输活动发生在运输连接点之间，运输连接点可能是物流中心、车站、港口、机场、货场等，通过一定的运输路径，如公路、水路、空路、铁路等，使用汽车、船舶、飞机、列车等运输手段实现货物空间上的移动。运输系统把这些要素有组织地结合起来，更好地提高运输的总体效率。

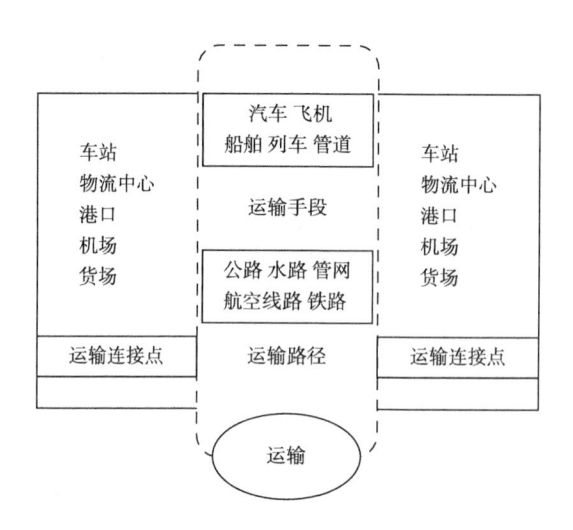

图 4-1 运输网络示意图

运输与搬运最大的区别是：搬运是在同一地域之内进行的活动，而运输是较大范围的活动。根据国内外物流成本统计数字，运输成本一般占据总成本的 40%~50%，由此可知，运输是物流系统中最直观的功能要素之一，它克服了产品和消费者之间的空间障碍，使产品产生价值，进而创造现代物流空间价值。

运输与人们的生活息息相关，且历史悠久。在 18 世纪中叶手工业发达阶段，亚当·斯密论述了帆船和马车等的运输对社会分工、对外贸易、促进城市和地区经济繁荣等方面起着重大的作用，在之后的近两个世纪中，运输经历了从旧式运输工具到机械运输工具的根本性变革，继而发展到现代各种运输方式全面发展的新阶段。20 世纪 80 年代之前，企业物流管理的目的主要是降低产品配送方面的出货运输成本和仓储成本，强调通过产品运输和仓储环节的整合降低物流总成本，随着现代物流管理向供应链管理阶段的发展，管理的焦点延伸到整个供应链中的产品、信息、资金的流动，但高效的运输对实现供应链成员企业的产品、信息和资金的流动仍具有重要的作用，对实现供应链一体化也至关重要。

建设交通强国是以习近平同志为核心的党中央作出的重大战略决策，是新时代做好交通运输工作的总抓手。截至 2022 年底，我国综合交通网突破 600 万公里，总规模居世界前列；客货运输量和周转量、港口货物吞吐量、快递业务量连续多年位居世界前列；交通运输加快创新发展，全面深化改革，坚持与世界相交，发挥了基础性、先导性、战略性、服务性作用，有力保障了第一个百年奋斗目标的实现。党的二十大擘画了以中国式现代化全面推进中华民族伟大复兴的宏伟蓝图，作出了全面建成社会主义现代化强国"两步走"的战略安排，明确了未来五年的主要目标任务。党的二十大报告也对交通运输相关工作作出部署安排，进一步强调加快建设交通强国，提出了一系列交通运输发展的新要求，充分体现了交通运输在国家发展中的重要作用，赋予了加快建设交通强国新的使命任务。

4.1.2 运输的作用

运输是物流的重要功能要素之一，物流能够改变时间和空间状态，运输是改变空间状态的主要手段，当产品因从一个地方转移到另一个地方而增加价值时，运输就创造了空间效应。运输不仅对物流活动有重要意义，而且对整个社会经济发展产生了深远的影响。运输是社会物质生产的必要条件之一，是生产过程的继续，不断推进社会再生产。运输成本占总成本的很大比例，通过运输合理化能够有效地降低运输成本，提高生产效率。运输的作用主要表现为以下几个方面。

1. 运输是物流的主要功能要素之一

物流中很大一部分责任是由运输承担的，它是物流的主要部分。物流是"物"的物理性运动，这种运动不仅改变了"物"的时间状态，也改变了"物"的空间状态，其中运输承担了改变空间状态的主要任务，是主要手段，再加上搬运、配送等活动，能够圆满地完成改变空间状态的全部任务。

在现代物流观念诞生之前，甚至就在现在，仍有不少人将运输等同于物流，其原因是物流中很大一部分责任是由运输担任的，它是物流的主要部分。

2. 运输可以创造"场所效用"

同种"物"在不同的空间场所，使用价值的实现程度是不同的，实现的效益也不相同。"场所效用"是指通过改变场所，最大限度地发挥其使用价值，最大限度地提高产出投入比。运输将"物"运到场所效用最高的地方，将"物"的最大潜力发挥出来，实现资源优化配置。从某种意义上来讲，运输实现了"物"的使用价值。

3. 运输是社会物质生产的必要条件之一

马克思将运输称为"第四个物质生产部门"，作为国民经济的基础和先行条件，运输是生产过程的继续，这种活动与一般的生产活动不同，运输不会创造新的物质产品、增加社会产品的数量与使用价值，只是变动"物"所在的空间位置。但这一变动却使生产能够继续下去，使社会再生产不断推进。因此，我们将其看成一个物质生产部门。

在生产过程中，运输是生产的直接组成部分，没有运输，生产内部的各环节就无法联结；在社会上，运输是生产过程的继续，这一活动联结生产与再生产、生产与消费，联结国民经济各部门、各企业，联结着城乡，联结着不同国家和地区。所以说，在整个物流生产过程中，运输是社会物质生产的必要条件。

4. 运输是"第三利润源泉"的主要源泉

运输是运动中的活动，它和静止的保管不同，要靠大量的动力消耗才能实现，而且运输又承担着大跨度空间转移的任务，所以活动的时间长、距离长、消耗大。消耗的绝对数量大，其节约的潜力也就大；从运费来看，运费在全部物流费用中占最高的比例，若综合分析计算社会物流费用，运费在其中约占50%的比例，有些产品的运费甚至高于产品的生产费。所以，节约的潜力是很大的；由于运输总里程大，运输总量巨大，通过运输合理化可大大缩短运输吨公里数，从而得到比较大的节约。

4.1.3 运输的功能

1. 产品储存功能

产品处在不同时刻，使用价值实现的程度不同，效用价值不同，这是时间效用的定义。产品储存功能是指运输能够创造时间效用，因此具有一定的储存功能，通过储存保管，将产品从效用价值低的时刻延迟到效用价值高的时刻再进入消费过程，使产品的使用价值得到更好的实现。

在运输中，由于货物实际是储存在运输工具内的，为了避免产品损坏或丢失，还必须为运输工具内的货物创造一定的储存条件，这在客观上创造了产品的时间效用。在中转供货系统中，产品经过运输节点（车站、码头）时，有时需要做短时间的停留，此时，利用运输工具作为临时仓库进行短时间的储存是合理的。

2. 产品转移功能

物品在不同的位置，其使用价值实现的程度（即效用价值）是不同的。通过运输活动，将物品从效用价值低的地方转移到效用价值高的地方，使物品的使用价值得到更好的实现，实现物品的最佳效用价值，这是空间效用的定义。产品转移功能是指通过运输实现产品远距离的位置移动，创造产品的"空间效用"。

商品生产是为了消费，一般来说，商品生产与消费的位置是不一致的，即存在位置背离，只有消除这种背离，商品的使用价值才能实现，这就需要运输。人们在生活过程中，由于搬家、旅游、送礼等活动，也会出现物品所处位置与消费位置之间的矛盾，也要通过运输来消除这种矛盾。

运输的主要功能是产品在价值链中的来回移动，事实上，只有当运输确实提高了产品价值时，该产品的移动才是有效的。

4.1.4 运输的原理

运输的原理，是指运输活动中降低成本、提高经济效益的途径和方法，是指导运输管理和营运的最基本的原理。具体包括规模经济原理、距离经济原理、速度原理、直达原理和适度集结原理等。

1. 规模经济原理

规模经济原理是指随着装运规模的扩大，每单位重量的运输成本下降。例如，整车装运（即利用车辆的整个运输能力进行装运）的每吨成本低于零担装运的每吨成本（即利用车辆的部分运输能力进行装运）。也可以这么说，火车或轮船等运输能力较大的运输工具，其每单位重量的费用要低于汽车或飞机等运输能力较小的运输工具的每单位重量的费用。

运输规模经济之所以存在，是因为转移一票货物有关的固定费用按整票货物的重量分摊时，一票货物越重，分摊到单位重量上的成本就越低。

与货物转移有关的固定费用中包括接受运输订单的行政管理费、定位运输工具装卸的费用、开票以及设备费用等。这些费用之所以被认为是固定的，是因为它们不随装运的数量而变化。换句话说，管理1吨货物装运的固定费用与管理1000吨货物装运的固定费用一样多。例如，管理一票货物装运的固定费用为 100 元，那么装运 1 吨货物的每单位重量的成本为 100 元，而装运 1000 吨货物的每单位重量的成本则为 0.1 元。可以这样说，1000 吨货物的装运中就存在着规模经济。

整车运输由于利用了车辆的整个运输能力，因而单位重量货物的运输成本低于零担运输。既然单位重量货物的运输成本与运输工具的一次装载量有关，那么在运载工具容积一定的情况下，货物密度也会影响运输成本：密度低的货物可能无法达到运载工具的额定载重量，单位重量的货物运输成本就高。通过包装来增加货物密度可以解决低密度货物运输成本高的问题。

2. 距离经济原理

距离经济原理是指每单位距离的运输成本随运输距离的增加而减少。在货物重量相同的情况下，800 千米的一次装运成本要低于 400 千米的两次装运成本之和，即运输成本与一次运输的距离有关。在运输距离为零时，运输成本并不为零。这是因为存在一个与货物提取及交付有关的固定费用；运输成本的增长随运输距离的增长而降低，称为递减原理，即费率或费用随距离的增加而逐渐减少。这是因为随着运输距离的增加，分摊到单位运输距离上的与货物提取及交付有关的固定费用就会降低。根据距离经济原理，长途运输的单位运输成本低，短途运输的单位运输成本高。

3. 速度原理

速度原理是指在运输生产经营活动中，就某一次运输而言，随着运输速度的增大，物品的单位运输成本将上升。一般地，运输速度越快，运输过程中消耗的能源越多，对运载工具及运输组织工作的要求也就越高，这都会使运输成本增加。从另一个角度看，运输速度加快，完成特定的运输所需的时间越短，其效用价值越高。这是因为：运输时间缩短，实际是单位时间内的运输量增加，分摊到单位运量上的与时间有关的固定费用减少，如管理人员的工资、固定资产的使用费、运输工具的租赁费等；由于运输时间短，物品在运输工具中停滞的时间缩短，从而使到货提前期变短，有利于减少库存、降低储存费用。

因此，快速运输是提高运输效用价值的有效途径。快速运输不仅指提高运输工具的行驶速度，还包括提高其他辅助作业的速度及相互之间的衔接速度，如分拣、包装、装卸搬运以及中转等。快速运输是影响运输成本的重要因素，但是速度快的运输方式一般运输成本较高，如铁路运输成本高于水路，而航空运输成本最高。因此，通过选择高速度的运输方式来实现快速运输时，应权衡一下运输的速度与成本之间的关系，而在运输方式已定的情况下，应尽可能加快各环节的速度，并使它们之间更好地衔接。

4. 直达原理

直达原理是指在运输生产经营活动中，就某一次运输而言，随着装卸次数的减少，物品的单位运输成本将下降。直达运输可以减少中转换装，减少货损货差，从而加快送达速度、节省装卸费用。因此，在运输条件（运输规模、运输距离等）许可的情况下，应优先考虑直达运输。

5. 适度集结原理

适度集结原理是指在运输生产经营活动中，就某一次运输而言，对货物进行适度集结，可以获得较好的效率与效益。

由于运输有规模经济的特点，在实际生产经营中，运输经营者通常倾向于大量集结货物以降低成本，进而在一定程度上实现规模效益。然而，这种大量集结货物的现象会增加运输与配送管理集结成本，增加客户费用，尤其是降低服务水平，并可能导致客户总成本的增加，从而影响客户对运输方式的选择。

4.2 物流运输方式

现代化运输主要包括基本运输与复合运输两种形式，每一种都可以直接为客户提供服务。通过了解各种运输方式及其特点，掌握运输方式的选择与原则，有利于优化物流系统，合理组织物流活动。运输方式类型如表 4-1 所示。

表 4-1 运输方式类型

运输方式	运输类型	具体运输类型
基本运输	水路运输	内河运输
		海洋运输：沿海、远洋
	陆路运输	公路运输
		铁路运输
	航空运输	
	管道运输	
复合运输	成组运输	
	多式联运	

每种运输方式都有不同的特点。选择何种运输方式对于物流效率的提高是十分重要的。在决定运输方式时，必须权衡运输系统要求的运输服务和运输成本，可以以运输工具的服务特性作为判断的基准：运费、运输时间、频度、运输能力、货物的安全性、时间的准确性、适用性、伸缩性、网络性和信息化等。

4.2.1 公路运输

公路运输是现代运输的主要方式之一，由公路和汽车两部分组成。这是主要使用汽车，也可以使用其他车辆（如人力车、畜力车）在公路上进行货、客运输的一种方式。

1. 公路运输的优缺点

公路运输主要包括以下优点。

（1）固定成本低，公路运输的固定成本是所有运输中最低的，主要原因是承运人不拥有用于运营的公路，拖挂车也只是很小的经济单位，车站的运营也不需要昂贵的设备，进入汽车运输行业不会受到太高的资金限制。

（2）机动、灵活性强，主要表现为：汽车能灵活制定运营时间，通常可实现即时运输，根据货运的需求随时起运，时间灵活；汽车的载重量可大可小，小者只有 0.25 吨，大者有几十吨、上百吨。

（3）运输批量灵活。由于公路建设期短，投资较低，对收货、到站设施要求不高，可实现门到门运输。汽车不仅是其他运输方式的接运工具，还可进行直达运输，减少中转环节和装卸次数，机动性强。

（4）速度快，尽管航空运输速度很快，但是，航空运输需要使用汽车从发货站到飞机场和从飞机场到收货站运送货物，这增加了航空运输的总时间。另外，航空运输还受航班安排的限制。国外资料统计，一般在短途运输中，汽车运输的运送速度平均比铁路运输快 4~6 倍，比水路运输快 10 倍。

（5）原始投资少，资金周转快，技术改造容易。汽车车辆购置费较低，原始投资回收期短，公路运输在同区域内有大量的承运人经营，由于具有众多的运营商，竞争变得异常激烈，导致价格更具有弹性。美国有关资料表明：公路货运企业每收入 1 美元，仅需投资 0.72 美元，而铁路则需 2.7 美元。公路运输的资本每年可周转 3 次，铁路则需 3~4 年周转 1 次。

（6）货损货差小，安全性高，灵活性强。汽车运输能保证运输质量，及时送达，随着公路网的发展和建设，公路的等级不断提高，汽车的技术性能不断改善，相对其他运输方式，汽车运输的货损货差率不断降低，而安全水平不断提高。汽车运输具有的灵活、方便、送达速度快的特点，有利于保证货物的质量，提高货物运输的时间价值。

（7）短途运输效果突出。短途运输通常指 50 千米以内，中途运输则指 50~200 千米。

（8）可达性高。汽车运输在区域可达性方面比其他运输方式有着明显的优势。汽车除了可以在公路网运行外，还可以深入工厂、矿山、车站、码头、农村、山区、城镇街道及居民区，空间活动范围大，这一特点是其他任何运输工具所不具备的。汽车运输的可达性优势在市内集散货方面表现得尤其明显，可以提供门到门的直达运输服务。

但是，公路运输是存在缺点的，如公路运输的可变成本很高，因为公路建设和公路维护成本都以燃油税、公路收费等方式征收，公路运输成本主要可分为端点费用和线路费用。端点费用包括取货和送货成本、站台装卸成本、制单费等，约占卡车运输总成本的 15%~25%；汽车装载量少、运输成本高、燃料消耗大、环境污染比其他运输方式严重得多。

2. 公路运输的技术经济指标

公路主要分为以下几种具体类型。

（1）高速公路。这是一种专供汽车快速行驶的道路。高速公路是一种具有分隔带、多车道（双向 4~8 车道）、出入口受限制、立体交叉的汽车专用道。汽车行驶速度每小时都在 60 千米以上，中途不允许停车。根据功能，可以分为联系其他城市之间的高速公路和城市内部的快速路。

（2）一级公路一般连接重要的政治、经济中心。汽车分道行驶并且部分控制出入，部分立体交叉。适应年平均昼夜交通量在 5000 辆以上。

（3）二级公路是连接政治、经济中心或较大工矿区等地的干线公路以及运输任务繁忙的城郊公路。适应年平均昼夜交通量在 2000~5000 辆。

（4）三级公路是指沟通县及县以上城市的公路。适应年平均昼夜交通量在 2000 辆以下。

（5）四级公路是指沟通县、乡、村之间的支线公路。适应年平均昼夜交通量在 200 辆以下。

注：年平均昼夜交通量指按车辆折合成载重汽车，大卡车、重型汽车等车辆折算系数为 1；带挂车的载重汽车，包括公共汽车为 1.5；小汽车，包括吉普车、摩托车为 0.5。

3. 汽车及其技术经济特征

1）评价载重汽车使用性能的主要指标

汽车使用性能表明汽车在具体使用条件下所能适应的程度，评价使用性能的主要指标有容载量、运行速度、安全性能、经济性、重量利用系数（即汽车有效载重量与汽车自重的比值）等。

2）具有特殊功能的载重汽车

一般的汽车都是以车厢或车台平板承载物资，这对大多数物资而言是完全适用的。但是，为了适应特殊要求的物资运输，具有特殊功能的汽车应运而生，其与其他汽车的区别表现为装载容器不同，具体有以下几种。

（1）油罐汽车。这是运输各种油类的专用汽车，车台上的油罐代替了一般汽车的车厢。油罐分别设有注入油孔和出油孔。运输前将油罐注满，运达目的地后将油放出。油罐汽车运输，实际上是散装运输的一种形式。

（2）混凝土搅拌汽车。这是专用于建筑材料场地与建筑现场之间的特殊运输汽车。材料场将水泥、石子以及其他所需的建筑材料和水，根据建筑现场的技术要求按比例配合好，装进混凝土搅拌汽车的搅拌罐内。汽车在开往作业现场的运输途中，搅拌罐同时在不停地转动搅拌。到达现场后，经搅拌好的材料可直接投入使用。混凝土搅拌汽车节省了生产所需要的时间，代替了施工现场的搅拌机械，体现了运输与流通加工的紧密配合。

（3）粉粒运输汽车。粉粒运输常被人们称为散装运输。这种汽车的车厢是一个封闭的厢体，粮食、水泥等被装进车厢后，关闭厢盖即可运输。采用粉粒运输汽车可以大大减少物资的散失量，而且单车运量比采用包装形式的运输要大得多。

（4）冷藏冷冻汽车。这种汽车装有专门的制冷设备，可用于一些需要低温保鲜的食品。这是一种运输与保管相结合的特殊运输汽车。

（5）集装箱运输汽车。这是一种专门从事集装箱运输的汽车。汽车的车台规格尺寸与集装箱平放的规格相吻合，并在车台上设有与集装箱相对应的固定位置，以保证集装箱运输时的安全、牢固。

（6）自动卸货汽车。严格说起来，自动卸货汽车还称不上具有特殊功能的汽车，它与普通汽车几乎没有什么区别，只是车厢本身有可以向后或向侧倾斜的起升装置，在物资运达目的地后，使车厢倾斜，完成卸车任务。这种运输汽车体现了运输和装卸作业的密切配合，可节约物资的卸货时间和人力。但是由于自动卸车，车厢内的物资自由滑落，所以适用范围有一定的限制，多适用于一些散体、坚固、不怕撞击的物资。

4. 载重汽车的效益

汽车吨位构成比例是影响汽车运输效率的重要因素。大吨位汽车在国外得到迅速发展的原因是其有较好的经济效益。例如，一辆总重 40 吨的汽车比一辆总重 32.5 吨的汽车多运 33%的货物，单位油耗却低 7%~10%。在批量大、距离长的时候，采用的车辆载重量越大，运输生产率越高，运输成本越低。研究表明，在运距大于 2 千米的情况下，载重 16 吨以上的汽车比载重 4 吨的汽车运输生产率提高 3~4 倍，运输成本下降 80%~86%。随着运距的增加，其经济效果更明显。

载货汽车的重量利用系数是降低油耗、提高运输效率的重要因素。目前，国外载货汽车重量利用系数已达 3 以上，铝制挂车车厢的载重量则可达自重的 6 倍以上。

载货汽车越来越多地采用柴油机做动力，尤其在大中型载货汽车中更为明显。日本 2 吨以上的货车已全部使用柴油机做动力。柴油机经济性能好，与汽油机相比可节约 30% 左右的油量。此外，柴油车工作可靠，如德国柴油车无故障里程已达 4.8 万千米，使用寿命比汽油车长 60%~70%。

轮胎结构对汽车运行油耗也有很大影响。国外载货汽车普遍采用子午帘线结构的轮胎，可以明显降低汽车滚动阻力，因而可以节油 5%~10%。

5. 组织公路货物运输的方法

1）多班运输

多班运输是指在一昼夜内车辆工作超过一个工作班的货运形式。采用多班运输是增加车辆工作时间、提高车辆生产率的有效措施。例如，实行双班运输，车辆的生产率比单班可提高 60%~70%，同时也提高劳动生产率、降低运输成本。

2）定时运输

定时运输多指车辆按运行计划中所拟定的行车时刻表进行工作。在行车时刻表中规定汽车从车场开出的时间、每个运次到达和开出装卸站的时间及装卸工作时间等。

3）定点运输

定点运输指按发货点固定车队，专门完成固定货运任务的运输组织形式。定点运输既适用于装卸地点都比较固定、集中的货运任务，也适用于装货地点集中而卸货地点分散的固定性货运任务。

4）直达联运

直达联运指以车站、港口和物资供需单位为中心，按照运输的全过程，把产、供、销部门各种运输工具组成一条龙运输，一直把货物从生产地运到消费地。

5）零担货物集中运输

零担货物运输，一般指不满一整车的少量货物的运输。而零担货物集中运输，是指以定线、定站的城市间货运班车将沿线零担货物集中起来进行运输的一种形式。它的特点是：收、发货单位多；地点分散且不固定；货物种类繁杂，批数众多，但批量较小；货流不稳定。

6）拖挂运输

拖挂运输是利用由牵引车和挂车组成的汽车列车进行运营的一种运输形式。比较常见的搭配是由载货汽车和全挂车两部分组成的汽车列车。通常讲的列车拖挂运输是指牵引车与挂车不分离，共同完成运行和装卸作业，这种形式又称定挂运输；如果根据不同装卸和运行条件，载货汽车或牵引车不固定挂车，而是按照一定的运输计划更换拖挂车运行，则称为甩挂运输。

4.2.2 铁路运输

铁路运输是一种重要的现代陆地运输方式。它是使用机动车牵引车辆，用以载运旅客和货物，从而实现人和物的位移的一种运输方式。铁路运输主要是承担长距离、大批量的货运，在没有水运条件的地区，几乎所有大批量货物都是依靠铁路运输，是在干线运输中起主力运输作用的运输形式。

1. 铁路运输的优缺点

铁路运输主要包括以下优点。

（1）运输速度快。铁路运输不太受自然条件限制，运输经济里程一般在 200 千米以上。常规铁路的列车运行速度一般为每小时 60~80 千米，少数常规铁路时速可高达 140~160 千米，高速铁路运行时速可达 210~260 千米。1990 年 5 月 18 日，法国铁路 TGV 高速客车动车组曾创造了时速达 515.3 千米的世界纪录。

（2）运输能力大。铁路运输承运能力大，适合大批量的低值物品及长距离运输，铁路运输能力取决于列车重量（列车载运吨数）和昼夜线路通过的列车数。一旦基础设施在适当的位置建好，它的通货能力就比较高，单位运价相对较低，因此，大量笨重、体积庞大的、价值较低的货物，如煤炭、木材的长距离运送通常使用铁路，铁路在供应链的上游部分应用得更为广泛。此外，铁路运输可以方便地实现驮背运输、集装箱运输及多式联运。

（3）运输成本较低。铁路运输成本中固定资产折旧费所占比重较大，而且与运输距离长短、运量的大小密切相关。运距越长，运量越大，单位成本越低。一般来说，铁路的单位运输成本比公路运输和航空运输要低得多，有的甚至低于内河航运。

（4）安全程度高。随着先进技术的发展和在铁路运输中的应用，铁路运输的安全程度越来越高。特别是在近 20 年来，许多国家铁路广泛采用了电子计算机和自动控制等高新技术，安装了列车自动停车、列车自动控制、列车自动操纵、设备故障和道口故障报警、灾害防护报警等装置，有效地防止了列车运行事故的发生。在各种现代化运输方式中，按所完成的货物吨/千米计算的事故率，铁路运输是最低的。

（5）适应性强。依靠现代科学技术，铁路几乎可以在任何需要的地方修建，可以实现全年全天候不停地运营，受地理和气候条件的限制很少。铁路运输具有较高的连续性和可靠性，而且适合长短途各类不同重量和体积货物的双向运输。

（6）能耗小。铁路运输轮轨之间的摩擦力小于汽车车辆和地面之间的摩擦力，铁路机车车辆单位功率所能牵引的重量约比汽车高 10 倍，因此铁路单位运量的能耗也就比汽车运输小得多。

（7）环境污染程度小。工业发达国家在社会及其经济与自然环境之间的平衡受到了严重的破坏，其中运输业在某些方面起了主要作用。对空气和地表的污染最为明显的是汽车运输、喷气式飞机、超音速飞机等。相比之下，铁路运输对环境和生态平衡的影响程度较小，特别是电气化铁路，这种影响更小。

铁路运输也具有以下缺点。

（1）铁路运输的固定成本高，可变成本低，项目投资大，建设周期长。装卸成本，制单和收费成本，多种产品、多批货物货车的调度换车成本使铁路运输的端点成本很高。因此，在铁路运输中规模经济效益很重要，即每批货的运量越大，单位成本就越低。铁路维护设备的折旧、端点设施的折旧和管理费用也会提高固定成本的水平。铁路运输的可变成本通常包括工资、燃油、润滑油和维护成本。传统上，铁路运输部门常常将总成本的一半或三分之一当作可变成本。

（2）灵活性差，只能在固定路线上实现运输，而且需要其他运输手段的配合和衔接。

（3）运输时间较长，在运输过程中需要有列车编组、解体和中转改编等作业环节，占用时间较长，因而增加了货物的运输时间。

（4）不能实现"门到门"运输。如果托运人和收货人都有专用线，可以提供"门到门"服务。如果没有专用线，则货物运送必须由其他方式来协助完成。

（5）铁路运输中的货损率比较高。由于装卸次数较多，货物毁损或灭失事故通常比其他运输方式多。

由于对铁路、机车和终端设施的巨大投资，大多数国家的铁路由政府投资兴建和运营。因此，铁路运输承运人数量很少，几乎都是公共承运人（向所有其他组织提供服务），即使铁路服务不是全国性的，政府也允许（接近）垄断。通常在两地间修建的一条铁路有足够的能力满足所有的需求。因此，竞争者再运营同样的设施便不可行。这也是阻碍竞争者进入的一个因素。

2. 铁路运输的主要技术设施

铁路运输的各种技术设施是组织运输生产的物质基础，可分为固定设备和活动设备。固定设备主要包括线路、车站、通信信号设备、检修设备、给水设备以及电气化铁路的供电设备等。活动设备主要有机车、客车、货车等。

（1）线路。线路是列车运行的基础设施，由轨道、路基和桥隧等建筑物组成一个整体的工程结构。

（2）机车。机车是牵引和推送车辆运行于铁路线上、本身不能载荷的车辆，主要有蒸汽机车、内燃机车、电力机车。

（3）货车。货车是铁路运输的基本载运工具。传统的货车分为敞车、篷车、平车、罐车和保温车等五大类。

（4）车站。车站是办理货物运输业务，编组和解体列车，组织列车始发、到达、交会、通过等作业的基层单位。车站按业务性质可分为客运站、货运站、客货运站、编组站、区段站、中间站等。

3. 组织铁路运输的方法

（1）整车运输。整车运输是指根据被运输物资的数量、形状等，选择合适的车辆，以车厢为单位的运输方法。货车的形式有篷车、敞车、平车、矿石车、散装水泥车等。其规格尺寸和装载量也各不相同。在选用时，必须根据运输物资的具体情况确定货车的类型和吨位。

（2）零担运输。零担运输也可称为小件货物运输。这种运输办法多是因待运量少而不够一个整车装载量时采用。与整车运输相比，这种运输方法费用较高。

（3）混装运输。混装运输是小件运输的一种装载情况。一般同一到达地点的若干小件物资可分装在一辆货车上。不同的物资分装在同一个集装箱中也是一种混装运输。

（4）集装箱运输。集装箱运输指采用集装箱专用列车运输物资。这种运输方法是发挥铁路运输大量、迅速的特点，并与其他运输方式相结合的理想运输方法。

4.2.3 航空运输

航空运输是使用飞机或其他航空器进行运输的一种形式，运载货物主要包括两类：价值高、运费承担能力很强的货物，如贵重设备的零部件、高档产品等；紧急需要的物资，如救灾抢险物资等。

1. 航空运输的类型

航空运输主要包含三种类型：定期服务，主要航线利用客机上的剩余空间运送包裹；货物服务，即运营商定期运营货机，运营商都是公共承运人，为所有用户运送物品；包机服务，整架飞机受雇于特定的运输。

2. 航空运输的优缺点

航空运输的优点主要表现为以下几个方面。

（1）高速度运输。与其他运输方式相比，高速度无疑是航空运输最明显的特征，航空运输的高速度特征在物流中具有无可比拟的价值。现代喷气运输机时速一般在 900 千米左右，是火车的 5~10 倍、海轮的 20~25 倍，比轮船快 20~30 倍，距离越长，航空运输所能节约的时间越多。不受地形的限制，在火车、汽车都无法到达的地区也可依靠航空运输，因而有重要意义。

（2）安全性高。航空运输平稳、安全，货物在物流中受到的震动、撞击等均小于其他运输方式。尤其当飞机在 1 万米以上高空飞行时，飞机将不受低空气流的影响，更能体现出航空运输的安全性。随着科学技术的进步，在不断对飞机进行技术革新的同时，维修技术也得到了提高，这些都加强了航空运输的安全性。而航行支持设施如地面通信设施、航空导航系统、着陆系统以及保安监测设施的迅速改进与发展更提高了其安全性。尽管飞行事故中会出现机毁人亡（事故严重性最大）的可能性，但按单位货运周转量或单位飞行时间损失率来衡量，航空运输的安全性是很高的。

（3）高科技特性。航空运输的主要工具是飞机。波音 747、767、MD 等都可以说是现今最先进科学技术及其工艺水平的结晶。此外，通信导航、气象、航行管制、机场建设等无不涉及高科技领域。

（4）灵活性强。航空运输不受地形、地貌、山川、河流的影响，只要有机场，有航空设施保证，即可开辟航线；如果用直升机运输，机动性更强。对于自然灾害的紧急救援、对于各种运输方式物流不可到达的地方，均可采用飞机空投方式，以满足特殊条件下特殊物流的要求。

（5）国际性特征。严格说起来，任何运输方式都有国际性，都有可能在国家间完成运输任务。国际航空运输的飞行标准、航空器适航标准、运输组织管理、航空管制、机场标准等都有国际上统一的规范和章程，否则从一个国家飞到另一个国家，运输就无法组织。国际民用航空组织制定了各种法规、条例、公约来统一和协调各国的飞行活动和运营活动。

（6）航空运输建设周期短，回收快。航空运输建设主要包括飞机、机场和其他辅助保证设施。一般来说，修建机场比修建铁路周期短，投资回收快。

（7）包装要求低。货物空运的包装要求通常比其他运输方式要低。飞机在空中飞行平稳，着陆时有减震系统，货物不会受到太大的外力冲击，因此也降低了对包装的要求。在空运中，用一张塑料薄膜裹住托盘的现象并不少见。

航空运输也具有以下缺点。

（1）可达性差。可达性是航空运输的软肋，人和货物上飞机之前，必须先到达机场。可达性的限制提高了航运服务的时间和成本。

（2）受气候条件限制。因飞行条件要求很高，航空运输受到气候条件的限制，从而在一定程度上影响了运输的准点性。

航空运输与汽车运输的成本特征类似，包含高可变成本和低固定成本。航空运输的端点和空中通道一般不属于航空公司所有。航空公司根据需要以燃油费、仓储费、场地租金和起降费的形式购买机场服务。如果我们将地面装卸、取货和送货服务包含在航空货运服务中，这些成本就成为空运端点成本的一部分。此外，航空公司需要支付运输设备成本，在设备经济寿命内对其进行折旧，就是每年的固定使用费。虽然航空运输在整个运输量中所占份额微乎其微，但它所运送的对象（高价值的、珍贵的、紧急的人或物）使它成为运输系统的重要组成部分。由于航空公司自身独特的优势，来自其他行业的竞争是有限的，而航空运输行业内部在运量和服务方面的竞争却非常激烈。

3. 航空运输的技术指标

航空运输把实际载运量与最大载运能力之比称为载运比率。载运比率又分为两种情况。

航站始发载运比率，是指某航站出港飞机实际运载与最大运载之比，即

$$航站始发载运比率 = \frac{实际运载}{最大运载} \times 100\%$$

航线载运比率：

$$航线载运比率 = \frac{实际总周转量}{最大周转量} \times 100\%$$

其中，最大周转量是飞机在满载的情况下可完成的吨公里数，它等于最大运载与航距的乘积。

4. 航空港与航空线

航空港又称机场，是航空线的枢纽，它供执行客货运业务和保养维修飞机、起飞、降落使用。航空港按照设备情况可分为基本航空港和中途航空港。前者配备有为货运及其所属机群服务的各种设备，后者专供飞机做短时间逗留、上下旅客及装卸货物之用。航空港按其下垫面的性质又可分为陆上航空港和水上航空港。前者比较普遍，而后者仅供水上飞机使用。

航空线是指在一定方向上沿着规定的地球表面飞行，连接两个或几个城市进行运输业务的航空交通线。航班飞行一般分为班期飞行、加班飞行及包机或专机飞行。

航空线按其性质和作用可分为国际航线、国内航空干线和国内地方航线三种。

（1）国际航线。国际航线主要根据国家和地区政治、经济和友好往来，通过建立双方的民航协定建立。它是由两个或两个以上的国家共同开辟的，主要担负国际旅客、邮件、货物的运送。

（2）国内航空干线。航空干线的布局首先要为国家的政治、经济服务，其次是根据各种运输方式的合理分工承担长途和边远地区的客、货运转任务。

（3）国内地方航线。国内地方航线一般是为省内政治、经济服务，主要在一些省区面积大而区内交通不发达的地区和边疆地区。

4.2.4 水路运输

水路是大自然提供的交通干线，水路运输是使用船舶运送客、货的一种运输方式，由船舶、航道和港口所组成。水路运输主要承担大批量、长距离的运输，是在干线运输中起主力作用的运输形式。在内河及沿海，也常有小型水运运输工具使用，担任补充及衔接大批量干线运输的任务。

1. 水路运输的类型

水路运输主要有河流及运河运输（通常称为内河运输）、沿海运输（将物料从一个港口沿近海运往另一个）、近海运输和远洋运输（横跨主要海洋）四种类型。

内河运输是使用船舶在内陆的江、河、湖、川等水道进行运输的一种方式，主要使用中小型船舶；沿海运输是使用船舶通过大陆附近沿海航道运送客、货的一种方式，一般使用中小型船舶；近海运输是使用船舶通过大陆邻近国家海上航道运送客、货的一种运输形式，视航程可使用中型船舶或小型船舶；远洋运输是使用船舶跨大洋的长途运输形式，主要依靠运量大的大型船舶。

许多国家和地区都有发展完善的河流及运河运输，如加拿大和美国圣劳伦斯河、欧洲的莱茵河、我国的长江和京杭大运河。目前，世界上许多国家的内河运输在货物运输，尤其是散货运输中仍起着重要作用。人们常常将内河运输与小批量、狭窄的小船和驳船联系在一起。

2. 水路运输的方式

1）国际航运

国际航运的经营方式主要有班轮运输和租船运输两大类。前者又称定期船运输，后者又称不定期船运输。

（1）班轮运输。这是指船舶在固定的航线和港口间按事先公布的船期表航行，以从事客、货运输业务，按事先公布的费率收取运费。班轮运输具有"四定"的特点，即固定航线、固定港口、固定船期和相对固定的费率。

（2）租船运输。租船运输又称为不定期船运输，没有特定的船期表、航线和港口。船主将船舶出租给租船人使用，以完成特定的货运任务。租船运输以承运价值较低的大宗货物为主，如粮食、矿砂、煤炭、石油等，而且整船装运。据统计，国际海上货物运输总量中，租船运输量约占 4/5。国际上使用租船运输的方式主要有三种：一是定程租船，又称航次租船，是以航程为基础的租船方式，船方按租船合同规定的船程完成货运任务，并负责船舶经营管理及支付航行费用，租船人按约定支付租金；二是定期租船，这是租船人使用一定的期限，并由租船人自行调度与管理，租金按月计算的租船方式；三是光租船，是定期租船的一种，但船主不提供船员，由于船主不放心只把船给租船人，所以这种方式较少使用。

2）航线营运方式

航线营运方式也称航线形式，即在固定的港口之间，为完成一定的运输任务，配备一定数量的船舶并按一定的程序组织船舶运行活动。在国内的沿海和内河运输中，航线形式是主要的运营形式。它定期发送货物，有利于吸收和组织货源，缩短船舶在港时间，提高运输效率，并为联运创造条件。

3）航次运营方式

航次运营方式是指船舶的运行没有固定的出发港和目的港，船舶仅为完成某一特定的运输任务而按照预先安排的航次计划运行。其特点是机动灵活，在沿海和内河运输中是一种辅助的也是不可缺少的形式。

4）客货船运营形式

这是一种客运和货运同船运输的形式，其运营特点是需要定期、定时发船。

5）多式联运

多式联运是指以集装箱为媒介，把铁路、水路、公路和航空等单一的运输方式有机地结合起来，组成一个连贯的运输系统的运输方式。1980 年，《联合国国际货物多式联运公约》规定，"国际多式联运是指：按照多式联运合同，以至少两种不同的运输方式，由多式联运经营人将货物从一国境内承运货物的地点，运送至另一国境内指定交付货物的地点"。

3. 水路运输的优缺点

水路运输的优点主要表现为以下几个方面。

（1）大批量运输，运输能力强。在海洋运输中，超巨型油船的载重量达 55 万吨，矿石船载重量达 35 万吨，集装箱船已达 7 万吨。海上运输利用天然航道，不像内河运输受航道限制较大，如果条件许可，可随时改造为最有利的航线，因此，海上运输的通过能力比较大。内河运输中，美国最大的顶推船队运载能力超过5万吨，我国大型顶推船队的运载能力也已达3万吨，相当于铁路列车的10倍。在运输条件良好的航道，海上运输的通过能力几乎不受限制。

（2）长距离运输，运费低。水运的站场费用极高，这是因为港口建设项目多、费用大，向港口送、取货物都较不方便，水运成本之所以能低于其他运输方式，主要是因为其船舶的运载量大、运输里程远、路途运行费用低。据美国测定，美国沿海运输成本只及铁路的1/8，密西西比河干流的运输成本只有铁路的2/5。

（3）节约能源。与其他运输方式相比，水运对货物的载运和装卸要求不高，因而占地较少。新建1千米铁路需要占地2~2.7公顷，1千米公路需要占地1公顷左右，而水运航道几乎不占用土地，港口、码头均建在海岸或江河岸边，这就节约了国家的土地资源。船舶体积较大，水流阻力高，所以航速较低。低速航行所需克服阻力小，能够节约燃料。

（4）劳动生产率高。水路因载运量大，其劳动生产率较高。一艘20万吨的油船只需配备40名船员，平均人均运送货物达5000吨。在内河运输中，采用顶推分节船队运输，也提高了劳动生产率。

（5）投资小。水上运输利用天然航道，投资小。海上运输航道的开发几乎不需要支付费用。内河虽然有时需要一定的开支疏浚河道，但比修筑铁路的费用少得多。据初步测算，开发内河航道每公里投资仅为铁路旧线改造的1/5或新线建设的1/8。

水路运输的缺点是运输速度慢，船舶平均航速较低，不能快速地将货物运达目的地，如果航速提高，所需克服的阻力则直线上升；其次，水路运输受自然条件影响大，特别是受气候条件影响较大，例如，断流、台风会对水路运输产生严重影响，因而呈现较大的波动性；水路运输被限制在固定港口，从供应商到用户的运输不可避免地要转换运输方式，即使靠近港口也是如此，搬运费用偏高；港口建设费用相对较高。

4．船舶的经济技术特征

1）技术指标

（1）船舶的航行性能。船舶为了完成运输任务，经常在风浪、急流等极为危险的环境下航行，因此，要求船舶具有良好的航行性能。船舶的航行性能主要包括浮性、稳性、抗沉性、快速性、适航性和操纵性等。

（2）船舶的排水量和载重量。排水量是指船舶浮于水面时所排开水的重量。载重量是指船舶所允许的装载重量。排水量和载重量的计量单位都以吨表示。

（3）船舶的货舱容积和登记吨位。货舱容积是指船舶货舱实际能容纳货物的空间，以立方米或立方英尺表示。登记吨位是指为船舶注册登记而规定的一种根据船舶容积大小而折算出的专门吨位。

（4）船舶的装卸性能。船舶的装卸性能是由船舶的结构、容积和装卸设备所反映的装卸效率指标。船舶装卸效率的高低在很大程度上决定了船舶在港的停泊时间。

2）船舶的种类及特性

（1）客货船。客货船是以载运旅客为主，兼运一定数量货物的船舶，其结构和营运技术特征是多种多样的。

（2）杂货船。杂货船又称普通货船、通用干货船或统货船，主要用于装载一般包装、袋装、箱装和桶装的件杂货物。由于件杂货物的批量较小，杂货船的吨位也较散货船和油船小，典型的载货量在1万~2万吨，一般为双层甲板。这种船航行速度较快，船上配备完善的起卸货设备，船舶构造中有多层甲板把船舱分隔成多层货柜，以适应装载不同货物的需要。新型的杂货船一般为多用途型，既能运载普通件杂货，也能运载散货、大件货、冷藏货和集装箱。尽管一些船有侧门，车辆可以出入，但是货物装卸常常要用起重机，世界上的许多港口都设有起重设施。因此，标准船型的杂货船是使用最广泛的船只。

（3）散货船。散货船是用以装载无包装的大宗货物的船舶，专用于运送煤炭、矿砂、谷物、化肥、水泥、木材、钢铁等散状物资。目前其数量仅次于油船，其特点为：驾驶室和机舱布置在尾部，货舱口宽大；内底板与舷侧与向上倾斜的边板连接，便于货物向货舱中央集中；这种船大都为单甲板，舱内不设支柱，但有的船设有隔板，用以防止在风浪中运载的舱内货物错位移动；有较多的压载水舱用于压载航行。按载运的货物不同，又可分为矿砂船、运煤船、散粮船、散装水泥船、运木船等。

（4）冷藏船。冷藏船是指专门运送易腐的新鲜货物的运输船。运送的货物包括水果、蔬菜、肉类、鱼类和低温保存的药品等。在运输过程中要保持低温，货物均装在周围敷设有完备隔热层的冷藏货舱内。冷藏舱往往设多层甲板，甲板间高度较低，以防止冷藏品过多被压坏。船上具有大功率的制冷装置，在货舱内设置制冷管或冷风管，以维持冷藏货舱内保持货物所需的适当的温度。按冷藏货物保冷要求，有低温、冷温和常温3种冷藏舱。低温冷藏舱保冷温度在-6℃以下，用以保藏鱼、肉、乳制品等，舱内货物完全冻结；冷温冷藏舱保冷温度为-5~-1℃，用以保藏冻肉、蛋品、药品等，舱内货物表面冻结；常温冷藏舱保冷温度为5~16℃，用以保藏水果、蔬菜、鲜花等。在鱼鲜运输方面，也有在舱内注入0℃左右的冷海水，将鱼鲜直接浸于其中冷藏的方法。冷藏船一般吨位不大，但航速较高，以尽量减少途中运输时间。此外，还有一种冷藏/集装箱船，用于运输要求冷藏的货物并兼顾运输集装箱。

（5）油船。指专门用来装运散装石油（原油及石油产品）类液体货物的船只。目前油船的载重量在5万吨以上的已很普遍，大型油船在20万~30万吨，超大型油船超过50万吨，航速为15~17节。例如，大连船舶重工为中海集团建造的"新宁洋"号超大型油轮，其载重量为29.8万吨。

（6）液化气船。它是专门用来装运液化了的天然气体和液化了的石油气体的船舶。专门装运液化天然气的船称为液化天然气船；专门装运液化石油气的船称为液化石油气船。

（7）滚装船（渡船）。滚装船是利用车辆上下装卸货物的多用途船舶，最初也称滚上滚下船。它将装有集装箱等大件货物的挂车和装有货物的带轮的托盘作为货运单位，由牵引车或叉车直接进出货舱进行装卸。这种船本身无须装卸设备，一般在船侧或船的首、尾有开口斜坡连接码头，装卸货物时，或者是汽车，或者是集装箱（装在拖车上的）直接开进或开出船舱。这种船的优点是不依赖码头上的装卸设备，装卸速度快，可加速船舶周转。

（8）载驳船。载驳船指专门载运货驳的船舶，又称母子船。其运输方式与集装箱运输方式相仿，因为货驳也可视为能够浮于水面的集装箱。其运输过程是：将货物先装载于统一规格的方形货驳（子船）上，再将货驳装到载驳船（母船）上，载驳船将货驳运抵目的港后，将货驳卸至水面，再由拖船分送到各自的目的地。载驳船的特点是不受港口水深限制，不需要占用码头泊位，装卸货物均在锚地进行，装卸效率高，便于海-河联运。但由于造价高，货驳的集散组织复杂，其发展也受到了限制。

（9）集装箱船。集装箱船又称箱装船、货柜船或货箱船，是一种专门载运集装箱的船舶。其全部或大部分船舱用来装载集装箱，往往在甲板或舱盖上也可堆放集装箱。集装箱船的货舱口宽而长，货舱的尺寸按载箱的要求规格化。装卸效率高，大大缩短了停港时间。一般的集装箱船大约可以运送 5000 箱，大一些的可以运送 10 000 箱。

（10）内河货船。内河货船本身带有动力，并有货舱可供装货，具有使用方便、调动灵活的优点。但载重量小、成本高，一般多作为内河定期经营船舶使用。

3）水路运输的主要程序

（1）揽货。制定船期表、分送客户，并在有关的航运期刊上刊载。

（2）订仓。托运人或其代理人向承运人申请货物运输，承运人对这种申请予以承诺。

（3）装船。托运人应将托运的货物送至码头承运船舶的船边，并进行交接，然后将货物装到船上。

（4）卸货。将船舶所承运的货物在卸货港从船上卸下，并在船边交给收货人或代理收货人，然后办理货物的交接手续。

（5）交付货物。实际业务中，船舶公司凭提货单将货物交付给收货人的行为。

（6）保函。保函即保证书，作用包括凭保函交付货物、凭保函签发货物提单、凭保函签发预借提单等。

5．港口的经济技术特点

港口是海上运输和内陆运输之间的重要联系枢纽。船舶的装卸、修理、货物的集散都要在港口进行。按照不同的划分依据，港口主要分为以下几种类型。

1）按港口位置划分

（1）海湾港：地处海湾，常有岬角或岛屿等天然屏障做保护，具有同一港湾容纳数港的特点，如大连港、秦皇岛港、河口港；位于河流入海口处，如上海港、广州港。

（2）内河港：位于内河沿岸的港口，一般与海港有航道相通，如南京、汉口等港。

2）按使用目的划分

（1）存储港：一般地处水陆连接的枢纽，同时又是工商业中心。港口设施完备，便于进出口货物和转口货物的存储、转运，如伦敦、纽约、上海等港。

（2）转运港：位于水陆交通衔接处。一面将陆路货物转由海路运出，一面将海运货物疏散，转由陆路运入。港口本身对货物的需求不多，如鹿特丹、香港等港。

（3）经过港：地处航道要塞，为往来船舶必经之地，船舶如有必要，可做短暂停留以便补充给养的港口。

3）按国家政策划分

（1）国内港：是指经营国内贸易，专供本国船舶出入的港口，外国船舶除特殊情况外，不得任意出入。

（2）国际港：又称开放港，是指进行国际贸易，依照条约或法则开放的港口，任何航行于国际航线的外籍船舶，经办理手续，均准许进出港口，但必须接受当地航政机关和海关的监督。当前我国对外开放的港口口岸已超过135个。

（3）自由港：所有进出该港的货物，允许其在港内储存、装配、加工、整理、制造，再转运到他国，均免征关税。只有在转入内地时才收取一定的关税。

6. 现代化港口的条件

港口的生产效率是由港口的通过能力来衡量的。港口的通过能力指在一定的时期内港口能够装船、卸船的货物数量，也就是港口的吞吐量。现代化港口一般包括以下条件。

（1）拥有大量的泊位。港口的泊位数取决于港口码头的建设，码头岸线的长度决定了能够停泊船舶的数量。为了适应运量不断发展的趋势，防止堵塞现象，要求港口具有大量的泊位数和较长的码头岸线。

（2）具有深水航道和深水港区。为了高效率地接纳大型船舶，新建或扩建的现代化港口或港区都建有深水港区。目前，油船泊位已超过50万吨级，矿石船泊位达35万吨级，集装箱泊位已达7万吨级。

（3）具有高效率的专业化装卸设备。港口的装卸设备包括岸上起重机、水上起重机、堆码机械和拖车、抓斗等。集装箱装卸桥作业效率可达60~70箱/小时；新型连续式卸粮机可达100吨/小时以上；煤炭专业化泊位使用抓斗卸船机最高效率为4200吨/小时；输送机输送效率则高达10 000吨/小时。

（4）具有畅通的集疏运设施。港口的集疏运设施包含仓储设施、交通设施等。仓储设施包括仓库、货场、货棚、储煤厂、储油库等。交通设施则包括陆上交通的铁路与公路，水上交通的驳船、海船等。

（5）其他设施。包括供船舶安全通行的航道，防止港外风浪海流袭击的防波堤，安全与助航设备，如灯塔与浮标、海岸电台等。

4.2.5 管道运输

管道运输是一种独特的运输方式，只能运送有限的货物种类，主要运输的货物是石油及成品油、天然气、煤、化学制品等。

1. 管道运输的优缺点

（1）距离长，运送量大。管道能够进行不间断的输送，输送连续性强，不产生空驶，运输量大。

（2）高度机械化。管道输送流体货物，主要依靠每 60~70 千米设置的增压站提供压力，设备运行比较简单，且易于就地自动化和进行集中遥控。先进的管道增压站已完全做到无人值守。由于节能和高度自动化，用人较少，使运输费用大大降低。

（3）可靠性高。管道运输基本上不受天气影响，很少有机械故障。虽然运输时间长，但能准确估计交货时间，减少了安全库存的需求量。

（4）建设工程广泛。管道埋于地下，除泵站、首末站占用一些土地外，其他主要部分占用土地少，建设周期短，收效快。同时，管道还可以通过河流、湖泊、铁路、公路，甚至翻越高山、横跨沙漠、穿过海底等，易取捷径，缩短运输里程。

（5）保护环境。管道运输不产生噪声，货物漏失污染少；不受气候影响，可以长期安全、稳定地运行。

管道运输也存在很多局限性：管道运输本身工程结构上的特点，决定了其适用范围的局限性，管道运输适于长期定向、定点输送，如果输量范围较窄，输量变换幅度过大，管道的优越性就难以发挥；速度慢（一般每小时的流动速度少于 10 千米）、灵活性差（仅在固定点间运输），并且仅仅运送大量某种类型的流体；管道线路是相对固定的，因此有地域灵活性或可达性的限制等。

管道运输与铁路运输的成本特征一样。管道公司（或拥有管道的石油公司）拥有运输管道、泵站和气泵设备，它们可能拥有或租赁管道的使用权。这些固定成本加上其他成本使管道的固定成本与总成本的比例是所有运输方式中最高的。为了提高竞争力，管道运输的运量必须非常大，以摊销高额固定成本。

2. 管道运输的形式

管道以所输送的介质命名，如输送原油，称为原油管道；输送加工后的成品油，称为成品油管道，此外还有天然气管道、煤浆管道等。

（1）原油管道。被开采出来的原油经油气分离、脱水、脱沉淀物和稳定后进入管道。用管道输送时，针对所输送原油的物性（如比重、黏稠度、易凝状况等），采用不同的输送工艺。

原油管道输送工艺可分为加热输送和不加热输送两种。稀质的原油（如中东原油）采用不加热输送，而我国的原油属于易凝高黏原油，则需采用加热输送。

（2）成品油管道。成品油管道用于输送经炼油厂加工提炼出来、可直接供使用的燃料油，如汽油、煤油、航空煤油、柴油以及液化石油气等。由炼制加工生产的最轻质到重质的燃料油等，都是成品油管道输送的介质。

成品油管道是等温输送，没有沿途加热的问题。成品油管道的特点在于有众多不同的油品，如煤油、汽油、柴油、航空煤油以及各种不同标号的同类油品，要按顺序输送，并要求严格区分，以保证油品质量。由于成品油管道是多来源、多品种顺序输送的，其管理的复杂程度远超过原油管道。成品油管道连通多个炼油厂，所生产的油品可进入同一管道，同时直接向沿线的各大城市及乡镇供应成品油。

（3）天然气管道。天然气管道是将天然气（包括油田生产的伴生气）从开采地或处理厂送到城市配气中心或企业用户的管道。天然气管道与煤气管道的区别在于煤气管道是用煤作为原料转化为气体，运输压力比较小，而天然气则由气田中的气井生产，并有较高的压力，可以利用气井的压力长距离输送。早期天然气管道的输送完全依靠天然气井的压力，现代天然气管道输送由于输送距离和输送量增加，普遍设增压站，设有利用天然气做燃料的燃气机或燃气轮机驱动各种与动力相配套的压缩机。

（4）煤浆管道。煤浆管道是固体料浆管道的一种。将固体破碎成粉粒状与适量的液体混合配制成浆液，经管道增压进行长距离输送。固体浆液管道除用于输送煤浆外，还用于输送赤铁矿、铝矾土和石灰石等。

4.2.6 复合运输

复合运输是指在行程中包含两种或以上不同的运输方式。各种运输方式都有其特点，但是在现实的运输情况中，组织没有必要全程应用一种方式。最优的选择是将行程分为几个阶段，每个阶段利用最优模式。当然这要依赖路况、相对成本和方式间的转换费用等因素。

复合运输的目标是组合几种方式的优点，同时避免各自的缺点，如将水路的成本与陆路的弹性或航空的速度与陆路的成本相组合。

1. 多式联运：复合运输的形式

多式联运是指综合不同运输方式的系统模式，是一个协调不同运输装载方式的系统。多式联运是在集装箱运输的基础上产生、发展起来的现代运输方式。按照多式联运合同，以至少两种不同的运输方式，由多式联运经营人把货物从一地接运货物运至另一个指定交付货物的地点。多式联运不仅仅是将海运、公路、铁路等运输方式整合在一起，更重要的是它能使每种运输方式发挥最大的效能。若货物在运输过程中使用多式联运方式，但是没有将这些运输方式进行整合，例如，托运商和货运公司及海运公司分别达成协议，但货运公司与海运公司的运输并未整合，这种方式一般称为多元运输。而多式联运的重点在于协调不同的运输方式。

从某种意义上讲，多式联运就是集装箱多式联运。它通常是以集装箱为运输单元，将不同的运输方式有机地组合在一起构成连续的、综合性的一体化货物运输，通过一次托运、一次计费、一份单证、一次保险，由各运输区段的承运人共同完成货物的全程运输，即将货物的全程运输作为一个完整的单一运输过程来安排。

多式联运降低了传统分段运输的时间损失及破损、盗失风险；降低了分段运输的有关单证和手续的复杂性；减少了全程运输的各种相关费用。货主只需与多式联运经营人一方联系，多式联运经营人对托运人的货物负全程责任。多式联运提供的全程运费更便于货主就运价与买方达成协议。运输成本的降低有助于产品总物流成本的降低，从而提高产品的市场竞争力。国际运输中常采用多式联运，其具有以下特点。

（1）货物安全。首先，货物放置在集装箱中，难以接近。其次，集装箱通过标于外部的序列号来辨别，得知集装箱内装载的货物的唯一方法就是开箱或了解序列号的编码方式，货物因此而得到保护。再次，在堆场中放置了上千个集装箱，想通过打开集装箱偷走高价值货物的概率很低。最后，集装箱门闩上有封条，如果其损毁就表示货柜被侵入，工作人员会对其进行检查，并可拒绝签收封条损毁的集装箱。如果封条损坏，承运商会在货单上注明，并对货物的丢失不负责任。

（2）劳动力安全。集装化货物通常比其他包装安全，金属箱更结实，几乎压不坏，对天气的抵抗力也更强。对于搬运集装化货物的工人而言也更安全，因为操作的机器与人有一定的安全距离，在现代化的集装箱码头，很少看见工人在卡车驾驶台和起重机控制室外工作。

（3）效率高。据估计，一名码头工人1小时可以装载杂货0.5吨，而集装化处理可以达到每小时2.45吨。多式联运效率的提高主要在于以下几个环节：①由于每个集装箱都是标准尺寸，可以利用专用的机械操作工具；②由于集装箱相同，不需要浪费时间做调整；③现在可以利用更简单、有效的集装箱，箱型比以前的大得多，这意味着可以减少挪动。

2. 成组运输：复合运输的技术

复合运输的主要问题是每次运输方式间的转换都会导致延迟和增加额外的处理费用，只有在这种转换能有效运作时才能实现有效运输。因此，复合运输的核心就是运输方式间的物料转换系统如何实现无缝运输，最佳方法就是采用统一标准化的装卸措施。成组运输是实现无缝运输的具体体现。成组运输是采用一定的办法，把分散的单件货物组合在一起，成为一个规格化、标准化的大运输单位进行运输。成组运输主要形式包括托盘运输与集装箱运输。

（1）托盘运输。托盘是为了便于货物装卸、运输、保管和配送等而使用的，由可以承载若干数量物品的负荷面和叉车插口构成的装卸用垫板。托盘作为集装单元化器具，能将零碎、散放的货物组合成规格统一、具有一定体积和重量的货物单元。托盘货物单元可以用叉车进行装卸搬运，可以利用单元格式货架进行保管存储，也可以直接装进集装箱或其他运输设备。在公路、铁路、水路、航空、多式联运等多种运输方式中应用托盘货物单元作业，可将货物连同托盘一起送到最终用户手中（称为托盘作业一贯化），而不用在中途反复倒盘，减少无效作业，提高物流效率、降低物流成本。

（2）集装箱运输。集装箱是运输包装货物或无包装货物的成组运输工具（容器）的总称。国际标准化组织（International Standards Organization，ISO）对其下定义，它是一种运输设备，应满足以下要求：①具有足够的强度，能长期反复使用；②途中转运无须移动箱内货物，可直接换装；③可进行快速装卸，并可以从一种运输工具方便地换装到另一种运输工具；④便于货物的装满或卸空；⑤内容积达到1米^{3}或1米^{3}以上。

集装箱运输货物具有操作简单、快捷，提高了货运速度，加快了运输工具及货物资金的周转；装卸费减少，劳动条件改善，运输成本降低；简化货物包装，节约货物包装费用，减少运杂费用；降低损坏、误放和盗窃造成的成本，具有较低的保险费率；减少货损、货差，提高货运质量，不受气候影响，实现了定点、定期运输及装卸作业等优点。自从开始采用集装箱运输，船只海运港口停靠时间已大大减少，船只能在几小时内返航。从经验上看，原来需要3周回转的传统船只，现在使用回转集装箱船只需用一天，超过70%的货物运输都使用了集装箱运输。

4.3 运输方式的选择

下面对不同运输方式的费用、速度、弹性和装载限制进行排序,其中 1 为模式的绩效最优,5 为绩效最差,如表 4-2 所示。

表 4-2 不同运输方式的比较

比较项目	运输方式				
	铁路运输	公路运输	水路运输	航空运输	管道运输
费用	3	4	1	5	2
速度	3	2	4	1	5
弹性	2	1	4	3	5
体积/重量限制	3	4	1	5	2
可存取性	2	1	4	3	5

由表 4-2 可以看出,几种基本的运输方式普遍都有各自的特点,根据经验,最廉价的运输方式也是最无弹性的。有时选择运输方式很容易,如果想在上海和东京之间运送大宗货物,就会选择水路运输;对于陆路运输,许多组织喜欢用卡车运输货物,不会考虑其他方式。货物自身的特性决定了货物的运输方式,托运人仅仅是对有限的、可选择的承运人做出选择。购买协议达成后,收货人通常也会影响送货方式。

以下几项会影响货物运输方式的选择。

1. 从货物本身的特性来看

(1)尺寸:货物的尺寸和体积。

(2)重量:货物的净重。

(3)密度:同时衡量货物的体积和重量。

(4)危险货物:危险货物的运输有着一套严格的规则体系。

(5)物料价值:贵重物品会增加库存成本,应使用快速的方式。

2. 从运输过程来看

(1)可装载性:货物的尺寸、重量、密度等特性都会影响货物的可装载性,体积大、笨重的货物较难装载,体积小、轻巧的货物相对容易装载。

(2)搬运:一些货物会装上把手或采用其他方式以便于搬运,另一些货物搬运起来就相对困难些。鲜活货物的搬运相当麻烦,而适合集装箱装运的货物处理起来就比较简单。

(3)可靠性:指货物在运输过程中发生损坏或丢失的可能。一些货物容易被盗,如电子产品,一些货物容易损坏,如新鲜水果,而像废纸这类货物就不存在这个问题。实现稳定的运输通常要比运输时间更重要。

(4)特殊服务要求:一些货物需要特殊服务,如鲜花运输需要放置在保鲜箱内,放置冰块或用冷藏车运输。

（5）重要性：即使是低价值的产品，如果妨碍组织运营，也需要选择快速、可靠的运输方式。

（6）运输时间：由于运作必须对变化做出快速响应，不允许重要的供应商使用缓慢的运输方式。

其他因素还有谈判的费用及成本、承运人的信誉和运输服务的稳定性、运输的时间和频率、特殊设备的使用等。

综合考虑托运人的业务需要、货物特性和运输方式的特点这三方面因素，托运人就可以选择合适的承运商与运输方式。如今，企业越来越重视伙伴关系和长期合作关系，这种关系可以降低风险，增进双方合作的默契，提高运输作业效率。

4.4 运输定价

4.4.1 运输定价的基础

定价是达成各种商业和管理目标的有力工具，它包括两项内容，即定价过程和定价结果。运输价格是指运输费率，而运费则是指整个运输服务过程的总体费用。

运费不仅仅依据服务性质制定，而且受整体伙伴关系的影响。为了加强托运商与承运商之间的合作及承诺，通常双方会签署服务协议。主要的定价标准有：按提供服务的成本定价；按服务对于客户的价值定价；按商品所能承受的运输费用定价；按总体经济环境定价；按供需状况定价等。

1. 按提供服务的成本定价

不同运输工具的成本结构是不同的，价格的制定要考虑提供运输服务的成本，定价为成本加合理利润。这种定价结构还会受到管制法规的影响，许多政府利用价格补贴或竞争规定来控制价格的涨落。

2. 按服务对于客户的价值定价

在运输业，通常在运输价值高的商品时运价高，运输价值低的商品时运价就低。即使以成本为基础制定价格，价值高的商品也会被收取较高的运价。通常运送价值越高的商品风险越大，运送的费用就越高，收取的运价也就越高。这种定价方法通常适用于运输高价值货物。

3. 按商品所能承受的运输费用定价

商品的利润水平限制了其所能接受的运输成本，这使一些利润微薄的商品只能在一定距离内运输，商品的运价必须低于终到港与始发港所在地商品销售价格之差，而且如果运费降低，从一地输出的货物量会相对增加。

4. 按总体经济环境定价

总体经济环境通常会影响交易的数量，需求通常比供给更容易产生变化。例如，在经济衰退期，贸易量大幅度下滑而运输活动仍然持续，最终导致产能过剩。

5. 按供需状况定价

供应情况包括市场中的承运商及运输设备的数量，运输需求指需要运输的货物总量。运输需求受经济和总体贸易情况的影响，竞争性运输服务也会影响运输需求，例如，大型运输机的使用可能会吸引一些海运的货源。贸易中，供需状况的持续变化与运输需求的变化之间存在着相互作用，一个因素的变化可能引起其他需求因素的变化，与此同时也会受其他因素的影响。例如，价格调整可以影响运输需求，而运输需求的变化又引起运输价格的涨落。

4.4.2 运输费率及特殊收费

1. 运输费率

运输费率包括两类基本费率，即等级费率和商品费率。

1）等级费率

有些费率根据货物种类制定。在无法对每种货物按照其始发地和终到地逐一定价的情况下，采用等级费率可以减少运价种类。例如，承运商将所有的货物按起止点分类，根据不同的里程定价。这一方法减少了运价分类，使运价单据更易于管理。

2）商品费率

商品费率是按商品种类来制定运价的。据此定价的原因主要是商品存在特殊成本或基于市场的考虑。例如，高附加值货物能够承受较高的价格。与此相反的一种方式称为"无差别定价"，即不对产品进行区分。

按货物的不同种类划分，可将货物分为普通货物、危险货物、冷藏货物、集装箱货物等。在普通货物中，一般又按不同运输条件和货物本身价值高低等因素划分为若干等级。例如，我国沿海、长江等航区将货物划分为10个等级。

国家铁路的运价管理内容可分为三种，即基本运价的管理、客货运输杂费的管理和特定运价的管理。

国家铁路的基本运价是指对整个运输市场乃至整个社会的经济生活影响比较大的那一部分运输价格，即旅客票价率和货物、行李、包裹的运价率，这部分运价的总收入占运输收入的绝大部分。基本运价的决定权属于国务院，由铁路总公司拟定铁路基本运价，经国务院物价主管部门审核并报国务院批准后实施。

客货运输杂费主要是指除基本运价以外的其他收费，如各种手续费、查询费、保管费、装卸费等，其收费项目和收费标准由铁路总公司规定。

特定运价的内容，主要是指特定运营线的运价率、特定货物的运价率、临时营运线的运价率等，其制定权在国务院铁路主管部门和物价主管部门。

2. 特殊收费

特殊收费产生的原因有很多，包括以下几种特殊服务。

（1）转运服务：指容许货物中途停留的服务。例如，未装满的集装箱中途装货。

（2）变更路线：指途中变更运输路线。

（3）变更收货商：指在运输途中变更收货商。

（4）分类配送：指在运输途中，按托运商的要求分装指定货物，并分别运到不同的地方。

除了以上特殊服务需要收费外，还有以下一些费用。

（1）滞期/延误费：在使用集装箱运输时，客户有货物装卸箱的时间限制。如果客户占用集装箱时间过长，则称为滞期（托运商仍占用集装箱）或延误（承运商已收回集装箱）。

（2）附加费用：包括现金支付费用、油料费用等，通常这些特定成本经常性波动，而承运商也希望客户能了解收费波动的原因。

4.5 运输合理化

4.5.1 运输合理化定义

在总的物流成本中，运输成本相比其他物流活动成本所占比例更高，随着现代物流概念的提出，现代物流服务需求对物流运输技术水平提出了更高的要求，它要求在原有运输概念的基础上更加合理地组织货物运输，力求做到运力省、速度快、费用低，以实现物流运输合理化。

运输合理化，就是在一定的产销条件下，货物的运量、运距、流向和中转环节合理，能以最适宜的运输工具、最低的运输费用、最少的运输环节、最佳的运输路线、最快的运输速度，将物资产品从原产地转移到规定地点。运输合理化的实现主要依赖于三个方面：一是运输方式的选择，这是实现运输合理化的基础；二是承运人运输路线的选择；三是车辆路线安排。

4.5.2 影响运输合理化的因素

在整个现代化物流运输的过程中，影响运输合理化的因素主要包括运输时间、运输费用、运输环节、运输距离及运输工具。

1. 运输时间

在全部物流时间中，运输时间占绝大部分，尤其是远程运输。因此，运输时间的缩短对缩短整个流通时间有决定性的作用。此外，运输时间缩短还有利于加速运输工具的周转，允分发挥运力效能，提高运输线路的通过能力，不同程度地改善不合理运输。

2. 运输费用

运输费用在全部物流费用中占很大比重，运输费用的高低在很大程度上决定了整个物流系统的竞争能力。实际上，运输费用的相对高低，无论对货主还是对物流企业都是运输合理化的一个重要标志。运输费用的高低也是各种合理化措施是否行之有效的最终判断依据之一。

3. 运输环节

每增加一个运输环节，势必要增加运输的附属活动，如装卸、包装等，各项技术经济指标也会因此发生变化。因此，减少运输环节，将对合理运输有一定的促进作用。

4. 运输距离

在运输过程中，运输时间、运输费用等若干技术经济指标都与运输距离有一定比例关系，运输距离长短是运输是否合理的一个最基本的因素。

5. 运输工具

各种运输工具都有其优势领域，对运输工具进行优化选择、最大限度地发挥运输工具的特点和作用，是运输合理化的重要一环。

从上述五个方面考虑运输合理化，才能取得预想的结果。

4.5.3 不合理运输的表现

不合理运输是在现有条件下可以达到的运输水平而未达到，从而造成了运力浪费、运输时间增加、运输费用超支等问题的运输形式，主要有以下几种表现形式。

1. 重复运输

重复运输主要包括两种形式：一种形式是本来可以直接将货物运到目的地，但是在未到达目的地之处或目的地之外的其他场所将货卸下，再重复装运送达目的地；另一种形式是同品种货物在同一地点一边运进，同时又向外运出。它是物资流通过程中多余的中转、倒装，虚耗装卸费用，造成车船非生产性停留，增加了车船、货物作业量，延缓了流通速度，增大了货损，增加了费用。

重复运输的最大弊端是增加了非必要的中间环节，这就延缓了流通速度，增加了费用，增大了货损。

2. 迂回运输

迂回运输是指由于道路网的纵横交错及车辆的机动性和灵活性因素，在同一发运站和目的站之间，虽然有多种不同的运输路径可选择，但最终选择了路程较长的路线进行运输的一种不合理形式，是一种舍近求远的运输。

3. 对流运输

对流运输又称"相向运输""交错运输"，指同一种货物，或彼此间可以互相代用而又不影响管理、技术及效益的货物，在同一路线上或平行路线上做相对方向的运送，而与对方运程的全部或一部分发生重叠交错的运输。它是不合理运输最突出、最普遍的一种，主要有两种表现形式。

（1）明显对流：同类的（或可以互相代替的）货物沿着同一路线相向运输。

（2）隐蔽对流：同类的（或可以互相代替的）货物在不同运输方式的平等路线上或不同时间进行相反方向的运输。

4. 过远运输

过远运输是指调运物资舍近求远，近处有资源不调而从远处调，这就造成可采取近程运输而未采取，拉长了货物运输距离的浪费现象。过远运输占用运力时间长、运输工具周转慢、物资占压资金时间长。远距离自然条件相差大，又易出现货损，增加了费用支出。

5. 倒流运输

倒流运输是指货物从销地或中转地向产地或起运地回流的一种运输现象。其不合理程度要甚于对流运输，原因在于往返两程的运输都是不必要的，形成了双程的浪费。倒流运输是对流运输的一种派生形式，指同一批货物或同一批中的一部分货物，由发运站至目的站后，又从目的站发往发运站方向。

6. 无效运输

无效运输是指被运输的货物杂质较多（如煤炭中的矿渣、原油中的水分等），使运输能力浪费于不必要的物资运输。

7. 返程或启程空驶

空车无货载行驶，可以说是不合理运输的最严重形式。在实际运输组织中，有时候必须调运空车，从管理上不能将其看成不合理运输。但是，因调运不当、货源计划不周、不采用运输社会化而形成的空驶，是不合理运输的表现。

8. 托运方式选择不当

托运方式选择不当是指对于货主而言，可以选择最好的托运方式而未选择，造成运力浪费及费用支出加大的一种不合理运输。例如，应选择整车未选择，反而采取零担托运；应当直达而选择了中转运输；应当中转运输而选择了直达运输等，都属于这一类型的不合理运输。

9. 运力选择不当

运力选择不当是指未评估各种运输工具的优势，而不正确地利用运输工具造成的不合理现象。

常见的有以下几种形式。

（1）违反水陆分工合作原则，弃水走陆。弃水走陆是指从甲地到乙地的货物运输，有铁路、水路、公路等几种运输方式可供选择，但是把适合水路或水陆联运的货物改为用铁路或公路运输，从而使水运的优势得不到充分发挥。

（2）铁路短途运输。铁路短途运输指不足铁路的经济运行里程却选择铁路进行运输。

（3）水运的过近运输。水运的过近运输指不足船舶的经济运行里程却选择水运进行运输。

以上对不合理运输的描述，都是在特定条件下表现出来的，在实际中，必须将其放在物流系统中进行综合判断。例如，从单一角度看，某一物流环节避免了不合理，做到了合理，但它的合理却可能会给其他物流环节带来不合理，即物流各环节的效益背反现象。因此，必须分析其具体情况，从系统角度出发，进行综合判断。

4.5.4 运输方式的选择与合理化形式

1. 运输方式的选择

运输方式的选择既是战术性决策又是操作性决策，其中，与某个承运商签订合同的决策属于战术性决策，而具体运输方式的选择则是操作性决策。对于两种决策来说，托运人都必须权衡总成本。由于物流各环节之间的"效益背反"的存在，运输成本的降低会导致其他环节（如库存）成本的上升。一种运费最低的运输方式，并不一定使运输总成本最低。运输的时间和可靠性会影响托运人和收货方的库存水平（订货库存和安全库存）以及他们之间的在途库存水平。因此，应该以总成本分析为基础来选择运输方式。

运输会影响库存，具体表现形式为：较大运量的运输方式会出现订单量超过需求量的情况，增加库存；较慢的运输方式会引起较多的中转或运输库存；不可靠的运输方式会引起安全库存的提高。因此，在选择运输方式时，需要考虑库存持有成本可能升高抵消运输服务成本降低的情况。

选择运输方式时的最合理方案应该是选择既能满足顾客需求，又使总成本最低的服务，即最佳服务。最佳服务，就是使某种运输服务的成本与该运输服务水平以及相关的库存成本之间达到平衡的运输服务。

物流运输的决策与优化是大多数物流企业追求的目标，而通过对其绩效进行合理的评价可以发现企业物流客户服务中存在的缺陷和不足，为企业的客户服务指明发展的方向，促使企业建立科学的客户服务策略，树立良好的客户服务理念。运输的决策包括三个方面：一是运输方式的选择，二是运输路线的确定，三是运输服务商的选择。

1）运输方式的选择方面

运输方式的选择是物流运输系统决策中的一个重要环节，是物流合理化的重要内容。选择运输方式的决定因素包括五个方面：①运输货物的性质；②运输方式的经济性；③运输速度的适用性；④运输的安全准确性；⑤运输的机动便利性。

运输方式的选择包括以下几种情况：①各种运输方式的比较，现代运输主要有铁路、公路、水路、航空和管道五种运输方式；②单一运输方式的选择就是指选择一种运输方式提供运输服务；③复合运输方式的选择，有水路联运、水上联运、陆陆联运、空陆联运、大陆桥运输。

2）运输路线的确定方面

制定车辆运行路线：尽管路线选择问题种类繁多，但可以将其归纳为以下几个基本类型，即起讫点不同的单一问题、多起讫点问题、起讫点重合问题。

安排车辆运行路线和运行时间：车辆运行路线和时间安排是车辆运行路线选择问题的延伸，车辆运行路线和时间安排受到的约束条件很多。

3）运输服务商的选择方面

只要运输业没有垄断存在，对于同一种运输方式，托运人或货主就有机会面临不同的运输服务商，而托运人或货主甚至供应商在确定运输方式后，就需要对选择哪个具体的运输服务商做出决策，当然，不同的客户会有不同的决策标准和偏好，可以运用这几个方法考虑：①服务质量比较法；②运输价格比较法；③综合选择法。

2. 运输合理化的形式

1）分区产销合理运输

分区产销合理运输，就是在组织物流活动中，对某种货物，使其一定的生产区固定于一定的消费区。根据产销地的分布情况和交通运输条件，在产销平衡的基础上，按照近产近销的原则，使货物走最少的里程，组织货物运输。

2）"四就"直拨运输

"四就"直拨运输，是指各商业、物资批发企业，在组织货物调运过程中，对当地生产或由外地到达的货物，不运进批发站仓库，而是采取直拨的办法，把货物直接分拨给市内基层批发、零售商店或用户，减少一道中间环节。其具体做法有就厂直拨、就车站码头直拨、就库直拨、就车（船）过载等。

"四就"直拨和直达运输是两种不同的合理运输形式，两者既有区别又有联系。直达运输一般是指运输里程较远、批量较大的货物运输业务；"四就"直拨运输一般是指运输里程较近、批量较小、在大中型城市批发站所在地办理的直拨运输业务。两者相辅相成，往往又交错在一起，如在实行直达运输的同时，再组织"就厂""就站"直拨，可以收到双重的经济效益。

3）合装整车运输

合装整车运输，也称"零担整车中转分运"。它主要适用于商业、供销等部门的杂货运输，如物流企业在组织铁路运输当中，由同一发货人将不同品种的货物发往同一到站、同一收货人的零担托运货物，由物流企业自己组配在一个车辆内，以整车运输的方式，托运到目的地，或把同一方向不同到站的零担货物，集中组配在一个车辆内，运到一个适当的车站，然后再中转分运。

4）直达运输

直达运输，就是在组织货物运输的过程中，越过商业、物资仓库环节或铁路、交通中转环节，把货物从产地或起运地直接运到销地或用户，以减少中间环节。有些商品规格、花色比较复杂，可由生产工厂供应到批发站，再由批发站配送到零售商店或用户。至于外贸部门，多采取直达运输，对出口商品实行由产地直达口岸的办法。近年来，在流通领域提出"多渠道、少环节"以来，各基层、商店直接进货、自由采购的范围越来越大，直达运输的比重也逐步增加，它为减少物流中间环节创造了条件。

5）提高技术装载量

提高技术装载量，是组织合理运输、提高运输效率的重要内容。一方面，它能最大限度地利用车船载重吨位；另一方面，能充分使用车船装载容积。其主要做法有以下几种。

（1）组织轻重配套装，即把实重货物和轻泡货物组装在一起，既可充分利用车船装载容积，又能达到装载重量，以提高运输工具的使用效率。

（2）实行解体运输，即对一些体积大、笨重、不易装卸又容易碰撞致损的货物，如自行车、缝纫机和科学仪器、机械等，可将其拆卸装车，分别包装，以缩小所占空间，并易于装卸和搬运，提高运输装载效率。

（3）提高堆码方法，即根据车船的货位情况和不同货物的包装形状，采取各种有效的堆码方法，如多层装载、骑缝装载、紧密装载等，以提高运输效率。当然，改进物品包装，逐步实行单元化、托盘化，是提高车船技术装载量的一个重要条件。

> **案例**

凭祥："红色驿站"让边境贸易物流运输跑起来

近日，中国—东盟自由贸易区凭祥物流园出入口车水马龙，一片繁忙。每天一辆辆满载货物的大卡车排着长队，依次有序进出物流园。凭祥市南山村级集体经济产业园停车场处"共建红色物业，服务幸福南山"格外亮眼。

"看见红色物业这几个字，我就觉得很放心。"来自浙江的卡车货运司机李师傅每次到凭祥，都把车停放在这个停车场。

凭祥市人大代表、凭祥镇南山村党总支部书记闭春莲说，每天有十几辆货车开进"红色驿站"休整。而过去，他们有的停靠路边，有的长时间疲惫驾驶，存在交通事故隐患。

中国—东盟自由贸易区凭祥物流园是我国与东盟直接对接的现代物流园区。目前，配备有约5万平方米国际物流配送中心和农产品水果交易平台、约1.3万平方米的农产品水果仓储加工区，进驻物流园区的物流公司、电商企业等企业50多家，货运车辆日流量500多车次，商贸活动十分繁忙。

中国—东盟自由贸易区凭祥物流园就在南山村辖区里，南山村如何服务物流园？如何让从事边境贸易运输的卡车司机在边境口岸一线感受到"家"的温暖，增强他们的归属感，助推边境贸易发展？

闭春莲组织村"两委"（村党支部委员会和村民委员会）干部、党员、人大代表对物流园来往的大货车司机随机访问，征集意见和建议。"有时候路程远，来回几天，天气冷就想洗个热水澡。""为了赶路，常常都是端在手里、蹲在地上吃方便面。"走访中，货车司机纷纷诉说需求。

物流园货车司机来自全国各地，为打通服务司机朋友们的"最后一公里"，提升货车司机朋友的获得感、幸福感和安全感，更好地服务凭祥边境贸易物流运输发展。2023年7月，闭春莲组织村"两委"以盘活集体预留产业用地为突破口，把20亩（1亩≈666.7平方米）集体预留产业用地建成停车场，创新"红色驿站"服务中国—东盟自由贸易区凭祥物流园新模式。

"红色驿站"组建"红色代办员"队伍，从村"两委"干部、党员、人大代表中挑选"红色代办员"，推行"点单式"服务，变企业、客商、司机的诉求为"红色驿站"的"服务清单"。在凭祥物流园货场内推广互动平台APP"卡车先生"，实现帮司机找货、帮企业找车，有效解决货车司机"满车而来、空车而去"的问题，让"红色驿站"服务"跑起来"。

"红色驿站"为流动党员、流动人大代表、司机、客商免费提供学习、茶歇、咨询等微服务，不仅是司机朋友们休憩放松的驿站，也是司机朋友们的"小家"，更是连接党与广大货车司机群体的有力纽带，从而让凭祥边境贸易物流运输跑起来。（案例来源：人民网-广西频道，苏冬梅）

4.6 供应链中的运输管理

4.6.1 供应链管理中的运输问题

运输是供应链运作必需的环节，有效的运输策略甚至可以使货物不进仓库而直接在车辆间进行交换，使运输设备成为流动的仓库。运输是供应链的驱动要素之一，但是在供应链管理中却很少被提及，即使提到也主要是单纯地从运输自身的角度来考虑节约成本，没有从运输与供应链其他环节的相互关系出发进行分析。面对全球经济一体化的形势，没有良好的运输作业基础，企业很难在市场竞争中立足。供应链运输决策应考虑的问题包括以下几个方面。

1. 运输部门的激励机制

进行运输决策时，应确保运输战略对企业的发展战略起促进作用。例如，在决策时只考虑降低运输成本而不顾客户响应程度，将使企业总成本增加。所以，企业对运输部门的业绩考核应综合考虑运输成本、受运输决策影响的库存成本以及所达到的客户响应程度。

2. 在自营运输和外包运输之间做出权衡

自营运输、外包运输各有自己的优势。考虑使用自营运输、外包运输或二者兼而有之时，应基于企业的运输管理能力和运输对企业发展战略的重要性。当运量较小、运输不是企业成功的关键因素时，可以将运输外包给第三方承担，以节约成本。然而，当运量大、客户响应程度重要时，运输对企业发展战略的成功影响非常大，企业应拥有自己的运输车队。

3. 运输网络的柔性

进行运输网络设计时，应考虑需求的不确定性和运输方式的可获得性。忽视需求不确定性会导致大量采用廉价、非柔性的运输方式。如果运输计划不变，这种运输网络会执行得很好；然而，当运输计划改变时，该网络往往就很差劲。如果企业考虑了不确定性，在运输网络设计中采用一些柔性的运输方式，虽然成本会高一些，但可以让企业以较低的成本提供高水平的客户响应。

4. 运输成本与其他相关成本

供应链中的运输决策必须考虑库存成本、设备和加工处理成本、供应链节点企业间的协作成本以及能够实现的客户的服务水平，对不同的运输配置进行评估，按不同的成本、收入以及协作的复杂性分成不同的等级，然后进行合适的运输决策。

1）运输成本与库存成本

运输成本与库存成本之间的背反效应很明显。越廉价的运输方式提前期越长，装货量也越大，库存水平也越高；装载量小的运输方式可降低库存水平，但相对昂贵。在供应链环境中，运输与库存成本间的权衡不仅包括运输方式的选择，还包括供应链中库存的集中。

供应链可以通过将分散的库存集中起来以降低安全库存量。但是库存集中策略可能会增加运输成本。当库存、设备成本占供应链总成本的比例很高时，集中库存是一个可以考虑的办法。对价值与重量比值高且具有高度需求不确定性的货物采用集中库存也是有效的。

2）运输成本与客户响应

供应链中的运输成本与供应链提供的客户响应程度密切相关。如果企业的响应程度高，当天从客户接收到的订单当天完成，运量小、车辆利用率低将导致很高的运输成本。反过来，如果降低响应程度，在发货前经过一段时间集中订单，将会因运量增大带来的规模经营而使运输成本降低，但集中订单因为耽搁了及时发货而使客户响应程度降低。

5. 供应链中运输的不确定性

在供应链中，运输是一个由多方共同参与的过程，它具有很强的不确定性。运输过程中出现的问题不仅会影响运输活动自身的正常进行，而且会降低供应链的整体绩效，甚至可能使供应链停止运作。如何避免运输不确定性带来的副作用是个值得关注的问题，只要有预见性和周密的规划，供应链中出现的运输问题大多可以成功解决。以下策略可供参考。

（1）制订备选规划和具体的可选方案，使遇到突发事件时能够从容应对，一旦运输出现问题，立即启动备选方案。

（2）注意收集、更新有关数据，如燃料价格、承运商的经营状况等，通过对这些数据的分析，提高对运输问题的预见性。

（3）选择承运商时，应进行全面、严格的考核分析，不能仅基于价格进行选择。

4.6.2 供应链运输网络

供应链环境下的运输网络可以有几种基本设计方案，下面我们将讨论供应链运输网络的设计方案。

1. 供应链运输网络基本设计方案

1）直接运输网络

对于零售供应链而言，在直接运输网络中，所有货物直接从供应商处运达零售店，每一次运输的路线都是指定的，供应链管理者只需要决定运输的数量并选择运输方式。

直接运输网络的主要优势在于无须中介仓库，而且在操作和协调上简单易行。运输决策只会对当次运输产生影响，不会影响其他货物运输。同时，由于每次运输都是直接的，从供应商到零售商的运输时间较短。

2）循环取货路线的直接运输网络

循环取货路线是指一辆卡车将从一个供应商那里提取的货物送到多个零售店时所经历的路线，或者从多个供应商那里提取货物送至一个零售店时所经过的路线。在这种运输体系中，供应商通过一辆卡车直接向多个零售店供货，或者由一辆卡车从多个供应商那里装载要运送到一家零售店的货物。一旦选择这种运输体系，供应链管理者就必须对每条循环取货路线进行规划,循环取货路线通过多家零售店在一辆卡车上的联合运输降低运输成本。

3）所有货物通过配送中心的运输网络

在这种运输系统中,供应商并不直接将货物运送到零售店,而是先运到配送中心,再运到零售店。零售供应链依据空间位置将零售店按区域划分,并在每个区域建立一个配送中心。供应商将货物送至配送中心,然后由配送中心选择合适的运输方式,再将货物送至零售店。

当供应商和零售店之间的距离较远、运费高昂时,配送中心（通过货物保存和转运）有利于减少供应链中的成本耗费。

如果商店的库存更新规模大到足以获取进货规模经济效益,那么配送中心就没有必要为其保有库存。在这种情形下,可采取货物对接的方式,即每一辆进货卡车上装有来自同一个供应商并将运送到多家零售店的产品,而每一辆送货卡车则装有来自不同供应商并将被送至同一家零售店的产品。货物对接的主要优势是：无须库存,加快了供应链中产品的流通速度,减少了处理成本。

4）通过配送中心使用循环取货路线的运输网络

如果每家商店的进货规模较小,配送中心就可以使用循环取货路线为零售商送货了。循环取货通过联合的小批量运送减少了送货成本。

2. 量身定做的运输网络

量身定做的运输网络是上述运输体系的综合利用。它在运输过程中综合利用货物对接、循环取货路线、满载和非满载承运,甚至在某些情况下使用包裹递送,目的是根据具体情况采用合适的运输方案。

这种运输体系的管理是很复杂的,因为大量不同的产品和商店要使用不同的运送程序。量身定做的运输网络往往对信息基础设施的要求较高。但同时,这种运输网络也可以有选择地使用进货方法,减少运输成本和库存成本。在供应链中可以建立各种类型的量身定做的运输网络。

1）依据客户密度和距离量身定做

在设计运输网络的时候,企业必须考虑客户密度和客户到仓库的距离,依据客户密度和距离量身定做理想的运输方案,如表 4-3 所示。

表 4-3 依据客户密度和距离定做的运输方案

比较	短距离	中距离	长距离
高密度	采用循环取货路线的自营运输	采用循环取货路线的对接配送	采用循环取货路线的对接配送
中密度	采用循环取货路线的第三方运输	采用非满载承运商	采用非满载或包裹承运商
低密度	采用循环取货路线的第三方运输或非满载承运商	采用非满载或包裹承运商	采用包裹承运商

当企业为密度较高、距离配送中心较近的客户服务时,最好能拥有自己的卡车运输队伍,并采用循环取货路线来为客户提供服务。如果客户虽然较密集但离仓库较远,更

好的选择是运用公共运输大卡车将货物运到离客户所在区域较近的对接中心,然后使用小卡车进行分装并使用循环取货路线送货。如果客户在空间上较分散,运用非满载运输方式或由第三方来进行循环取货路线运送是更经济的选择。如果一个企业的客户离仓库较远,而且空间上非常分散,即使非满载可能也是不可行的,这种情况下,包裹运送也许是最佳选择。

2)依据客户大小量身定做

大客户可以用满载运输进行供货,而小客户的供给则要用非满载运输或者循环取货方式运输。以相同的频率和相同的价格向大、小客户供货并非明智之举。企业的一种可行的方案是:向小客户的要价较高,而向大客户要价较低。另一种可行的方案是:设计一种特殊的循环取货路线,为大客户送货的频率较高,为小客户送货的频率较低。

3)依据产品价值和需求量量身定做

价值高、需求量大的产品的补给周期库存是分散的,因为这样做能确保用便宜的运输方式补给订货;这类产品的安全库存则是集中的,因为这样做可以减少整体库存。对价值低、需求量大的产品来说,所有库存都必须分散进行,以接近客户并减少运输费用。对价值高、需求量小的产品,应集中所有库存以节约库存成本。对价值低、需求量小的产品来说,应将补给周期库存布局在接近客户的地方,把安全库存集中起来,以便在获取一定程度的集中优势的同时减少运输费用。其补给周期的库存更新采用廉价的运输方式,以节约运费。

本章小结

运输是借助运输工具在一定的交通路线上实现运输对象空间位移的有目的的活动。运输的作用主要表现为:运输是物流的主要功能要素之一;运输可以创造"场所效用";运输是社会物质生产的必要条件之一;运输是"第三利润源泉"的主要源泉。运输具有产品储存功能、产品转移功能,产品在价值链中来回移动,事实上,只有当运输确实提高了产品价值时,该产品的移动才是有效的。

运输的原理,是指运输活动中降低成本、提高经济效益的途径和方法,是指导运输管理和营运的最基本的原理,具体包括规模经济原理、距离经济原理、速度原理、直达原理、适度集结原理等。

现代化运输主要包括公路运输、铁路运输、航空运输、水路运输、管道运输和复合运输。公路运输由公路和汽车两部分组成,是主要使用汽车,也可以使用其他车辆(如人力车、畜力车)在公路上进行货、客运输的一种方式;铁路运输是使用机动车牵引车辆,用以载运旅客和货物,从而实现人和物的位移的一种运输方式,主要是承担长距离、大批量的货运,在没有水运条件的地区,几乎所有大批量货物都是依靠铁路运输,是在干线运输中起主力运输作用的运输形式;航空运输主要包括定期服务、货物服务和包机服务三种类型,是使用飞机或其他航空器进行运输的一种形式;水路运输是使用船舶运送客、货的一种运输方式,由船舶、航道和港口所组成,主要承担大批量、长距离的运输,是在干线运输中起主力作用的运输形式;管道运输只能运送有限的货物种类,主要运输的货物是石油及成品油、天然气、煤、化学制品等;复合运输是行程中包含两种或以上不同的运输方式,其目标是组合几种方式的优点,同时避免各自的缺点,如将水路的成本与陆路的弹性或航空的速度与陆路的成本相组合。

很多因素影响运输方式的选择,如货物本身的特性、运输过程(可装载性、搬运、可靠性、特殊服务要求、重要性、运输时间等),综合考虑托运人的业务需要、货物特性和运输方式的特点这三方面因素,托运人就可以选择合适的承运商。

定价是达成各种商业和管理目标的有力工具,包括定价过程和定价结果。定价标准主要包括按提供服务的成本定价、按服务对于客户的价值定价、按商品所能承受的运输费用定价、按总体经济环境定价、按供需状况定价等。

运输合理化,就是在一定的产销条件下,货物的运量、运距、流向和中转环节合理,能以最适宜的运输工具、最低的运输费用、最少的运输环节、最佳的运输路线、最快的运输速度,将物资产品从原产地转移到规定地点,影响其合理化的因素主要包括运输时间、运输费用、运输环节、运输距离及运输工具。

运输是供应链运作必需的环节,也是驱动要素之一。供应链运输决策应考虑的问题包括运输部门的激励机制、在自营运输和外包运输之间做出权衡、运输网络的柔性、运输与其他相关成本以及供应链中运输的不确定性。

拓展阅读+案例分析

第5章 仓储管理

仓储是指保护、管理、储藏货物。与运输相对应，仓储主要以协调需求、供应在时间上的差异为目的，以充分实现产品的价值，满足社会需求。仓储管理的业务流程主要包括物资的入库、储存与保管和出库三个阶段，相互衔接，实现仓库的所有功能。货物离开生产领域，在进入消费领域之前，这一段过程的保养与维护都称为货物养护，货物养护的目的在于保持库存货物的使用价值，最大限度地减少货物的自然损耗，杜绝因保管不善而造成的货物损害，防止造成货物损失。

党的十八大以来，在以习近平同志为核心的党中央坚强领导下，我国大力推进战略和应急物资储备改革发展，加快构建统一的国家储备体系，储备体系和体制机制不断完善，储备基础和整体实力持续增强，有效保障了国家粮食安全、能源资源安全、产业链供应链安全，在促进经济社会持续健康发展中发挥了重要作用。在2021年底召开的中央经济工作会议上，习近平总书记深刻指出，"对我们这样一个大国来说，保障好初级产品供给是一个重大的战略性问题"，强调"要加强国家战略物资储备制度建设，在关键时刻发挥保底线的调节作用"。习近平同志的重要讲话，把国家储备摆在初级产品供给保障的战略位置，指明了功能定位、职责使命和努力方向，对于引领推动国家储备理论创新、制度创新、实践创新具有重要意义。我们要深入学习贯彻习近平总书记的重要讲话精神，坚持统筹发展和安全，强化底线思维，深化体制机制改革，完善国家储备体系，不断提升储备效能，切实担负起保障产品供给的使命。

5.1 仓储与仓储管理概述

5.1.1 仓储的定义

仓：仓库，是储存与保管货物的建筑物和场所的总称，指存放物品的建筑物和场地，包括房屋建筑、大型容器及特定场地等。从社会经济活动看，无论生产领域还是流通领域，都离不开仓库。

储：储存，是指收存以备使用。储存是对货品进行保存及对其数量、质量进行管理控制的活动。

仓储主要是利用仓库存放、储存未及时使用的物品的经济活动，即仓储是在特定的场所储存物品的经济行为。仓储活动主要包括储存和保管，而储存与保管是两个既有区别又有联系的概念。

储存，是指物品在从生产地向消费地的转移过程中，在一定地点、一定场所、一定时间的停滞。储存是物流的一种运动状态，是物品流转过程中的一种作业方式。在储存过程中实现对物品的检验、保管、流通加工、集散、转换运输方式等多种作业。物品不一定储存在仓库中，也有可能储存在流动的汽车上等场所。在储存过程中，由于物品本身的自然属性及外界因素的影响，随时会发生各种各样的变化，从而降低物品的使用价值甚至丧失其使用价值。它是物流系统的一个核心功能，在物流系统中起着缓冲、调节和平衡的作用。储存的目的是克服产品生产与消费在时间上的差异，使物资产生时间效果，实现其使用价值。通过储存，可使商品在最有效的时间段发挥作用，创造商品的"时间价值"。利用仓储这种"蓄水池"和"调节阀"的作用，还能调节生产和消费的失衡，消除过剩生产和消费不足的矛盾。

保管就是研究物品性质以及物品在储存期间的质量变化规律，积极采取各种有效措施，创造一个适宜物品储存的条件，维护物品在储存期间的安全，保证其质量，最大限度地降低物品的损耗。因此，保管是储存的继续，主要目的在于防止外部环境对所储存物品的侵害，保持物品的性能完好无损。

货物的仓储保管与运输不同，它主要发生在物流网络的节点处，处于相对静止的状态。据估算，仓储保管和装卸搬运成本约占物流总成本的1/4。仓储的前后两端都由"运输"来连接，它以货物的进库为起点，以货物的出库为终点。在货物整个物流过程中，仓储通常占用最长的时间，并因此需要进行相应的养护、适当的进出库管理、适当的仓库管理等，以防止出现交接差错、货物变质。

5.1.2 仓储的作用

仓储的具体作用主要表现为以下几个方面。

（1）物流的主要功能之一。在物流的过程中，改变"物"的时间状态是由仓储来承担的，在物流系统中，运输和仓储保管是并列的两大主要功能要素，被称为物流的两大支柱。

（2）社会物质生产和生活顺利的必要条件。仓储可以调节供需矛盾，如调节产品周期性与消费者需求稳定性之间的关系，或者通过仓储平衡需求与供给；仓储可以对运输进行调节，产品从生产地向销售地流转，主要依靠运输来完成，但不同的运输方式在运向、运程、运量及运输路线和运输时间上都存在着差距，通常很多运输任务无法通过一种运输方式直达目的地，需要在中途改变运输方式、运输路线、运输规模、运输方法和运输工具，以及为协调运输时间和完成产品的倒装、转运、分装、集装等物流作业，需要在产品运输中途停留，仓储可以起到协调各运输方式间运输能力差距的作用。

仓储的作用可以认为是"蓄水池"的作用，在供过于求时，起着蓄积供应货物、延缓供应时间的作用；在供不应求的时期，起着调剂供应不足的作用。在信息化时代，就仓储环节而言，尽管需求、仓储和供应之间信息流通发生障碍的可能性越来越低、障碍发生的程度越来越低，但由于未来的不确定性，仓储的作用仍然非常重要。仓储的盲目性减少了，人们就能有效控制仓储的规模、减少仓储环节的费用，使仓储的目的性更加明确、更具有针对性。例如，遇到雨季时，蓄水池（水库）常常面临两难的选择：在蓄水量达到一定规模后，是继续蓄水还是开闸泄水？如果继续蓄水，则上游持续大量来水时，将可能带来毁灭性的后果；如果不再蓄水，干旱季节可能无水可用，造成供应短缺。在决定蓄水池（水库）的蓄水量时，良好的信息支持显然能很好地指导工作。现代的仓储常常面临类似的问题。

在中央全面深化改革委员会第二十一次会议上，习近平总书记强调"国家储备是国家治理的重要物质基础"，要求"强化战略保障、宏观调控和应对急需功能，增强防范抵御重大风险能力"。国家储备是有针对性地调节社会库存的行为，通过吞吐调节来积蓄力量、应对风险，通过实施跨周期和逆周期政策来稳定经济运行、降低总体成本。当前，我国必须统筹发展和安全，牢固树立忧患意识，增强防风险、保安全、守底线能力，为实现第二个百年奋斗目标、实现中华民族伟大复兴的中国梦提供坚强有力的储备安全保障。

（3）检验作用。在物流过程中，为了保障商品的数量和质量准确无误、分清事故责任、维护各方面的经济利益，要求必须对商品及有关事项进行合格检验，以满足生产、运输、销售以及用户的要求，仓储为组织检验提供了场地和条件。

（4）创造时间价值。物流系统的作用，归根结底就是要保证社会经济生产、生活的顺利进行，即在需求、供给都存在的情况下，实现供给与需求的平衡。也就是说，要改变货物的空间/时间状态，帮助货物实现其价值和使用价值。改变空间状态的任务主要由运输完成，而改变时间状态的任务则主要由仓储完成。通常，企业创造产品或服务的四种价值，它们是形态价值、时间价值、空间价值和占有价值。而仓储主要创造时间价值。

（5）创造利润。供求关系的改变必然影响产品的价格。在供不应求时，产品价格将比供过于求时高得多。事实上，由于仓储具有这一特点，从利润获取的角度看，它也常常成为企业"第三利润源泉"的重要组成部分。仓储作为一种停滞，时刻有冲减利润的趋势，在"存"的过程中使用价值降低，各种仓储成本支出又必然起到冲减利润的作用。

①有了仓储保证，可以免除加班赶工，省去了增大成本的加班赶工费。

②有了仓储保证，无须紧急采购，不致加重成本而使利润减少。

③有了仓储保证，就能在有利的时机进行销售，或者在有利的时机购进，这当然增加了销售利润，或者减少了购入成本。

④仓储是大量占用资金的一个环节，仓库建设、维护保养和进库与出库又要耗费大量人力、物力和财力，仓储过程中的各种损失也是很大的消耗。因而，仓储中节约成本的潜力也是巨大的。通过仓储的合理化，可减少仓储时间、降低仓储投入、加速资金周转，以依靠低成本来增加利润。

（6）集散作用。仓储把生产单位的产品汇集起来，形成规模，然后根据需要分散发送到消费地。通过一集一散，衔接产需，均衡运输，提高物流速度，见图5-1。

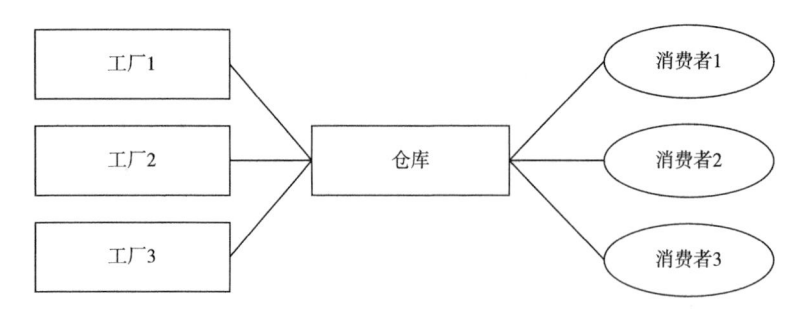

图 5-1　仓库集散作业

（7）配送作用。配送是指根据用户的需要，对商品进行分拣、组配、包装和配发等作业，并将配好的商品送货上门。仓储的配送功能是储存与保管功能的外延，提高了储存在社会服务方面的效能，即确保储存商品的安全，最大限度地保持商品在储存中的使用价值，减少保管损失，见图5-2、图5-3。

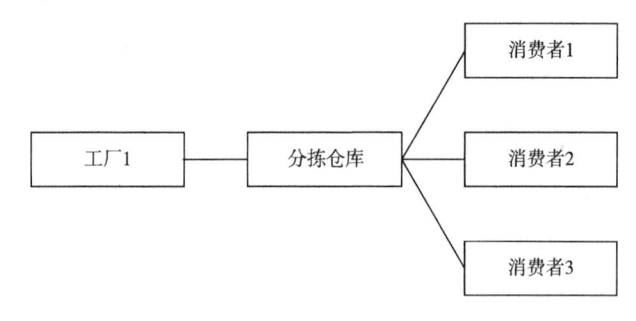

图 5-2　仓库分拣作业

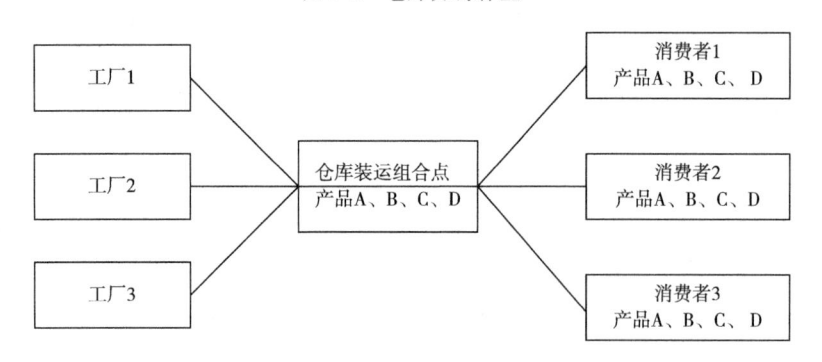

图 5-3　仓库组配作业

5.1.3　仓储的副作用

仓储是一种必要的活动，但由其特点决定，也经常存在冲减物流系统效益、恶化物流系统运行的情况。所以甚至有人明确提出，仓储中的"库存"是企业的癌症，主要原因在于仓储的代价太高。

（1）固定费用支出：库存会引起仓库建设、仓库管理、仓库员工福利等费用开支增加。

（2）机会损失：仓储货物占用资金所付的利息，以及这部分资金如果用于另外的项目可能会有更高的收益,所以,利息损失和机会损失都是很大的。

(3)陈旧损失与跌价损失:货物在库存期间可能发生各种物理、化学、生物、机械等损失,严重时会失去全部价值及使用价值;随仓储时间的增加,存货无时无刻不在,一旦错过有利的销售期,就会不可避免地出现跌价损失。

(4)保险费支出:近年来,为了分担风险,我国已开始对仓储物采取缴纳保险费方法,保险费支出在有些地区已经达到相当大的比例,在网络经济时代,社会保障体系和安全体系日益完善,这个费用的支出还会呈上升的趋势。

(5)进货、验收、保管、发货、搬运等可变费用。

(6)仓储可能增加企业经营风险:不适当的仓储可能导致成本上升。在货物价值一定的情况下,无论增加什么工作环节,都会导致成本的上升,仓储也不例外。同时,仓储还将占用流动资金,影响企业的正常运作。仓储的风险不仅表现为增加了成本、占用了流动资金,而且表现为仓储品的价值减少。仓储过程中货物将出现有形损耗,同时也可能出现无形损耗。这在高新技术行业尤其明显,如计算机产品,近年来降价很快;另外,如食品类,存在有效期,过了有效期,货物就失去了价值。

上述各项费用和风险都是降低企业效益的重要因素,再加上在企业运营过程中,仓储对流动资金的占用高达40%~70%,在非常时期,有的企业库存竟然占用了全部流动资金,使企业无法正常运转。所以,有些经济学家和企业家将其看成"洪水猛兽",看成企业的负担或包袱。

无论是褒扬还是贬低,都不能从根本上改变现代社会需要仓储这一现实,相反却证实了仓储有利和有害的两重性。仓储好比一把双刃剑,既要看到其有利的一面,也必须积极防止其有害的一面。物流科学的研究,就是要在物流系统中充分发挥仓储有利的一面,而扼制其有害的一面。

5.1.4 仓储管理的定义

仓储管理就是对仓库及仓库内的物资所进行的管理,是仓储机构为了充分利用所具有的仓储资源,以提供高效的仓储服务所进行的计划、组织、控制和协调过程。具体来说,仓储管理包括仓储资源的获得、仓储商务管理、仓储流程管理、仓储作业管理、保管管理、安全管理等多种管理工作及相关的操作。

仓储管理的内涵随着其在社会经济领域中的作用不断扩大而变化。仓储管理,即库管,是指对仓库及其库存物品的管理。仓储系统是企业物流系统中不可缺少的子系统。物流系统的整体目标是以最低的成本提供令用户满意的服务,而仓储系统在其中发挥着重要作用。仓储活动能够促进企业提高用户服务水平,增强企业的竞争能力。现代仓储管理已从静态管理向动态管理发展,产生了根本性的变化。

5.1.5 仓储管理的作用

1. 供应链中仓储管理的作用

从供应链的角度,物流过程可以看作由一系列的"供给"和"需求"组成,当供给和需求节奏不一致,也就是两个过程不能够很好地衔接,出现生产的产品不能即时消费或者存在需求却没有产品满足时,就需要建立产品的储备,并进行有效的管理,将不能即时消费的产品储存起来以备满足后来的需求。供给和需求之间既存在实物的"流动",也存在实物的"静止",静止状态就是将实物进行储存(包括仓储),处于静止状态是为了更好地衔接供给和需求这两个动态的过程。

(1)仓储能对货物进入下一个环节前的质量起到保证作用。

(2)仓储能够为货物进入市场做好准备。

(3)仓储是加快商品流通、节约流通费用的重要手段。

(4)仓储还是保证整体再生产过程顺利进行的必要条件。

2. 物流管理中仓储管理的作用

从某种意义上讲,仓储管理在物流管理中占据着核心的地位。从物流的发展史可以看出,物流的研究最初是从解决"牛鞭效应"开始的,即在多环节的流通过程中,由于每个环节对于需求的预测存在误差,因此随着流通环节的增加,误差被放大,库存也就越来越偏离实际的最终需求,从而带来保管成本和市场风险的提高。解决这个问题的思路,从研究合理的安全库存开始,到改变流程、建立集中的配送中心,再到改变生产方式,实行订单生产,将静态的库存管理转变为动态的 JIT 配送(定时配送的一种),实现减少库存数量和缩短周期的目的。在这个过程中,尽管仓库越来越集中、每个仓库覆盖的服务范围越来越大、仓库吞吐的物品越来越多、操作越来越复杂,但是仓储的周期越来越短、成本不断递减的趋势一直没有改变。从发达国家的统计数据来看,现代物流的发展历史就是库存成本在总物流成本中所占比重逐步降低的历史。

仓储管理已成为供应链管理的核心环节。这是因为仓储总是出现在物流各个环节的结合部,例如,采购与生产之间、生产的初加工与精加工之间、生产与销售之间、批发与零售之间、不同运输方式转换之间等。仓储是物流各环节之间存在不均衡性的表现,仓储也正是解决这种不均衡性的手段。仓储环节集中了上下游流程整合的所有矛盾,仓储管理就是在实现物流流程的整合。如果借用运筹学的语言来描述仓储管理在物流中的地位,可以说就是在运输条件为约束力的情况下,以寻求最优库存(包括布局)方案作为控制手段,使物流达到总成本最低的目标。在许多具体的案例中,物流的整合、优化实际上归结为仓储的方案设计与运行控制。

5.1.6 仓储管理的内容

我国仓储管理经历了三个发展阶段。第一阶段是简单仓储管理。这是在仓库出现初期,该阶段生产力低下、发展缓慢、库存数量和品种少、仓库结构简单、设备粗陋,因此该阶段的管理工作主要是产品入库的计量及保管好库存物资。第二阶段是复杂仓储管理。随着生产水平的提高,特别是机器生产代替手工生产之后,库存产品数量增多、品种复杂、产品性质各异,对储存条件提出了不同的要求,这一阶段仓储管理的内容范围扩大,除了单纯提供储存和保管物资的场所,还增加了产品的分类,包括挑选、整理、加工包装等操作。第三阶段是现代化仓储管理。科学技术的进步,特别是计算机的出现和互联网的广泛应用,给仓储带来了一系列的重大变化,这一阶段的仓储已经不是原来意义上的仓储,而是成为一个经济收益巨大的货物配送中心。

仓储管理是指对仓库和仓库储存的物资进行管理。这种对仓库和仓库中储存的物资的管理工作,是随着物资的品种多样化和仓储作业过程、技术设备的科学化而不断发展变化的。

仓储管理的对象是仓库及库存物资,具体管理内容包括以下几个方面。

(1)仓库的选址和设计问题。包括仓库选址的原则、仓库建筑的面积、仓库格局的设计、仓库内部运输道路与作业流程的布置等。

(2)仓库机械设备的选择与配置问题。即合理地根据库存货物的种类和仓库作业的特点,确定机械设备及配备的数量,提高仓储作业效率。

(3)仓库作业过程管理。仓库作业过程简单来说包括组织物资的入库验收、物资的存放、在库物资保管保养、物资的出库等相关工作的管理。具体的作业流程如图5-4所示。

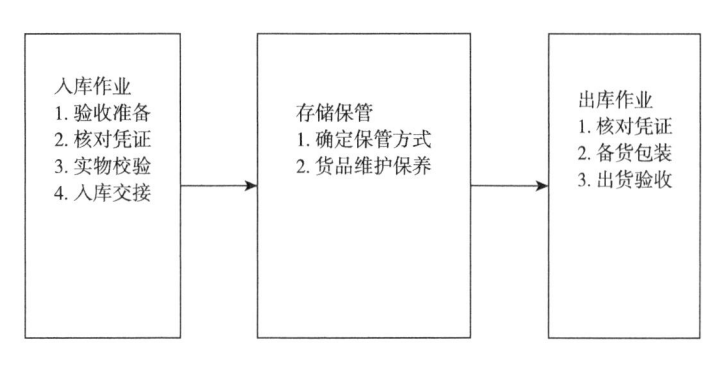

图 5-4 仓库具体作业流程

(4)仓库的库存管理。过多的库存会占用大量的流动资金,而且会增加保管与储存的费用。应根据企业生产及客户需求状况,对库存的物资进行分类,合理确定每类物资的储存数量和时间,既不因物资储存过少而引起缺货损失,又不因物资储存过多而占用过多的流动资金,增加成本。

5.2 仓储的分类

5.2.1 按经营主体分类

1. 合同仓储

合同仓储,是指企业将物流活动转包给外部公司,由外部公司为企业提供综合物流服务。在物流发达的国家,越来越多的企业转向利用合同仓储或称第三方仓储。

合同仓储公司能够提供专业化的高效、经济和准确的分销服务。企业若想得到高水平服务,则可利用合同仓储,因为合同仓储的设计水平更高,并且符合特殊商品的高标准、专业化的搬运要求。而如果企业只需要一般水平的搬运服务,则应利用公共仓储。

从本质上说，合同仓储是生产企业和仓储企业之间建立的伙伴关系。正是由于这种伙伴关系，合同仓储公司与传统仓储公司的区别就在于，前者为货主提供特殊要求的空间、人力、设备和特殊服务。

合同仓储的优点主要有以下几点。

（1）有利于企业有效利用资源。

（2）有利于企业扩大市场。

（3）有利于企业进行新市场的测试。

（4）有利于企业降低运输成本。

2. 自备仓库仓储

自备仓库是指附属于企业、机关、团体，专门为这些单位储存自用物资的仓库，即各生产或流通企业，为了本企业物流业务的需要而修建的附属仓库。这类仓库只储存本企业的原材料、燃料、产品或货物，一般工厂企业、商店的仓库以及部队的后勤仓库，多属于这一类。

利用自备仓库进行仓储活动的优势如下。

（1）更大程度地控制仓储。由于企业对自备仓库拥有所有权，所以企业作为货主能够对仓储实施更大程度的控制。这种控制使企业易于将仓储的功能与企业的整个分销系统进行协调。

（2）自备仓储具有灵活性。由于企业是仓库的所有者，所以可以按照企业要求和产品的特点对仓库进行设计与布局。高度专业化的产品往往需要专业的保管和搬运技术，而公共仓储难以满足这种要求，因此，这样的企业必须拥有自备仓库或直接将货物送至客户。

（3）长期仓储时，如果自备仓库得到长期的充分利用，自备仓储的成本将低于公共仓储的成本。这是由于长期使用自备仓库保管大量货物会降低单位货物的仓储成本，在某种程度上这也是一种规模效益的表现。如果企业自备仓库的利用率较低，不足以补偿自备仓储的成本，则应转向公共仓储。当然，降低自备仓储成本的前提是有效管理与控制，否则将影响整个物流系统的运转。

利用自备仓库进行仓储活动的劣势如下。

（1）局限性。自备仓库固定的容量和成本使企业的一部分资金被长期占用，不管企业对仓储空间的需求如何，自备仓库的容量是固定的，不能随着需求的增加或减少而扩大或减小。此外，自备仓库还存在位置和结构的局限性，如果企业只能使用自备仓库，由于市场的大小、市场的位置和客户的偏好经常变化，会使企业在仓库结构和服务上不能适应这种变化，企业将会失去许多商业机会。

（2）投资风险大。由于自备仓库的成本高，所以许多企业因资金问题而难以修建自备仓库。自备仓库是一项长期、有风险的投资，并且因其专业性而难以出售。而企业将资金投资于其他项目可能会得到更高的回报。因此，投资建造自备仓库的决策要非常慎重。

3. 公共仓库仓储

公共仓库即为公用事业配套服务的仓库，如火车站库、港口库等，其本身不单纯进行经营，而是其他事业的一环或附属。

租用公共仓库进行仓储活动的优势如下。

（1）企业不需要资本投资。公共仓库仓储不要求企业对其设施和设备进行任何投资，企业只需支付相对较少的租金即可得到仓储服务。利用公共仓库仓储，企业可以避免资本投资和财务风险。

（2）满足企业在不同情况下对仓储空间的需求。大多数企业由于产品的季节性、促销活动或其他原因而产生存货水平变化，利用公共仓库仓储，则没有仓库容量的限制，从而能够满足企业在不同时期对仓储空间的需求，尤其是库存高峰时大量额外的库存需求。同时，使用公共仓库仓储的成本将直接随着储存货物数量的变化而变动，从而便于管理者掌握成本。

（3）使用公共仓库仓储可以避免管理上的困难。仓库管理既需要一批有管理经验的工作人员，还需要一系列管理手段和技术的运用，尤其是对于特殊产品的储存要求更高。使用公共仓库仓储则可以避免管理上的困难。

（4）公共仓库仓储的规模效益可以使货主仓储成本降低。公共仓库仓储会产生自有仓储难以达到的规模效益。由于公共仓库仓储为众多企业保管大量库存，因此，与自有仓储相比，大大提高了仓库的利用率、降低了存货的单位储存成本；另外，公共仓库仓储能够采用更加有效的物料搬运设备，从而提供更好的服务。公共仓库仓储的规模效益还体现在仓库组织大批量运输、降低运输成本上。

（5）使用公共仓库仓储时，企业的经营活动更加灵活。如果自己拥有或长期租赁仓库，那么当需要设立仓库的位置发生变化时，原来的仓库就变成了企业的负担。使用公共仓库仓储时，当市场、运输方式、产品销售或企业财务状况发生变化时，企业能灵活地改变委托仓库方。

租用公共仓库进行仓储活动的劣势如下。

（1）企业对公共仓库中的库存难以控制。在控制库存方面，使用公共仓库将比使用自备仓库难以控制而承担更大的风险。

（2）增加包装成本。公共仓库中存储了各种不同种类的货物，而各种不同性质的货物有可能互相影响。因此，企业使用公共仓库仓储时必须对货物进行保护性包装，从而增加包装成本。

5.2.2 按主要功能分类

1. 储存仓库

储存仓库主要是储存常年生产、季节消费或季节生产、常年消费的商品。这类仓库可以设在商品流转过程的起点，如集货点，也可以设在商品流转过程的终点，如配送中心。储存仓库对商品的养护要求较高。

2. 流通仓库

这种仓库除具有保管功能外，还能进行流通加工、装配、包装、理货以及配送，具有周转快、附加值高、时间性强的特点，从而可减少在连接生产和消费的流通过程中货物因停滞而花费的费用。

3. 零售仓库

零售仓库主要是为零售商店短期存货。零售部门从批发部门进货后，一般要进行必要的拆包、检验、分类、分级或进行分装、改装及加工。这类仓库一般附设在零售商店内。规模大的零售商店可以在附近专设零售仓库。超级市场和大型零售商店还提出了建立保证日常供货的配送中心的必要性。

4. 批发仓库

批发仓库主要是储存商业批发部门收购进来的商品，然后向零售商店或其他商业批发部门陆续供应。根据需求单位的要求，一般需要办理商品的续配、拆零、分装、改装等业务。这类仓库的业务特点是数量小、批次多、吞吐频率高，大多设在消费地。

5. 中转仓库

中转仓库主要是为了满足商品在运输途中，由于转换运输工具以及转换不同的运输方式暂时停留的需要。这类仓库一般都设在车站、码头附近，也有一部分中转仓库与当地物流部门所属仓库结合在一起使用。

6. 配送中心

配送中心是向市场或直接向消费者配送货物的仓库。作为配送中心的仓库往往具有存货种类众多、存货量较少的特点。通常要进行货物包装拆除、配货组合等作业，一般还开展配送业务。

7. 保税仓库（保税货场）

保税仓库是经海关批准，在海关的监管下，专供存放未办理关税手续而入境或过境货物的仓库或场所。也就是说，保税仓库是获得海关许可的，能长期储存外国货物的本国国土上的仓库；同样，保税货场是获得海关许可的，能装卸或搬运外国货物并暂时存放的场所。

8. 出口监管仓库

出口监管仓库是经海关批准，在海关监管下，存放已按规定领取了出口货物许可证或批件，已对外买断结汇并向海关办完全部出口海关手续的货物的专用仓库。

9. 自动化仓库

自动化仓库是指由电子计算机进行管理和控制，不需人工搬运作业，而实现收发作业的仓库。

10. 立体仓库

采用高层货架配以货箱或托盘储存货物，用巷道堆垛起重机及其他机械进行作业的仓库称为立体仓库。

11. 虚拟仓库

建立在计算机和网络通信技术基础上，进行货物仓储保管和远程控制的物流设施称为虚拟仓库。它可实现不同状态、空间、时间、货主的有效调度和统一管理。

5.2.3 按仓储对象进行分类

1. 普通仓储

普通仓储指常温下的一般仓库，用于存放一般性货物，对于仓库没有特殊的要求，只要求具有一般通用的库房和堆场，用于存放普通货物，如一般的金属材料仓库、机电产品仓库等。仓库设施较为简单，但储存的货物种类繁杂，作业过程和保管方法、要求均不同。

2. 恒温仓储

恒温仓储指能够调节温度、湿度的仓库，包括恒温、恒湿和冷藏库（一般在10℃以下）等，用于储存对湿度、温度等有特殊要求的货物，如对粮食、水果、肉类等货物的储存。这类仓库在建筑上要有隔热、防寒和密封等功能，并配备专门的设备，如空调、制冷机等。

3. 特种仓储

特种仓储指用来储存危险品、高压气体的仓库，如油罐仓库、化学危险品仓库等，以及专门用于储藏粮食的粮仓等。特种仓储的储藏物单一，保管方法一致，但需要特殊的保管条件。

4. 水上仓储

水上仓储指漂浮在水面的储藏货物的逐船、囤船、浮驳或者其他水上建筑，或者在划定水面保管木材的特定水域，沉浸在水下保管货物的水域。近年来，由于国际运输油轮的超大型化，许多港口因水深限制，大型船舶都不能直接进港卸油，往往采用在深水区设立大型水面油库作为仓库转驳运油的方法。

5. 露天仓储

露天仓储指露天堆码、保管的室外仓库，如露天木材堆码场等。一般适用于体积较大、价格较低、露天放置不易变质的货物。

6. 储藏仓储

储藏仓储指保管散粒谷物、粉体的仓库，以筒仓为代表。

7. 简易仓储

简易仓储没有正式建筑，如使用帐篷等简易构造的临时仓库，一般用于存放临时货物。

5.3 仓库的布局

1. 仓库内部区域布局的一般方法

仓库内部区域一般可划分为生产作业区和辅助作业区。生产作业区是仓库的主体，是用以储存、检验、装卸物资的场所，包括库房、货场、货棚、站台、磅房、检验室以及铁路、公路等。辅助作业区包括两部分：其一是为物资的储存与保管业务进行生产服务的设施，如车房、配电室、油库、材料库、维修车间、包装站等；其二是仓库的生活服务和业务管理设施，如宿舍、食堂、文化娱乐场所和办公室等。

仓库平面布置对仓库内的物流效率影响重大。在进行仓库内部区域布局时，应注意以下几方面的问题。

（1）根据储存任务配置相应的库房和货场。由于不同的物资所需要的保管条件不同，因此必须根据仓库的储存任务，即储存物资的品种和数量，设置相应的库房或货场。库房或货场的内部区域既可以根据物资的品种进行分区分类划分，也可以按照货主进行分单位分部门的划分。

（2）制定合理的仓容定额。仓容定额是指在一定的条件下，单位仓库面积所允许存放的物资最大数量。影响仓容定额的因素较多，其中最主要的是物资本身的形状、重量特点和仓库的地坪负荷能力。此外，物资的堆码方法、仓库结构状况和机械化程度都会不同程度地影响仓容定额。由于影响仓容定额的因素十分复杂，一一计算相当烦琐，所以常根据仓库的历史统计资料，采用统计分析的方法进行综合分析，最后确定一个相对合理的平均定额。

（3）合理设置专用线与装卸搬运机械。仓库内部的装卸搬运效率和库内专用线或装卸搬运机械的布局密切相关。一般情况下，专用线应该平行于仓库的长边，位于仓库宽度的中间或者1/3处。而且，专用线与库内通道的交叉口尽量不要少于两个，以便提高专用线与库内货位之间的搬运效率。

装卸机械一般要跨越专用线，其目的是方便装卸作业。固定的装卸机械还应尽可能地扩大作业可及范围。如果设置两种或两种以上的装卸机械，还要充分考虑不同机械在装卸能力和作业速度方面的配套和衔接。

2. 按物资的收发状态进行库内区域布局的方法

按物资的收发状态进行库内区域布局的方法，也称为ABC动态布局法。该方法的基本指导思想是：不论社会经济环境多么复杂，管理的对象都存在着"关键的少数和一般的多数"。其中，关键的少数对系统具有决定性的影响，而一般的多数则影响较小或根本没有影响。这是社会经济领域中存在的一个普遍规律。

将这种思想运用到仓库内部区域的规划工作中，管理者就会将工作重点集中在少数收发数量比较大的关键商品上。与那种不分轻重缓急、平均对待每种商品的做法相比，该方法更有针对性。ABC分类法，就是根据以上思想，将库存物品按照设定的分类标准和要求分为特别重要的库存（A类）、一般重要的库存（B类）和不重要的库存（C类）三个等级，然后针对不同等级分别进行控制的管理方法。

根据物资出入库频率的不同，可对出入库物资进行ABC分类，并根据分类结果对仓库的布局进行合理的安排。这样的仓库布局方法就称为按物资的收发状态进行库内区域布局的方法。

3. 仓库内部的货位（架）布局方式

仓库内部货位（架）布局的方式主要有以下几大类。

（1）垂直或平行的布局方式。传统的仓库货位（架）布局大多采用与仓库边线垂直或平行的方式，常见的有以下几种。

①横列式：是将货位（架）的长边与主作业通道形成垂直关系的布局方式。

②纵列式：是将货位（架）的长边与主作业通道形成平行关系的布局方式。

③纵横式：是指货位（架）的长边与主作业通道既存在垂直关系，也存在平行关系的布局方式。

（2）倾斜式布局。任何类型的货位（架）布局方式都要考虑作业的方便性。如果仓库内使用一般的门式或桥式起重机，采用上述三种布局方式时，作业都比较方便。但如果使用叉车进行作业，则采用上述布局方式就不太方便，因为叉车会占用较大的作业面积，相应地缩小了仓库的有效储存面积，而采用倾斜式布局则可以部分地弥补这一缺陷。倾斜式布局，是指货位或货架的长边与主作业通道既不平行又不垂直，而是根据需要形成特定夹角的一种货位布置方式。

4. 仓库内部的编号与定位方法

在品种数量多且出入库频繁的仓库内，保管人员必须准确掌握每种货物的存放位置，以便及时查找。货位编号就是根据不同的库房条件和货物类别，进行统一编号，以便"标志明显易找，编排循规有序"。仓库内部编号与定位的基本要求就是"统一编号，四号定位"。

（1）货场货位编号。货场货位编号一般有两种方法：一种是先按照货位的排列编成排号，再在排号内进行顺序编号；第二种是不编排号，而直接从左到右或从前向后地进行顺序编号。

（2）货架货位编号。货架货位编号的方法有以下三种。

①以排为单位的货架货位编号。这种编号方法是将库房内所有的货架，以进入库门的方向、自左向右进行编号，继而对每排货架的层和格，在排的范围内，按自上而下、自前向后的顺序编号。

②以品种为单位的货架货位编号。这种编号方法是将库房内的货架，以货物的品种划分储存区域后，再以品种占用储存区域的大小，在分区编号后进行货格编号。

③以货物编号代替货架货位编号。采用这种方法编号时，要掌握货架货格的大小、多少与存放货物的数量。例如，一个储存货格可放10个编号的货物，则在货架货格上制作10101~10110的编号，并以此类推。

（3）四号定位。四号定位是将库房、货架、层数和货位号等四者按规律编号，并和账面统一起来的管理方法。这样的编号方法可以使账面与实物保持一致性，做到"见物知账，见账知物"。四号定位也可应用于货场或料棚中，采用货区号、点号、排号和位号四号定位。

5.4 物流仓储管理业务流程

仓储作业主要包括物资的入库、储存与保管和出库三个阶段，它们相互衔接，共同实现仓库的所有功能。

入库是前提，出库是目的。入库是仓储作业的开始，是货物储存与保管工作的条件；储存与保管是为了保持货物的使用价值不变，衔接供需；出库则是仓储作业的结束，是货物储存与保管工作的完成，是仓储目的的实现。仓储作业流程如图5-5所示。

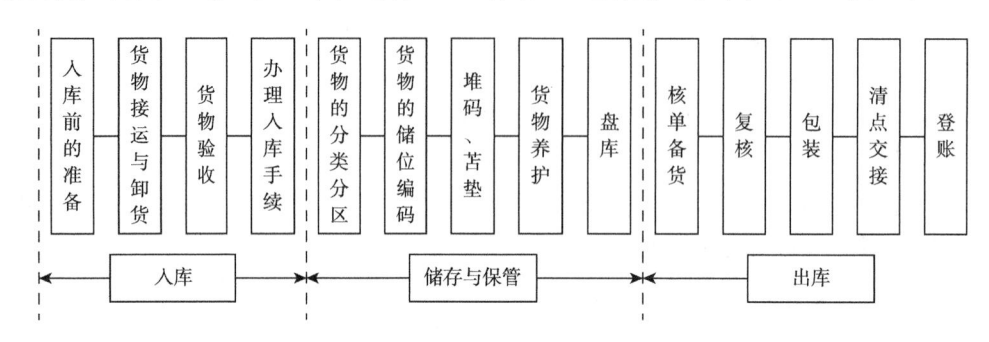

图5-5 仓储作业流程

5.4.1 仓储入库作业

1. 入库前的准备

入库前的准备工作主要有以下几项。

1）编制计划

进货计划主要包括货物的进货时间、品种、规格、数量等。仓储部门应根据货物情况，结合仓库本身的情况，根据仓库业务操作过程所需要的时间来编制计划，并将计划书下达到相应的各作业单位和管理部门。

2）组织人力

组织人力指按照物品到达的时间、地点、数量等预先做好到货接运、装卸搬运、检验、堆码等人力的组织安排。

3）准备设备及器具

根据入库物品的种类、包装、数量等情况及接运方式，确定搬运、检验、计量等方法，配备好所用车辆、检验器材、度量衡器及装卸搬运、堆码的工具，以及必要的防护用品用具等。

4）安排货位

按照入库货物的品种、性能、数量、存放时间等，结合物品的堆码要求，核算占用货位的面积，以及进行必要的腾仓、清场、打扫、消毒等，准备好验收场地。

5）备足苫垫用品

根据入库物品的性能、储存要求、数量和保管场地的具体条件等，确定入库货物的堆码形式和苫盖、下垫形式，准备好苫垫材料，以确保物品的安全和避免以后的重复工作。

6）验收准备

仓库理货人员根据货物情况和仓库管理制度，确定验收方法，准备验收所需要的点数、称量、测试、开箱、装箱、丈量、移动照明等器具。对于一些特殊货物的验收，如有剧毒物品、腐蚀物品、放射物品等，还要准备相应的防护用品。

7) 制定装卸搬运工艺

根据货物、货位、设备条件、人员等情况，科学合理地制定装卸搬运工艺，保证作业效率。

8) 准备文件单证

仓管员将货物入库所需的各种报表、单证、账簿准备好，以备使用。不同仓库、不同货物的业务性质不同，入库准备工作也有所区别，需要根据具体情况和仓库管理制度做好充分准备。

2. 货物接运与卸货

货物接运与卸货主要指以下两方面。

1) 货物接运

由于接运工作是仓库业务活动的开始，因此接运工作的好坏直接影响货物的保管质量，应避免将一些在运输过程中或运输前就已经损坏的货物带入仓库。同时，接运工作直接与货物承运方接触，因此做好接运工作必须熟悉交通运输部门的规章制度。货物接运方式主要包括车站（码头）接货、专用线接货、仓库自行接货和库内接货四种方式。

2) 卸货

卸货方式通常有人工卸货、输送机卸货和叉车卸货等。在卸货过程中，为了作业安全与方便，常采用可移动式楔块、升降平台、车尾附升降台和吊钩等设施辅助卸货作业。

3. 货物验收

货物验收是按照验收业务作业流程，核对凭证，对入库货物进行数量和质量检验并办理入库手续等活动的总称。货物验收可以确保入库货物数量准确和质量完好，是确保入库货物质量的重要步骤。

1) 核对凭证

核对凭证即核对货主提供的收货凭证（入库通知单和订货合同副本）、供应商提供的验收凭证（材质证明书、装箱单、磅码单、发货明细表、保修卡、合格证等）、承运单位提供的运单（提货通知单、货运记录、普通记录及公路运输交接单等）。入库通知单、订货合同要与供货单位提供的所有凭证逐一核对，相符后才可以进行实物检验；若出现凭证不齐全或数据项不符等情况，要与存货单位、供货单位及承运单位和有关业务部门及时联系解决。

2) 实物检验

实物检验指根据入库通知单和有关技术资料对实物进行数量检验和质量检验。数量检验应根据入库凭证中规定的计量单位进行，由仓库保管职能机构组织进行。按货物性质和包装情况，数量检验分为计件、检斤和检尺求积三种形式，如竹材、砂石、木材等，先检尺，后求体积。质量检验有四种形式：外观检验、尺寸检验、机械物理性能检验和化学成分检验。仓库一般只做前两种检验，后两种检验则由仓库技术管理职能机构取样，委托专门检验机构检验。

4. 办理入库手续

货物验收合格后可办理入库手续，由仓库保管员填写入库通知单。入库单据必须具备四联：送货回单、储存凭证、仓储账页和货卡，且需附上检验记录单、磅码单、产品合格证、装箱单等有关资料凭证，用于证实入库货物已经检验合格，可以正式入库保管。

1）记账

为了保证货物数量能准确反映其进、出、存情况，保管业务部门要建立详细反映库存货物进、出和结存的货物明细料账，用以记录库存货物的动态，并为对账提供依据。货物明细料账，是根据货物入库验收单及有关凭证建立的货物保管明细台账，并按入库货物的类别、品名、规格、批次等，分别立账。它是反映在库储存货物进、出、存动态的账目。

2）立卡

货物入库或上架后，将货物名称、规格、数量或出入状态等内容填在货卡上，称为立卡。货卡又称为料卡、货物验收明细卡，插放在货物下方的货架支架上或摆放在货垛正面的明显位置，能够直接反映该垛货物品名、型号、规格、数量、单位及进出动态和积存数。按照其作用的不同，货卡可分为货物状态卡、货物标识卡、货物存储卡等。

3）建档

建档就是将货物入库作业过程的重要资料进行整理和核对，建立相应的货物资料档案。货物资料档案要求一物一档，并对货物统一编码和保管。存档资料主要包括：出厂时的凭证和技术资料，运输资料、凭证，入库验收的凭证和资料，在库保管期间的记录，货物的出库凭证及其他有关资料。某种货物全部出库后，除了必要的技术证件必须随货同行不能抄发外，其余均应留在档案内，并且将货物出库证件、动态记录等整理好一并归档。

5.4.2 仓储出库作业

1. 货物出库的基本要求

货物出库要做到"三不三核五检查"。"三不"是指未接单据不翻账、未经审单不备货、未经复核不出库；"三核"是指在发货时，要核实凭证、核对账卡、核对实物；"五检查"是指对单据和实物要进行品名检查、规格检查、包装检查、件数检查、重量检查。货物出库要求严格执行各项规章制度，提高服务质量，使客户满意，杜绝出现差错。

2. 货物出库方式

出库方式是指仓库以怎样的方式将货物交付给客户。货物出库方式主要有送货、自提、过户、取样和转仓，选用哪种方式出库，要根据具体条件，由供需双方事先商定。

（1）送货是指仓库根据货主单位的出库通知或出库请求，通过发货作业把应发货物交由承运方送达收货单位或使用仓库自有车辆把货物运送到收货地点的一种出库方式。

（2）自提是指由提货人按货主所填制的发货凭证，用自备的运输工具到仓库提取货物。仓库会计人员根据发货凭证开出货物出库单。仓库保管人员按上述证、单配货，经复核人员逐项核对后，将货物当面交给提货人员，在库内办清交接手续。

（3）过户是指货物并未实际出库，仅通过转账变动其所有权的一种发货方式。货物过户时，仓库必须根据原货主填制的正式发货凭证，才给予办理过户手续。

（4）取样是指货主由于商检或样品陈列等需要，到仓库提取样品（通常要开箱拆包、分割抽取样本）。仓库必须根据正式取样凭证发出样品，并做好账务记载。

（5）转仓是指某些货物由于业务上的需要或保管条件的要求，必须从甲仓库移到乙仓库储存的一种发货方式。这些货物出仓是根据仓库填制的货物移仓单进行发货的。

3. 出库业务程序

1) 出库前的准备

出库前的准备工作主要包括计划工作，出库货物的包装和标志、标记工作两方面。

（1）计划工作即根据货主提出的出库计划或出库请求，预先做好货物出库的货位、机械设备、工具及工作人员等各项安排，以提高出库的效率。

（2）出库货物的包装和标志、标记工作。发往外地的货物，需经过长途运输，包装必须符合运输部门的规定，如捆扎包装、容器包装等；如果成套的器械、器材发往外地，必须事先做好货物的清理、装箱和编号工作，在包装上挂签（贴签）、书写编号和发运标记（货物的去向），以免错发和混发。

2) 出库程序

（1）核单备货。在接到出库凭证后，出库首先应对出库凭证进行审核：审核凭证的合法性、真实性；审核出库凭证手续是否齐全，内容是否完整；核对货物的品名、型号、规格、单价、数量等有无差错；核对收货单位、到站、开户行和账号是否齐全和准确。凡在证件核对中，有物资名称、规格型号不对的，印鉴不齐全，数量有涂改，手续不符合要求的，均不能发货出库。以上内容核对无误后，在货账上填写预拨数并将出库凭证移交给仓库保管人员，经复核无误后，即可开始备货工作。备货时应遵循"先进先出"的原则，易霉易坏的先出、接近失效期的先出。

（2）复核。为了避免备货过程中可能出现的差错，备货后应进行复核，以防止错发、漏发、重发等事故的发生。复核的内容包括：查看货物数量是否准确，查验货物出库所应附的技术证件及凭证是否齐全，核对货物的品名、规格是否相符，检查货物的包装质量是否能满足运输要求等。

出库的复核形式主要有专职复核、交叉复核和环环复核三种。专职复核是指由仓库设置的专职复核员进行复核；交叉复核是由两名发货保管员对对方所发货物进行照单复核，复核后应在对方出库单上签名以与对方共同承担责任；环环复核是指发货过程的各道环节，如查账、付货、检斤、开出门证、出库验收、销账等各环节，对所发货物进行反复核对。

（3）包装。为了保障货物运输过程中的安全性，出库货物一般需要重新包装或加固包装。出库货物的包装必须完整、牢固，标记必须正确、清楚。货物包装破损不能出库，包装容器上有水渍、油迹、污损，也不能出库。出库货物如需托运，包装必须符合运输部门的要求，选用适宜的包装材料，使其重量和尺寸便于装卸和搬运，以保证货物在途安全。另外，互相影响或性能互相抵触的货物严禁混合包装在一起。包装完毕后，外包装上要注明收货人、到站、发货号、发货总件数、发货单位等。

（4）清点交接。货物经过复核和包装后，无论是客户自提，还是交付承运方发送，发货人员必须将货物向提货人或运输人员当面交点清楚，划清责任。需要送货或办理托运的，应由仓库保管部门移交运输部门；如果是用户自提方式，则将货物和单据当面点交给提货人。在得到提货人员的认可后，在出库凭证上加盖"货物付讫"印戳，同时给提货人员填发出门证，门卫按出门证核验无误后方可放行。

（5）登账。清点交接后，保管员应在出库单上填写实发数、发货日期等内容，并签名，然后将出库单连同有关证件资料交给货主，以便货主办理货款结算。保管员把留存的一联出库凭证交实物明细账登记人员登记做账，将留存的提货凭证、货物单证、记录、文件等归入货物档案，将已空出的货位标注在货位图上，以便安排货物。

5.4.3 仓储盘点作业

由于货物在仓库中不断装卸搬运和进出库，其库存账面数量容易与实际数量不符；有些货物因存放时间过久、保管措施不恰当等，致使货物变质、丢失等。为了及时、有效地掌握货物的储存状况，需要对在库货物进行清点盘查，即盘点工作。通过盘点，可以核实货物的实际库存数量及企业资产的损益情况，了解存货周转率及货物保管、养护的情况，发现仓库保管中存在的问题，有助于提高货物的在库管理水平。

1. 盘点的方法

盘点货物的方法主要有以下几种。

（1）重点盘点法是指对进出频率高的，或者容易损耗的，或者昂贵的货物进行盘点。这种方法的优点是控制重点物资的变化，严防出现差错。

（2）循环盘点法是每天、每周按顺序每天盘点一部分货物，到月末或期末每项货物至少完成二次盘点的方法。这种方法不妨碍仓库的日常运营，所需的时间和人员都比较少，发现差错也可及时分析和修正。

（3）不定期盘点，又称临时盘点，是指事先未规定日期，而是根据需要临时对货物、物资进行的盘点。不定期盘点主要在货物调价、人员调动、遭受自然灾害或意外损失、发现差错及贪污盗窃、上级主管部门检查的情况下进行，不定期盘点的范围一般是局部盘点，必要时也可进行全部盘点；通过不定期盘点，可以及时发现仓库保管中存在的问题。

（4）定期盘点法，又称期末盘点，是指在期末一起清点所有货物数量的方法。定期盘点必须关闭仓库，做全面性的货物清点，因此，对货物的核对十分方便和准确，可减少盘点中的不少错误，简化存货的日常核算工作。缺点是关闭仓库，停止业务会造成损失，加大了期末的工作量；不能及时反映存货收取、发出和结存的动态，不便于工作人员掌握情况；容易掩盖存货管理中存在的自然和人为的损失；不能随时结算成本。

2. 盘点结果的处理

货物盘点差异原因追查清楚后，应针对主要原因进行调整与处理，制定解决方法。

（1）依据仓储管理绩效，对负责人员进行奖惩。

（2）对废品、次品、不良品减价的部分，通常视为盘亏。

（3）盘点发现的存货周转率低、占用金额过大的库存货物应设法降低库存量。

（4）盘点工作完成后，发现的差错、呆滞、变质、盘亏、损耗等，应迅速处理，并避免再次发生。

（5）呆滞品比例过大，应设法降低呆滞品比例。

（6）货物盘点时发现货物在价格上有出入，经主管部门审核后，利用盘点盈亏和价目增减表格更正过来。

5.5 货物的保管与养护

5.5.1 货物的保管与养护的概念

入库货物的保管是指仓库针对货物的特性，结合仓库的具体条件，采取各种科学手段对货物进行养护，防止和延缓货物质量变化的行为。货物养护是指货物在储运过程中所进行的保养和维护。从广义来说，货物离开生产领域，在进入消费领域之前，这一段过程的保养与维护都称为货物养护。

货物只能在一定时期内，在一定条件下，保持其质量的稳定性。经过一定时间，就会发生质量变化。货物保养防护的目的在于保持库存货物的使用价值，最大限度地减少货物的自然损耗，杜绝因保管不善而造成的货物损害，防止造成货物损失。保管人员有义务对仓储货物进行妥善保管，这也是仓储合同赋予仓储保管人员的责任。由于保管不善所造成的损失，保管人员要承担赔偿责任。

货物养护是一项技术性非常复杂的工作，概括起来说，就是对货物"防"与"治"的问题。在货物养护过程中，应贯彻以防为主、防重于治的方针。"防"的措施得当，储运货物就不会出问题或少出问题。"治"是货物出现问题后采取救治的办法。如果货物有问题不治，那么受害的范围就会不断地扩大。"防"与"治"是货物养护不可缺少的两个方面。

5.5.2 仓储货物主要的质量变化及其防治

1. 老化与防老化

1）老化的概念

老化是指高分子材料，如塑料、橡胶、皮革、纸张等在加工、仓储使用过程中，由于内外因素的综合影响而失去原有的优良性能，以致最后丧失其使用价值的变化。从成分结构来说，主要是高分子物发生"降解""交联"的变化。高分子材料在外界因素的作用下，高分子主链断裂或支链分裂，使其聚合度降低的反应，通常称为降解。线型分子通过链与链间的变化,形成具有网状结构的网型大分子的过程称为"交联"。降解会使高分子材料变轻、发黏;而交联会引起高分子材料变硬、发脆、丧失弹性。

高分子材料所制成的货物,在仓储过程中如果养护不当而老化,轻者会降低质量和缩短货物使用寿命,重者造成货物的严重损耗。

2）影响货物老化的因素

货物老化主要是由于构成货物本身的材料内部存在着易于老化的弱点。在材料结构上,含有易于产生老化反应的双键、三键等,在外界环境的影响下,会形成活化中心而产生老化反应。链结构上的弱点越多,其稳定性越差,越容易发生老化反应。一般线型结构比网型结构易于老化,货物的耐老化性随分子量增大而提高。

除此之外,还有外界因素的作用。日光是影响货物老化中最主要的因素,尤其是日光中的紫外线,它能量很大,能直接切断高分子物质分子链或者引发其发生光氧化反应从而导致老化;热能也是促使高分子货物老化的重要因素,温度升高,会使分子运动加快,从而促进高分子材料大分子链发生氧化裂解反应,导致老化;氧和臭氧对货物老化的影响也非常大,在大气条件下,高分子货物老化过程就是货物在热、光的引发下产生的氧化反应。氧是老化反应的直接参与者,是影响老化的重要因素,臭氧稳定性差,它能分解出氧原子且化学活性比氧高很多,对货物的破坏性较大;水分、金属离子、有害气体都会对高分子材料产生影响,从而加速老化进程。

3）防老化措施

既然高分子材料老化有外因和内因,高分子材料的防老化也应从这两方面着手。一方面可用改进聚合度和成型时的加工工艺或改变性能的方法,提高高分子材料本身对外界因素作用的抵抗能力;另一方面可用添加防老剂的方法来抑制光、热、氧等外界因素的作用,也可用物理防护的方法,使高分子材料货物避免受到外界因素的作用。具体措施如下。

（1）通过改进聚合度和成型加工工艺或改变性能的方法,提高高分子材料抗老化能力。高分子材料的性能主要取决于它的化学组成和分子构成。可以通过选择新单体、改进聚合条件、消除老化弱点、引进耐老化结构、利用共聚共混等方法,改变高分子的化学组成和分子构型,达到提高耐老化性能的要求。还可以通过成型加工及后处理工艺的控制与改进,在加工工艺中尽量排除有害因素,创造有利条件,减少老化因素的影响。

（2）通过添加防老剂提高抗老化性能。防老剂是一类能提高材料的热加工性能,延长其仓储与使用寿命的化学物质。高分子材料中添加防老剂,是一种常用而有效的方法,只要选择适宜的防老剂,即使添加量很小,也能使其耐老化性能提高数倍乃至数千倍。

常用的防老剂有抗氧化剂、热稳定剂、紫外线吸收剂、光屏蔽剂、变价金属离子抑制剂等几大类。

（3）通过改变储运中的外界影响因素防老化。高分子老化受光、热、氧等外界因素影响较大,所以在仓储以及使用过程中若能严格防止或减弱光、热、氧对高分子材料的作用,就可以达到防止高分子材料货物老化、维持高分子材料货物质量的目的。

（4）通过物理防护法防老化。物理防护法主要是隔绝外界环境因素对高分子材料的作用,从而延缓老化进程。常用的防护法有镀金属、涂蜡、涂油、浸渍或涂布防老剂溶液，以防止老化发生。

2. 金属制品的锈蚀及其防治

1）锈蚀的概念

金属锈蚀是指金属受到周围介质的化学作用或电化学作用而被损坏的现象。金属制品的锈蚀不仅影响货物的外观和质量，而且严重时会使其失去使用价值。

金属制品的锈蚀分为化学锈蚀及电化学锈蚀。

化学锈蚀是金属直接和空气中的氧、二氧化硫、硫化氢等气体作用的结果，电化学锈蚀是因金属和介质组成的原电池作用而使金属锈蚀。化学锈蚀较缓慢，作用结果是在金属表面生成一层氧化膜。电化学锈蚀在有水或潮气存在时发生，锈蚀快，是金属锈蚀的主要原因。

2）金属锈蚀的原因

金属锈蚀的内因是金属本身的不稳定性。活泼金属的原子易失去电子，所以不稳定，与非金属介质如氧发生反应而锈蚀。另外，金属制品本身不纯，含有杂质或其他金属元素，在有水膜时金属表面与杂质之间形成原电池作用而锈蚀。

外界环境对金属锈蚀作用较大。湿度超过某一范围，会在金属表面形成水膜。水膜的产生为原电池反应提供了条件。空气中相对湿度较低时，金属制品是比较稳定的，如钢铁制品在空气相对湿度低于70%时不会被锈蚀。

空气中的有害气体，如二氧化硫、硫化氢、氯化氢等会加速金属的锈蚀。特别是空气中的二氧化硫，对铜、铁、锌、铝等金属的腐蚀速度影响很大。在室温和水汽共同作用下，二氧化硫溶于金属表面的水膜而生成亚硫酸，亚硫酸易与金属反应，反应产物与水膜形成电解液，发生原电池反应。

3）金属制品防锈的措施

金属的防锈蚀就是防止金属与周围介质发生化学作用或电化学作用，使金属免受破坏。金属表面不存在水膜，原电池作用就不会发生，也就不会被锈蚀。在仓储中，一般可采用改善仓储条件、涂油防锈、气相防锈、可剥性塑料封存、干燥空气和充氮封存等方法来防锈。一旦出现锈蚀，可以采用手工、机械或化学方法除锈，然后上油防锈。具体措施如下。

（1）改善仓库的仓储条件。仓储金属制品，如精密的机械、仪器、仪表等应选择易于通风、湿度小、密封好、容易调节温湿度的库房。严禁与含水量较大的货物同库仓储。露天货场仓储金属制品应选择地势高、不积水的地方，同时做好遮垫工作以隔潮防雨。

（2）涂油防锈。在金属表面涂一层油脂薄膜阻隔大气中的有害气体，同时防止水膜在金属表面形成，则化学反应中止而停止锈蚀。涂油防锈是目前普遍采用的方法。防锈油的主要成分为润滑脂与缓蚀剂。为了提高防锈油的耐热性、油膜的强度以及对制品的附着力，还常用石蜡、松香。

（3）气相防锈。以气相防锈剂挥发出来的气体吸附在货物表面，防止或减缓金属制品锈蚀的方法叫气相防锈。气相防锈剂使用方便，不污染货物和包装。同时，由于气体可以扩散到包装内的各个角落，所以更适用于结构和形状复杂的货物防锈。气相防锈剂使用时，有的浸涂在包装纸上形成气相防锈纸；有的将粉末均匀地撒在货物表面或包装之内；有的将防锈剂溶于蒸馏水或有机溶剂中，直接喷洒或涂在货物表面，再用蜡纸或塑料袋包装。

（4）金属制品除锈。金属制品生锈要予以清除，否则会加速制品锈蚀。

一般除锈可采用手工、机械和化学方法。对一些粗糙的工具、刀具或各种零件等，都可以用人工进行擦、刷、磨方法进行除锈，除锈后应立即上油予以保护。

根据不同的货物形状可选择滚筒式除锈机（适用于小五金货物的除锈）或其他除锈机，把制品表面的锈迹清除，然后上油防锈。

化学除锈是利用化学药剂将表面的锈溶解掉。化学除锈液大多数是无机酸，如盐酸、硫酸、磷酸以及混合液等。化学除锈后，应做好防锈处理。

3. 仓库害虫与防治

1）仓库害虫的生活习性

仓库害虫，简称仓虫。货物在仓储期间遭受仓虫蛀蚀而损坏的现象常常发生，对货物的危害是很严重的。

仓虫大都来源于农作物，由于长期生活在仓库中，其生活习性逐渐改变，能适应仓库环境而继续繁殖。仓虫的生活习性主要表现为能适应恶劣的环境。大多数仓虫都耐干、耐热、耐寒、耐饥饿、耐药，且繁殖力强、繁殖期长。仓虫在适宜的环境下，大多数一年内能持续不断地繁殖，而且能够持续繁殖2~3年之久；食性广而杂，各种仓虫所喜食的东西有所不同，有些食性离奇而难以理解。仓虫具有趋光性、趋湿性，有些表现为正趋性，有些表现为负趋性。

2）影响仓虫的因素

仓虫的发育受外界条件，主要是温度、湿度、光线等的影响。温度对仓虫发育有很大影响，仓虫对温度的适应性因仓虫的品种和虫期的不同而不同。仓库中的相对湿度较高，仓储的货物中的含水量较大，又在温度适宜的条件下，就能促进仓虫的繁殖。光线的强弱对于仓虫的发育也有一定影响，因为一般仓虫都善于生活在黑暗的环境中。在光线很强、环境又很洁净的条件下，仓虫的繁殖就会减少。

仓虫主要有黑皮蠹、药材甲、锯谷盗、咖啡豆象、袋衣蛾、印度谷蛾等几类。在库房的货物中，最易招致虫害的是粮食和药材，其次是纺织品、麻制品、竹木制品、纸张、生毛皮等。这些货物遭受虫害，就会在不同程度上降低其使用价值。因此我们要了解仓虫的习性及其生活规律，采取措施，达到抑制仓虫的繁殖和消灭仓虫的目的，以确保货物安全。

仓虫的生存与仓库环境有关，其中温度和湿度是主要影响因素，仓虫生长、发育和繁殖所要求的温度范围为8~40℃，相对湿度大多在70%~90%。

3）仓虫的预防

一旦仓储货物或包装袋上发生虫害，那么在很短的时间内就会对货物造成很大的危害，所以我们必须采取预防措施，杜绝仓虫出现。抑制或消除仓虫适宜生长繁殖的条件，防止仓虫的滋生。为此就要严格入库货物的验收，防止有虫的货物或包装进入库内；认真做好在库货物的检查，尤其是易生虫的货物，争取将仓虫消灭在卵或幼虫期间；及时做好仓库的消毒工作，创造一个清洁卫生的环境，使仓虫无藏身之地。

4）仓虫的杀灭

除了采取预防的措施以外，一旦出现虫情，我们就要采取相应的灭杀措施。目前主要可以通过胃毒、触杀、熏蒸等方式杀灭仓虫。

（1）杀虫剂。目前主要采用有机磷杀虫剂，它主要通过胃毒、触杀作用杀灭仓虫，有的也兼有熏蒸作用。杀虫剂主要有敌敌畏，它具有胃毒、触杀和熏蒸作用，对多种仓虫灭杀效力较好，但熏蒸渗透力差，残效期较短。塑料、涂漆、橡胶制品及金属附件不能直接喷射杀虫剂，以免影响货物质量。

（2）熏蒸剂。可以挥发成剧毒气体用以毒杀仓虫的化学药剂，称为熏蒸剂。熏蒸剂挥发的气体渗透力很强，不仅能毒杀货物表面的仓虫，甚至能毒杀货物内部的仓虫。有的还对仓虫的卵、幼虫、蛹、成虫等各个虫期都有效。熏蒸剂主要有：氯化苦，它的气体极易被物体吸附，不易散发，可以充分发挥灭杀仓虫效力，但熏蒸后的通风排毒却有一定的困难，主要用于竹木制品、毛皮制品和纸制品等，不适用于棉、毛、丝、化纤织品等含水量较大的货物；溴甲烷，挥发快，在温度较低的条件下也可使用，渗透力强，对多种仓虫的各个虫期都有毒杀作用，适用于竹木制品、棉毛丝皮制品及塑料制品等；磷化氢，气体密度大于空气，渗透力强，对多种仓虫的各个虫期都有很大的杀虫效力，可用于熏蒸中药材、竹木制品和毛制品。

4. 仓库鼠类的防治

1）仓库鼠类及其生活习性

鼠是一种机警而狡猾的动物，其触觉、嗅觉和听觉都很灵敏，每天的活动都有一定的规律性，也有一定的活动范围，特别喜欢沿着墙壁、货堆等行走，并尽可能躲藏在较隐蔽的地方。鼠类的门齿终生都在生长，因此平时总要啃咬物品，即使不是它的食物，如各种包装材料和器具、建筑物及其设施等，也被它啃咬，借此磨损不断增长的门齿，这也加剧了鼠类对仓库及仓储物的危害性。鼠类对仓库及仓储货物的危害有两方面，直接的危害是损坏货物及其包装物，由于鼠类食性很杂，能使大多数仓储货物破损、玷污而严重变质；间接的危害是鼠类的啃咬和其他活动损坏了仓库的装置和设施，如管道、电线等，造成仓库有被偷盗、发生火灾等隐患。

在一般情况下，皮毛、毛制品、皮革制品、竹木制品、纺织品、纸张、烟草、中药材、粮油、豆类和肉品等，都会受到虫鼠的蛀咬。

2）防鼠方法

防鼠的最主要方法是断绝其食物来源，以及减少其可以隐蔽的场所。因此应制造对鼠类不利的环境条件，对食物、水、隐蔽处加以清理和控制。对鼠洞和各种缝隙必须严加堵塞，使鼠类无栖身和取食之处。为防止仓库外面的鼠类进入库房，应设置防鼠门或防鼠板。

3）灭鼠方法

鼠类的捕杀主要有两类方法：器械捕鼠和毒饵诱杀，前者如鼠夹、鼠笼和只对小家鼠有效的粘鼠纸；后者以有毒化学品与食物、谷粒混匀后使用。鼠药安妥还可以与滑石粉按2∶8比例混合，喷洒在鼠洞或鼠道上，鼠类经过时足上沾有药粉，被自己舔食后中毒而死。采用毒饵诱杀，必须注意人畜安全，如毒饵需专人保管，施用时记录地点和数量，注意检查回收，所毒杀的死鼠应及时集中深埋或焚化。我国民间有众多捕鼠、灭鼠的方法可以利用。近年来，随着对鼠害的严重性认识的深入、科学技术的进步，许多捕鼠、灭鼠的新方法被开发出来。

5. 霉变与防霉

1）霉变

霉变指微生物（主要是霉菌）在货物上生长繁殖，使货物颜色和外观改变、产生霉味、强度降低等。在温度、湿度适宜的环境里，微生物能迅速繁殖，使许多货物，如纺织品、皮革制品、纸及纸板、香烟等严重霉变而变质。

不同的货物的霉变机理不同。凡以蛋白质为主要成分的货物，如丝毛、皮草制品等，微生物借助蛋白酶的作用，使蛋白质分解，使货物发生脆裂或断裂；主要成分为高分子化合物的货物，如塑料和橡胶，其中含有增塑剂和有机填充剂、稳定剂等，它们可被微生物分解，生成可溶于水的简单物质，可使货物变色、加速老化或龟裂，大大降低机械性质；含纤维素的货物，如棉麻、纸制品等，微生物可借助纤维素酶的作用，将纤维素经过一系列的分解过程生成二氧化碳和水。

2）防霉

根据不同货物的霉变机理，采取相应的抑制或终止霉菌繁衍的措施，可以达到保持货物完整、避免货物损失的目的。

（1）加强仓库管理。首先要根据货物的性质，选择合理的储存场所和仓储形式。容易生霉的货物选择干燥和条件较好的库房保管，同时加强货物入库验收，认真检查入库的每批货物是否有霉迹；货物含水量是否超过安全水分；包装有无破损或受潮现象，商品内部是否发热、霉腐。凡不合格的，都应采取通风、晾晒等相应措施。要坚持经常对仓库进行检查，特别是对易霉货物，发现问题应及时解决。最关键的是要加强仓库的温、湿度管理，通过密封、通风和吸潮等方法，使霉腐微生物达不到生存和繁殖的条件，达到有效防霉的目的。

（2）药剂防霉。药剂防霉是把对霉腐微生物具有杀灭或抑制作用的化学药品加在货物上，以防止货物霉腐。采用药剂防霉最好与生产部门结合起来，在生产过程中，就要把防霉剂加在货物上，这样既方便，又可取得良好效果。目前使用效果较好的防霉剂有：①灭菌丹，它的毒性低，不溶于水，对细菌以及曲霉、青霉、木霉的抑制作用较强；②多菌灵，也是高效、低毒、广谱性的内吸杀菌剂，对部分曲霉、青霉有较高的抑制作用，通常皮鞋用此防霉效果较好；③水杨酰苯胺，毒性较低，0.3%~0.5%的水溶液，对纺织品、皮革、纸张以及鞋帽等货物具有较好的防霉效果；④多聚甲醛，多聚甲醛在常温下慢慢解聚，能灭杀霉腐微生物，由于甲醛气体有较好的渗透性，可扩散到货物内部空隙中，所以在密闭的环境中有较好的防霉腐作用。

（3）气相防霉。气相防霉是通过挥发出的气体渗透到货物上，抑制霉菌的生长繁殖或杀死霉菌,达到有效防霉的目的。目前使用气相防霉的化学药品主要有:①多聚甲醛,多聚甲醛在常温下有升华作用,放出气体为甲醛,能使蛋白质凝固,可抑制微生物的生长;②真空充氮,把堆放货物的货垛或包装用塑料薄膜进行密封,用气泵抽空,再充入氮气,然后封闭,造成封闭缺氧环境,达到防霉目的;③二氧化碳,在密封的仓间或密封的塑料薄膜内充入二氧化碳,使其浓度达到50%,对微生物有强烈的抑制和杀伤作用;④环氧乙烷,环氧乙烷能与微生物的蛋白质、酶结合,使微生物的代谢功能受到严重阻碍而死亡。

6. 燃烧与爆炸及其预防

1)燃烧与爆炸

一般把发光、发热剧烈的化学变化过程称为燃烧。爆炸是指物质自一种状态迅速地转变成另一种状态,并在瞬息间以机械功的形式放出大量能量的现象。

燃烧需要有可燃物质、助燃物质和一定的温度,三者缺一不可。多数可燃物质都是由碳、氢、氧所组成的,助燃物质属于氧化剂,一般指空气中的氧气。各种可燃物质的着火点和燃烧时释放的热能不同,因此,可燃物质的燃烧需要维持一定的温度,才能保证燃烧的完全性。

燃烧的形式按其特征分为四种,即闪燃、着火燃烧、受热自燃和本身自燃。空气和易燃气体的蒸气混合物遇火时所发生的短暂而迅速的燃烧过程,称为闪燃;可燃物质由于明火或者燃体的作用而不断蒸发气体,当着火后,其燃烧放出的热量足够使可燃物质不断分解而继续燃烧,直至烧完为止,称为着火燃烧;由于可燃物质受到外热的影响,不断地升温所发生的燃烧,称为受热自燃;靠其自身在一定条件下进行的物理、化学、生物的变化反应所生成的热量,超过散失热量时,达到其自燃点而发生的燃烧,称为本身自燃。

爆炸的形式可分为物理性爆炸、化学性爆炸和核爆炸三类。物理性爆炸是由物理变化引起的,化学爆炸是由化学变化引起的,核爆炸是由原子核反应引起的,仓储中多发生化学爆炸。从化学反应的原理来讲,燃烧与爆炸的化学反应原理是相似的,主要是氧化还原反应,放出热量,产生气体,其主要区别在于反应速度。燃烧的反应速度缓慢,其传播的方式主要是热传导,并且一般用于燃烧的燃料在氧化时所需的氧气是由外界提供的。爆炸是极其迅速的反应,用作爆炸的爆炸物本身就会在化学反应时分解出所需的全部氧或部分氧,不依赖外界供给。

在仓储货物中,有磷类、汽油、苯、油漆、金属钠等易燃货物,以及黑火药、雷管、导火索和爆竹等易爆货物时,要特别注意,这类货物要存放在专用仓库妥善保管,以防不测。

2)防燃爆

易燃易爆货物在仓储中,发生火灾与爆炸通常是明火、摩擦和冲击、电火花、化学能或曝晒等外界因素导致的。因此,库内绝对禁止吸烟和明火,禁止带入火种;禁止使用易因机械作用而产生火花的工具;禁止穿带铁钉的鞋入库;防止搬运中相互撞击、摩擦;必须将搬运用的电瓶车等装配防爆或封闭式电机;平时应切断库内电气设备的电源;

禁止使用能产生大量热量的吸湿剂吸潮；禁止聚集的日光照射，避免曝晒。一旦发生火灾，要根据燃烧货物的性质采取相应措施进行灭火。

7. 仓储货物的生理生化变化及其预防

食品货物在仓储中发生的生理生化变化，包括食品的呼吸作用、后熟作用、萌发与抽薹、僵直作用、软化作用、自溶作用和腐烂作用等。

为了尽量延缓食品货物的生理生化作用以利于长期仓储，必须破坏或抑制其酶的活性。通常采用低温、加热干燥、气调和辐射等储藏方法。

本章小结

仓储是指保护、管理、储藏货物。仓储保管与运输不同，主要发生在物流网络的节点处，处于相对静止的状态，仓储的前后两端都由"运输"来连接，它以货物的进库为起点，以货物的出库为终点。

仓储的作用主要表现在：仓储是物流的主要功能之一；仓储是社会物质生产和生活顺利的必要条件；具备检验作用；创造时间价值；创造利润；具有集散作用和配送作用等。但仓储也有一定的副作用，如固定费用支出、机会损失、陈旧损失与跌价损失、保险费支出等。

在供应链中，仓储管理起着对货物进行下一环节前的质量起到保证作用、为货物进入市场做好准备等作用；在物流管理中，仓储管理是在实现物流流程的整合。

仓储管理的对象是仓库及库存物资，具体包括仓库的选址和设计问题；仓库机械设备的选择与配置问题；仓库作业过程管理；仓库的库存管理等。按经营主体进行分类，可分为合同仓储、自备仓库仓储与公共仓库仓储；按主要功能进行分类，可分为储存仓库、流通仓库、零售仓库、批发仓库、中转仓库、配送中心、保税仓库（保税货场）、出口监管仓库、自动化仓库、立体仓库与虚拟仓库等；按仓储对象进行分类，可分为普通仓储、恒温仓储、特种仓储、水上仓储、露天仓储、储藏仓储与简易仓储等。

入库货物的保管是指仓库针对货物的特性，结合仓库的具体条件，采取各种科学手段对货物进行养护，防止和延缓货物质量变化的行为。在货物养护过程中，应贯彻以防为主、防重于治的方针。"防"的措施得当，储运货物就不会出问题或少出问题。"治"是货物出现问题后采取救治的办法，如果货物有问题不治，那么受害的范围就会不断地扩大。"防"与"治"是货物养护不可缺少的两个方面。

拓展阅读+案例分析

第6章 库存管理

仓储是物流的主要职能之一，而库存（英文为 inventory 或 stock）则是仓储的主要表现形式。狭义的库存指的是仓库中处于储存状态的货物，而广义上，库存还包括处于制造加工状态或运输状态的货物，可见对于物流系统中的每一个环节（包装、装卸、运输、配送、采购、加工等），库存都扮演着至关重要的角色。由于库存持有成本是物流成本中所占比例最大的部分，库存往往是一项巨大且昂贵的投资，库存决策既会带来很大的风险，又具有相当大的影响力。维持合理的库存水平、降低库存成本、优化客户服务是库存管理的核心。过量的库存会导致不必要的库存管理费用，也容易增加货物在仓储过程中损坏的风险，造成企业仓储成本的增加；同时由于大量的库存会占用大量的企业运营成本，增加企业的保险费、税费，进而导致企业的总成本增长，利润降低。库存不足也会造成供货不及时、供应链断裂，导致丧失市场占有率或交易机会等严重后果。因此，库存管理对于企业来说至关重要。

本章主要探讨库存的功能、定义、分类，介绍 ABC 分类管理法、经济订货批量模型等库存管理方法，还将介绍供应链环境下的库存管理策略。

6.1 库存

6.1.1 库存的功能

对于一家企业而言，其理想状态是能够准确地知道客户需要产品的数量、时间等信息，从而根据订单情况对生产活动进行计划，并能及时获取生产所需的原材料或中间部件，保证产品在需要的时间里生产出来，按时交付给客户。但实际情况中总是存在各种不确定性因素，如客户的订单需求不能提前准确预知，供应商由于突发事故无法及时提供原材料，顾客要求收货的时间（即交纳周期）短于企业从采购材料、生产加工到运送至顾客手中的时间（即供应链周期）等，导致企业缺货或延期交货等问题。为了应对这种不能按时交货的风险，企业需要持有一定量的库存。

库存的主要功能在于整合需求和供给，缓和销售与生产之间的矛盾，使企业的整体运作顺利进行。在销售环节，企业需要有一定的成品库存，从而在出现紧急性的突发订单时，保证产品或服务的可得性；在采购生产环节，企业需要有一定的原材料、零部件库存，以防上游供应商突然无法提供原料供应而导致生产中断，保证生产过程的平稳性和连续性。通过整合需求与供给，适量的库存可以有效减小企业不能按时交货的风险，使企业可以灵活应对市场需求的变化。

库存还有帮助企业降低成本的功能。虽然库存管理会产生成本，但合理地持有库存也可以间接地降低企业的运营成本。在生产过程中，大量中间产品和产成品的库存可以为企业的大批量生产提供支持，帮助企业通过减少生产批次、获得规模效益的方式降低生产成本。在采购过程中，大批量采购也可以提高企业的议价能力，获得采购价格优势。在运输过程中，大批量的运输可以提高运输的规模效益，进而降低运价、减少单位装卸成本。不过大批量生产、大批量采购、大批量运输也会导致库存持有成本的提高，因此企业如果想通过这种方式降低成本、提高利润，就需要在库存持有成本与带来的收益之间进行权衡。

总的来说，库存具有以下几点功能。

（1）保障优质的服务水平，实现对顾客订单的精准响应。
（2）降低物流成本。
（3）保证生产的计划性、平稳性或避免销售波动的影响。
（4）具有一定的展示功能。
（5）提高应对风险的能力。

6.1.2 库存的定义

库存指处于储存状态的物品或商品，广义的库存还包括处于制造加工状态和运输状态的货物。库存是仓储的表现形态，二者概念的差别在于：库存是从物流管理的角度出发，强调合理化和经济性；仓储则是从物流作业的角度出发，强调效率。

企业总是需要持有适量的库存。库存不足会造成企业供货不及时、供应链断裂、失去市场机会和市场占有率等问题；库存过量会导致流动资金受到占用、维持费用高昂、库存积压损失等问题。因此，既要防止库存不足带来的缺货问题，也要谨防库存过量导致的不必要的费用。如何保证企业持有合理的库存量，是物流管理研究的重要课题之一。

6.1.3 库存的分类

按照不同划分标准，库存有多种分类方式。按照在生产过程中的不同形态，库存可以分为原材料库存、在制品库存和制成品库存。原材料来自供应商，直到投入使用前均在企业内部进行存储；在制品是企业内部各环节操作用的半成品；制成品指制造完毕、准备发往客户的产品。在使用该分类方式时，需注意到，一些物料无法被准确归纳为以上三种类型中，如清洁剂、油料等易耗品，尽管也对生产活动起支持作用，但其并不构成最终产品的一部分。另外，该分类方式也是相对于具体企业而言的，一家企业的制成品对于另一家企业而言可能为原材料。

按照存货的用途，库存可以分为以下六类。

（1）周转库存：指企业为满足日常经营需要而建立的库存。这种库存为了满足连续补货期间的平均需求，当库存量降低到某一程度（订货点）时，就按照一定规则订货补充库存。对该类库存的管理主要是处理订货批量、订货周期与储存成本、采购成本之间的优化。

（2）安全库存：为了防止供应的意外情况和需求的不确定性而设立的一种库存。在风险发生时，该部分库存能够减小风险对企业经营的影响程度。

（3）中转库存：由于运输不会瞬间完成，因此，在运输途中和存储点也会有一定的库存，这类库存主要是作为中转货物，中转库存点的设置与物流系统的设计息息相关。

（4）季节性库存：一些商品需求具有明显的季节不平衡性，如空调、水果、棉花等，当销售高峰期到来时，产品会供不应求，而在其他季节则会滞销。季节性库存正是考虑了这种需求季节性变动而设置的库存，企业需要在高峰季节来临之前进行生产，库存管理需要考虑企业生产能力与季节性库存量之间的优化。

（5）投机库存：为了避免因货物价格上涨造成损失或为了从商品价格上涨中获利而建立的库存。

（6）沉淀库存或积压库存：指因物品变质而不再具有效用的库存或因市场没有销路而卖不出去的商品库存。

除了以上两种分类方式，还可以按照存货地点，分为库存存货、在途库存、委托加工库存和委托代销库存四类等。

6.1.4 库存合理化

库存合理化是指以最经济的方法和手段从事库存活动，并发挥其作用的一种库存状态及其运行趋势。库存合理化主要体现在库存基础设备合理化、库存结构合理化、库存时间与空间合理化等方面。

1. 库存基础设备合理化

库存基础设备指各种用于库存作用的设施。库存功能的有效发挥受到基础设施和设备、技术水平等的影响，当设施、设备不足或技术水平落后时，会导致库存作业效率低下，而且也不可能对库存货物进行有效的维护和保养。当设施和设备重复配置时，会导致库存能力严重过剩，进而增加被储存货物的成本，影响库存的整体效益。因此库存基础设备的基准为能够有效地实现库存职能，满足生产和消费需要，从而做到适当合理地配置仓储设施和设备。

2. 库存结构合理化

从宏观上说，库存结构合理化应该满足生产力的发展，库存整体布局、地理位置和库存方式都应适应销售需要；从微观上说，是指在库存商品总额中，库存货物的品种和规格所占比例关系协调。

控制库存结构合理化主要体现在三个方面：①商品质量结构控制，库存商品的质量及商品适应市场需求的品种结构情况；②商品层次结构确定，库存商品应满足不同消费水平需求的结构状况，在满足主要层次的消费者需求外，还要兼顾其他层次的消费者需求；③商品销售结构分析，通过对一定时期内各种商品销售额在全部销售额中所占的比例进行分析，确定主要品种、次要品种和一般品种，采取区分管理的方法。

在社会化大生产的条件下，为了发展规模经济和提高生产、流通的经济效益，库存适当集中应当是库存合理化的一个重要标志。因为库存适当集中，除了有利于采用机械化、现代化方式进行各种操作外，更重要的是，它可以在降低储存费用和运输费用以及提供保证供应能力等方面取得优势。

3. 库存时间与空间合理化

库存时间合理化是指库存商品的库存期适应供求变化，通过对时间的控制，保证货物的储存时间与周转速度相适应。库存空间合理化是指能够充分满足不同流通环节与不同点的需要，使货物的储存空间合理。库存时间与空间的合理化，能够保证库存货物的数量适应整个环节运行的速度，同时最大可能地降低库存成本，实现最优。

6.2 库存管理概述

6.2.1 库存管理的含义

库存管理是物流管理的核心。库存管理的重要之处主要有三点：第一，库存领域的成本是物流成本的重要组成部分，库存成本仍然存在很大的降低空间；第二，有效的库存管理能够在满足顾客服务水平的前提下，保持适当的库存量；第三，通过有效的库存管理还能规避库存带来的一系列风险。

库存管理是指在保障供应的前提下，通过计划、组织、控制和协调等以库存物品的数量最少和周转最快为目标所进行的管理活动。库存管理是对在库物资种类及其存量的管理和控制，它只考虑合理性、经济性与最优性，而不是从技术上考虑存货的保管与储藏以及如何运输。

6.2.2 库存管理的分类

对库存管理分类，主要包括库存决策供应来源、对前置时间和未来需求量的知晓度、库存决策的重复性以及库存系统的类型等维度。

1. 按库存决策供应来源进行划分

根据供应来源，库存管理主要分为外部供应和内部供应。外部供应是指企业向另外一家公司订货，订购外部供应的物品，并将购货订单送给供应商，对于组织内部生产的物品可以利用加工订单来得到。内部供应是指公司本身生产这种物品，在公司内部一个部门向另一个生产该产品的部门提出订货，在公司内部进行流转，但是需要注意和生产计划相协调。

2. 按对前置时间的知晓度进行划分

前置时间可变可不变，通过其知晓度可对存货问题进行划分。当前置时间可变时，其分布可根据经验或通过精确测定来确定。

3. 按对未来需求量的知晓度进行划分

在理想状态下，假定需求量分布的特点是在一段时间内不发生变化，但是在实际情况中，需求量会受到非标准型经验分布的影响。按对未来需求量的知晓度进行划分，可将存货问题分为确定型、风险型和不确定型。

确定型：明确地知道未来的需求量与变化；**风险型**：只知道需求量的概率分布（从需求量的历史资料等资料中获得信息），并不完全明确其变化；**不确定型**：既不知道明确的需求量，也不清楚其发生的概率分布。针对确定型存货问题，需要注意的是留有余量来应对可能发生的浪费、损坏、报废甚至被窃等损耗；针对不确定型存货问题，需要格外关注新投产产品的种类；风险型产品也需要注重对需求的预测。

4. 按库存决策的重复性进行划分

库存决策的重复性取决于订货频率。当货物一次性订齐、不再重复时称为一次性订货，又可称为单周期订货；当货物重复订购、不断补充和订购所消耗掉的物品时称为重复性订货，又可称为周期订货。

5. 按库存系统的类型进行划分

针对存货问题，有多种不同类型的库存系统，最常见的有周期性库存系统、连续性库存系统、物料需求计划（material requirement planning，MRP）库存系统和准时制库存系统。

周期性库存系统是指按一定的时间周期进行订货，是否补充存货的决策在检查库存状况时做出；连续性库存系统是指不断更新库存记录，当存货余额降至订货点时进行订货，使之保持对应的库存水平，揭示库存现状和历史实绩；物料需求计划库存系统，是指订购的存货只满足预先计划的生产需求；准时制库存系统，又称 JIT 系统，是指订购的存货在需要时准时送达。

6.2.3 库存管理的目标

库存管理的目标是满足顾客服务要求，控制降低企业库存水平，进而提高物流系统效率，强化企业的竞争力，也就是实现库存成本最低、零库存或无库存的目标，减少或不允许出现缺货、资金限制的现象。

对于不同层面，库存管理的目标不同。从企业整体运作层面来看，其目标是以库存管理支持物流运作，促进企业整体目标的实现；从供应链管理层面来看，库存管理致力于整个供应链中物料的有效流动；从库存管理的职能层面，当有物料需求时，库存管理者要确保物料顺利到位。

企业中的不同部门对库存有不同的看法，库存管理部门致力于将库存保持在最低水平，降低成本，节约资金；销售部门不希望缺货现象发生，因此希望能够保持较高的库存量；采购部门更倾向于一次采购大量物资获得折扣优惠，降低单位购买价格，但最终会提高库存水平；对于制造部门而言，对同一产品的长时间大量生产，能够降低单位产品的固定费用，但也会增加库存水平；对于运输部门而言，大批量运送可获得运费折扣，进而降低单位运输成本，但会增加运输过程中的库存量。如果只听从单个部门的规划，库存管理是不科学的，会影响到整个供应链过程的进度等，因此需要寻求最佳的库存管理，以企业整体效益为目标。

6.3 库存控制成本

6.3.1 库存控制

库存控制,是指管理和控制制造业或服务业生产、经营全过程的各种物品、产成品及其他资源,使其储备保持在经济合理的水平。作为仓储管理的一个重要组成部分,库存控制在满足顾客服务要求的前提下通过对企业的库存水平进行控制,尽可能降低库存水平、提高物流系统的效率,以提高企业竞争力。常见的两种库存控制方法为定量订货法和定期订货法。

1. 定量订货法

1) 确定订货点

订货点,是指当库存量降至某一数量时,应立即发出订货请求的点或界限,作用主要是在保证企业生产、经营需求的前提下,使库存量保持在合理的范围内。订货点的确定至关重要,订货点确定过早,会使库存量增加,易造成超储,占用过多库存空间,增加货物的库存成本;订货点确定得太晚,则有可能使库存得不到及时补充,造成缺货现象。

2) 确定库存基准

库存基准包括最低库存量和最高库存量,也可称为最大最小库存控制系统。

(1) 最低库存量。最低库存量是指根据企业的需求和发展,管理者综合多方面因素制定出的最低界限的商品或原材料的库存数量。

理想的最低库存量是指存货存储的最小数量,一旦低于此数量,很大可能会造成缺货甚至停产。在低于理想最低库存量的状况下,系统是无法正常运行的。

因此,需要设置一个合理的最低库存量,它是安全库存量与理想最低库存量的总和。安全库存量是指为了预防需求或者供应方面的不可预料的波动所保存的货物数量,是在理想最低库存量设定之外的。

(2) 最高库存量,又称最高储备定额。并非储存货物的数量越多,安全系数就越高,在有限库存空间的限制下,各种货品均应限定其可能的最高库存水平,也就是货品库存数量的最高界限,当某种货物库存量达到或超出最高定额时,则应该停止进货,超出部分则为超定额储备。

3) 确定订货量

在确定订货点后,当某种货物库存量下降到一定程度时,需要补充相应的数量到订货点,补充的数量则为订货量。按此数量订购,才能满足在最高库存量与最低库存量之间保持适度的要求。订货量太多,会增加库存成本;订货量太少,则会造成缺货。

2. 定期订货法

定期订货法又称定期盘点法,是指每隔一段时间即进行订购,订购时间固定,每次订货量不定。该方法的关键在于确定一个订购周期和一个最高库存量,这个订购周期就是控制库存的订货时机,最高库存量就是控制库存的一个给定库存水准。每隔一个周期,就检查库存并发出订购要求,订购量的大小,就是最高库存量与实际库存量之差。定期订货法具有以下特点。

(1)订购批量不断变化。一般来说,定期订货法的订购批量是不断变化的。不同时期的订购批量不尽相同,订货量的大小取决于各个时期产品的需求量。由于每次订购量不同,其运作成本相对较高。

(2)周期末盘点。定期订货法只在订货周期到来时进行产品的盘点,因此必须维持较高的库存量,防止在下次订货周期到来之前出现缺货现象。

(3)工作量少。定期订货法只在订货周期到来时进行产品的盘点,工作量相对较少。

(4)安全库存高。定期订货法的安全库存比定量订货法要高。

3. 定量订货法和定期订货法的比较

定量订货法是在库存量达到规定的订货点后进行订货,这有可能随时发生,主要取决于产品的需求情况;定期订货法只限于在预定的订货周期到来时进行订货。两种方法的区别如表 6-1 所示。

表 6-1 定量订货法与定期订货法

特征	定量订货法	定期订货法
订货量	订货量固定	订货量不断变化
订货时间	当库存量降至特定订货点时	根据订货周期订货
库存记录	每次出入库都记录	每期盘点
库存大小	小	大
使用范围	占用资金多,少数品种	占用资金少,多数品种

6.3.2 库存成本

有库存就会产生成本,控制库存成本是库存管理的重点之一,确定库存相关成本也是库存决策的起点。较低的库存会降低成本,但是一味追求过低的库存量则会造成缺货,影响到企业的发展;较高的库存会增加库存成本,时间过长可能会影响产品的质量甚至影响整体创新。从整体来看,库存成本的总和会占存货总价值的 20%左右,因此管理者需要权衡存货水平,进而控制库存成本,保证综合价值的提升。库存成本包括单位成本、订购成本、库存持有成本和缺货成本。

1. 单位成本

单位成本是指生产或取得单位产品而耗费的平均成本,是企业在一定时期生产某种产品所发生的总成本/产量求得的,可作为反映成本水平高低的指标。单位成本计算方式如下:

$$单位成本 = \frac{某种产品的总成本}{某种产品的产量}$$

某产品的总成本为企业生产某种产品或提供某种劳务而产生的总费用。

通常,单位成本信息比较容易得到,如可以通过供应商的报价表或发票得到。但在某些情况下,获取准确的单位成本并非易事。例如,当同时有几个供应商提供可替换的产品,并且各自的交易条款不同时,要想得到准确的单位成本信息就比较困难。

2. 订购成本

订购成本是指从发出订单到收到存货整个过程中所付出的成本。订购成本主要包括以下几项。

(1)订购手续成本:如订购所花的人工费用、事务用品费用、主管及有关部门的审查费用等。

(2)采购成本:包括估价、询价、比价、议价、采购、通信联络、事务用品等费用。

(3)进货验收成本:如检验人员的人工费用、交通费用、检验仪器仪表费用等。

(4)进库成本:主要指物料搬运所花的费用。

(5)其他成本:如会计入账支付款项等所花费用等。

再订购成本指的是对某种产品实施再次订货所产生的成本,包括制作订单的相关费用、通信费用、收货费用、设备使用费以及跟进所产生的费用等。其中,需要劳动力的环节是订购过程中成本最高的环节,采购订单处理过程自动化通常能够大大减少劳动力成本并提高生产率。由于不是第一次采购的成本,所以不包括寻找供应商、检查产品质量和可靠性、询价、谈判等相关费用。在实践中,可以用采购部门的年采购总成本除以订单数量得出。

当企业自行生产某种产品的时候,再订购成本指的是批量开工成本,包括生产相关的文件档案成本、重新配置设备时的机会成本、操作人员闲置成本、试车时产生的测试物料的成本、试运行时生产效率较低所造成的机会成本等。

3. 库存持有成本

库存持有成本是指一段时间内持有一个单位的某种产品所产生的成本。计算库存持有成本的时间段通常为一年,它由资金成本、仓储成本、折旧及陈腐成本、物料搬运成本和其他成本构成。库存持有成本占单位成本的比例如表 6-2 所示。

表 6-2 库存持有成本占单位成本的比例

库存持有成本	所占比例
资金成本	10%~15%
仓储成本	2%~5%
折旧及陈腐成本	4%~6%
物料搬运成本	1%~2%
其他成本	2%~7%
合计	19%~35%

1)资金成本

资金成本指因库存占用资金所引起的该部分资金的报酬率损失。存货的维护需要资金的投入,投入资金就使其他需要资金的地方丧失了使用这笔资金的机会,所以,资金成本也称为资金的机会成本。资金成本是主观性最强的一项成本,这部分成本往往难以估算。

有些企业使用资金成本的平均值，也有些企业使用企业投资的平均回报率进行估算。

2）仓储成本

仓储成本主要包括仓库的租赁及仓库管理、盘点、维护设施（如保安、消防等）等的费用。库存物品会占用储存建筑内的空间，需要支付相应的费用，这部分成本称为储存空间成本。如果使用租借空间，储存费用一般按一定时间内储存产品的量来计算。如果使用自有仓库，则空间成本取决于所分担的运营成本，这些运营成本都是与储存空间相关的，如取暖和照明的成本；同时，还取决于与储存量相关的固定成本，如建筑和储存设施的成本。

3）折旧及陈腐成本

在库存物品的储存过程中，一部分存货可能由于损坏、损耗、被盗、变质、报废或其他原因不能再进行销售，从而产生折旧及陈腐成本。这部分成本可以用产品价值的直接损失来估算，也可以用重新生产产品或从备用仓库中供货的成本来估算。

4）物料搬运成本

库存数量增加，则搬运和装卸的机会也增加，搬运工人和搬运设备同样也会增加，其搬运成本一样增加。物料搬运成本包括一切物料的搬运、特殊包装、冷藏、堆码产生的成本。

5）其他成本

其他成本如库存的保险费用、其他管理费用等。根据产品的价值和类型以及丢失和破损的风险产生相应的保险费，并且保费和税金依据产品的不同而不同，在确定库存成本时必须考虑这一点。

4. 缺货成本

缺货成本指库存短缺影响生产进度所导致的成本，如停工待料、有了物料后的加班、计划变动、信誉损失、延迟订货及销售损失等。

当客户下达订单，但所订货物无法供货时，就会产生缺货成本。如果出现缺货，不仅会在销售额上有损失，还会对企业的商誉、未来业务的开展等造成影响。对于生产来说，任何部件的缺货都会造成严重的运作中断，需要实施紧急应对方案，重新部署运作计划。缺货成本还包括一些应对缺货的相关费用，如发布紧急订单、支付特殊送货的费用以及采用更昂贵的替代品和供应商产生的额外费用等。缺货成本往往难以估算，因为缺货对生产和销售的影响很难量化，企业在通常情况下宁愿付出一定量的库存持有成本也不愿意出现缺货的情况。

6.4 库存管理方法

6.4.1 ABC 分类管理法

ABC 分类管理法，又称为库存重点管理法。总的来说，企业库存货物种类多样、价值不同且数量不等，有的物资品种不多但价值很高，而有的物资品种很多但价值不高。企业对所有的物资管理都采取同样的重视程度是不可能的，这不仅会忽视重要物品的价值，还可能对价值不高的物品过度重视，不利于企业整体的发展。为了有效利用时间、资金、人力和物力等资源，应对库存货物进行分类，将管理的重点放在重要的库存货物上，进行分类管理和控制。依据库存货物的重要程度分别进行不同的管理，这就是 ABC 分类管理法的基本思想。

ABC 分类管理法就是将库存货物按重要程度分为特别重要的库存（A 类库存）、一般重要的库存（B 类库存）和不重要的库存（C 类库存）三个等级，然后针对不同的级别分别进行管理和控制，主要包括两个步骤：一是进行库存分类；二是进行库存管理。

1. 进行库存分类

通常按库存货物所占总库存资金的比例和所占库存总品种数目的比例这两个指标来进行分类。具体步骤为将库存额占比从大到小进行排序，计算出总的库存额，然后累计库存额占总额的比例，并划分为 A、B、C 三类。如图 6-1 所示，A 类库存品种数目少但资金占用大，A 类库存品种约占库存品种总数的 10%~20%，而其占用资金金额约占库存资金总额的 70%~80%。C 类库存品种数目大，但资金占用小，即 C 类库存品种约占库存品种总数的 50%或以上，但价值小于库存资金总额的 10%。B 类库存介于两者之间，B 类库存品种约占库存品种总数的 20%~30%。三类库存划分曲线图如图 6-1 所示。

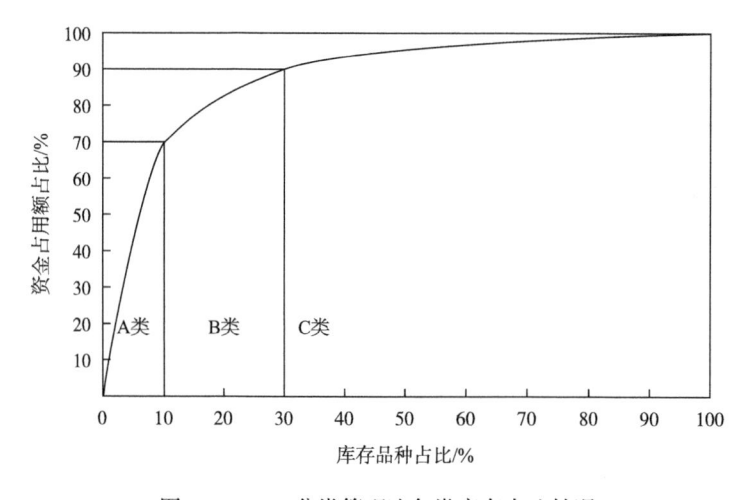

图 6-1　ABC 分类管理法各类库存占比情况

2. 进行库存管理

在对库存进行 ABC 分类之后，接着便是根据企业的经营策略对不同级别的库存进行不同的管理和控制。

（1）A 类库存：这种类型的货物库存数量少但资金占用与耗费金额较大，是企业重点关注的，需要严格地管理与控制。通过对 A 类库存进行定时盘点，详细记录和检查、分析货物的使用、存量增减情况和品质维持状态等信息，加强进货、发货、运送管理，在满足企业内部需要和顾客需要的前提下，维持尽可能低的周转库存量和安全库存量，加强与供应链上下游企业的合作来控制库存水平。由于既要降低库存，又要防止缺货，加快库存周转，对 A 类库存货物一般采用连续库存管理控制系统。

（2）B 类库存：这类库存货物属于一般重要的货物，企业对其管理强度介于 A 类和 C 类之间。通常的做法是将若干货物合并在一起订购，每周要进行盘点和检查，一般需要进行正常的例行管理和控制，灵活选用存货控制方法。

（3）C 类库存：这类库存货物数量最大，但其耗用的金额较少，对企业的重要性最低，对其管理也最不严格。对于这类库存一般只需进行简单的管理和控制。例如，实行大量采购、大量库存，减少该类库存的管理人员和设施，延长库存检查时间间隔等。对 C 类库存，"双堆法"或"红线法"通常被采用。

双堆法是将存货分别放在两个空间中（如两桶、两堆等），当第一个空间的存货用完后，发出订单，同时从第二个空间开始供货；当第二个空间的存货用完后，第一个空间的货物到货，开始供应。交替存货，循环往复，能够及时满足生产经营的需要。红线法是指在存放货物的箱子上从底部起在一定的高度画出一条红线，红线以下的数量代表保险储备量和提前期内的需要量，货物数量降至红线时，进行订货，将存货恢复到原有水平，这是一种粗放的控制方法。对库存进行 ABC 分类后，便要对不同类别的库存进行不同的管理和控制（表 6-3）。

表 6-3　ABC 分类管理法

项目	级别		
	A	B	C
控制程度	严格	一般	简单
库存量计算	依模型详细计算	一般计算	简单计算或不计算
进出记录	详细记录	一般记录	简单记录
存货检查频度	密集	一般	很低
安全库存量	低	较大	大量

在实际情况下，ABC 分类管理法会进行调整应用，主要包含以下调整内容。

（1）分类方法可增加多项衡量标准，如销售量、利润贡献、存货价值、存货使用比例等。企业可基于销售量分类，具体方法一般为将快速转移的产品（高流量的产品）排在前列，随后是一些转移较慢的产品项目。高流量的产品目标一般定在较高的服务层次，中低端流量的产品则是正常的普通服务层次。

（2）重要性分析（critical value analysis，CVA）法。有些物品虽然库存价值不高，但却是生产过程中不可缺少的重要部件，在进行分类时，就很有可能被归入 C 类产品，往往被企业忽视。为了避免这种情况发生，人们提出了 CVA 法。这种方法的基本分类是按照工作人员的主观认定的，工作人员通过对每个库存品种进行重要性打分，得到分数值，再依据分数值的高低将物资品种划分为 3~4 个级别。

（3）三种类别的分类方法不是固定不变的，有些企业会使用到四类或五类。

6.4.2　单周期产品库存管理

在实际库存问题中，有很多涉及一次性需求产品，这些产品在短时间内易过期，如果销售不出去就会带来损失，影响企业获利。因此，需要知道一次性订单的数量，才更容易进行库存控制。

对于单周期的库存产品，最重要的是控制订货批量。在单周期产品库存模型中，订货费用和库存费用都属于沉没成本，与决策无关。所以，只考虑超储成本和缺货成本。

每销售一单位产品所获得的单位收益为
$$利润 = 单位价格 - 单位成本$$
当一单位产品销售不出去所产生的单位损失为
$$损失 = 单位成本 - 单位残值$$

若订货批量>实际需求，则发生超储成本（陈旧成本），对超出部分要降价处理或报废处理。

若订货批量<实际需求，则发生缺货成本（机会成本），是由丧失销售机会而造成的损失。

常用的单周期库存模型主要包括期望损失最小法、期望利润最大法和边际分析法。

期望损失最小法是指比较不同订货批量下的期望损失，取期望损失最小的订货量作为最佳订货量，它的公式为

$$E_L(Q) = \sum_{d>Q} C_u(d-Q)p(d) + \sum_{d<Q} C_0(Q-d)p(d)$$

其中，C_0 为单位超储损失，$C_0 = C - S$，C 为单位成本，S 为预定时间卖不出去的售价；C_u 为单位缺货损失，$C_u = P - C$，P 为单价；Q 为订货量；d 为需求量；$p(d)$ 为需求量为 d 时的概率。

期望利润最大法是指比较不同订货量下的期望利润，取期望利润最大的订货量作为最佳订货量：

$$E_p(Q) = \sum_{d<Q} \left[C_u d - C_0(Q-d) \right] p(d) + \sum_{d>Q} C_u Q p(d)$$

其中，C_u 为每件获得的利润。

边际分析法是指当售出下一单位产品的边际收益等于下一单位产品售不出去的边际损失时就得出 Q^* 点。追加 1 个单位的订货，会使期望损失发生变化，如果 Q 为最佳订货量，则无论增加或减少订货都会使损失加大。

$$\Delta E_L(Q) = E_L(Q+1) - E_L(Q)$$
$$= \left[\sum_{d>Q} C_u(d-Q-1)p(d) + \sum_{d<Q} C_0(Q+1-d)p(d) \right]$$
$$- \left[\sum_{d>Q} C_u(d-Q)p(d) + \sum_{d<Q} C_0(Q-d)p(d) \right] = (C_u + C_0)\sum_{d=0}^{Q} p(d) - C_u \geq 0$$

所以，若要使预期收益和预期损失平衡，则有

$$\sum_{d=0}^{Q} p(d) = \frac{C_u}{C_u + C_0}$$

例 6-1 运用不同的方法为商店确定最优订货量。

A 商店出售某种纪念册，纪念册的进价为 $C=50$ 元，售价 $P=80$ 元。若一个月内卖不

出去，则每月按折扣价格 S=30 元卖出。A 商店应该进多少该种纪念册？该产品在每个月的需求量的概率如表 6-4 所示。

表 6-4　产品需求量概率

需求量	0	10	20	30	40	50
概率	0.05	0.15	0.20	0.25	0.20	0.15

【解析 1】期望损失最小法。

当 $d > Q$ 时，机会损失：
$$C_u = P - C = 80 - 50 = 30(元)$$

当 $d < Q$ 时，超储损失：
$$C_0 = C - S = 50 - 30 = 20(元)$$

当 $Q = 30$ 时：
$$E_L(Q) = [20 \times (30-0) \times 0.05 + 20 \times (30-10) \times 0.15 + 20 \times (30-20) \times 0.20]$$
$$+ [30 \times (40-30) \times 0.20 + 30 \times (50-30) \times 0.15] = 280(元)$$

当 $Q=10$ 时：
$$E_L(Q) = [20 \times (40-30) \times 0.05] + [30 \times (20-10) \times 0.20 + 30 \times (30-10)$$
$$\times 0.25 + 30 \times (40-10) \times 0.20 + 30 \times (50-10) \times 0.15] = 580(元)$$

计算出各种订货量下的损失值，选取使期望损失最小的订货量，即为 Q^*。

该商店出售该种纪念册的期望损失计算表如表 6-5 所示。

表 6-5　期望损失计算表

订货量 Q/件	实际需求 d/件						期望损失 $E_L(Q)$/元
	0	10	20	30	40	50	
	P(D=d)						
	0.05	0.15	0.20	0.25	0.20	0.15	
0	0	300	600	900	1200	1500	855
10	200	0	300	600	900	1200	580
20	400	200	0	300	600	900	380
30	600	400	200	0	300	600	280
40	800	600	400	200	0	300	305
50	1000	800	600	400	200	0	430

注：由表中计算结果可知，最优订货量 $Q^* = 30$。

【解析 2】期望利润最大法。

当 $Q=30$ 时：
$$E_p(Q) = [30 \times 0 - 20 \times (30-0)] \times 0.05 + [30 \times 10 - 20 \times (30-10)] \times 0.15 + [30 \times 20$$
$$- 20 \times (30-20)] \times 0.20 + [30 \times 30 - 20 \times (30-30)] \times 0.25 + (30 \times 0.20 + 30$$
$$\times 0.15) \times 30 = 575(元)$$

同理，可以计算出其他订货量下的利润值，如表6-6所示，选取利润最大的订货量，即为Q^*。

表6-6 期望收益计算表

订货量 Q/件	实际需求 d/件						期望利润 $E_p(Q)$/元
	0	10	20	30	40	50	
	P（D=d）						
	0.05	0.15	0.20	0.25	0.20	0.15	
0	0	0	0	0	0	0	0
10	−200	300	300	300	300	300	275
20	−400	100	600	600	600	600	475
30	−600	−100	400	900	900	900	575
40	−800	−300	200	700	1200	1200	550
50	−1000	−500	0	500	1000	1500	425

注：由表中计算结果可知，最优订货量 $Q^* = 30$。

6.4.3 经济订货批量模型

1. 经济订货批量的计算

库存水平与库存总成本的大小与企业的订货数量相关，为了保证库存总成本最小，企业希望能够找到一个合适的订货量，而经济订货批量模型恰能满足这一需求。

经济订货批量模型由福特·哈里于1915年提出，尽管是一个简单的模型，但说明了订货成本和储存成本之间的权衡。经济订货批量模型就是通过费用分析求得在库存总费用为最小时的每次订货批量，用以解决独立需求货物的库存控制问题。经济订货批量模型中的费用如表6-7所示。

表6-7 经济订货批量模型中包含的费用

费用类别	内容
储存费	货物占用资金应付的利息以及使用仓库、保管货物、货物损坏变质等支出的费用
订货费	手续费、电话往来、派人员外出采购等费用
生产费	补充存储的时候，如果不需要向外厂订货，由本厂自行生产，这时仍然需要支出两项费用：一是装配费用；二是与生产产品的数量有关的费用，如材料费、加工费等（可变费用）
缺货费	储存供不应求时引起的损失，如失去销售机会的损失、停工待料的损失以及不能履行合同而缴纳的罚款等。在不允许缺货的条件下，在费用上处理的方式是缺货费为无穷大

经济订货批量模型考虑的是存储单一产品的仓库，客户对该种产品的需求很稳定。仓库从供应商处订货，假定供应商有无穷数量的产品。具体假设如下。

（1）假定市场对产品的需求已知并且具有延续性，需求速度恒定。

（2）假定成本已知，并且不会变化，即每次订货的订购费（订货成本）和产品在仓库中的库存持有成本（保管储存成本）不变。

（3）不会出现缺货的情况。

（4）订货至交货的提前期为零，即备货时间或拖后时间很短，可以近似地看为零，在订单下达之际立刻到货。

（5）只对一种产品进行分析。

（6）订货批量固定在每次订货 Q 件。

基于以上假设，库存量变化如图 6-2 所示。

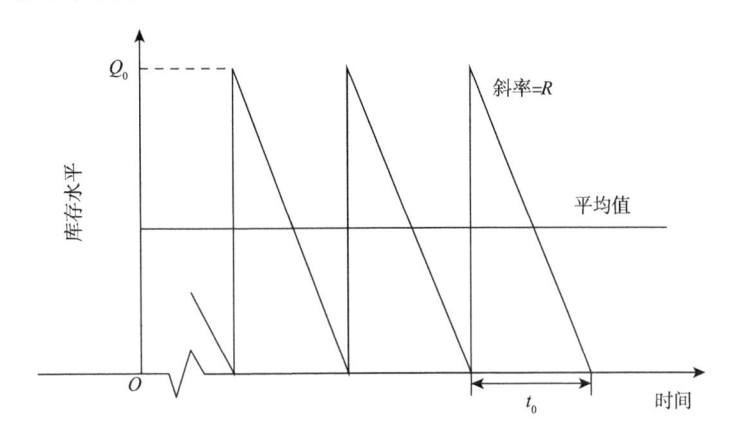

图 6-2　随时间变化的库存水平

由于可以立即得到补充，所以不会出现缺货现象，在研究这种模型的时候不需要再考虑缺货费用。

为了研究费用变化，需要给出费用函数：假定每隔 t 时间补充一次储存，订货量需要满足 t 时间内的需求 Rt，记订货量为 Q，$Q=Rt$，订购费为 C_3，货物单价为 K，则订货费为 C_3+KRt；t 时间的平均订货费为 $\dfrac{C_3}{t}+KR$，则 t 时间内需要的平均储存量为

$$\frac{1}{t}\int_0^t Rt\mathrm{d}t = \frac{1}{t}\times R\times\frac{1}{2}t^2 = \frac{1}{2}Rt$$

即平均储存量为图 6-2 中三角形高的二分之一。

单位时间内单位物品的储存费用为 C_1，t 时间内所需要的平均储存费用为 $\dfrac{1}{2}RtC_1$，将平均订货费与平均储存费两部分费用加在一起，得出 t 时间内的总的平均费用为

$$C(t)=\frac{C_3}{t}+KR+\frac{1}{2}RtC_1$$

对上式利用微积分求最小值的方法可以推导出：

令

$$\frac{\mathrm{d}C(t)}{\mathrm{d}t}=-\frac{C_3}{t^2}+\frac{1}{2}C_1R=0$$

得

$$t_0=\sqrt{\frac{2C_3}{C_1R}}$$

因为 $\dfrac{d^2 C(t)}{dt^2} > 0$，每隔 t_0 时间订货一次可使 $C(t)$ 最小。

订货批量为 $Q_0 = Rt_0 = \sqrt{\dfrac{2C_3 R}{C_1}}$，这个式子就是经济订货批量（economic ordering quantity）公式，简称 EOQ 公式，也称平方根公式，或经济批量（economic lotsize）公式。由于 Q_0、t_0 皆与 K 无关，所以原平均费用公式可以改写为

$$C(t) = \dfrac{C_3}{t} + \dfrac{1}{2} RtC_1$$

最佳费用为

$$C_0 = C(t_0) = C_3 \sqrt{\dfrac{C_1 R}{2C_3}} + \dfrac{1}{2} C_1 R \sqrt{\dfrac{2C_3}{C_1 R}} = \sqrt{2 C_1 C_3 R}$$

从费用曲线也可得出 t_0、Q_0、C_0，如图 6-3 所示，库存持有成本 $= \dfrac{1}{2} C_1 Rt$，订货成本 $= \dfrac{C_3}{t}$，总成本 $C(t) = \dfrac{C_3}{t} + \dfrac{1}{2} RtC_1$。总成本曲线的最低点 $\min C(t)$ 的横坐标 t_0 与储存费用曲线、订购费用曲线交点横坐标相同，即

$$\dfrac{C_3}{t_0} = \dfrac{1}{2} C_1 Rt_0$$

则有

$$t_0 = \sqrt{\dfrac{2C_3}{C_1 R}}$$

$$Q_0 = Rt_0 = \sqrt{\dfrac{2C_3 R}{C_1}}$$

$$C_0 = C_3 \sqrt{\dfrac{C_1 R}{2C_3}} + \dfrac{1}{2} C_1 R \sqrt{\dfrac{2C_3}{C_1 R}} = \sqrt{2 C_1 C_3 R}$$

可以看出，图解法与微积分法得出的结果相同。

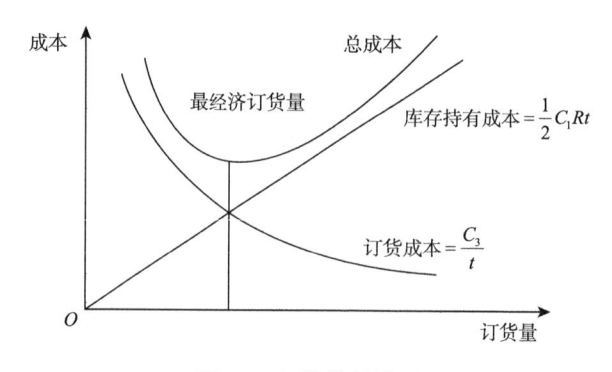

图 6-3 经济批量模型

上述假设条件均为理想化状态下的库存水平，需求具有连续性并且需求速度稳定意

味着库存水平是以平稳的方式逐步降低的,降低的速度不变。订货提前期为零,意味着我们不需要在缺货之前下订单。不会出现缺货意味着存货水平不会下降到零以下,因此,也就不会出现丧失销售机会的情况。

模型中的假设条件在现实中往往不能实现,例如,长时期内需求是变化的,不会固定不变;产品补充也不可能是瞬时完成的,通常要消耗一段时间;每次订货量均为固定批量,也有一定限制性。但是从这个模型中得到的结论有助于我们在更复杂的现实系统中有效地制定库存策略。

为了在经济批量模型中寻找最优订货策略,我们考虑库存水平是时间的函数。两次相邻补货之间的时间为一个周期。在上面描述模型的最优策略中,订货将在库存降到零的时候准时收到,这称为零库存订货特点。当采用在库存降到零的时候立即订货并同时收货的策略时,就会看到如图6-2所示的锯齿状现象。很明显,直到库存降到零时再订货是成本较低的一种策略,因为这样能够节约库存持有成本,最终得到的经济批量模型如图6-3所示。

例6-2 某工厂每天需要某种零件500个,长期的经验表明,每天的需求量是稳定的,该工厂有稳定的供应商,能够根据工厂的需要提供所需的零件,根据工厂与供应商的协议,每次订货费是固定的,不管订货量是多少,订购费用都是1000元,零件的价格是1元/个,零件每天的储存费用也是1元/个。该工厂应该以怎样的方式订货?

【解析】根据题意有 $C_1 = 1(元/个)$,$C_3 = 1000(元/次)$,$R = 500(个/天)$。

因此经济订货批量为

$$Q_0 = \sqrt{\frac{2C_3 R}{C_1}} = \sqrt{\frac{2 \times 1000 \times 500}{1}} = 1000(个/次)$$

最优订购周期为

$$t_0 = \sqrt{\frac{2C_3}{C_1 R}} = \frac{Q_0}{R} = \frac{1000}{500} = 2(天)$$

最小费用为

$$C_0 = \sqrt{2C_1 C_3 R} = \sqrt{2 \times 1 \times 1000 \times 500} = 1000(元/天)$$

由计算可知,该工厂应该每隔两天订货1次,每次订货1000个。

2. 经济订货批量的调整

经济订货批量的假设条件仅限于理想状态,当出现以下情况的时候,就需要对经济订货批量进行调整。

(1)经济订货批量计算得出的结果并不是整数单位时。
(2)供应商不愿意在标准包装的基础上进行货物分拆。
(3)送货时采用固定运输能力的车辆进行。
(4)把订单近似到相邻的数字会更便于操作等情况。

影响到经济订货批量的主要变动因素如下。

1)运输费率

经济订货批量公式并没有考虑运输成本对订货批量的影响,当供应商支付了从产地到目的地的运输费用时，这种忽略是可以的。但是，如果产品的所有权在产地已经发生转移，企业将自己支付运费，那么，在确定订货批量时，就必须考虑运输费率对总成本的影响。

2）运费折扣

在现实情况中，一次订货的批量越大，单位运输成本就越低，在卡车运输和铁路运输中，大批量装运存在运费折扣是很普遍的现象。于是，在其他条件都相同的情况下，企业希望以最经济的运输批量来进行购买，此时的订货数量也许会大于用经济订货批量方法所确定的经济订货批量。

3）批量折扣

当购买数量达到或超过某一数量标准时，供应商为了吸引客户批量购买，往往给予客户价格上的优惠，这就是批量折扣。在批量折扣的情况下，企业按照与给定的数量有关的价格计算总成本，以确定相应的经济订货批量值。如果按照折扣数量订购所获得的成本降低足以弥补增加的库存成本时，那么批量折扣就是一个可行方案。

在批量折扣条件下，企业经济订货批量的最优选择可以按照以下步骤进行。

（1）需要计算出每种价格下的经济订货批量。

（2）对经济订货批量进行筛选，淘汰不可行的经济订货批量，即那些按照不同价格计算出的经济订货批量小于所要求的最少订货批量的经济订货批量。

（3）计算出可行的经济订货批量的年总成本。

（4）找出所有的折扣临界批量，按照折扣价格计算相应的年总成本。

（5）比较第（3）、（4）步的所有年总成本，并找出最小值，年总成本的最小值对应的订货批量就是最优的订货批量。

4）批量生产

从制造角度来看，批量生产规模是指最经济的生产批量，当最经济的生产批量大于经济订货批量时，就要对经济订货批量进行调整，使库存计划服务于生产合理化的要求。

5）多产品购买

当购买多种产品时，必须考虑批量折扣和运费折扣对产品的组合所产生的影响。

6）有限的资本

有限的资本使存货的投资预算受到种种限制而无法按经济订货批量进行订货。所以，订货批量必须意识到存货投资需要在整个产品线上进行分配。

7）单位化特征

单位化特征也称集装化特征，是指许多产品是按照标准进行储备和运输的，如货柜和托盘。这些标准化单位被专门设计用来适应运输工具和搬运工具，如果经济订货批量不是一种标准单位，就有可能产生明显的不经济结果。因此，在确定经济订货批量时，应该考虑使用标准集装单位的整数倍。

8）非瞬时供应

经济订货批量模型中假定了订货是集中到货而非陆续入库，在现实中往往存在着陆续入库的情形。经济订货批量也要根据这种情况做出相应调整。

3. 需求的不确定性

在经济订货批量的计算中，我们假设成本和需求是已知的，但在实际中往往很难做到这一点，很少有企业能够准确地知道未来的需求，而其成本的估算也难以做到准确。通过前面的分析已经知道，当订货批量在经济订货批量附近波动时，总成本是相对稳定的。对成本变化的检验可以证明需求预测出现误差并不会造成太大的影响。如果需求具有不确定性，并且要在有限信息的基础上进行决策，通常发出批量大于实际需求的订单比发出批量小于实际需求的订单更有利。

4. 订货时点

在现实条件下，订货与交货之间可能会有较长的时间延迟，延迟时间可能会长短不一，在这段时间内客户需求也可能会发生波动。企业必须确定合适的订货时点，在恰当的时候发出订单，保证满足订货与交货间隔时间内的客户需求。对于连续监控和周期盘点这两种不同的库存控制方式来说，订货时点的控制有所不同。下面通过对需求恒定、订货提前期恒定时的再订货水平进行讨论，分析在不确定情况下采用连续监控和周期盘点方式的订货时点问题。

1）订货提前期

从发出订单到收到货物所需要的时间称为订货提前期，提前期的出现主要有以下几个原因。

（1）订单准备工作需要时间。当一个企业决定采购某种物品时，在最终形成订单并发送给供应商前需要一定的时间。对于一些小批量订单来说，这个过程所需时间不长，所涉及的环节也不多，有些甚至可以完全实现自动化运作。但对于那些较大的订单而言，需要相当长的时间对所采购的产品进行设计，履行招投标过程以及准备资金等。

（2）把订单准确地送达供应商的相关部门需要时间。采用自动化订单处理系统和电子商务可以大大缩短这部分工作所需要的时间。

（3）供应商需要时间来处理订单并准备所订购的货物。这段时间长短不一，如果仓库中恰好有所订购的物品，则可以通过库存物品来满足需求，如果所订购的物品需要进行设计和制造，则需要较长时间。

（4）从供应商处把货物送抵目的地需要时间。对于本地供应商，可能只需要几小时，而对于国际性的供应商来说，则可能是几周，如果涉及特殊和复杂的运输方式，甚至可能长达几个月。

在通常情况下，订货提前期是几天到几周。大家都希望提前期越短越好，客户希望他们所订购的货物尽早到货，供应商则希望保持高质量的服务水平，尽早交货给客户，不愿意积压大量存货。随着电子商务的出现，常规订货中的一些环节被取消了，这样就降低了再订货成本，使供应商以更小批量、更高频率供货成为可能。如果订货提前期是恒定的，在需求恒定的条件下，每一个订单的货物都应该在现有存货刚好用完的时候抵达。为了做到这一点，就应该在需要对货物进行补充之前的订货提前期就实施订货。订货时的库存量称为再订货水平。当存货下降到再订货水平的时候，就要发出订单。

由于需求和订货提前期都是恒定的，所以订货提前期内满足需求的那部分存货就是确定的，可以得出再订货水平如下：

再订货水平=订货提前期×订货提前期单位时间的需求

$$ROP = LT \times d$$

其中，ROP(reorder point)，为再订货点；LT(lead time)，为订货提前期；d 为订货提前期单位时间的需求。

2）连续监控库存策略

为了描述库存策略，我们需要以下信息：d 为单位时间平均需求量；s_d 为分销商单位时间需求量的标准差；LT 为从供应商到分销商的补货提前期；h 为分销商在单位时间内持有单位库存的成本；a 为服务水平，即缺货的概率为 $1-a$；如果需求恒定，则订货点为 ROP。

对于多周期库存模型，不确定性来自两个方面：一方面是需求不确定性；另一方面是来自完成周期的不确定性。对于连续监控库存策略，订货时点为存货量下降到某一预先设定的值，这个值除了要考虑提前期内客户的平均需求，还要防范不确定情况下的缺货。

（1）需求不确定条件下的再订货点。当需求不确定时，ROP 由两部分组成。第一部分是提前期内的平均需求水平，它是提前期与单位时间平均需求的乘积。这确保了当订单发出后，系统有足够的库存来满足提前期内的期望需求。提前期内的平均需求量为 d。第二部分是安全库存 SS，是为了防止供应的意外情况和需求的不确定性而设立的一种库存。

通常，我们不能直接得知 d 和 s_d，但通过汇总提前期内各单期需求的分布情况，就可以很容易地计算出这两个值。

例如，假设某产品每周的需求呈正态分布，均值 $d=100$ 件，标准差 $s_d=10$ 件，提前期是 3 周。我们希望将每周需求分布集中成一个 3 周的提前期内的需求分布，则提前期内需求的均值=LT×d=3×100=300。提前期内分布的方差可以通过每周需求分布方差的加总获得，标准差就是方差的平方根，即

$$s'_d = s_d \times \sqrt{LT} = 10 \times \sqrt{3} = 17.3$$

安全库存可以用下式求得

$$SS = z \times s'_d = z \times s_d \times \sqrt{LT}$$

其中，z 是一个常数，称为安全系数。这个常数与服务水平相关。在需求不确定条件下，订货点为

$$ROP = LT \times d + z \times s_d \times \sqrt{LT}$$

当需求服从正态分布时，安全系数可以从表 6-8 中选择，以确保在提前期的缺货概率不超过 $1-a$。

表 6-8 服务水平和安全系数

服务水平	90%	91%	92%	93%	94%	95%	96%	97%	98%	99%	99.9%
z	1.29	1.34	1.41	1.48	1.56	1.65	1.75	1.88	2.05	2.33	3.08

此时的平均库存水平就是经常性库存与安全库存之和：

$$\text{平均库存水平} = \text{经常性库存} + \text{安全库存} = \frac{Q}{2} + \text{SS}$$

此时的总相关成本=订货成本+经常性库存的持有成本+安全库存持有成本+缺货成本，即

$$\text{TC} = C_0 \times D/Q + h \times Q/2 + h \times \text{SS} + k \times s'_d \times E(z)$$

其中，D 为实际需求；C_0 为订货成本；k 为单位缺货成本；$s'_d \times E(z)$ 代表订货周期内缺货件数的期望值；$E(z)$ 称为单位正态损失积分，是正态偏差 z 的函数。

（2）提前期不确定条件下的再订货点。当提前期不确定时，定义平均提前期为 T，提前期的标准差为 s_{LT}，此时的安全库存量为

$$\text{SS} = z \times d \times s_{\text{LT}}$$

此时的再订货点为

$$\text{ROP} = d \times \text{LT} + z \times d \times s_{\text{LT}}$$

（3）需求和提前期不确定条件下的再订货点。可以通过将需求波动和提前期波动累加得出需求和提前期不确定条件下的标准差：

$$s'_d = \sqrt{s_d^2 \overline{\text{LT}} + \overline{d}^2 s_{\text{LT}}^2}$$

此时的安全库存量为

$$\text{SS} = z \times s'_d$$

此时的再订货点为

$$\text{ROP} = \overline{\text{LT}} \times d + z \times \sqrt{s_d^2 \overline{\text{LT}} + \overline{d}^2 s_{\text{LT}}^2}$$

通过上面的分析可以看出，安全库存越高，越容易满足顾客的需求，服务水平就越高。

3）周期盘点库存策略

周期盘点库存策略的订货时点是在预设的盘点周期到达时，所以对于周期盘点策略，要设定合理的盘点周期。在需求不确定的情况下，周期盘点与再订货点的情况非常相似，但也有不同。再订货点的模型中，若需求是不确定的，那么只有提前期内需求的波动对安全库存的计算产生影响，订货间隔期内需求的变化不会影响安全库存量的大小。周期盘点法则不同，要考虑订购间隔期和提前期内需求波动的影响，这就造成周期盘点模型比再订货点模型更复杂。对于这个问题，我们把近似解作为合理的答案。

周期盘点按照预定的周期（T）检查库存，盘点后的订货量就是最大值 S 与盘点时所持有的库存量之差。因此，就可以通过设定最佳盘点周期和最大存货量进行库存控制。

对最佳盘点周期的近似计算首先从最基本的经济订货批量开始：

$$Q^* = \sqrt{\frac{2C_3 R}{C_1}}$$

盘点周期为

$$T^* = \frac{\text{订购量}}{\text{单位时间需求量}} = Q^*/D$$

接下来，求订货间隔时间与提前期时间之和，求出这段时间内的需求分布。在某一点上，该期间内的缺货率正好等于设定的服务水平，该点即最高的库存水平点：

$$S^* = d \times (T^* + \text{LT}) + z \times s'_d$$

其中，$d \times (T^* + \text{LT})$ 为订货间隔期加上提前期的需求平均值；d 为单位时间的需求量；s'_d 为 $T^* + \text{LT}$ 时间内需求分布的标准差。可以用下式计算：

$$s'_d = s_d \sqrt{T^* + \text{LT}}$$

平均库存水平（以 AVGS 表示）为

$$\text{AVGS} = \frac{d \times T^*}{2} + z \times s'_d$$

5. 需求预测

在物流管理中，存货决策的风险较大，精确、科学的库存需求预测是存货决策的基础。但是一般而言，预测总是不准确的，并且预测期越长，误差越大。但预测仍是库存管理中一个关键的工具。另外，预测也不仅仅用于库存决策，还可用于是否进入市场、是否能扩大产能、是否实施促销计划等决策。下面我们将探讨不同的预测方法，这些方法可以单独或结合使用，还将分析如何选择合适的预测方法。

各种预测工具和方法可以大致分为以下四大类：专家意见的收集和判断方法；消费者行为定性研究的市场研究方法；通过过去的结果推测未来结果的数学方法，即时间序列法；基于大量系统变量进行计算的数学方法，即因果方法。

判断方法将不同专家的意见系统地组合起来。例如，由于销售人员（或经销商）更接近市场，他们通常对预期的销售有更好的把握，通过合理的方式结合每个销售人员的销售预期，就可以在预测中汇集销售人员的意见。

为了达成多数人的一致，可以考虑使用专家座谈。这一方法认为通过沟通和公开地共享信息，能够达到一个较好的预测结果。这些专家可以是公司外部的专家，也可以是公司内部各职能领域的专家。

具体而言，可用的判断方法包括以下几种。

1）德尔菲法

德尔菲法又称专家小组法，是一种结构化的技术，它能使一组专家达成一致，却不需要将这些专家召集到一起。它通过函询、电话或网络的方式，向一组专家进行问卷调查。调查结果被汇总和整理，然后，每个成员可以根据整理后的调查结果调整自己的意见。这个过程反复几次，最后达成一致。

运用集体讨论法时，常出现的一个问题是专家组中个别有很强影响力的人主导整个决策过程，其他人不敢表达自己的真实想法，德尔菲法则可避免这些情况的出现。德尔菲法隐去了参与预测研究的各成员的身份，使每个人的重要性都相同。德尔菲法的操作步骤如下。

（1）选择参与的专家。专家组成员应包括具有不同知识背景的人。

（2）通过问卷调查从各个参与预测的专家处获得预测信息（包括对预测所假设的

前提和限制)。

(3)汇总调查结果,附加适当的新问题后重新发给所有专家。
(4)再次汇总,提炼预测结果和条件,再次形成新问题。
(5)如有必要,重复第(4)步,将最终结果发给所有专家。

经过上述操作步骤后,德尔菲法通常能得到满意的结果。该方法所需的时间取决于专家组成员数目、进行预测所需的工作量以及各个专家的反馈速度。

2)各部门主管集体讨论法

此方法在进行需求预测时,召集与库存管理相关的计划、销售、采购、财务等部门的主管,集中各个职能管理部门的经验与信息,以形成对库存需求的集体预测和快速决策。其缺点在于占用职能管理部门的精力和时间,而且各职能管理部门对本位利益的追逐和意见的片面性将会直接影响预测和决策的科学性。

3)销售人员意见汇集法

在这种方法下,充分利用销售人员对本地区经济发展状况和市场需求的熟悉度以及服务人员对市场需求变动的敏感度,首先,做出局部的估计;然后,通过汇总各地区的预测值来形成对全国范围内库存需求的总预测。

市场研究方法,包括市场测试和市场调查等,都对顾客需求预测很重要。在市场测试中,通过测试几组潜在顾客对产品的反应,可以估算整个市场对产品的预期需求。市场调查需收集多种潜在顾客的数据,一般通过面谈、电话调查和问卷调查等方法来收集数据。但这种方法只有当企业与客户有着良好关系时,信息的真实性和客观性才有保证。

4)时间序列法

时间序列法为使用大量过去的数据来估计未来的需求的统计方法。它将某一变量的数值(如销售量、库存需求等)在一个给定的时期内按固定时间间隔(一周、一季度、一年)以时间的先后顺序排成一个序列,从而利用具有相对稳定关系的历史数据进行预测。该技术常用于季节性变动、周期模式以及趋势值的识别。常用的时间序列方法有多种,每种方法都有不同的优缺点。

(1)移动平均法。移动平均法是使用最近时期库存量的平均数进行库存需求预测的方法。时期选择最常用的是1、2、3、4、12期。如果采用12期(如每个月),就是将前12期的平均数作为预测值。移动平均法的优点是便于计算且易于理解,其缺陷在于赋予各期以相同的权重,因而只是在需求较稳定且对变化反应迟钝时才有效。使用移动平均法必须维持和更新大量的历史数据以使预测更加准确。这种方法的关键是选择多少个需求点进行处理,从而最小化不规则效应。

(2)指数平滑法。指数平滑法是一种更为精确的加权平均法,是指以某种指标的本期实际数和本期预测数为基础引入一个简化的加权因子,即平滑系数,以求得平均数的一种时间序列预测法。指数平滑法是对离预测期较近的历史数据给予较大的权数,权数由近到远按指数规律递减的一种特殊的加权平均法。其优点在于可以快速计算新的预测值,无须大量的历史数据和更新资料。使用指数平滑法时,最重要的决策是选择平滑系数 a,它决定了预测对偏差调整的快慢。a 值越接近0,则预测对偏差的调整就越慢;越接近1，预测对偏差的调整就越迅速。

（3）外延平滑法。外延平滑法是一种可以将时间序列分析技术外延到包括趋势值和季节波动等因素的预测方法，包括趋势指数平滑技术和季节性指数平滑技术。外延平滑法的计算类似于平滑模型的计算。外延平滑技术的主要特点在于它直接考虑趋势值和季节因素成分。但正因为如此，由于人们没有能力正确细分每一项预测成分（趋势或季节因素），这种过于敏感的技术会产生预测精度的问题。

5）因果方法

因果预测基于的数据不是将要预测数据的历史值，而是其他数据的函数。例如，用因果方法预测下一季度的销售情况，可能会基于通货膨胀、国内生产总值、失业率、天气或其他销售以外的该季度的数据。因果方法也称为回归分析技术，包括一元线性回归、多元线性回归等多种模型。

合适的预测方法可以根据预测目的、所要预测的系统的动态性以及过去对未来影响的重要程度来选择。如果是预测销售总额，可采用较为简单的技术，如果需要更详细的销售预测，则需要更高级的预测技术；系统如果对某些类型的经济数据有敏感性，那么，因果预测是合适的。需求若具有季节变化、上升或下降的趋势，那么外延平滑法将是合适的。这些因素都会影响预测工具的选择；如果过去很重要，时间序列方法就有意义。如果系统变化太显著，使过去的数据的作用下降，则判断方法或市场研究方法更有效。

在产品生命周期的不同阶段也需要不同的预测技术。在产品开发阶段，市场研究方法可以显示不同产品和设计的潜在销售预期。在产品试制阶段，额外的市场研究具有很高的价值，可以更好地帮助预测产品未来需求。在快速成长阶段，时间序列方法可能更有价值。一旦产品变得成熟，时间序列方法和因果方法都可能有用，其中，因果方法可以根据对经济数据的估计预测长期的销售成绩。

6.4.4 零库存

"零库存"是一种特殊的概念，对于众多的工业企业和商业企业的制造商与分销商来说，过多的库存量虽然可以解决货物不充足的问题，但不断增长的库存管理与控制已成为一种沉重的负担。企业管理者希望能够在保证物料供应和产品分配顺畅的前提下，降低库存量，甚至没有库存，降低成本，进而实现利润最大化。相比其他环节而言，库存成本降低的潜力比任何市场营销环节都要大，成功的物流战略大多以尽可能低的金融资产维持存货，在对顾客承担义务的同时实现最大限度的流通量，以保证利润最大化。

1. "零库存"概述

"零库存"是指不以库存形式存在便可以免除仓库存货的一些问题，如管理费用和存货维护、仓库建设、保管、装卸、搬运等费用，存货占用流动资金及库存物老化、损失、变质等问题。"零库存"管理是物资存储优化理论，即存储理论在管理实践中的运用，它并不是指企业所有的原材料、半成品、成品的库存为零，而是指在确保企业生产经营活动顺利进行的条件下，采用各种科学的管理方法，对库存进行合理的计算和有效的控制，尽可能降低库存量的一种方法。

针对可以不以库存形式存在的原材料，应按照要求由外协企业定时、定点地送到车间等有关生产单位；对于库存中不可缺少、资金占用比重较大的原材料，可以通过合理计划与控制，将库存压缩在最低限度内。需要强调的是，"保险储备"与"零库存"管理并不矛盾，在现实情况下，企业往往会储备一定数量的产品来维持其正常运行，应对突发情况如运输时间延误、生产和消费发生变化、到货不及时等的发生，零库存也并非彻底的库存清零，不是不要储备和没有储备。某些经营实体不单独设立库存和储存物资，并不等于取消其他形式的储存活动。

现在有人把零库存的使用范围无限扩大，认为零库存就是"零储备"，实现零库存即意味着可以从根本上取消库存，这种观点是片面的。

需要指出的是，上面所讲的零库存是一种变化趋势，是针对微观经济领域内的经营实体的库存状况而言的，属于微观经济范畴。从全社会来看，不可能也不应该实现零库存。对于可能发生的各种自然灾害和其他各种意外事件，国家为了调控生产和需求，通常会采取很多形式，其中包括以库存形式储备一些重要物资，如粮食、战略物资、抢险救灾物资等。因此，在微观领域内，一些经营实体可以进行"无库存"生产和进行"无库存"销售，但是整个国家和社会不能没有库存。

零库存是在某种特定的经济环境下实现的，某些经营实体的零库存是在社会集中库存及保障供应下实现的，就微观主体的储存行为而言，零库存是对社会库存结构进行合理调整的结果。

2. 实现企业零库存的主要形式

1）看板方式

看板方式以压缩库存为目的，是准时方式中的一种简单有效的方式，要求企业各工序之间或企业之间或生产企业与供应者之间采用固定格式的卡片作为凭证，由下一环节根据自己的节奏，逆生产流程方向，向上一环节指定供应。其主要目的是在同步化供应链计划的协调下，使制造计划、采购计划、供应计划能够同步进行，缩短用户响应时间、节约采购资源、降低原材料和外构件的价格、提高企业的适应能力。在具体操作过程中，可以通过增减看板数量的方式来控制库存量。

2）委托保管方式

委托保管是指接受用户委托，受托方收取代理费用，代存代管物资，用户不再保有库存以及保险储备库存，进而实现零库存。把所有权属于用户的货物放在专业化程度较高的仓库，用户不必再单独设立仓库进行货物的维护、保管等，可以实现较高水平和较低费用的管理，在一定范围内可以实现零库存，但是它主要靠库存转移视线，并不能降低库存总量。

3）按订单生产方式

仓库不再是传统意义上储存物资的仓库，而是作为物资流通过程中的一个"枢纽"，是物流作业中的一个站点，企业的一切生产活动都是按订单来进行采购、制造、配送的，物是按订单信息要求而流动的，因此从根本上消除了呆滞物资，从而也就消灭了"库存"。这与传统意义上的为"库存"而生产，生产出来产品进入"库存"后再等待订单是根本不同的。

4）JIT 配送方式

作为一种先进的管理模式，在需要的时候，按需要的量生产所需的产品，通过消除无效活动，实现企业资源的优化配置，全面提高企业经济效益，这就是 JIT 生产方式。企业及时地将按照订单生产出来的物品配送到用户手中，在此过程中，通过物品的在途运输和流通加工来减少库存的方式称为 JIT 配送方式。企业可以通过采用标准的 JIT 供应运作模式和合理的配送制度，使物品在运输中实现储存，从而实现零库存。以海尔为例，海尔物流本部储运部，负责整个集团的成品分拨物流，统一协调及控制运输业务，为零距离销售提供物流配送保障，实现成品的 JIT 配送，减少库存量。

5）协作分包方式

这种方式即美国的 sub-contract 方式和日本的"下请"方式，主要是制造企业的一种产业结构形式。这种形式可以以若干企业的柔性生产准时供应，使主企业供应库存为零；同时主企业的集中销售库存使若干分包劳务及销售企业的销售库存为零。在经济发达的国家，制造企业都是以一家规模很大的主企业和数以千百计的小型分包企业组成一个金字塔形的结构。例如，分包零部件制造的企业可采取从其他小型外包企业调用库存的方式，以保证主企业的生产，按指定时间送货到主企业，从而使主企业不再设原材料库存，同时以主企业集中的产品库存满足各分包企业的销售，使分包企业实现销售零库存。

6）合理配送方式

生产资料、成本、物流配送等在一定程度上会影响库存量，通过建立完善的物流体系，实现合理配送方式，通过物品的在途运输与物流加工，企业能够将订单及时送到用户手中，这就减少了库存。企业可以通过标准零库存供应运作模式和合理的配送方式，实现物品运输存储，从而实现零库存。配送方式主要分为三种：集中库存配送货物，库存商品和数量是增加的，形成规模优势，降低单位产品成本，同时，在这种有保障的配送服务体系支持下，用户库存也会趋于弱化；"多批次、少批量"配送货物，通过对用户需求进行分类，合理统筹安排，实施整车运输，降低每个用户、每个批次的送货量，虽然增加了送货次数，但提高了整体的运输效率；"即时配送"与"准时配送"配送货物，这种方式具有供货时间灵活、稳定、供货弹性系数大等特点，对于生产者和经营者而言，库存压力减轻，甚至会选择取消库存，实现零库存。

6.5 库存管理策略

6.5.1 供应商库存管理

1. 供应商库存管理的概念

在传统观念下，企业只关心自己的直接客户和供应商，此时的库存管理工作均着眼于本企业资源的最优应用。人们发现，当每家企业的库存管理仅考虑自身时，供应链中的任何不确定因素都会使供应链的成员企业持有更多存货，导致供应链整体的库存成本增加；并且由于"牛鞭效应"，越靠近供应链上游的供应商，接收到的需求波动信息越大，直接加重了供应商的供应和库存风险。进入 21 世纪以来，人们越发认识到，每家企业均是供应链中的一环，而供应链上的企业实际上拥有共同的目标，整条供应链能否成功取决于供应链满足最终客户需求的能力。这种观念的转变促成了库存管理策略的改变。为了解决供应链中的库存管理问题，供应链中的成员企业需要在库存和物料流转方面进行紧密合作。从供应链的上游出发，出现了供应商库存管理（vendor managed inventory，VMI）。

● **资料卡"牛鞭效应"**

"牛鞭效应"是经济学中的一个术语，指供应链上的信息流从最终客户向原始供应商端传递时，由于无法有效地实现信息的共享，信息扭曲而逐渐放大，导致需求信息出现越来越大的波动。"牛鞭效应"是供应链中普遍存在的高风险现象，它直接加重了供应商的供应和库存风险，扰乱生产商的计划安排与营销管理秩序。

"牛鞭效应"最早在宝洁公司研究"尿不湿"的市场需求时发现。该产品的零售数量是相当稳定的，波动性并不大。但在考察分销中心向宝洁的订货情况时，发现需求波动性明显增大了，分销中心说，它们是根据汇总的销售商的订货需求量进行订货的。进一步研究后发现，零售商往往根据历史销量及对现实销售情况的预测，确定一个较客观的订货量，但为了保证这个订货量是及时可得的，并且能够适应顾客需求增量的变化，他们通常会将预测订货量进行一定的放大后向批发商订货，批发商出于同样的考虑，也会在汇总零售商订货量的基础上再进行一定的放大后向销售中心订货。这样，虽然顾客需求量并没有大的波动，但经过零售商和批发商的订货放大后，订货量就一级一级地放大了。在考察向宝洁供应商，如 3M 公司的订货情况时，惊奇地发现订货的变化更大，而且越往供应链上游，其订货偏差越大。这就是营销活动中的需求变异放大现象，人们通俗地称它为"牛鞭效应"。

VMI 是由供应商来为客户管理库存，并为它们制订库存策略和补货计划，它是根据客户的销售信息和库存水平为客户进行补货的一种库存管理策略，是供应链上成员达成紧密业务伙伴关系后的一种结果。在 VMI 模式下，生产厂家等上游企业对零售商等下游企业的流通库存进行管理和控制，通过分析零售商的销售和库存情况等信息，判断零售商的库存是否需要补充。当需要补充时，会自动向供应商企业的物流中心发出发货指令，此时订单是由供应商生成的，而不是由分销商发出的。

2. 供应商库存管理的实施

实施供应商库存管理，首先要改变订单处理的方式，建立基于标准的托付订单处理模式。供应商和分销商要一起确定供应商的订单业务处理过程、需要的信息和库存控制参数，然后建立订单的标准处理模式，最后将订单、交货和票证处理各个业务功能都集成到供应商一方。库存状态透明性是实施 VMI 的关键，供应商只有能随时跟踪和检查分销商的库存状态，才能对市场需求变化做出快速响应。

从过程来看，实施供应商库存管理可大致分为四个步骤。

1）建立客户情报信息系统

通过建立客户情报信息系统，供应商可以及时获取和分析分销商客户的销售情况等信息，对终端市场需求进行预测，为管理客户库存、快速响应需求变化做铺垫。

2）建立销售网络管理系统

供应商要建立起完善的销售网络管理系统，保证自己的产品需求信息和物流畅通。为此，需要做到：①保证自己产品条码的可读性和唯一性；②解决产品分类、编码的标准化问题；③解决商品储存、运输中的识别问题。

3）建立合作框架协议

通过协商，供应商与分销商共同确定处理订单的业务流程及控制库存的有关参数（如最低库存水平、再订货点）、库存信息的传递方式（如 EDI 或 Internet）等。通过签署合作协议，将管理库存模式进行标准化和规范化。

4）变革组织结构

供应商库存管理策略改变了供应商的组织模式。供应商的订货部门会产生新的职能——负责客户库存控制，该职能在之前往往由会计经理等职务或部门负责。所以在引入 VMI 之后需要对供应商组织进行相应的结构变革，以保证组织结构与职能相适应。

3. 供应商库存管理要注意的问题与原则

供应商库存管理需要注意以下四个问题。

（1）协调机制问题。在供应链中，不同成员的目标并不完全一致，供应商希望分销商能进行稳定数量的大量采购，交货期灵活可变；而分销商则希望供应商能够提高供货速度，快速响应需求。目标冲突容易导致企业间的信任不足，给协调机制的建立带来困难，如果企业间缺乏协调与合作，就会导致交货期的延迟和服务水平的下降。要想实现有效的供应商库存管理，就必须在供应链整体目标上达成一致，在库存管理中建立有效的协调机制。

（2）信息传递问题。实施供应商库存管理需要供应链各成员企业的库存状态、生产计划、需求预测等重要数据，这些数据分布在不同的供应链组织之间，要想快速、高效地响应用户需求，就必须对供应链中的信息系统模型做出相应改变，通过系统集成的方法使供应链中的库存数据能够及时、准确地传递到上游供应商。然而，目前大部分企业的信息系统的相容性较差，集成难度大，导致供应商得到的往往是延迟和不准确的用户需求信息，影响库存控制的精确度。除此之外，组织之间的沟通障碍也给信息传递带来了难度。建立高效的信息传递机制是供应商库存管理的重要问题之一，为此，一方面要在组织之间建立有效的激励机制，打通组织之间的沟通障碍；另一方面要建立标准化、集成化的供应链信息管理系统，保证传递信息的速度和精确度。

（3）不确定性问题。环境中的不确定性因素是形成库存的主要原因，不确定性因素的作用对于库存及服务水平均有影响。实施供应商库存管理，需要对不确定性因素进行识别和判断、研究和追踪，从源头上判断哪些不确定性因素为可控因素，尽量减小其不确定性或者风险事件发生后的影响程度，从而保证用户需求预测的相对准确性，确定合理的用户库存。

（4）绩效评价问题。由于供应链各成员企业以及企业内部各部门都有各自不同的目标，不仅供应链库存管理绩效评价尺度不同，而且使用的指标缺乏整体考虑。有些企业采用库存周转率作为绩效评价指标，但是没有考虑对用户的反应时间与服务水平，忽视了订单周转时间、平均延迟时间等服务指标；有些企业则采用订货满足率作为评价指标，但不能评价订货的延迟水平。因此，科学、全面地分析和评价供应链库存管理绩效就成为供应商库存管理的又一重要问题。

由于存在以上需要注意的问题，供应商库存管理的实施总是面临着一定的难度，在实施时需要注意保持一定的原则，从而尽可能化解实施遇到的困难。

（1）合作性原则：供应商与零售商（用户）均需要保持较好的合作精神，相互信任，信息透明。

（2）互惠原则：VMI 不是关于成本如何分配或谁来支付的问题，而是关于减少成本的问题，该策略应使双方的成本都得到降低。

（3）目标一致性原则：要在观念上达成一致目标、职责分明，要明确库存位置、支付时间、管理费用等问题，并体现在框架协议中。

（4）连续改进原则：VMI 应在连续改进中不断优化流程机制，提高库存管理的效率，减少库存成本。

6.5.2 联合库存管理

1. 联合库存管理的概念与产生的原因

联合库存管理（joint managed inventory，JMI），是一种风险分担的库存管理模式，由供应商和客户联合管理库存。

联合库存管理体现了战略供应商联盟的新型合作伙伴关系，是解决供应链系统中各节点企业的相互独立库存运作模式导致的需求放大现象、提高供应链同步化程度的一种有效方法。联合库存管理和供应商库存不同，它强调双方同时参与，共同制订库存计划，使供应链过程中的每个库存管理者都从相互之间的协调性角度考虑，使需求者与其保持一致，从而消除需求变异放大现象。在这种管理方式下，任何相邻节点需求的确定都是供需双方协调的结果，库存管理不再是各自为政的独立运作过程，而是连接供需的纽带和协调中心。基于协调中心的联合库存管理的供应链系统模型如图 6-4 所示。

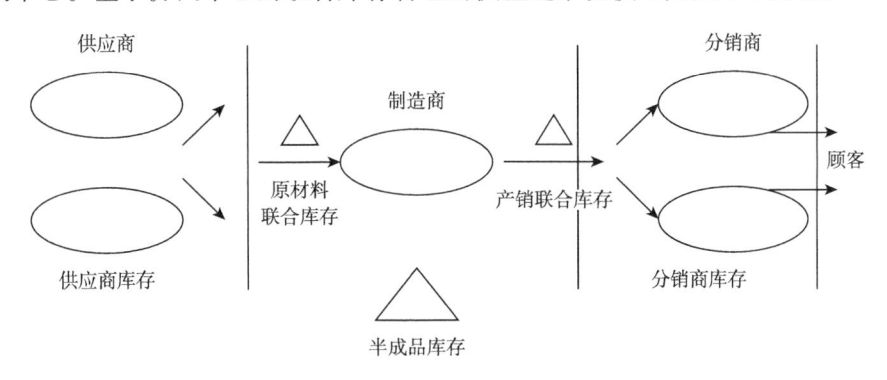

图 6-4　基于协调中心的联合库存管理的供应链系统模型

2. 联合库存管理的实施

供需双方为了发挥联合库存管理的作用,在合作的基础上,通过明确各自的责任与目标,建立了协调管理机制与合作沟通的渠道。联合库存管理的实施主要表现在建立供需协调管理机制、发挥两种资源计划系统的作用、建立快速响应系统与发挥第三方物流系统的作用等方面。

1)建立供需协调管理机制

(1)建立信息沟通渠道或系统,减少多重预测导致的需求信息曲解,提高整个供应链需求信息的一致性和稳定性,增加供应链各方获得需求信息的及时性与透明性。

(2)建立共同的合作目标并进行协商,提高客户满意度,促进利润的共同增长和风险的减少。

(3)建立利益的激励和分配机制,有效激励各个参与的企业。

(4)建立联合库存的协调控制方法,包括库存如何在多个需求商之间进行调节与分配、库存的最大量和最低库存水平、安全库存的确定、需求预测等。

2)发挥两种资源计划系统的作用

目前,两种较成熟的资源计划系统是制造资源计划(manufacture resource planning,MRP-Ⅱ)和灾难恢复计划(disaster recovery planning,DRP)。MRP-Ⅱ是一种生产管理的计划与控制模式,实现了物流与资金流的信息集成,是企业资源计划(enterprise resource planning,ERP)的核心主体,是解决企业管理问题、提高企业运作水平的有效工具;DRP 是一个全面的状态,包括事前、事中和灾难对信息系统资源造成重大损失后所采取的行动,是对紧急事件的应对过程。

为了发挥联合管理库存的作用,应充分利用目前比较成熟的 MRP-Ⅱ和 DRP 两种资源管理系统。其中,原材料库存协调管理中心应采用 MRP-Ⅱ,而产品联合库存协调管理中心则应采用 DRP,在供应链系统中把两种资源计划系统很好地结合起来。

3)建立快速响应系统

快速响应(quick response,QR)系统是一种供应链的管理策略,其主要目的是减少供应链中从原材料到客户过程的时间和库存,最大限度地提高供应链的运作效率。快速响应系统需要供需双方的密切合作,库存协调管理中心的建立为快速响应系统发挥更大的作用创造了有利的条件。

4)发挥第三方物流系统的作用

面向协调中心的第三方物流系统使供应和需求双方都取消了各自独立的库存,作为供应商和客户之间的桥梁,提高了供应链的敏捷性和协调性,并且能够改善供应链的客户服务水平和运作效率,为企业获得诸多的好处。

3. 联合库存管理的模式

CPFR 作为一种协同式供应链库存管理策略,并没有统一的定义,但它通常被认为是一种哲理,通过共同管理业务过程和共享信息来改善分销商和供应商的伙伴关系,在应用一系列的处理和技术模型,提供覆盖整个供应链的合作过程中,提高预测准确度,最终达到提高供应链效率、减少库存和提高消费者满意度的目的。

CPFR 有三条指导性原则：贸易伙伴承诺共享预测并在消除供应过程约束上共担风险；贸易伙伴共同负责开发单一、共享的消费者需求预测系统，这个系统驱动整个价值链计划；贸易伙伴的框架结构和运作过程以消费者为中心，面向价值链进行运作。

CPFR 运作具体步骤如下，模型如图 6-5 所示。

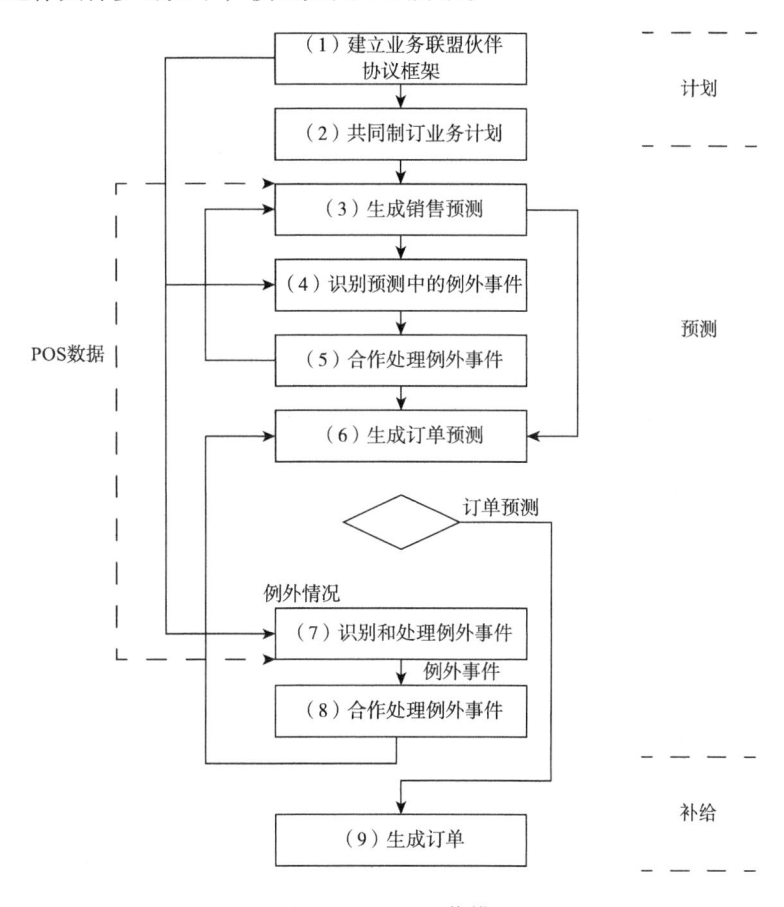

图 6-5　CPFR 运作模型

（1）通用业务协议由分销商和供应商在内的供应链合作伙伴共同达成，主要包括合作目标、机密协议、资源授权和对合作的全面认识。

（2）供应商和分销商将公司战略和业务计划信息进行交换，发展联动共同业务的机会。

（3）通过有效利用分销商数据、因果关系信息和已计划事件的信息，创建一个支持共同业务计划的销售预测。

（4）注意识别某些项目是在销售预测之外的，其例外准则也要在步骤（1）中得到认同。

（5）针对销售预测的例外事件，可以通过查询共享数据，采用 E-mail、电话、交谈、会议等方式进行解决，并提交销售预测的改变结果。

（6）合并因果关系信息、库存策略和 POS 数据等，产生一个支持共享销售预测和共同业务计划的订单预测。

（7）识别分布在订单预测约束之外的项目，例外准则在步骤（1）中已建立。

（8）针对订单预测的例外事件，通过查询共享数据，采用 E-mail、电话、交谈、会议等方式进行解决，并提交订单预测的改变结果。

（9）将订单预测转换为已承诺的订单，订单生成可由供应商或分销商根据能力、系统和资源来完成。

和传统的供应链运营模式进行比较，CPFR 在提高客户满意度和整体运作效率，改善供应链合作关系方面，已经是一个很大的进步，具有重要的理论和应用价值，但是，在某些方面仍存在局限性。

CPFR 并不能完全实现以消费者为中心的思想，在合作过程中总是存在消费者"缺席"的现象，消费者不能积极参与和密切配合。在 POS 基础上的需求预测难免存在偏差，这是因为 POS 只能提供关于"过去"的统计数据，不能准确反映消费者未来需求的真实情况。此外，CPFR 的整个生产过程并不十分完善，工作重点集中在产品的生产领域和流通领域的良好对接，但其实更多还是集中在流通领域，通过群体性的、更加接近实际的消费预测驱动生产过程。供应链包括很多联系复杂的业务活动，在供应商、分销商与消费者等不同组织中形成"空间通道"，经历了计划、执行订单、供货等"时间通道"。在供应链的运营过程中，计划工作居于重要地位，但单凭计划制订的合作行为不能够实现供应链的运营效果，供应链成员的群策群力与通力合作也很重要，所以供应链成员之间的合作过程应该从计划工作开始，一直持续到生产出顾客满意的产品并送到顾客手中为止，应贯穿整个过程。虽然 CPFR 也相应地对供应链企业之间的合作关系进行了一定的安排，但还是不够的。

4. 联合库存管理的优缺点

联合库存管理的优点为：为实现供应链同步化提供了条件，保证其正常运作，降低了库存的不确定性，减少了供应链中的需求扭曲现象，有利于提高供应链的稳定性。此外，库存作为供需双方的信息交流和协调的纽带，可以暴露供应链管理中的缺陷，为改进供应链管理水平提供依据。为实现零库存管理、准时采购以及精细供应链管理创造了条件，进一步体现了供应链管理的资源共享和风险分担的原则。

但是，联合库存管理的建立和协调成本较高，在现实过程中，双方很难建立一个协调中心，即使建立了也很难运作。

本章小结

从物流管理的角度出发，库存是指处于储存状态的物品或商品，重在强调合理化和经济性，其主要功能是整合需求和供给，维持各项活动顺畅进行。为避免缺货或者延期交货现象，需要保留一定的成本库存，但过多库存商品会造成挤压进而产生损失，因此需要库存控制管理，防止缺货或过量等现象的发生。

按照生产过程中的不同形态，库存可以分为原材料库存、在制品库存和制成品库存；

按照存货用途，库存可以分为周转库存、安全库存、中转库存、季节性库存、投机库存、沉淀库存或积压库存。库存成本主要包括单位成本、订购成本、库存持有成本和缺货成本，通过对成本进行控制，降低库存费用，进行库存管理。库存管理是指在保障供应的前提下，以库存物品的数量最少和周转最快为目标所进行的计划、组织、协调和控制。功能主要有防止缺货；保证适当库存量，节约费用；降低物流成本，保证生产正常运行；展示与储备等。库存合理化是指以最经济的方法和手段从事库存活动，并发挥其作用的一种库存状态，主要包括库存基础设备合理化、库存结构合理化、库存时间与空间合理化等内容。通过对库存进行管理与控制，实现库存成本最低、零库存或无库存的目标。

库存控制的关键是确定订货点、确定库存基准、确定订货量，库存控制是管理和控制制造业或服务业生产、经营全过程的各种物品、产成品及其他资源，使其储备保持在经济合理的水平。库存管理的控制方法主要包括ABC分类管理法、单周期产品库存管理、经济订货批量模型与零库存。ABC分类管理法是将库存货物按重要程度分为特别重要的库存（A类库存）、一般重要的库存（B类库存）和不重要的库存（C类库存）三个等级，然后针对不同的级别分别进行管理和控制；常用的单周期产品库存模型主要包括期望损失最小法、期望利润最大法和边际分析法。经济订货批量模型是通过费用分析求得在库存总费用为最小时的每次订货批量，用于解决独立需求货物的库存控制问题；零库存以尽可能低的金融资产维持存货，在对顾客承担义务的同时实现最大限度的流通量，以保证利润最大化。

库存管理方案主要包括供应商库存管理与联合库存管理两种。供应商库存管理是指由供应商来为客户管理库存，并为它们制订库存策略和补货计划。它是根据客户的销售信息和库存水平为客户进行补货的一种库存管理策略，是供应链上成员间达成紧密业务伙伴关系后的一种结果。而联合库存管理是指一种风险分担的库存管理模式，由供应商和客户联合管理库存。

库存管理是物流管理的核心。库存领域的成本是物流成本的重要组成部分，目前，在降低库存方面仍有很大的改善空间，保持适当的库存量、规避库存带来的风险等都需要库存管理，其总目标是在库存成本的合理范围内达到令人满意的客户服务水平。

拓展阅读+案例分析

第7章 配送管理

　　配送是"配"和"送"的有机结合体，是物流的综合活动形式，是在某一经济合理区域范围内物流的缩影。配送的分类包括少品种或单品种、大批量配送，多品种、少批量、多批次配送，配套成套配送等。配送以终端用户为出发点，作为末端运输，强调时效性与满足用户需求、追求合理化。配送能够有效降低成本，产生较大的社会效应。配送管理，是指为了以最低的配送成本达到客户满意的服务水平，对配送活动进行的计划、组织、指挥、协调与控制。按照管理进行的顺序，一般可将配送管理划分为三个阶段，即计划阶段、实施阶段和评价阶段，主要内容包括配送模式管理、配送作业管理、对配送系统各要素的管理、对配送活动中具体职能的管理和配送中心管理，旨在通过对配送活动的合理计划、组织、指挥、协调与控制，帮助实现以最低的成本达到最高的客户服务水平的总目标。配送中心是专门从事商品配送活动的经济组织，是将集货中心、分货中心和加工中心合为一体的现代化物流基地。通过建设配送中心，可以扩大经营规模，满足用户不断发展的多样化需求，使末端物流更加合理。

　　通过本章的学习，可以掌握配送的概念与基本要素以及配送管理的内容和意义。此外，本章还介绍配送中心的概念、类型、作用和物流配送的作业流程，有利于研究物流配送的发展现状与趋势，发挥配送在整个物流中的作用。

■ 7.1　物流配送概念与基本要素

7.1.1　配送的概念

　　配送是在经济合理区域范围内，根据客户的要求，对物品进行拣选、加工、包装、分割、组配等作业，并按时送达指定地点的物流活动。

　　世界各国对配送的定义表述不同，如美国认为实物配送这一领域涉及将制成品交给顾客的运输。通过实物配送过程，可以使顾客服务的时间和空间的需求成为营销的一个整体组成部分；日本将从生产工厂到配送中心之间的物品空间移动称为"运输"，从配送中心到顾客之间的物品空间移动称为"配送"。

　　配送与物流不同，物流是商物分离的产物，而配送则是商物合一的产物。配送是"配"和"送"的有机结合体，是物流的综合活动形式，是在某一经济合理区域范围内物流的缩影。配送与送货也有很大的区别，配送往往要在物流配送中心有效地利用分拣、配货等理货工作，使送货达到一定的规模，以利用规模优势取得较低的送货成本。同时，配送以客户为出发点，强调以"按客户的订货要求"为宗旨。所以，配送是特殊的送货，是高水平的送货。

从定义中，我们可以看到，配送几乎包括了物流的所有功能要素，是在一个经济合理区域范围内全部物流活动的体现。通过拣选、加工、包装、分割、组配等活动，完成将物品送达客户的目的（Fleischmann and Klose，2005）。

7.1.2 配送的分类

1. 按配送商品的种类和数量进行分类

1）少品种或单品种、大批量配送

当生产企业所需的物资品种较少或只需某个品种的物资，而需要量较大、较稳定时，可实行这种配送形式，这是按照客户的要求，将所需要的单种商品配送给客户的形式。这种配送形式由于数量大，不必与其他物资配装，可使用整车运输，这种形式多由生产企业直接送达客户，但为了降低客户的库存量，也可由配送中心进行配送。由于配送数量大，品种单一或较少，涉及配送中心内部的组织工作也较简单，所以这种配送成本一般较低。但是，如果可以从生产企业以这种水平直接运抵客户，同时又不至于使客户库存效益下降，采用直送方式往往效果更好一些。

2）多品种、少批量、多批次配送

在现代化生产发展过程中，消费者的需求在不断变化，市场的供求状况也随之变化，这就促使生产企业的生产向多样化方面发展。生产的变化引起了企业对产品需求的变化。在配送上也应按照客户的要求，将其所需要的多种商品通过集货、分拣、配货、流通加工等环节分期分批地配送给客户，随时改变配送物资的品种和数量或增加配送次数。一种多品种、少批量、多批次配送的形式也就应运而生。这种配送方式相对来说作业难度较大、技术要求高，配送中心设备特别是分拣设备复杂，配货、送货计划难度大，为实现预期的服务目标，必须制定严格的作业标准和管理制度，而且在实际中，多品种、少批量配送往往伴随多用户、多批次的特点，配送频度往往较高。

3）配套成套配送

这是指为满足装配企业的生产需要，按其生产进度，将装配的各种零配件、部件、成套设备定时送达生产线进行组装的一种配送形式。配套成套配送是指按照企业的生产需要，多种商品配备齐全后直接运送到生产企业和其他客户的手中，一般适用于需要配套或成套使用的产品。例如，按照装配型企业的生产需要，将生产每一台产品所需要的全部零部件配齐，按照生产节奏定时送达生产企业，生产企业随即可将此成套零部件送入生产线以装配产品。在这种配送方式中，配送企业承担了生产企业大部分的供应工作，使生产企业可以专注于生产，它与多品种、少批量、多批次的配送效果相同。

2. 按配送的时间和数量分类

1）定时配送

定时配送就是按双方事先约定的时间间隔进行配送，每次配送的品种及数量可预先计划，也可以临时根据客户的需求进行调整。在这种方式下，双方均易于安排作业计划。对需求方而言，易于根据自己的经营情况，按照最理想的时间和批量进货；对于配送供给企业而言，这种服务方式易于安排配送计划，有利于组合多个用户共同配送，易于安排车辆和规划路线，从而降低成本。但配送品种和数量有可能临时变化，使管理和作业的难度增加。定时配送有几种具体形式。

（1）日配：承诺24小时之内将货物送达的配送方式。这种方式实行得较为广泛，一般上午的配送订货，下午可送达；下午的配送订货，第二天早上送达。这种配送适合有临时需求的客户，如由于事故、特殊情况而出现了临时性需求，消费者由于消费冲动产生的突发需求等。这样就可以使客户在实际需要的前半天得到送货服务的保障。如果是企业客户，这可使企业的运行更加精密化。日配方式广泛而稳定地开展，可使客户基本无须保持库存，不以传统库存为生产和销售经营的保障，而以配送的日配方式实现这一保证，即实现客户的"零库存"。日配方式对下述情况特别适合：①要求保证新鲜的食品类商品，如水果、点心、肉类、蛋类、蔬菜等；②消费者由于消费冲动产生的突发需求，如体育用品、衣物、电器等；③客户是许多小型商店，周转快，随进随售，或是连锁型商业企业和连锁型服务企业，需要采取日配形式，保证货物的鲜活程度并加速周转；④由于用户条件限制，不可能保持较长时期的库存，或者客户是采用"零库存"方式进行生产的生产企业。

（2）准时配送：按照双方协议时间，准时将货物配送到客户的一种方式。这种方式往往是根据客户的生产节奏，按指定的时间将货物送达，比按日配送方式更为精密。这种方式和日配的主要区别在于：日配是向社会普遍承诺的配送服务方式，针对社会上不确定的、随机性的需求；准时配送则是双方协议，往往是根据客户的生产节奏，按指定的时间将货物送达。这种方式比日配方式更为精密，利用这种方式，连"暂存"的微量库存也可以取消，绝对地实现零库存。准时配送的服务方式，可以通过协议计划来确定，也可以通过看板方式来实现。准时配送方式需要有很高水平的配送系统才能实施。由于客户的要求独特，因而不太可能对多客户进行周密的共同配送计划。这种方式适合于装配型、重复、大量生产的企业客户，这种客户所需的配送物资是重复、大量而且没有太大变化的，因而往往是一对一配送。

（3）快递方式：这是一种能在较短时间内送达的配送方式，但不明确送达的具体时间，承诺期限按不同地域会有所变化。一般而言，快递服务覆盖地区较为广泛，所以，服务承诺期限在不同地域会有所变化，这种快递方式能在较短时间内实现送达服务，但由于不明确送达的具体时间，所以一般仅作为一种为社会提供广泛服务的方式，很少用作生产企业"零库存"的配送方式。快递配送面向整个社会企业型和个人型客户，是一种很有知名度的配送方式。日本的"宅急便"、美国的"联邦快递"、北京的一些送餐公司都是运作得非常成功的快递配送企业。

2）定量配送

定量配送是将事先协议商定的批量，在一个指定的时间范围内送达。由于配送品种和数量相对固定，定量配送的备货工作相对简单，而且时间方面没有严格限制，可以按托盘、集装箱及车辆的装载能力来有效地选择配送的数量，这样能够有效地利用托盘、集装箱等集装方式，也可做到整车配送，配送的效率较高。定量配送这种服务方式，由于时间方面没有严格规定，可以将不同客户所需物品凑整车后进行合理配装配送，较好地利用运力。定量配送适用于以下几种情况。

（1）定量配送适用于对库存的控制不十分严格、有一定的仓储能力、不实行"零库存"或运输路线没有保障的客户。

（2）从配送中心到客户的配送路线不固定，且对时效的要求较低。

（3）难以对多个客户实行共同配送，只有达到一定的配送批量，才能使配送成本降低到供需双方都能接受的水平。

3）定时定量配送

定时定量配送指按照规定的配送时间和配送数量进行配送。这种方式兼有定时配送和定量配送的特点，对配送企业的服务要求比较严格，管理和作业的难度较大，很难实行共同配送，因而成本也较高，它只在客户有特殊要求时采用，不是一种普遍适用的方式。定时定量配送方式主要在大量而且稳定生产的汽车、家用电器、机电产品的供应物流方面取得了成功。这种方式的管理和运作，一是以配送双方事先拟定的一定时期的协议为依据来执行；二是采用"看板方式"来决定配送的时间和数量。

4）定时定路线配送

定时定路线配送指在规定的运行路线上，制定配送车辆到达的时间表，按运行时间表进行配送，客户可以按照配送企业规定的路线及规定的时间选择这种配送服务，并到指定位置及指定时间接货。

采用这种方式有利于配送企业计划安排车辆及驾驶人员，可以依次对多个客户实行共同配送，无须每次都对货物配装、配送路线、配车计划等问题进行重新计划，因此易于管理，配送成本较低，比较适用于消费者集中的地区。对客户而言，可以在确定的路线、确定的时间表上进行选择，也可以有计划地安排接货力量，虽然配送路线可能与客户还有一段距离，但由于成本较低，客户也乐于接受这种服务方式。

这种方式特别适合对小商业集中区和商业企业的配送。小商业集中区交通较为拥挤，街道又比较狭窄，难以实现配送车辆"门到门"的配送，如果在某一站点将很多商家的货物送达，然后再用小型人力车辆将货物运回，这项操作往往能在非营业时间内完成，可以避免上述矛盾对配送造成的影响。

5）即时应急配送

即时应急配送是完全按客户提出的时间要求和商品品种、数量要求及时地将商品送达指定的地点。即时应急配送可以满足客户的临时性急需，对配送速度、时间要求相当高。这种配送方式主要应对客户由于事故、灾害、生产计划的突然变化等因素所产生的突发性需求，也应对一般消费者经常出现的突发性需求。还可以按其他标准进行分类，如按配送组织者分类，可分为以制造商为主体的配送、以批发商为主体的配送、以零售商为主体的配送、以物流业者为主体的配送；按配送机构不同分类，可分为配送中心配送、仓库配送、生产企业配送和商店配送。需要指出的是，这种配送服务实际成本很高，难以用作经常性的服务方式。

3. 按加工程度不同分类

1）加工配送

加工配送是指和流通加工相结合的配送，即在配送据点设置流通加工环节，或流通中心与配送中心建立在一起。当社会上现成的产品不能满足客户需要，客户根据自身工艺需要，使用经过某种初加工的产品时，可以在加工后通过分拣、配货再送货到户。流通加工与配送相结合，使流通加工更有针对性。配送企业不但可以依靠送货服务、销售经营取得收益，还可以通过加工增值取得收益。

2）集疏配送

集疏配送是指只改变产品数量组成形态，而不改变产品本身物理、化学形态的，与干线运输相配合的配送方式，如大批量进货后多批次发货、零星集货后以一定批量送货等。

4. 按配送活动组织者和承担者的多种结合选择分类

1）自营型配送模式

这是目前生产流通或综合性企业（集团）广泛采用的一种配送模式。企业（集团）通过独立组建配送中心，实现内部各部门、厂、店的物品供应的配送。这种配送模式虽然因为糅合了传统的"自给自足"的"小农意识"，形成了新型的"大而全""小而全"，从而造成了社会资源浪费，但是，就目前来看，这种模式在满足企业（集团）内部生产材料供应、产品外销、零售场店供货和区域外市场拓展等企业自身需求方面发挥了重要作用。

自营型配送的主要优点是：有利于企业物流的一体化运作，提高企业管理的组织性和计划性，进而实现物流的系统化管理，提高企业整体效率。但是采用自营型配送要求企业具有较大的规模和实力，否则难以实现现代物流的规模效应，反而会使物流成本增加。较典型的企业（集团）内自营型配送模式，就是连锁企业的配送。大大小小的连锁公司或集团基本上都是通过组建自己的配送中心，来实现对内部各场、店的统一采购、统一配送和统一结算的。

2）共同配送模式

这是一种配送经营企业间为实现整体的配送合理化，以互惠互利为原则，互相提供便利的配送业务的协作型配送模式。它是两个或两个以上有配送需求的企业相互合作，对多个客户共同开展配送活动。一般由生产、批发或零售企业共建或租用一个配送中心来承担配送业务。

共同配送的核心在于充实和强化配送的功能，提高配送效率，实现配送的合理化和系统化。需要注意的是，在开展共同配送、组建联合体的过程中，要注重联合配送计划的合理性。

3）第三方配送模式

第三方物流的兴起，已经得到社会各个方面的广泛关注，它是流通领域进一步分工的结果。企业专注于核心业务，把不擅长而缺乏规模效应的物流配送业务外包给第三方物流企业，可以极大地降低成本，这已经成为很多企业的一种战略选择。第三方物流配送模式可以给企业带来很多利益，主要表现在以下两个方面。

（1）企业将其非优势所在的物流配送业务外包给第三方物流来运作，不仅可以享受到更为精细的专业化的高水平物流服务，而且可以将精力专注于自己擅长的业务发展，充分发挥其在生产制造领域或者销售领域的专业优势，增强其主业务的核心竞争力。

（2）企业通过社会物流资源的共享，不仅可以避免企业形成"小而全""大而全"的模式，避免宝贵资源的浪费，为企业减少物流投资和运营管理费用，降低物流成本，而且可以避免企业自营物流所带来的投资和运营风险。

5. 按配送企业专业化程度分类

1）综合配送

综合配送是指配送商品种类较多，不同专业领域的产品在一个配送网点中组织对用户的配送。综合配送可减少用户为组织物资进货的负担，只需和少数配送企业联系便可解决多种需求。但是，由于产品性能、形状差别很大，在组织时技术难度较大。因此，一般只有在性状相同或相近的不同类产品方面实行综合配送，差别过大的产品难以综合化。

2）专业配送

专业配送是指按产品性状的不同适当划分专业领域的配送方式。其可按专业的共同要求优化配送设施，优选配送机械及配送车辆，制定适用性强的工艺流程，从而大大提高配送各环节的工作效率，如金属材料、水泥、木材、平板玻璃、生鲜食品的配送。

6. 按配送服务的对象分类

配送供给与需求的双方是由实行配送的企业和接受配送服务的客户（企业或消费者）所构成的，有以下几种情况。

1）企业对企业的配送

企业对企业的配送发生在完全独立的企业之间，或者发生在企业集团的企业之间。基本上是属于供应链系统的企业之间的配送供给与配送需求。作为配送需求方，基本上有两种情况：一是企业作为最终的需求方，如供应链系统中上游企业对下游企业的原材料、零部件配送；二是企业在接受配送服务之后，还要对产品进行销售，这种配送一般称为"分销配送"。

2）企业内部配送

企业内部配送大多发生在大型企业之中，一般分为两种情况。一是连锁商业企业的内部配送。如果企业属于连锁企业，各连锁商店经营的物品、经营方式、服务水平、价格水平相同，配送的作用是支持连锁商店经营，这种配送称为连锁配送。连锁配送的主要优势是：在一个封闭的系统中运行，随机因素的影响比较小，计划性比较强，因此容易实现低成本、高效率的配送。二是生产企业的内部配送。

生产企业成本控制的一个重要方法是，由高层主管统一进行采购，实行集中库存，按车间或者分厂的生产计划组织配送，这种方式是现在许多企业采用的，称为"供应配送"。

3）企业对消费者的配送

这是在社会这个大的开放系统中所运行的配送。虽然企业可以通过会员制、贵宾制等方式锁定一部分消费者，从而可以采用比较容易实施的近似于连锁配送的方式，但是，多数情况下，消费者是一个经常变换的群体，需求的随机性非常强，对服务水平的要求又很高，所以这是配送供给与配送需求之间最难以弥合的一种类型。最典型的是与 B2C 电子商务相配套的配送服务。

7.1.3 配送的特点及作用

1. 配送的特点

1）配送以终端客户为出发点

配送作为最终配置是指对客户完成最终交付的一种活动，是物品从最后一个物流节点到客户的空间移动过程。物流过程中的最后一个物流节点一般是指配送中心或零售店铺。当然，最终客户是相对的。在整个流通过程中，流通渠道构成不同，供应商直接面对的最终客户也就不同。

2）配送是末端运输

配送是相对干线运输而言的概念。从运输角度来看，货物运输分为干线部分的运输和支线部分的配送。与长距离运输相比，配送承担的是支线的、末端的运输，是面对客户的一种短距离的送达服务。从工厂仓库到配送中心之间的批量货物的空间位移称为运输，从配送中心到最终客户之间的多品种、小批量货物的空间位移称为配送。配送与运输的主要区别如表 7-1 所示。

表 7-1 配送与运输的主要区别

比较内容	运输	配送
运输性质	干线运输	支线运输、区域内运输、末端运输
货物性质	少品种、大批量	多品种、小批量
运输工具	大型货车或铁路运输、水路运输	小型货车
管理重点	效率优先	服务优先
附属功能	装卸、捆包	装卸、保管、包装、分拣、流通加工、订单处理等
路线	从工厂仓库到物流中心	从物流中心到终端客户
运输距离	长距离干线运输	短距离支线运输
评价标准	主要看运输效率	主要看服务质量

3）配送强调时效性

配送强调在特定时间、特定地点完成交付活动，按客户要求或双方约定的时间送达，充分体现时效性。

4）配送强调满足客户需求

配送是从客户利益出发、按客户要求进行的一种活动。因此，在观念上必须明确"客户第一""质量第一"，配送承运人的地位是服务地位而不是主导地位，其必须从客户利益出发，在满足客户利益基础上取得本企业的利益。

5）配送追求合理化

对于配送而言，应当在时间、速度、服务水平、成本、数量等多方面寻求最优。过分强调"按客户要求"是不妥的。客户受本身的局限，要求有时候存在不合理性，在这种情况下仍"按客户要求"会损失单方或双方的利益。

6）配送是各种业务的有机结合体

配送业务中，除了送货，在活动内容中还有"拣选""分货""包装""分割""组配""配货"等工作。配送是这些业务活动有机结合的整体，同时还与订货系统紧密联系。要实现这一点，就必须依赖现代情报信息，建立和完善整个大系统，使其成为一种现代化的作业系统，这也是以往的送货形式无法比拟的。

7）配送使企业实现"零库存"成为可能

企业为保证生产持续进行，依靠库存（经常库存和安全库存）向企业内部的各生产工位供应物品。如果社会供应系统既能实现企业的外部供应业务，又能实现上述的内部物资供应，那么企业的"零库存"就能成为可能。理想的配送恰恰具有这种功能，由配送企业进行集中库存，取代原来分散在各个企业的库存，就是配送的最高境界。这点在物流发达国家和我国一些地区的实践中已得到证明。

2. 配送的作用

完善的配送有利于物流系统的提升，有利于生产企业和流通企业的发展，有利于整个社会效益的提高。

1）降低物流成本，节省运力

采用配送方式，批量进货、集中发货，以及将多个小批量集中起来大批量发货，或者与其他企业协商实施共同配送，可以提高物流系统末端的经济效益，可有效节省运力，实行合理、经济运输，降低物流成本；实现低库存或零库存。配送通过集中库存，在同样的客户满足水平上，可使系统总库存水平降低，既降低了储存成本，也节约了运力和其他物流费用。尤其是采用准时制配送方式后，生产企业可以依靠配送中心准时送货而无须保持自己的库存，或者只需保持少量的保险储备，这就可以实现生产企业的"零库存"或"低库存"，减少资金占用，改善企业的财务状况。

2）运输系统合理化

干线运输强调长距离、少品种、大批量，从而实现了运输的规模原理、距离原理，进而实现运输的效率化，降低运输成本。由于末端客户的需求大都是发生在短距离范围内的，而且多数是多品种、小批量的，因此原始的运输方式不能有效地解决客户需求，只有支线运输方式既能承接干线运输的效率化，又能满足客户的需求。配送作为现代物流理念与技术的代表，是一种合理的支线运输。其小批量运输频率高、服务性强，比干线运输有更高的灵活性和适应性，并可通过其他物流环节的配合，实现定制化服务，更好地满足客户的要求。因此，配送与运输结合，把干线运输与支线运输统一起来，实现了运输系统的优化与完善。

3）满足客户需求

配送简化了手续，方便了客户。由于配送可提供全方位的物流服务，采用配送方式后，客户只需向配送提供商进行一次委托，就可以得到全过程、多功能的物流服务，从而简化了委托手续和工作量，也节省了开支。配送提高了供应保证程度，采用配送方式，配送中心比任何单独的供货企业都有更强的物流能力,可使客户降低缺货风险。配送中心的储备量大,因而对每个企业而言,中断供应、影响生产的风险便相对缩小,使客户免去短缺之忧。

4)产生较大的社会效应

配送可降低整个社会物资的库存水平。发展配送,实施集中库存,可发挥规模经济的优势,降低库存成本。配送可成为流通社会化、物流产业化的战略选择,可产生巨大的社会效应。

> 案例

快递物流行业党建如何有形有效

为强化党员管理,让党员增强归属感,各地变被动等待为主动出击,纷纷出台举措,为快递党员"找家""回家"创造有利条件。杭州市创新企业自查、区县筛查、数据联查"三查联动",经过4轮地毯式摸排,共找到流动党员368名,新建流动党支部24个,同步建立成员单位"领导直接联系、双员指导服务"重点企业制度,46名领导干部和党建指导员、驻企指导员联系指导快递和物流品牌企业26家,指导解决党员教育管理等问题72个;成都市探索实行党员发展计划指标向新就业群体单列,建立党员快递小哥"一对多"在服务区域街道社区报到机制,纳入街道社区流动党员党支部进行日常联系服务,落实街道社区兜底管理责任;上海市浦东新区依托非公综合党委,建立快递外卖群体流动党员党委,压实区域党建兜底责任,让骑手党员在不影响工作的情况下,也能够受到党的教育、过好组织生活;广州市深化红联共建工作机制,推动快递企业与相关职能部门、国有企业、民营企业开展党建共建,推动快递企业加强与网络电商平台、销售商户、货运站场等党组织结对共建,实现党组织共建、阵地共享、活动共办、党员共训、难题共解、合作共赢。重庆公路物流基地的党员张云芳,因找不到组织、发挥不了作用,一度成为"口袋党员""隐形党员"。如今,基地党委开发线上党员教育"云课堂""微课堂",组织党员开展"微讨论",线下开展党史学习知识竞赛、参观革命遗址、红色团队拓展训练等活动,让她感觉"党员意识增强了,对行业和企业的归属感、责任感更高了。"(案例来源:共产党员网)

7.2 配送管理概述

7.2.1 配送管理的概念

配送管理,是指为了以最低的配送成本达到客户所满意的服务水平,对配送活动进行的计划、组织、指挥、协调与控制。按照管理进行的顺序,一般可将配送管理划分为三个阶段,即计划阶段、实施阶段和评价阶段。

1. 计划阶段

配送计划是为了实现配送预期所要达到的目标而做的准备工作。首先,配送计划需要确定实现目标所进行的各项工作的先后顺序；其次，分析在配送目标实现的过程中可能发生的任何不确定性，尤其是不利因素，并做出应对这些不利因素的对策；最后，制定贯彻和指导实现配送目标的人力、物力、财力的具体措施。

2．实施阶段

在确定配送计划后，需要将计划付诸实践，才能实现配送目标。实施阶段的主要任务是对正在进行的各项配送活动进行管理，因为在这个阶段中，各项计划将通过具体的执行而得到检验。同时，它也把配送管理工作与配送各项具体活动紧密地结合在一起。这个阶段包括以下任务。

1）对配送活动的组织和指挥

为了使配送活动按物流计划所规定的目标正常地发展和运行，对配送的各项活动进行组织和指挥是必不可少的。配送的组织是指在配送活动中把各个相互关联的环节合理地结合起来，形成一个有机的整体，以便充分发挥配送中各个部门、各个工作者的作用。配送的指挥是指在配送过程中对各个配送环节、部门、机构进行的统一调度。

2）对配送活动的监督和检查

只有通过监督和检查，才能充分了解配送活动的结果。监督的作用是考核配送执行部门或执行人员工作完成的情况，监督各项配送活动有无偏离配送的既定目标。各级配送部门都有被监督和检查的义务，也有去监督、检查其他部门的权利。通过监督和检查，可以了解配送的实施情况，发现配送活动中的矛盾，找出存在的问题，分析问题发生的原因，提出解决的方法。

3）对配送活动的调节

在执行配送计划的过程中，配送的各部门、各环节总会出现不平衡的情况。遇到这种情况，就需要根据配送的影响因素，对配送各部门、各环节的能力做出新的综合平衡，重新布置实现配送目标的力量，这就是对配送活动的调节。通过配送调节可以解决各部门、各环节之间，上、下级之间，配送内部和外部环境之间的矛盾，从而使配送过程协调一致，紧紧围绕配送目标开展活动，从而保证配送计划的最终实现。

3．评价阶段

在一定时期内，人们对配送实施后的结果与原计划的配送目标进行对照、分析，这就是对配送的评价。通过对配送活动的评价，可以确定配送计划的科学性、合理性，确认配送实施阶段的成果与不足，从而为今后制订新的计划、组织新的配送提供宝贵的经验和资料。

按照对配送评价的范围不同，评价可以分为专门性评价和综合性评价。专门性评价是指对配送活动中的某一方面或某一具体活动做出分析，如分拣工作的效率、送货服务的准确性等。综合性评价是指对配送活动全面管理水平的综合性分析，主要评价某一次或某一类配送活动是否达到了期望的目标值、是否完成了预定的任务。

按照配送各部门之间的关系，配送评价又可以分为纵向评价和横向评价。纵向评价是指上一级配送部门或机构对下一级部门或机构的配送活动进行的分析。这种分析通常表现为本期完成情况与上期或历史完成情况的对比。横向评价是指执行配送业务的各部门之间的各种工作效果的对比，通常能显示出配送部门在社会上所处水平的高低。应当指出的是，无论采取什么评价方法，其评价手段都要借助于具体的评价指标。这种指标通常表现为实物指标和综合指标。

7.2.2 配送管理的内容

配送管理包含不同的内容，本节主要从配送模式管理、配送作业管理、对配送系统各要素的管理、对配送活动中具体职能的管理和配送中心管理几方面进行分析。

1. 配送模式管理

配送模式主要包括 What（配送什么）、Why（配送目的）、Who（谁来配送）、Where（送往何处）、When（何时配送）、How（如何配送）几方面的内容。配送对企业的重要性、企业的配送能力、市场规模与地理范围、保证的服务及配送成本等都会影响企业配送模式的选择。配送模式是指企业对配送所采取的基本战略和方法，目前已经形成以下几种配送模式：自营配送模式、共同配送模式、共用配送模式和第三方配送模式。

2. 配送作业管理

不同产品的配送可能有其独特之处，但配送的一般流程大体相同。配送作业管理就是对这个流程之中的各项活动进行计划和组织。

3. 对配送系统各要素的管理

1）物的管理

"物"指的是配送活动的客体即物质资料实体。物质资料的种类繁多，物质资料的物理、化学性能更是千差万别。对物的管理贯穿于配送活动的始终，它渗入了配送活动的流程之中，不可忽视。

2）人的管理

对人的管理包括：配送从业人员的选拔和录用；配送专业人才的培训与提高；配送教育和配送人才培养规划与措施的制订等。

3）财的管理

财的管理是配送管理的出发点，也是配送管理的最终归宿，主要是指配送管理中有关降低配送成本、提高经济效益等方面的内容，具体包括：配送成本的计算与控制；配送经济效益指标体系的建立；资金的筹措与运营；提高经济效益的方法等。

4）方法管理

方法管理的主要内容有：各种配送技术的研究和推广普及；配送科学研究工作的组织与开展；现代管理方法的应用等。

5）设备管理

设备管理的主要内容有：各种配送设备的选型与优化配置；各种设备的合理使用和更新改造；各种设备的研制、开发与引进等。

6）信息管理

信息是配送系统的神经中枢，只有做到有效地处理并及时传输物流信息，才能对系统内部的人、财、物、设备和方法五个要素进行有效的管理。

4. 对配送活动中具体职能的管理

1）配送计划管理

配送计划管理是指在系统目标的约束下，对配送过程中的每个环节都要进行科学的计划管理，具体体现在配送系统内各种计划的编制、执行、修正及监督的全过程。配送计划管理是物流管理工作最重要的职能。

2）配送质量管理

配送质量管理包括配送服务质量管理、配送工作质量管理、配送工程质量管理等。配送质量的提高意味着配送管理水平的提高，意味着企业竞争能力的提高。因此，配送质量管理是配送管理工作的中心环节。

3）配送技术管理

配送技术管理包括配送硬技术和配送软技术的管理。对配送硬技术的管理，是对配送基础设施和配送设备的管理，如配送设施的规划、建设、维修与运用；配送设备的购置、安装、使用、维修和更新；提高设备的利用效率；对日常工具的管理等。对配送软技术的管理，主要是指配送各种专业技术的开发、引进和推广；配送作业流程的制定；技术情报和技术文件的管理；配送技术人员的培训等。配送技术管理是配送管理工作的依托。

4）配送经济管理

配送经济管理包括配送费用的计算和控制，配送劳务价格的确定和管理，配送活动的经济核算、分析等。成本费用的管理是配送经济管理的核心。

5. 配送中心管理

配送中心是专门从事配送活动的场所，应从管理一个企业或者部门的角度出发，对其中涉及的各项工作进行妥善的安排。

7.2.3 配送管理的意义

通过对配送活动的合理计划、组织、指挥、协调与控制，帮助实现以最低的成本达到最高的客户服务水平的总目标，是配送管理的意义。

从客户的角度来看，对于接受配送服务的客户来说，配送管理的意义和作用主要表现为：对于需求方客户来说，可以通过配送管理降低库存水平，甚至可以实现零库存，减少库存资金，改善财务状况，降低经营成本；对于供应方客户来说，如果供应方实施自营配送模式，可以通过科学、合理的配送管理提高配送效率，降低配送成本。如果供应方采取委托配送模式，可节约在配送系统方面的投资和进行人力资源的配置，提高资金的使用效率，降低成本开支。

从配送企业的角度来看，其意义和作用主要表现为：通过科学、合理的配送管理，可以大幅度提高货物供应的保证程度，降低用户因缺货而产生的风险，进而提高配送企业的客户满意度；通过科学、合理的配送管理，可以大幅度提高配送企业的经济效益。

一方面，货物供应保证程度和客户满意度的提高，将会提高配送企业的信誉和形象，吸引更多的客户；另一方面，将会使企业更科学、合理地选择配送的方式及配送路线，保持较低的库存水平，降低成本，通过科学、合理的配送管理，可以大幅度地提高企业的工作效率。配送企业通过对配送活动的合理组织，可以提高信息的传递效率、配送决策的效率和准确性，以及各作业环节的效率，并能有效地对配送活动进行实时监控，促进配送作业环节的合理衔接，减少失误，更好地完成配送的职能。

从配送系统的角度来看，通过科学、合理的配送管理可以实现以下功能。

（1）完善配送系统。配送系统是构成整体物流系统的重要系统，配送活动处于物流活动的末端，它的完善和发展将会使整个物流系统得以完善和发展。通过科学、合理的配送管理，可以帮助完善整个配送系统，从而达到完善物流系统的目的。

（2）强化配送系统的功能。通过配送管理，可以更强地体现出配送运作乃至整体物流运作的系统性，使运作中的各个环节紧密衔接、互相配合，从而达到系统最优的目的。

（3）提高配送系统的效率。配送工作与其他任何工作一样，需要进行全过程的管理，以不断提高系统运作效率，更好地实现经济效益与社会效益。

7.3 配送中心概述

7.3.1 配送中心的概念

随着国民经济的迅速发展和人民生活水平的提高，消费者需求日益向精美、个性化方向发展。制造商为了满足大众的需求，纷纷采用多样、少量的生产方式，相应地，高频、少量的配送方式也随之产生，这些都导致物流成本上升。一些工业企业或商品流通企业纷纷准备或开始筹建配送中心，以降低成本，提高服务质量和水平。通过建设配送中心，可以扩大经营规模，满足客户不断发展的多样化需求，使末端物流更加合理。

目前，国内外对配送中心的界定不完全相同，如日本出版的《市场用语词典》对配送中心的解释是：配送中心是一种物流节点，它不以储藏仓库这种单一的形式出现，而是发挥配送职能的流通仓库，也称基地、据点或流通中心。配送中心的目的是降低运输成本，减少销售机会的损失，为此建立设施、设备并开展经营、管理工作。

《物流手册》对配送中心的定义是：配送中心是从供应者手中接收多种大量的货物，进行倒装、分类、保管、流通加工和情报处理等作业，然后按照众多需要者的订货要求备齐货物，以令人满意的服务水平进行配送的设施。

我国国家标准《物流术语》（GB/T 18354—2021）对配送中心的定义是：具有完善的配送基础设施和信息网络，可便捷地连接对外交通运输网络，并向末端客户提供短距离、小批量、多批次配送服务的专业化配送场所。

配送活动是在物流发展的客观过程中产生并不断发展的，这一活动过程随着物流活动的深入和物流服务社会化程度的提高，在实践中不断演绎和完善其组织机构。一般将组织配送型销售或专门执行实物配送活动的机构称为配送中心。配送中心与传统的保管仓库和物流中心相比，具有质的不同，如表7-2所示。

表7-2 配送中心与保管仓库、物流中心的不同

项目	配送中心	保管仓库	物流中心
服务对象	特定客户	特定客户	面向社会
主要功能	各项配送功能	物资保管	各项物流功能
经营特点	配送为主，储存为辅	库房管理	强大的储存、吞吐能力
配送品种	多品种	—	少品种
配送批量	小批量	—	大批量
辐射范围	辐射范围小	辐射范围小	辐射范围大
保管空间	保管空间与其他功能各占一半	全是保管空间	—

7.3.2 配送中心的类型

1. 按配送中心的归属分类

（1）自有型配送中心。自有型配送中心是指隶属于某一个企业或企业集团，通常只为本企业提供配送服务，不对本企业或企业集团之外的企业开展配送业务的配送中心。

（2）公共型配送中心。公共型配送中心是以营利为目的，面向社会开展后勤服务的配送组织。

（3）合作型配送中心。合作型配送中心由几家企业合作兴建、共同管理，多为区域性配送中心。

2. 按配送中心的职能分类

配送中心的主要功能有供应、销售、储存与加工等，根据侧重点不同，可以分为不同类型的配送中心，各种类型的特点如下。

（1）供应型配送中心。供应型配送中心是以专门向某些客户供应商品，提供后勤保障为主要特点的配送中心。

（2）销售型配送中心。销售型配送中心是以促进销售为目的，物流服务商流，借助配送这一服务手段来开展经营活动的配送中心。

（3）储存型配送中心。储存型配送中心充分强化商品的储存功能，在充分发挥储存作用的基础上开展配送活动。

（4）加工型配送中心。加工型配送中心的主要功能是对商品进行流通加工，在配送中心对商品进行清洗、组装、分解、集装等加工活动。

以上各种类型配送中心的区别反映在物资流动上，体现在物流配送中心内的作业内容与服务范围的差异上（表7-3）。

表 7-3 不同类型物流配送中心在作业内容与服务范围上的差异

类型	物资流动过程							
	收货	检货	商品处理	暂时保管	长期保管	流通加工	备货	分拣	发货
供应型	√	√	√					√	√
销售型	√	√	√	√			√	√	√
储存型	√	√			√				√
加工型	√	√				√			√

从现代物流发展的趋势看，为了加速商品的流动，更好地使物流系统顺应客户需求，物流配送中心逐渐从周转型转向分销型。目前，在发达国家，分销型一般要占到所有物流配送中心的 70% 以上。另外，流通加工型配送中心的发展也非常迅速。

3. 按配送中心的运营主体分类

1）厂商主导型配送中心

厂商主导型配送中心，又称制造商型配送中心，是以制造商为主体的配送中心。这种配送中心里的物品 100% 是由自己生产制造的，用以降低流通费用、提高售后服务质量和及时地将预先配齐的成组元器件运送到规定的加工和装配工位。从物品制造到条码和包装的配合等多方面都较易控制，较容易实现现代化、自动化的物流配送，但不具备社会化的要求。

2）批发商主导型配送中心

批发商主导型配送中心是由批发商或代理商建立的，是以批发商为主体的配送中心。批发是物品从制造者到消费者手中的传统流通环节之一，一般是按部门或物品类别的不同，把每个制造厂的物品集中起来，然后以单一品种或搭配向消费地的零售商进行配送。这种配送中心的物品来自各个制造商，它所进行的一项重要的活动是对物品进行汇总和再销售，而它的全部进货和出货都是社会配送的，社会化程度高。

3）零售商主导型配送中心

零售商主导型配送中心是由零售商向上整合所成立的配送中心，是以零售业为主体的配送中心。零售商发展到一定规模后，就可以考虑建立自己的配送中心，为专业物品零售店、超级市场、百货商店、建材商场、粮油食品商店、宾馆、饭店等服务，其社会化程度介于前两者之间。

4）专业物流配送中心

专业物流配送中心是以第三方物流企业（包括传统的仓储企业和运输企业）为主体的配送中心。这种配送中心有很强的运输配送能力，地理位置优越，可迅速将到达的货物配送给用户。它为制造商或供应商提供物流服务，而配送中心的货物仍属于制造商或供应商所有，配送中心只是提供仓储管理和运输配送服务。这种配送中心的现代化程度往往较高。

4. 按配送中心的服务对象分类

（1）面向最终消费者的配送中心：服务对象是最终消费者，特点是消费者在店铺看样品并挑选确定购买后，商品由配送中心直接送达消费者手中。

（2）面向制造企业的配送中心：服务对象是制造企业，特点是配送中心按制造企业的生产计划及调度的安排，把所需物品送达企业的仓库或直接送到生产现场。

（3）面向零售商的配送中心：服务对象是零售企业，特点是配送中心按照零售店铺的订货要求，将各种商品备齐后送达零售店铺。

5. 按配送中心的服务范围分类

1）城市配送中心

城市配送中心是以城市范围为配送范围的配送中心。由于城市范围一般处于汽车运输的经济里程，这种配送中心可直接配送到最终用户，且采用汽车进行配送。所以，这种配送中心往往和零售经营相结合，由于运距短，反应能力强，因而从事多品种、少批量、多用户的配送较有优势。

2）区域配送中心

区域配送中心是以较强的辐射能力和库存准备，向省（州）际、全国乃至国际范围的用户配送的配送中心。这种配送中心的配送规模较大，一般而言，用户也较大，配送批量也较大。而且，往往是给下一级的城市进行配送，也配送给营业所、商店、批发商和企业用户。虽然也从事零星的配送，但不是其主体形式。

7.3.3 配送中心的作用

配送中心是专门从事商品配送活动的经济组织，是将集货中心、分货中心和加工中心合为一体的现代化物流基地。

1. 储存功能

配送中心的服务对象是生产企业和商业网点，如连锁店和超市，其主要职能就是按照客户的要求，在规定的时间和地点将商品送到客户手中，以满足生产和消费的需要。为了顺利、有序地完成向客户配送商品的任务，更好地发挥保障生产和消费需要的作用，配送中心通常都建有现代化的仓储设施，储存一定数量的商品以保证配送服务所需要的货源。无论何种类型的配送中心，储存功能都是重要的功能之一。例如，中海北方物流有限公司在大连拥有 10 万平方米、配备了国内一流仓储设备的现代化物流配送仓库。

2. 集散功能

配送中心凭借其特殊的地位和拥有的先进的物流设施设备、完善的物流管理系统，将分散在各个生产企业的商品集中起来，经过分拣、配装，送达多家客户。同时，配送中心也可以将各个客户需要的多种货物有效地组合或配装在一起，形成经济、合理的批量来实现高效率、低成本的商品流通。集散功能是配送中心的一项基本功能，通过集散商品来调节生产与消费，实现资源的合理配置，并由此降低物流成本。

3. 衔接功能

配送中心是重要的流通节点，衔接着生产和消费，通过配送服务，将各种商品运送到客户手中。同时，通过集货和储存商品，配送中心又有调节市场需求、平衡供求关系的作用。可以说，现代化的配送中心通过发挥储存和发散货物的功能，体现出了其衔接生产与消费、供应与需求的功能，使供需双方实现了无缝衔接。

4. 分拣功能

作为物流节点的配送中心，其服务对象众多，这些众多的客户之间存在很大的差别，这些客户不仅经营性质、产业性质不同，而且经营规模和经营管理水平也不一样，对配送服务的时间要求、数量要求及品种要求差异很大。面对这样复杂的客户，配送中心必须采取适当的方式对组织来的货物进行分拣，为配送运输做好准备，然后按照配送计划组织配货和分装，以满足客户的不同需求。强大的分拣能力是配送中心实现按客户要求组织送货的基础，也是配送中心发挥其分拣中心作用的保证。分拣功能是配送中心与普通仓库的主要区别。

5. 加工功能

配送中心为扩大经营范围和提高配送服务水平，按客户的要求，根据合理配送的原则对商品进行分装、组装、贴标签等初加工活动，使配送中心拥有一定的加工能力。配送加工虽不是普遍的，但往往是有重要作用的功能要素，它是配送中心提高经济效益和服务水平的重要手段，必须引起足够的重视。国内外许多配送中心都很重视提升自己的配送加工能力，通过按照客户的要求开展配送加工可以使配送的效率和满意程度提高。配送加工有别于一般的流通加工，它一般取决于客户的要求，销售型配送中心有时也根据市场需求来进行简单的配送加工。

6. 信息处理功能

配送中心连接着物流干线和配送，直接面对产品的供需双方。因此，它不仅能实现物的流通，而且能通过信息处理来协调各个环节的作业，协调生产与消费。信息化、网络化、自动化是配送中心的发展趋势，信息系统越来越成为配送中心的重要组成部分。

7.3.4 配送中心现代化物流技术

实现配送的现代化就是将现代物流的高科技广泛应用于配送，使配送的技术水平、管理水平与现代物流相适应。配送中心应用于配送的现代物流技术主要有以下几个方面。

1. 自动分拣系统

配送中心的作业流程包括入库、保管、拣货、分拣、暂存、出库等作业，其中分拣作业是一项非常繁重的工作。尤其是面对零售业多品种、少批量的订货，配送中心的劳动量大大增加，若无新技术的支撑，将会导致作业效率下降。

随着科学技术的进步，特别是感测技术（激光扫描）、条码识别及计算机控制技术等的导入使用，自动分拣机已被广泛用于配送中心。在日本和欧洲一些国家，自动分拣机的使用很普遍，随着物流大环境的逐步改善，自动分拣系统在我国流通领域将大有用武之地。

自动分拣机的种类很多，而其主要组成部分相似，基本上由下列各部分组成。

（1）输入装置：被拣商品由输送机送入分拣系统。

（2）货架信号设定装置：被拣商品在进入分拣机前，先由信号设定装置（键盘输入、激光扫描条码等）把分拣信息（如配送目的地、客户户名等）输入计算机中央控制器。

（3）进货装置：或称喂料器，它把被拣商品依次均衡地送入分拣传送带，与此同时，还使商品逐步加速到分拣传送带的速度。

（4）分拣装置：是自动分拣机的主体，包括传送装置和分拣装置两部分，最终把被拣商品送入分拣道口。

（5）分拣道口：是从分拣传送带上接纳被拣商品的设施，可暂时存放未被取走的商品。当分拣道口满载时，由光电管控制阻止被拣商品不再进入分拣道口。

（6）计算机控制器：是传递处理和控制整个分拣系统的指挥中心。自动分拣的实施主要靠它把分拣信号传送到相应的分拣道口，并指示启动分拣装置，把被拣商品送入道口。

2. 自动化立体仓库

自动化立体仓库的出现是物流技术的一个划时代的革新，它不仅彻底改变了仓储行业劳动密集、效率低下的落后面貌，而且大大拓展了仓库功能，使之从单纯的保管型向综合的流通型方向发展。自动化立体仓库是用高层货架储存货物，用巷道堆垛起重机存取货物，并通过周围的装卸搬运设备自动进行出入库存取作业的仓库。

自动化立体仓库主要由货架、巷道堆垛起重机、周边出入库配套机械设备和仓储管理控制系统等几部分组成。货架长度大、排列数多、巷道窄，所以密度高。巷道机上装有各种定位的检测器和安全装置，保证巷道机和货叉能高速、精确、安全地在货架中取货。

3. 计算机智能化技术

计算机智能化技术已应用到物流系统的各个方面。计算机技术在物流上的应用已远远超出了数据处理、事务管理的范畴，正在跨入智能化管理的领域。在美国、日本等国，配送中心的配车计划与车辆调度计算机管理软件已商品化。

配送中心的自动分拣系统、自动化立体仓库、自动拣货系统的计算机控制和无线移动计算机，在配送中心入库、出库、拣货、盘点、储位管理等方面的应用，实现了配送中心物流作业的无纸化。

7.4 物流配送作业流程

配送中心的作业流程是以配送服务所需要的基本环节和工艺流程为基础的。功能和商品特性的不同使配送中心的作业过程和作业环节会有所区别，但都是在基本流程的基础上对相应的作业环节进行调整的。配送中心作业模块主要包括：进货作业（采购集货、收货验货、入库）、保管作业、理货配货作业、出货作业等模块，包括盘点作业、订单处理、流通加工、补货发货等作业内容，这些功能模块以统一的信息管理中心集成、管理、调度。

配送中心的作业流程如图 7-1 所示。

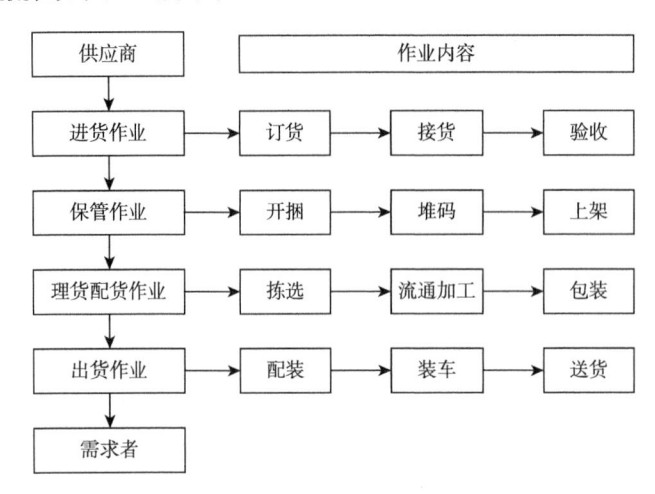

图 7-1 配送中心的作业流程

7.4.1 进货作业

配送中心进货作业是进行各项作业的首要环节，这一环节要在对需求者充分调查的基础上进行，它主要包括订货、接货和验收三个环节。

订货是配送中心收到并汇总需求者的订单以后，要确定配送货物的种类和数量，然后了解现有库存商品情况，再确定向供应商进货的品种和数量。对于流转速度较快的商品，为使供货及时，配送中心也可先不看客户订单，根据需求情况提前按经济批量组织订货。

供应商根据订单要求的品种和数量组织供货，配送中心则要做好验货和提货准备，有时还需到港口、车站、码头接运到货。签收送货单后就可以验收货物，这一环节称为接货。

验收在进货作业中是一项重要的工作，是保证商品以后能及时、准确、安全地发运到目的地的关键一环。在配送中心应由专人对货物进行检查验收，依据合同条款要求和有关质量标准严格把关。

7.4.2 保管作业

对于验收合格的商品，有的要进行开捆、堆码和上架。配送中心为保证货源供应，通常都会保持一定数量的商品库存（安全库存），一部分是为了从事正常的配送活动保有的存货，库存量比较少；另一部分是集中批量采购形成的库存，具有储存的性质；也有供应商存放在配送中心准备随时满足客户订货需要的存货。

上架物品保管作业的主要内容就是随时掌握商品的库存动态，看是否到达了订货点，还要进行温度与湿度等控制的保管保养，保证库存商品的质量完好、重量和数量准确。

7.4.3 理货配货作业

理货配货作业是配送中心的核心作业，根据不同客户的订单要求，主要进行货物的拣选、流通加工和包装等工作。

拣选是配送中心作业活动中的核心内容。拣选就是按订单或出库单的要求，从储存场所选出物品，并放置在指定地点的作业。要在短时间内，高效率、准确地完成上百种甚至更多种商品的拣选，是一项较为复杂的工作。拣选作业的方法分为摘取方式和播种方式两种，分货即为货物分组，要把集中拣选出来的商品按店铺和按照配送车辆、配送路线等分组，分别码放在指定的场所，这样，配送中心才能按照客户的订单要求及时将货物送达客户手中。在这其中，要进行配货检验和包装环节。配货检验作业是指根据客户信息和车次对拣送物品进行商品编码和数量的核实，以及对产品状态、品质进行检查，如图7-2所示。

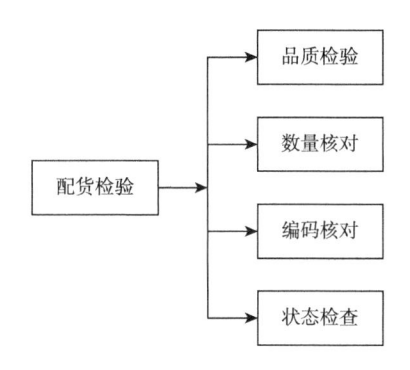

图7-2 配货检验

在理货配货环节，有时配送中心还承担着流通加工作业，这项作业属于增值性活动，不是所有的配送中心都具有此功能。通过流通加工可以大大提高客户满意度，并可提高配送货物的附加价值。有些加工作业属于初级加工活动，如按照客户的要求，将一些原材料套裁；有些加工作业属于辅助加工，如对产品进行简单组装等；也有些加工作业属于深加工，如将蔬菜或水果洗净、切割、过磅等。这些加工能够使配送物品增值。

这里的包装作业是指配送中心将需要配送的货物拣选出来后，为便于运输和识别不同客户的货物，所进行的重新包装或捆扎，并在包装物上贴上标签。

7.4.4 出货作业

这项作业主要包括确定各物品所要装入的车辆、装车和送货。确定了运输车辆和运输路线后，配送中心要把在同一时间内出货的不同客户的货物组合配装在同一批次的运输车辆上进行运送，这就是配装作业。按后送先装的原则装车，然后按事先设计好的运输路线，把货物最终送达客户手中。这一环节直接面对客户进行服务，它的特点主要有以下几点。

1. 时效性

时效性是要确保能在指定的时间内交货。送货是从客户订货至交货各阶段中的最后一个阶段，也是最容易引起时间延误的环节。影响时效性的因素有很多，除配送车辆故障外，所选择的配送路线不当、中途客户卸货不及时等均会造成时间上的延误。因此，必须在认真分析各种因素的前提下，及时、有效地协调，选择合理的配送路线、配送车辆和送货人员，让每位客户在预定的时间内收到所订购的货物。

2. 可靠性

可靠性就是要将货物完好无损地送到目的地。影响可靠性的因素有货物的装卸作业、运送过程中的机械振动和冲击，以及其他意外事故、客户地点及作业环境、送货人员的素质等。因此，在配送管理中必须考虑这些因素，提高送货的可靠性。

3. 沟通性

出货作业是配送的末端服务，它通过送货上门服务直接与客户接触，是与客户沟通最直接的桥梁。它不仅代表着公司的形象和信誉，还在沟通中起着非常重要的作用。所以，必须充分利用与客户沟通的机会，巩固与发展公司的信誉，为客户提供更优质的服务。

4. 便利性

配送以服务为目标，以最大限度地满足客户要求为宗旨。因此，应尽可能地让客户享受到便捷的服务。通过采用高弹性的送货系统，如采用急送货、顺道送货与退货、辅助资源回收等方式，为客户提供真正意义上的便利服务。

5. 经济性

实现一定的经济利益是企业运作的基本目标。因此，对合作双方来说，以较低的费用完成送货作业是企业建立双赢机制、加强合作的基础。所以，不仅要满足客户的要求，提供高质量、及时、方便的配送服务，还必须提高配送效率，加强成本管理与控制。

7.5 物流配送发展现状与趋势

7.5.1 追求配送合理化

在物流配送发展过程中，追求配送合理化是当前的发展现状，也是未来发展趋势中不可缺少的一部分。配送合理化，就是对配送设备配置和配送活动组织进行调整改进，实现配送系统整体优化的过程。它具体表现在兼顾成本与服务上。配送成本是配送系统为提高配送服务质量所投入的活劳动和物化劳动的货币表现；配送服务是配送系统投入后的产出。合理化是投入和产出比的合理化，即以尽可能低的配送成本，获得可以接受的配送服务，或以可以接受的配送成本达到尽可能高的服务水平。

不合理配送的形式主要包括：资源筹措不合理、库存决策不合理、价格不合理、配送与直达的决策不合理、送货中的不合理运输等。配送合理化是配送系统要解决的问题，也是配送管理的重要原则之一。配送合理化的一个基本思想就是"均衡"的思想，即从配送总成本的角度权衡得失，不求极限，但求均衡，以均衡造就合理。例如，对配送费用的分析，均衡的观点是从总配送费用入手，即使某一配送环节要求高成本的支出，但如果其他环节能够降低成本或获得利润，就认为是均衡的，是合理可取的。在配送管理实践中，牢记配送合理化的原则和均衡的思想，将有利于我们防止"只见树木，不见森林"，做到不仅注意局部的优化，更注重整体的均衡。这样的配送管理对于企业最大经济效益的取得才是最有成效的。

7.5.2 配送合理化的判断标志

对配送合理化与否的判断，是配送决策系统的重要内容，但目前国内外尚无一定的技术经济指标体系和判断方法。按一般认识，配送合理化的判断标志包括以下几种。

1. 库存标志

库存是判断配送合理化与否的重要标志。具体指标有以下两方面。

1）库存总量

库存总量在一个配送系统中，从分散的各个客户转移给配送中心，配送中心的库存数量加上各客户在实行配送后库存量之和应低于实行配送前各客户库存量之和。此外，从各个客户的角度判断，把各客户在实行配送前后的库存量相比较，也是判断配送合理化与否的标准。某个客户的库存量上升而总量下降，也属于一种不合理现象。库存总量是一个动态的量，上述比较应当在一定经营量的前提下进行。在客户生产运输与配送管理有所发展之后，库存总量的上升则反映了经营的发展，必须排除这一因素，才能对总量是否下降做出正确的判断。

2）库存周转

由于配送企业的调剂作用，配送可以加快企业的库存周转，并帮助企业通过低库存保持较高的供应能力。

此外，从各个客户的角度进行判断，把各客户在实行配送前后的库存周转相比较，也是判断配送合理化与否的标志。为了取得共同的比较基准，以上库存标志都以库存储备资金计算，而不以实际物资数量计算。

2. 资金标志

总的来讲，实行配送应有利于资金占用的降低及资金运用的科学化。具体判断标志如下。

（1）资金总量随着储备总量的下降及供应方式的改变必然有大幅度的降低。

（2）资金周转随着配送的运作而加快。

（3）资金投入随着配送的实行，从分散投入改为集中投入，以便增加调控作用。

3. 成本和效益

总效益、宏观效益、微观效益、资源筹措成本等都是判断配送是否合理化的重要标志。对于不同的配送方式，可以有不同的判断侧重点。例如，配送企业、客户都是各自独立的以利润为中心的企业，不但要看配送的总效益，而且要看对社会的宏观效益及两个企业的微观效益，不顾及任何一方，都必然会出现不合理现象；又如，如果配送是由客户集团自己组织的，配送主要强调保证能力和服务性，那么效益主要从总效益、宏观效益和客户集团企业的微观效益来判断，不必过多顾及配送企业的微观效益。

由于总效益及宏观效益难以计量，在实际判断时，常以是否按国家政策进行经营、完成国家税收情况及配送企业和客户的微观效益来判断。对于配送企业而言（在投入确定的情况下），企业利润反映了配送合理化的程度。对于客户企业而言，在保证供应水平或提高供应水平（产出一定）的前提下，供应成本的降低反映了配送的合理化程度。衡量成本及效益是否合理，还可以具体到储存、运输和具体配送环节。

4. 供应保证标志

实行配送后，各客户最担心的是供应保证程度是否会降低。配送必须提高而不是降低客户的供应保证能力，只有这样，配送才是合理的。供应保证能力可以从以下几方面来判断。

（1）缺货次数。实行配送后，对各客户来讲，该到货而未到货会影响客户生产及经营，能保证客户生产及经营，配送才算是合理的。

（2）供应能力。对每一个客户来讲，配送企业的集中库存量所形成的供应保证能力高于实施配送前单个企业的保证能力，从供应保证的角度来看才算是合理的。

（3）即时配送的能力及速度是客户出现特殊情况的供应保证，这一能力必须高于未实行配送前客户紧急进货的能力及速度，只有这样配送才是合理的。

特别需要强调一点，配送企业的供应保证能力，是一个科学、合理的概念，而不是无限的概念。具体来讲，如果供应保证能力过高，超过了实际的需要，属于不合理配送。所以追求供应保证能力的合理化也是有限度的。

5. 客户企业仓库、供应、进货人力、物力节约标志

配送的重要观念是以配送服务于客户，因此，实行配送后，各客户库存量、仓库面积、仓库管理人员减少为合理；用于订货、接货、从事供应的人员减少为合理。真正解决了客户的后顾之忧，配送的合理化程度才可以说达到了较高水平。

6. 社会运力节约标志

末端运输是目前运能、运力使用不合理且浪费较大的领域，因而人们寄希望于配送来解决这个问题。这也成为配送合理化的重要标志。运力使用的合理化是依靠送货运力的规划和整个配送系统的合理流程及与社会运输系统的合理衔接实现的。送货运力的规划是任何配送中心都需要花力气解决的问题，而其他问题有赖于配送及物流系统的合理化，判断起来比较复杂。可以简化判断如下：社会车辆总数减少，而承运量增加为合理；社会车辆空驶减少为合理；一家一户自提自运减少，社会化运输增加为合理。

7. 物流合理化标志

配送必须有利于物流合理化，这可以从以下几方面判断：是否降低了物流费用；是否减少了物流损失；是否加快了物流速度；是否发挥了各种物流方式的最优效果；是否有效衔接了干线运输和末端运输；是否不增加实际的物流中转次数；是否采用了先进的技术手段。

7.5.3 配送合理化的措施

国内外推行配送合理化,有一些可供借鉴的办法,主要包括以下内容。

(1)推行一定综合程度的专业化配送。通过采用专业设备、设施及操作程序,可以取得较好的配送效果,并降低配送过程综合化的复杂程度及难度,从而追求配送合理化。

(2)推行加工配送。把加工和配送结合起来,可以充分利用本来应有的中转,而不增加新的中转以求得配送合理化。同时,加工借助于配送后,加工目的更明确,与用户联系更紧密,避免了盲目性。

(3)推行共同配送。通过共同配送,可以以最近的路程、最低的配送成本完成配送,从而追求合理化。

(4)实行送取结合。配送企业与客户建立稳定、密切的协作关系。配送企业不仅成了客户的供应代理人,而且成了客户货物储存的承担者,甚至成为产品的代销人。在配送时,将客户所需的物资送到,再将该客户生产的产品用同一车运回,这种产品也成为配送中心的配送产品之一,或者作为代存代储,免去了生产企业的库存包袱。这种送取结合的方法,使运力充分利用,也使配送企业发挥更大的作用,从而追求合理化。

(5)推行准时配送系统。准时配送是配送合理化的重要内容。配送做到了准时后,客户才有能力把握资源,可以放心地实施低库存或零库存,可以有效地安排接货的人力、物力,以实现最高效率的工作。另外,供应保证能力,也取决于准时供应。从国外的经验看,准时供应配送系统是现在许多配送企业追求配送合理化的重要手段。

本章小结

配送几乎包括了物流的所有功能要素,是在一个经济合理区域范围内全部物流活动的体现。通过拣选、加工、包装、分割、组配等活动,完成将物品送达客户的目的。

按配送商品的种类和数量进行分类,可分为少品种或单品种、大批量配送,多品种、少批量、多批次配送,配套成套配送。按配送时间和数量分类,可分为定时配送、定量配送、定时定量配送、定时定路线配送、即时应急配送。按加工程度分类,可分为加工配送与集疏配送。按配送活动组织者和承担者的多种结合选择分类,可分为自营型配送模式、共同配送模式、第三方配送模式。按配送企业专业化程度进行分类,可分为综合配送与专业配送。按配送服务的对象分类,可分为企业对企业的配送、企业内部配送与企业对消费者的配送。配送以终端客户为出发点、配送是末端运输、配送强调时效性、配送强调满足客户需求、配送追求合理化、配送是各种业务的有机结合体、配送使企业实现"零库存"成为可能等是配送过程中体现的特点。配送的作用是降低物流成本,节省运力;运输系统合理化;满足客户需求;产生较大的社会效应。

配送管理,是指为了以最低的配送成本达到客户所满意的服务水平,对配送活动进行的计划、组织、指挥、协调与控制。按照管理进行的顺序,一般可将配送管理划分为三个阶段,即计划阶段、实施阶段和评价阶段。配送管理主要包括配送模式管理、配送作业管理与对配送系统各要素的管理、对配送活动中具体职能的管理以及配送中心管理。

配送中心是专门从事商品配送活动的经济组织，是将集货中心、分货中心和加工中心合为一体的现代化物流基地，是物流节点的重要形式，是专门用于配送业务的物流节点，是以组织配送型销售或供应、执行配送为主要职能的流通型节点。配送合理化，就是对配送设备配置和配送活动组织进行调整改进，实现配送系统整体优化的过程。它具体表现在兼顾成本与服务上。配送成本是配送系统为提高配送服务质量所投入的活劳动和物化劳动的货币表现；配送服务是配送系统投入后的产出。

配送合理化的可借鉴措施包括推行一定综合程度的专业化配送、推行加工配送、推行共同配送、实行送取结合和推行准时配送系统。

案例分析

第8章 装卸管理

　　装卸搬运就是指在某一物流节点范围内进行的、以改变物料的存放状态和空间位置为主要内容和目的的活动。具体包括装上、卸下、移送、拣选、分类、堆垛、入库、出库等活动。一般来看，装卸搬运存在作业量大、对象复杂、作业不均衡、对安全性要求高、具有附属性和伴生性等特点。装卸搬运的基本功能是改变物品的存放状态和空间位置。无论在生产领域还是在流通领域，装卸搬运都是影响物流速度和物流费用的重要因素，影响着物流过程的正常进行，决定着物流系统的整体功能和效益。装卸搬运机械是指用来对货物进行装卸或搬运的各种机械、设备和工具的总称，既可用于完成船舶与车辆货物的装卸，又可完成库场货物的堆码、拆垛、运输以及舱内、车内、库内货物的起重、输送和搬运，主要分为起重机械、连续输送设备、装卸搬运车辆和散装装卸机械等。装卸搬运作业是衔接运输、保管、包装、配送、流通加工等各物流环节的活动，其本身是不创造价值的，所以在进行装卸搬运作业时，可以遵循一些合理化原则，节约时间和费用。装卸搬运作业合理化的要点包括防止和消除无效装卸、充分利用重力和消除重力影响等。

　　物品装卸搬运活动在物流的各环节、各领域都有渗透，具有联系物流活动各个子系统的功能，是物流顺利进行的关键，是提高效率、降低成本、改善条件、保证物流质量重要的物流环节之一。通过本章的学习，读者可以了解装卸搬运的概念、特点与作用；装卸搬运机械的类型和主要工具；装卸搬运的操作流程，如作业组织、作业对象等，并最终掌握装卸搬运的合理化与原则。

■ 8.1　物流装卸概述

　　生产伴随着物料搬运，物料搬运常常是产品重量的数倍，甚至数十倍。以我国为例，铁路运输的始发和到达的装卸作业费占运费的20%左右，水路运输占40%左右。铁路运距超过500千米时，运输在途时间多于起止的装卸时间；运距短于500千米时，装卸时间则超过实际运输时间。我国对生产物流进行了统计，机械工厂每生产1吨成品，需进行252吨次的装卸搬运，其成本为加工成本的15.5%。

　　物品装卸搬运活动渗透到物流的各环节、各领域，具有联系物流活动各个子系统的功能，是物流顺利进行的关键，是提高效率、降低成本、改善条件、保证物流质量重要的物流环节之一。装卸搬运是伴随着运输、储存等物流活动的出现而产生的一种必不可少的物流功能要素。它的基本工作内容包括:装车(船)、卸车(船)、入库、出库、堆垛、拆垛等。

8.1.1 装卸搬运的概念

装卸是指物品在指定地点以人力或机械实施垂直位移的作业。搬运是指在同一场所内,对物品进行以水平移动为主的作业。

在同一地域范围内(如车站范围、工厂范围、仓库内部等)以改变"物"的存放、支承状态的活动称为装卸,以改变"物"的空间位置的活动称为搬运,两者全称装卸搬运。有时候或在特定场合,单称"装卸"或单称"搬运"也包含了"装卸搬运"的完整含义。

"装卸"与"搬运"的主要区别是:"装卸"是指在商品空间上发生的以垂直方向为主的位移,而"搬运"则是指商品在区域内所发生的短距离、以水平方向为主的位移。由于商品在空间上发生绝对的位移或发生绝对的水平位移的情况是不多的,多数情况是两者的复合运动,因此,有时以垂直位移为主,即"装卸";以水平位移为主,即"搬运"。

在物流过程中,装卸活动是不断出现和反复进行的,它出现的频率高于其他各项物流活动,每次装卸活动都要花费很长的时间,所以它往往成为决定物流速度的关键。在物流活动的全过程中,装卸搬运效率对物流整体效率影响很大。此外,装卸活动所消耗的人力很多,所以装卸费用在物流成本中所占的比重也较高。为了降低物流费用,装卸是个重要环节。

装卸搬运是人与物的结合,而完全的人工装卸搬运在物流高速发展的今天,几乎已经不复存在。现代装卸搬运表现为必须具备劳动者、装卸搬运设备、设施、货物以及信息、管理等多项因素的作业系统。装卸搬运作业系统中,设备、设施的规划与选择取决于物资的特性和组织要求,只有按照装卸作业本身的要求,在进行装卸作业的场合,合理配备各种机械设备和合理安排劳动力,才能使装卸搬运各个环节互相协调、紧密配合。装卸搬运既是使其他物流环节相互联系的桥梁,又不附属于其他环节,而是作为一项独立的作业存在的。

8.1.2 装卸搬运的特点

1. 装卸搬运作业量大

在生产结果的背后和生产过程当中,装卸搬运的作业量是根本无法算清的。在同一地区生产和消费的产品,物资的运输量会因此而减少,然而物资的装卸搬运量却不一定减少。在远距离的供应与需求过程中,装卸作业量会因运输方法的变更、仓库的中转、货物的集疏、物流的调整等大幅度提高。

2. 装卸搬运对象复杂

在物流过程中,货物是多种多样的,它们在性质上(物理、化学性质)、形态上、重量上、体积上以及包装方法上都有很大区别。即使是同一种货物在装卸搬运前的不同处理方法，也可能会产生完全不同的装卸搬运作业。单件装卸和集装化装卸、水泥的袋装装卸搬运和散装的装卸搬运都存在着很大差别。从装卸搬运的结果来考察，有些货物经装卸搬运要进入储存，有些物资装卸搬运后将进行运输。不同的储存方法、不同的运输方式对装卸搬运设备运用、装卸搬运方式的选择都提出了不同的要求。

3. 装卸搬运作业不均衡

在生产领域，由于生产活动要有连续性和比例性，力求均衡，所以企业内装卸搬运也比较均衡。然而，物资一旦进入流通领域，由于受到物资产需衔接、市场机制的制约，物流量便会出现较大的波动性。商流是物流的前提，某种货物的畅销和滞销、远销和近销、销售批量的大与小，会围绕货物实物流量发生巨大变化。从物流领域内部观察，运输路线上的"限制口""跑在中间、窝在两头"的现象广泛存在，装卸搬运量也会出现忽高忽低的现象。此外，各种运输方式由于运量上的差别、运速的不同，港口、码头、车站等不同物流节点也会出现集中到货或停滞等待的不均衡装卸搬运。

4. 装卸搬运对安全性要求高

装卸搬运作业需要人与机械、货物、其他劳动工具相结合，工作量大，情况多变，很多作业环境复杂，这些都导致了装卸搬运作业中存在着不安全因素和隐患。应创造装卸搬运作业适宜的作业环境，改善和加强劳动保护，对任何可能导致不安全的现象都应设法根除，防患于未然。装卸搬运的安全性，一方面直接涉及人身；另一方面涉及物资。在装卸搬运中，严重时会发生机毁人亡的事故，造成货物损失的数量也要以亿元来计。装卸搬运与其他物流环节相比，安全系数较低，因此，要更加重视装卸搬运的安全生产问题。

5. 具有附属性和伴生性

装卸搬运的目的总是与物流的其他环节密不可分（在加工业中甚至被视为其他环节的组成部分），不是为了装卸而装卸，因此与其他环节相比，它具有伴生性的特点。例如，运输、储存、包装等环节，是物流每一项活动开始及结束时必然发生的活动，具有附属性与起始性的特点。

6. 具有"保障性"和"服务性"

装卸搬运制约着生产与流通领域其他环节的业务活动，这个环节处理不好，整个物流系统将处于瘫痪状态。装卸搬运保障了生产与流通其他环节活动的顺利进行，具有保障性质；装卸搬运过程中不消耗原材料，不排放废弃物，不占用流动资金，不产生有形产品，因此具有提供劳务的性质。装卸搬运对其他物流活动有一定的决定性。装卸搬运会影响其他物流活动的质量和速度，许多物流活动在有效的装卸搬运支持下，才能实现高水平运作。

7. 具有衔接性

任何其他物流活动的互相过渡都是以装卸搬运来衔接的，因而，装卸搬运往往成为整个物流的"瓶颈"，是物流各功能之间能否形成有机联系和紧密衔接的关键，而这又是一个系统的关键。要建立一个有效的物流系统,关键看这一衔接是否有效。比较先进的系统物流方式——复合运输方式就是为着力解决这种衔接而实现的。

除以上特点外,装卸搬运还具有均衡性与被动性、稳定性与多边性、局部性与社会性、单纯性和复杂性的特点。由此可见,只有根据装卸搬运的特点,合理组织装卸搬运作业,才能不断提高装卸搬运的效率和效益,有效完成装卸搬运工作。

8.1.3 装卸搬运的作用

装卸搬运的基本功能是改变物品的存放状态和空间位置。装卸搬运在物流过程中的作用表现在以下几方面。

1. 附属作用

装卸搬运是伴随着生产过程和流通过程各环节所发生的活动,是不可缺少的组成部分,是整个物流过程的关键所在。例如,据统计,美国工业产品生产过程中,装卸搬运费用占成本的20%~30%;德国企业物料搬运费用占营业额的1/3,日本物料搬运费用占国内生产总值的10.73%。又如,流通过程中的"汽车运输",实际包含了附属的装卸搬运;仓储中的保管活动,也包含了装卸搬运活动。所以,如果没有附属性的装卸搬运活动,运输、保管等物流活动都无法完成。

2. 支持作用

装卸搬运是保障生产过程和流通过程各环节得以顺利进行的条件。装卸搬运质量的好坏、效率的高低都会对生产和流通其他各环节产生很大的影响。若装卸搬运质量不高、效率低下,则或者使生产过程不能正常进行,或者使流通过程不畅。例如,据国外统计,在中等批量的生产车间里,零件在机床上的时间仅占生产时间的5%,而95%的时间消耗在原材料、工具、零件的搬运或等待上,物料搬运费用占全部生产费用的30%~40%。又如,车、船的装卸不当,会导致运输途中货损增加,甚至造成翻车、翻船等重大事故;卸货不当,会造成下一步物流活动的困难,或者使劳动强度、作业工作量大幅度增加。许多物流活动都需要在有效的装卸搬运支持下才能实现高水平运作。

3. 衔接作用

装卸搬运又是衔接生产过程和物流过程各环节的桥梁,制约着各个生产环节和各个物流环节之间的活动,是物流活动各功能之间能否形成有机联系和紧密衔接的关键,是整个物流的"瓶颈"。一旦忽视了装卸搬运,无论在生产领域还是在流通领域,轻则造成生产、流通秩序的混乱,重则造成生产、流通活动的停顿。例如,我国一些港口由于装卸设备、设施不足以及装卸搬运组织管理等原因,曾多次出现过压船、压港、港口堵塞的现象,严重影响了生产和流通。又如,装卸搬运将运输与仓储、仓储与配送、仓储与流通加工衔接起来,将不同的运输方式衔接起来,甚至在仓储、配送活动场所的内部,在制造企业的各个生产环节之间,如果没有装卸搬运活动的衔接,就不可能顺利完成其业务流程。

由此可见,改善装卸搬运作业、不断提高装卸搬运合理化程度,对提高物流系统整体功能有着极其重要的作用。

8.2 装卸搬运机械

现代化物流运作对装卸搬运机械的自动化水平提出了较高的要求，现代化装卸搬运机械既要能够完成船舶与车辆货物的装卸，又要能够完成库场、货物的堆码、拆垛、运输以及舱内、车内、库内货物的起重、输送和搬运，具有广泛的分类。

8.2.1 装卸搬运机械的类别

1) 按作业性质分类
（1）装卸机械：如电动葫芦、单梁起重机、卡车吊、悬臂吊等。
（2）搬运机具：如搬运车、手推车、托盘、输送机等。
（3）装卸搬运机械：如叉车、铲车、跨运车、龙门吊车、气力输送机等。

2) 按机具工作原理分类
（1）叉车类：包括通用叉车、高架叉车、专用叉车、无人控制叉车等。
（2）吊车类：包括门式、桥式、履带式、轮胎式、岸壁式、巷道式等。
（3）输送机类：包括皮带式、辊道式、链式、轮式、悬挂式等。
（4）作业车类：包括无人搬运车、手推车、普通搬运车、笼车、台车等。
（5）管道输送机类：包括粉状、颗粒状、液体等输送管道。

3) 按动力分类
（1）动力式装卸搬运机具：有分燃式和电动式两种。
（2）重力式装卸输送机：有辊式、滚轮式等。
（3）人力式装卸搬运机具：有手动叉车、手推车、手动升降平台等。

8.2.2 主要的装卸搬运机械

装卸搬运的货物来源广、种类越来越多、外形和性质各不相同，对装卸搬运机械设备专业化、多样化、适应性等的要求就越来越高，为了能够更好地满足各种货物的装卸搬运要求，就要设计出各式各样的装卸搬运机械设备。常用的装卸搬运机械有梁式起重机、桥式起重机、龙式起重机等桥架式起重机。

1. 起重机械

起重机械用来垂直升降货物或兼做货物的水平移动，以满足货物的装卸、转载等作业要求。

桥架式起重机是可在矩形场地及空间进行作业的起重机，有一个横跨空间的横梁或桥架支撑起重机构、运行机构，完成起重作业，主要有梁式起重机、桥式起重机等。使用广泛的还有门式起重机和装卸桥，这也是可在矩形场地和空间进行作业的起重机，与桥式起重机不同的是：它有两个高支腿的门架，起重小车既可在跨度内，也可在悬臂端完成起重作业。

臂架式（旋转式）起重机可在环形场地及其空间作业，主要由可以旋转和变幅的臂架支撑，完成起重作业。常用的类型有浮式起重机、轮胎起重机、塔式起重机等。

堆垛起重机是可以在自动化仓库高层货架之间或高层码垛货场完成取送、堆垛、分拣等作业的起重机。突出的特点是在可以升降的载货台上装有可以伸缩的货叉机构，能方便地在指定的货格或位置上放取单元化货物。

此外，还有轻小型起重机，即仅有一个升降机构的起重机，如滑车、手动或电动葫芦等。其中，电动葫芦配有小车，也可以沿轨道运行。

2. 连续输送设备

连续输送设备也称连续运输机械，是以连续的方式沿着一定的路线从装货点到卸货点均匀输送货物的机械。

1）按安装方式分类

按安装方式，连续输送设备可以分为两类。

（1）固定式输送机：整个设备固定安装在一个地方，不能再移动，它主要用于固定输送场合，如专用码头、仓库、工厂专用生产线等，具有输送量大、效率高等特点。

（2）移动式输送机：整个设备固定安装在车轮上，可以移动，具有机动性强、利用率高和调度灵活等特点。

2）按机械结构特点分类

按机械结构特点，连续输送设备可以分为两类。

（1）有挠性牵引构件的输送机械：物料和货物在牵引构件的作用下，利用牵引构件的连续运动使货物向一个方向输送，如带式输送机、链式输送机、斗式提升机、悬挂输送机等。

（2）无挠性构件的输送机：利用工作构件的旋转运动或振动，使货物向一定方向输送，如气力输送机、螺旋输送机、振动输送机等。

3. 装卸搬运车辆

装卸搬运车辆是依靠本身的运行和装卸机构的功能，实现货物的水平搬运和短距离运输、装卸的各种车辆，广泛用于仓库、港口、车站、货场、车间、船舱、车厢内和集装箱内的作业。

1）固定平台搬运车

固定平台搬运车是室内经常使用的短距离的搬运车辆。

2）牵引车

牵引车是专门用于牵引载货挂车进行水平搬运的车辆，没有取物装置和载货平台，不能装卸货物，也不能单独搬运货物，分为内燃牵引车和电动牵引车。

3）叉车

叉车又名叉车装卸机，以货叉作为主要的取物装置，依靠液压起升机构实现货物的托取、码垛等作业，由轮胎运行机构实现货物的水平运输。

在物流装卸搬运作业过程中，叉车在港口和其他起重运输机械一样，能够减轻装卸搬运工人的劳动强度，提高装卸搬运效率，缩短船舶与车辆在港停留时间，降低成本。不仅如此，叉车还具有以下特点。

（1）机械化程度高。叉车是装卸搬运一体化的设备，取物方便，能有效提高效率，减少工人的体力劳动。

（2）通用性好。在物流的各个领域，叉车都有所应用，如港口码头、火车站、汽车站场都要使用叉车进行装卸搬运作业，与此同时，辅以托盘一起使用，还能大大提高作业效率。

（3）机动灵活性好。叉车的外形体积小、重量轻，能够非常灵活地穿梭于作业区域内，而且很多情况下无法使用其他起重运输机械时，叉车仍可以任意调度。

（4）能够提高仓库容积的利用率，叉车的堆码高度可以达到3~5米。

（5）有利于开展托盘成组运输和集装箱运输。

（6）节约劳动力。

叉车按其动力装置不同，可以分为电瓶叉车和内燃叉车；按其结构和用途不同，可以分为平衡重式叉车、插腿式叉车、前移式叉车、侧面式叉车、跨车以及其他特种叉车等。

（1）平衡重式叉车。平衡重式叉车用内燃机或电池作为动力，是叉车中应用最广泛的形式，大约占叉车总数的4/5。其特点是车体本身较重，依靠自身重量与货叉上的货物重量相平衡，防止叉车装货后向前倾翻。为了保持叉车的纵向稳定性，在车体尾部配有平衡量。这种叉车操作简单、机动性好、效率高。

（2）插腿式叉车。插腿式叉车的特点是叉车前方带有小轮子的支腿能与货叉一起伸入货板叉货，然后由货叉提升货物。由于货物中心位于前后车轮所包围的底面积之内，叉车的稳定性好。插腿式叉车一般采用蓄电池作为能源，起重量在2吨以下。

（3）前移式叉车。前移式叉车的货叉可沿叉车纵向前后移动。取货、卸货时，货叉伸出，叉货后带货移动时，货叉退回到接近车体的位置，因此叉车行驶时的稳定性好。前移式叉车一般以蓄电池作为动力，起重量在3吨以下。前移式叉车的车身小、重量轻、转弯半径小、机动性好，不需要专门在货堆之间留出空处，前轮可以做得很大。由于其运行速度很慢，因此主要用于室内和狭窄的通道内的装卸搬运作业。

（4）侧面式叉车。侧面式叉车的门架和货叉分布在车体的侧面，侧面还有一个货物台。当货叉取货物时，货叉沿门架上升到大于货物台的高度后，门架沿导轨缩回，降下货叉，货物便放在叉车的货物台上。侧面式叉车主要用于搬运长大件货物，且多以柴油机驱动，最大起重量为40吨。

（5）跨车。跨车即跨运车，是由门形车架和带抱叉的提升架组成的搬运机械。一般以内燃机驱动，起重量为10~50吨。在作业时，门形车架跨在货物上由抱叉托起货物，进行搬运和码垛。在港口，跨车可用来搬运和堆码钢材、木材和集装箱等。

由于跨车起重量大、运行速度较快、装卸快，它甚至可以做到不停车装载，但跨车本身重量集中在上部，重心高，空车行走时稳定性较差，要求有良好的地面条件。

（6）其他特种叉车。除了上述介绍的几种叉车外，还有低位拣选叉车、高位拣选叉车、固定平台搬运车、集装箱叉车等。

4）牵引挂车

当牵引车和挂车配合使用时，就构成了牵引挂车，可在较长的距离内搬运货物，具有较好的经济性和较高的效率。

5）自动导引搬运车

自动导引搬运车，是指具有电磁或光学导引装置，能够按照预定的导引路线行走，具有小车运行和停车装置、安全保护装置以及各种移载功能的运输小车。按照导引原理的不同，分为外导式和自导式两大类型。

（1）外导式（固定路径导引）：在运行路线上设置导向信息媒介，如导线、色带等，由车上的导向传感器检测接收到导向信息（如频率、磁场强度、光强度等），再将此信息经实时处理后用以控制车辆沿运行路线正确地运行。

（2）自导式（自由路径导引）：采用坐标定位原理，即在车上预先设定运行作业路线的坐标信息，并在车辆运行时，实时地检测出实际的车辆位置坐标，再将两者比较、判断后控制车辆的导向运行。

4. 散装装卸机械

（1）装载机：以装载、运输为主，将物资由货场取出，通过运输系统装车或装船等。典型的装载机有装车机、装船机等。

（2）卸载机：以卸载、运输为主，将物资从车或船中取出，运往货场或仓库的机器。典型的卸载机有链斗式卸车机、螺旋卸车机等。

（3）翻转机：使货车车厢翻转倾倒，将物资卸入地下运输系统的一种大型机械。翻转机一般需要设计重车推入和空车牵出等辅助机械配合使用。

（4）堆取料机：既能从货场上挖取散状物资输送到指定地点，又能将散状物资通过运输系统送入货场堆放的大型机械。按照其功能可分为取料机、堆料机和堆取料机三种。

8.2.3 装卸搬运机械的选择

1. 根据作业性质和作业场合进行配置、选择

装卸搬运作业性质和作业场合不同，需配备不同的装卸搬运机械。根据作业是单纯的装卸或单纯的搬运，还是装卸、搬运兼顾，选择更合适的装卸搬运机械。

2. 根据作业运动形式进行配置、选择

装卸搬运作业运动形式不同，需要配备不同的装卸搬运机械。水平运动，可配备选用卡车、牵引车、小推车等装卸搬运机械；垂直运动，可配备选用提升机、起重机等装卸搬运机械；倾斜运动，可配备选用连续运输机、提升机等装卸搬运机械；垂直及水平运动，可配备选用叉车、起重机、升降机等装卸搬运机械；多平面式运动，可配备选用旋转起重机等装卸搬运机械。

3. 根据作业量进行配置、选择

装卸搬运作业量的大小关系到设备应具有的作业能力，从而影响到所需配备的设备类型和数量。作业量大时，应配备作业能力较高的大型专用设备；作业量小时，最好采用构造简单、造价低廉而又能保持相当生产能力的中小型通用设备。

4. 根据货物种类、性质进行配置、选择

货物的物理性质、化学性质以及外部形状和包装千差万别，有大小、轻重之分，有固体、液体之分，有散装、成件之不同，所以对装卸搬运机械的要求也不尽相同。

5. 根据搬运距离进行配置、选择

长距离搬运一般选用牵引车和挂车等装卸搬运机械，较短距离搬运可选用叉车、跨运车等装卸搬运机械，短距离搬运可选用手推车等装卸搬运机械。为了提高设备的利用率，应当结合设备的种类和特点，使行车、货运、装卸、搬运等工作密切配合。

6. 装卸搬运机械的配套

成套地配备装卸搬运机械，使前后作业相互衔接、相互协调，是保证装卸搬运工作持续进行的重要条件。因此，需要对装卸搬运设备在生产作业区、数量吨位、作业时间、场地条件、周边辅助设备上做适当协调。

8.3 装卸搬运操作流程

8.3.1 装卸搬运作业组织

在具体实施装卸搬运作业之前，需要对作业方式、作业过程、作业设备，以及作业人员进行一定的组织规划，以确保高效率地完成装卸搬运活动。

1. 明确装卸搬运作业的任务

确定作业任务是进行装卸搬运作业的基本前提。装卸搬运的任务有可能事先确定，也有可能临时变动。但在通常情况下，可以根据物流计划，经济合同，装卸搬运的不均衡程度，装、卸车的时限等因素来确定作业现场的装卸搬运任务量。

在确定了装卸搬运的任务以后，就必须对装卸作业对象的特点进行详细了解，据以确定作业方式，选择作业工具，组织作业人员。具体而言，需要了解作业对象的物理和化学特性，以确定其可运性；需要了解作业对象对物流条件的要求，包括质量保证方面的要求、环境保护方面的要求和某些特殊要求，如精密仪器的搬运就需要采取特殊的方法、贵重物品的搬运需要特别注意等。

2. 确定装卸搬运作业的方式

在明确作业任务和作业对象的特点之后，需要根据所掌握的信息确定装卸搬运作业的方式。如前所述，装卸搬运作业的方式有多种，每一种都具有适用的作业对象，例如，对散装货物的装卸搬运就要采用散装作业方式。同时，对于不同的作业方式而言，与其相适应的作业过程、作业设备也不相同。确定作业方式有助于进一步规划装卸搬运的作业过程，选择作业工具和设备。

3. 规划装卸搬运作业路线

规划装卸搬运作业路线，即对装卸搬运作业整个过程各个环节的连续性进行合理安

排，以缩短搬运距离，减少搬运次数。

作业现场的平面布置是直接影响搬运距离的因素，因此，首要问题就是对各环节的作业点进行空间布局，要留有足够的场地集结货物，并满足装卸机械对工作面积的要求；场内道路的分布要为装卸搬运作业创造良好的条件，要有利于加速货位的周转。

在作业现场空间布局一定的情况下，需要根据物流量大小和搬运距离的长短来选择较为合理的搬运路线。通常，搬运路线可分为直达型、渠道型和中心型三种，如图8-1所示。

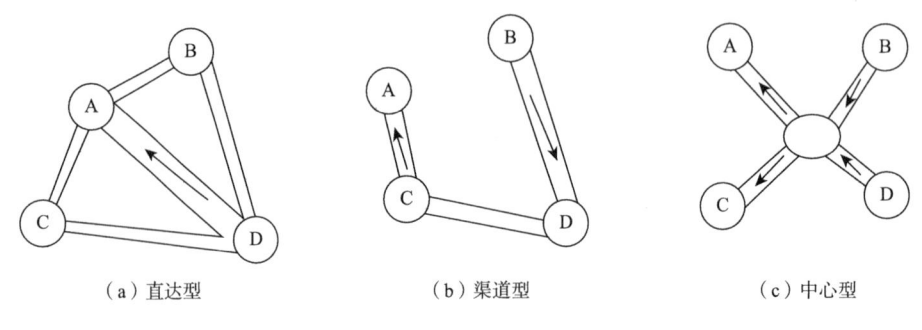

（a）直达型　　　　　（b）渠道型　　　　　（c）中心型

图8-1　搬运路线的类型

1）直达型

直达型是指货物经由最近的搬运路线到达目的地。当物流量大、距离短或距离中等时，选择这种路线较为经济。另外，当货物具有一定特殊性而且时间又较为紧迫时，也可采用这种路线。

2）渠道型

渠道型即货物在预定路线上移动，与来自其他地点的货物一起运到同一个终点。当物流量中等或较少而距离为中等或较长时，采用这种路线较为经济。尤其当作业现场的平面布局不规则并较为分散时，也适合采用这种方法。

3）中心型

中心型即各种货物从起点移动到一个中心分拣处或分发处，然后再运往终点。当物流量较小且距离中等或较长时，选择这种路线较为经济。尤其是作业现场的平面布局基本是正方形且管理水平较高时，采用这种路线能取得较好的效果。

此外，对作业过程的规划还要注意：装卸搬运机械要与货场长度、货位面积等相协调，各种机械设备之间要合理衔接；不同的装卸搬运设备联结使用时，应尽量使其作业速率相等或相近；同时，还要充分发挥调度人员的作用，以保证作业的连续性和作业现场的秩序。

4. 选择装卸搬运的工具和设备

如前所述，不同的装卸搬运工具有不同的功能，适用于不同的作业方式、作业对象和作业场所。因此，在组织装卸搬运作业时，要根据作业对象的特点、作业场所的条件，结合不同的工具和设备的性能来选择适用的作业工具和作业设备。

5. 组织装卸搬运作业的人员

装卸搬运作业的最终完成必须依靠作业人员对作业设备的操作和控制，以及对作业规划的贯彻实施。所以，按照一定原则将作业人员与作业设备以一定方式组合起来，是完成装卸搬运任务的保证。装卸搬运作业人员的基本组织形式通常有工序制和包干制两种。

1）工序制

工序制是按照作业内容或作业工序将人员和设备分别组合成装卸、搬运、堆垛、整理等作业班组，这些班组共同组成一条作业流水线，共同完成装卸搬运作业。

这种人员组织形式的优点是：可以保证作业质量和提高作业效率。一方面，由于按照作业内容进行了专业化分工，因此每个班组的任务较为单纯，有利于作业人员掌握作业技术，提高作业的熟练程度，进而提高劳动生产率。另一方面，因为每个班组的作业内容较为固定，所以可以配备专用设备，从而有利于对设备进行管理，提高其利用率。

但是，在运用工序制组织作业的条件下，由于同一任务需要由几个班组共同完成，因此容易出现工序之间衔接不紧密、不协调的情况，并且当作业量不均衡或者各个工序的作业进度不一致时，其综合作业能力和综合作业效率容易受到最薄弱环节的影响。

2）包干制

包干制是将分工不同的各类人员和功能不同的各种设备组合在一起，成为一个班组，全面负责装卸搬运作业的整个过程。

这种人员组织形式的主要优点是：作业的协调性和灵活性较强。因为一个班组在班组长的统一指挥下完成装卸搬运作业的各项内容，所以各项工序之间可以较好地进行配合与协调，从而提高作业的连续性。当作业量不均衡时，班组内部可以及时进行调整，具有较强的适应性。同时，由于可以集中进行人力、物力和设备的调配，因此有利于提高综合作业能力。

但是，在同一个作业班组内配置多种作业人员和设备，不利于实现专业化，不利于提高人员的劳动熟练程度，从而影响劳动生产率的提高。

工序制和包干制这两种人员组织方法各有利弊，需要在装卸搬运作业组织中视具体情况而定。通常，规模较大的装卸作业部门由于人员多、设备齐全、任务量大，可以采用工序制；否则，采取包干制较为有效。

8.3.2 装卸搬运作业对象

1. 单件作业法

单件、逐件装卸搬运是人工装卸搬运阶段的主导方法。

单件货物装卸指的是非集装箱按件计的货物逐个进行装卸操作的作业方法。单件作业对机械装备、装卸条件要求不高，因而机动性比较强，可以在很广泛的地域内进行，而不受固定设施、设备的地域局限。

单件作业可采取人力装卸、半机械化装卸及机械化装卸方法。由于逐件处理，装卸速度慢，且装卸要逐件接触货体，因而容易出现货损；反复作业次数多，也容易出现货差。单件作业的装卸对象主要是包装杂货，多种类、少批量的货物及单件大型、笨重的货物。

当装卸搬运机械涉及各种装卸搬运领域的时候，单件、逐件装卸搬运方法也依然存在。第一种情况是某些物资出于它本身特有的属性，采用单件作业法更有利于安全；第二种情况是某些装卸搬运场合没有设置装卸机械或难以设置而被迫单件作业；第三种情况则是某些物资由于体积过大、形状特殊，即使有机械也不便采用集装化作业，只好采用单件作业。

2. 集装作业法

集装作业法是指将物资先进行集装，再对集装件进行装卸搬运的方法，适用于经一定包装的粉、粒、液、气状的货物或经分解处置后的特大、重、长的货物。受装卸机具和集装货载存放条件的限制，其机动性比较差，但是一次作业装卸量大，装卸速度快。集装作业主要有以下几种方法。

1）集装箱作业法

集装箱的装卸搬运作业分为垂直装卸作业和水平装卸作业。

垂直装卸是用港口岸壁起重机、场桥等各种垂直起吊设备进行"吊上吊下"式的装卸。

水平装卸是指以挂车、叉车和平移装卸机为主要设备，实现集装箱在船舶、堆场、车辆之间平移换装的装卸方式。

2）托盘作业法

托盘作业法用叉车作为托盘装卸搬运的主要机械，即叉车托盘化。水平装卸搬运托盘主要采用搬运车辆和辊子式输送机；垂直装卸搬运托盘主要采用升降机、载货电梯等。在自动化仓库中，采用桥式堆垛机和巷道堆垛机完成在仓库货架内的取、存装卸。托盘作业法利用叉车对托盘货载进行装卸，属于"叉上叉下"方式。

3）货捆装卸

该方法采用各种类型的起重机进行装卸，货捆的捆具可与吊具、索具有效配套进行"吊上吊下"式的装卸。

4）挂车装卸

该方法是利用挂车的可行走机构，连同车上组合成的载货一起拖运到火车车皮上或船上的装卸方式，属于水平装卸，是"滚上滚下"的装卸方法。

5）集装网、集装袋装卸

该方法采用各种类型的起重机进行"吊上吊下"作业，也可与各种搬运车配合进行起重机所不能及的搬运。

3. 散装作业法

散装作业法是指对大批量粉状、粒状货物进行无包装、散装的装卸方法。装卸可连续进行，也可采取简短的装卸方式，但是都采用机械化设施设备，在特定情况下且批量不大时，也可采用人力装卸。散装作业主要有以下几种方法。

1）重力法作业

重力法作业是利用货物的位能来完成装卸作业的方法。利用散货本身的重量进行装卸，首先将散货提升到一定高度，具有一定势能之后，才能利用本身的重力进行下一步装卸。它主要适用于铁路运输，重力法装车设备有筒仓、溜槽、隧洞等几类。例如，重力法卸车是指底开门车或漏斗车在高架线或卸车坑道上自动开启车门，煤或矿石依靠重力自行流出的卸车方法。

2）倾翻法作业

倾翻法作业是将运载工具载货部分倾翻，而将货物卸出的方法。铁路敞车被送入翻车机，夹紧固定后，敞车和翻车机一起翻动，货物倒入翻车机下面的受料槽。带有可旋转车钩的敞车和一次翻两节车的大型翻车机配合作业，可以实现列车不解体卸车。自卸汽车靠液压油缸顶起货厢实现货物卸载。

3）气力输送法

气力输送法是利用风机在气力输送机的管内形成单向气流，依靠气体的流动或气压差来输送货物的方法。

4）机械作业法

机械作业法是指采用各种机械，采用专门的工作机构，通过舀、抓、铲等作业方式，达到装卸搬运的目的。常用的装卸搬运机械有带式输送机、链斗装车机、单斗和单斗装载机、抓斗机、挖掘机等。

8.3.3 装卸搬运作业手段

（1）人工作业法：这是一种完全依靠人力和人工使用无动力器械来完成装卸搬运的方法。

（2）机械化作业法：指以各种装卸搬运机械，采用多种操作方法来完成物资的装卸搬运作业的方法。机械化作业法是目前装卸搬运作业的主流。

（3）综合机械化作业：这是代表装卸搬运作业发展方向的作业方式。综合机械化作业要求作业机械设备和作业设施、作业环境的理想配合，要求对装卸搬运系统进行全面的组织、管理、协调，并采用自动化控制手段（如电子计算机控制与信息传递），取得高效率、高水平的装卸搬运作业。

8.3.4 装卸搬运作业特点

根据装卸搬运作业的特点，可将其分为间歇作业与连续作业。间歇作业指在装卸搬运作业过程中有重程和空程两个阶段，即在两次作业中存在一个空程准备过程的作业方法，如门式和桥式起重机作业。连续作业指在装卸搬运过程中，设备不停地作业，物资可连绵不断、持续流水般地实现装卸作业的方法，如带式输送机、链斗装车机作业。

8.3.5 装卸搬运作业方式

装卸搬运作业主要包括以下几种方式：吊上吊下方式，依靠吊装装置的垂直移动实现；叉上叉下方式，依靠叉车的运动实现；滚上滚下方式（滚装方式），利用运输工具滚装上船或上车实现，铁路上称它为"驮背运输"。

8.4 装卸搬运合理化原则与途径

8.4.1 装卸搬运的原则

因为装卸搬运作业是衔接运输、保管、包装、配送、流通加工等各物流环节的活动，其本身是不创造价值的，所以在进行装卸搬运作业时，可以遵循一些合理化原则，节约时间和费用。

1. 单元化原则

单元化装卸搬运是提高装卸搬运效率的有效方法，如集装箱、托盘等单元化设备的利用等都是单元化的例证。单元化原则是指将物品集中成一个单位进行装卸搬运的原则。单元化是实现装卸搬运合理化的重要手段。在物流作业中广泛使用托盘，通过叉车与托盘的结合提高装卸搬运的效率，通过单元化不仅可以提高作业效率，而且可以防止损坏和丢失，数量的确认也会更加容易。

2. 移动距离最小化原则

搬运距离（时间）的长短与搬运作业量大小和作业效率是联系在一起的，因此，在货位布局、车辆停放位置、出入库作业程序等设计上应该充分考虑物品移动距离（时间）的长短，以物品移动距离（时间）最小化为设计原则。

移动距离最小化以最短的距离完成装卸搬运作业，最明显的例子是生产流水线作业。它把各道工序连接在输送带上，通过输送带的自动运行，使各道工序的作业人员以最短的动作距离实现作业，大大地节约了时间，减少了人的体力消耗，大幅度提高了作业效率；转动式吊车、挖掘机也是短距化装卸搬运机械；短距化在人们的生活中也能找出实例，如转盘式餐桌，各种美味佳肴放在转盘上，人不必站起来就能夹到菜。缩短装卸搬运距离，不仅省力、省能，还能使作业快速、高效。

3. 优化装卸程序原则

在装卸搬运时，应从研究装卸搬运的功能出发，分析各项装卸搬运作业环节的必要性，取消、合并装卸搬运作业的环节和次数，消灭重复、无效、可有可无的装卸搬运作业。

4. 配装满载原则

在装卸搬运时，要根据货物的轻重、大小、形状、物理与化学性质，以及货物的去向、存放期限、车（船、库）的形状等，采用恰当的装卸方式巧妙配装，使装卸工具满载，库容得到充分利用，以提高运输、存储效益和效率。

5. 省力化原则

省力，就是节省动力和人力。因为货物装卸搬运不产生价值，作业的次数越多，货物破损和发生事故的频率越高，费用越高，所以首先要考虑尽量不装卸搬运或尽量减少装卸搬运次数。集装化装卸、多式联运、集装箱化运输、托盘一贯制物流等都是有效的做法；利用货物本身的重量和落差原理，如滑槽、滑板等工具的利用；减少从下往上的搬运，多采用斜坡式，以减轻负重；水平装卸搬运，如仓库的作业台与卡车车厢处于同一高度，手推车直接进出；卡车后面带尾板升降机，仓库作业月台设装卸货升降装置等。总之，省力化装卸搬运原则是：能往下则不往上、能直行则不拐弯、能用机械则不用人力、能水平则不要上斜、能滑动则不摩擦、能连续则不间断、能集装则不分散。

6. 活性化原则

这里所说的活性化是指"从物的静止状态转变为装卸状态的难易程度"。如果容易或适于下一步装卸搬运作业，则活性化高，如仓库中的货物乱七八糟与整齐堆码的差别、散乱状态与放在托盘上的差别等。此外，在装卸机械灵活化方面的例子有：叉车、铲车、带轨道的吊车、能转动360度的吊车与带轮子和履带的吊车等。

7. 顺畅化原则

货物装卸搬运的顺畅化是保证作业安全、提高作业效率的重要方面。顺畅化就是作业场所无障碍、作业不间断、作业通道畅通，如叉车在仓库中作业，应留有安全作业空间，转弯、后退等动作不应受面积和空间限制；人工进行货物搬运，要有合理的通道，脚下不能有障碍物，头顶留有空间，不能人撞人、人挤人；用手推车搬运货物，地面不能坑坑洼洼，不应有电线、工具等杂物影响小车行走；人工操作电葫芦吊车，地面防滑、行走通道两侧的障碍等问题均与作业是否顺畅相关。机械化、自动化作业途中停电、线路故障、作业事故的防止等都是确保装卸搬运作业顺畅和安全的因素。

8. 连续化原则

连续化装卸搬运的例子很多，如输油、输气管道，气力输送设备，皮带传送机，辊道输送机，旋转货架等都是连续化装卸搬运的有力证明。

9. 各环节均衡协调原则

装卸搬运作业既涉及物流过程的其他各环节，又涉及它本身的工艺过程。只有各环节相互协调，才能使整条作业线产生预期的效果。因为个别薄弱环节的生产能力决定了整个装卸搬运作业的综合能力，因此要针对薄弱环节采取措施，提高其能力，使装卸搬运系统的综合效率最高。

10. 人格化原则

装卸搬运是重体力劳动，很容易超过人的承受限度。如果不考虑人的因素或不够尊重人格，容易发生野蛮装卸、乱扔乱摔现象。搬运的东西在包装和捆包时应考虑人的正常能力和抓拿的方便性，也要注重安全性和防污染性等。国外一些国家早已重视了这一点，在设计包装尺寸和重量时，以妇女搬运能力为标准。

上述原则都是一些基本性要求，但落实起来涉及面广，难度很大，也不是装卸搬运行业自身所能解决的。应当从物流系统的整体上统筹规划，合理安排，各个环节紧密配合，才有助于这些原则的落实。

8.4.2 装卸搬运的合理化

物流中装卸搬运合理化主要是对装卸搬运方式，装卸搬运机械设备的选择、配置与使用，以及装卸搬运作业本身的合理化，尽可能减少装卸搬运次数，以节约物流费用，获得较好的经济效益。

在组织装卸搬运作业时，要使作业过程的各环节、各要素实现合理化，以提高装卸搬运作业活动的效率。装卸搬运作业合理化的要点有以下几项。

1. 防止和消除无效装卸

无效装卸是指在装卸作业活动中超出必要的装卸搬运量的作业。显然，防止和消除无效作业对装卸作业的经济效益有重要作用。为了有效地防止和消除无效作业，可从以下几个方面入手。

（1）尽量减少装卸搬运次数。在很多情况下，搬运本身可能成为玷污、损坏货物的原因。因此，除非必要，尽量不要移动货物，尽量减少搬运的次数，这样既可以节约劳动力，又可以减少货损。

（2）提高被装卸物料的纯度，避免无效装卸搬运。在流通过程中，某些货物中可能混杂着没有使用价值的物质，如煤炭中的矸石。物料的纯度，指物料中含有水分、杂质等与物料本身使用无关的物质的多少。物料的纯度越高，则装卸作业的有效程度越高。反之，无效作业就会增多。

（3）避免过度的包装。包装可以起到保护商品的作用，但是，过大、过厚的包装会增加装卸搬运过程中的劳动消耗。所以，在不影响商品保护功能前提下的轻便包装有助于减少装卸搬运中的无效作业。

（4）缩短搬运距离。物料在装卸搬运当中，要实现水平和垂直两个方向的位移，在条件允许的情况下，要选择搬运距离最短的搬运路线，就可避免超越这一最短路线以上的无效劳动。

2. 充分利用重力和消除重力影响

在装卸搬运作业中，视情况不同而对重力的作用进行利用或消除其影响，也是实现其合理化的途径之一。

在进行装卸搬运时，可以利用货物本身的重量进行有一定落差的装卸搬运，从而达到节省动力的目的。例如，从卡车上卸货时，利用卡车与地面或与小型搬运车之间的高度差，借助溜槽或溜板等简单工具，使货物自动从高处滑到低处，此时就无须消耗动力。

与此相反，在某些情况下需要消除重力的影响，才能达到节约动力消耗的目的。例如，两种运输工具进行换装时，如果从一种运输工具上将货物搬下，再搬上另一种运输工具，则要耗费动力以克服重力的影响。因此，若能设法使两种运输工具靠接，仅使货物做水平移动，就可以消除重力的影响，节约劳动力。

3. 提高货物的装卸搬运活性

"活性"是指作业对象从静止状态转变为装卸搬运状态的难易程度，即对其进行装卸搬运作业的难易程度。如果很容易转变为下一步的装卸搬运，而不需过多装卸搬运前的准备工作，则活性高；如果难以转变为下一步的装卸搬运，则活性低。

为了对活性有所区别，并能有计划地提出活性要求，使每一步装卸搬运都能按一定的活性要求进行操作，人们对于不同放置状态的货物做了不同的活性规定，"活性指数"就是标定活性的一种方法。活性指数分为 0~4 共五个等级，具体如图 8-2 和表 8-1 所示。

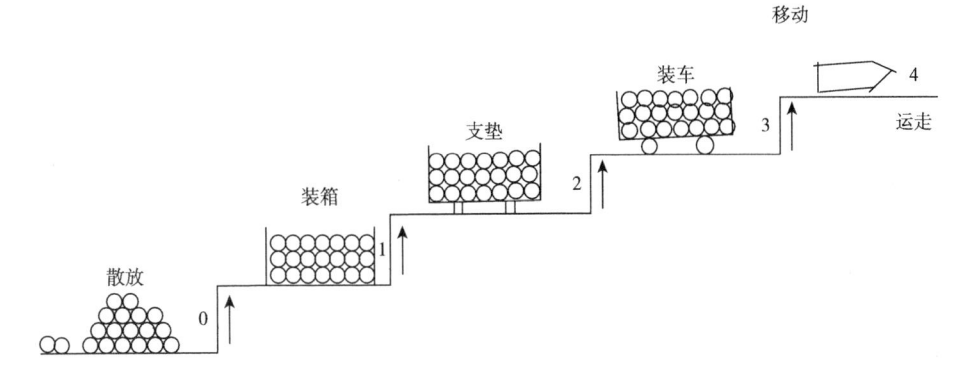

图 8-2 搬运活性指数

表 8-1 货物的装卸搬运"活性"级别

装卸搬运"活性"级别	货物状态
0 级	货物杂乱地摊于地面
1 级	货物已被捆绑或装箱
2 级	捆绑过的货物或箱子下面放有枕木或衬垫，便于叉车或其他机械进行作业
3 级	被置于台车或起重机械上，可以即刻移动
4 级	货物已被移动，正在被装卸或搬运

从理论上讲，活性指数越高越好，但也必须考虑到实施的可能性。例如，物资在储存阶段中，活性指数为 4 的输送带和活性指数为 3 的车辆，在一般的仓库中很少被采用，这是因为大批量的物资不可能存放在输送带和车辆上。为了说明和分析物资搬运的灵活程度，通常采用平均活性指数的方法。这个方法是对某一物流过程中物资所具备的活性情况，累加后计算其平均值，用 σ 表示，σ 值的大小是确定改变搬运方式的信号。如：

当 $\sigma<0.5$ 时，指所分析的搬运系统半数以上处于活性指数为 0 的状态，即大部分处于散装情况，其改进方式可采用料箱、推车等存放物资。

当 $0.5<\sigma<1.3$ 时，则是大部分物资处于集装状态，其改进方式可采用叉车和动力搬动车。

当 $1.3<\sigma<2.3$ 时，装卸搬运系统大多处于活性指数为 2 的状态，可采用单元化物资的连续装卸和运输。

当 $\sigma>2.3$ 时，则说明大部分物资处于活性指数为 3 的状态，其改进方法可选用拖车、机车车头拖挂的装卸搬运方式。

4. 实现机械化作业

使用装卸搬运机械作业能够将作业人员从重体力劳动中解放出来，实现人力的节省。同时，机械化作业易于实现规模化，也有助于实现标准化，进而提高装卸搬运的作业效率。

5. 尽量使装卸搬运单元化

在装卸搬运作业中，对于包装成件的货物，应尽量对其进行"集装处理"，即按照一定的原则将一定数量的货物汇集起来，成为一个装卸搬运单元，以便充分利用机械进行操作。装卸搬运单元化的优点是：装卸搬运单位大，作业效率高，可以节省作业时间；操作单元的尺寸一致，有利于实现标准化；不必用手触及作业对象，可以避免或减少货损。

6. 创建"复合终端"

"复合终端"是指在不同运输方式的终端装卸场所集中建设不同的装卸设施，以实现合理配置装卸搬运机械、有效连接各种运输方式的目的。例如，在"复合终端"内集中设置水运港、铁路站场、汽车站场等。

"复合终端"对于装卸搬运合理化，乃至物流系统合理化的意义在于：一方面，它取消了各种运输工具间的中转搬运，减少了装卸搬运次数，加快了物流速度；另一方面，"复合终端"集中了各种装卸搬运场所，可以实现设备的共同利用，并可以利用规模优势进行技术改造，提高作业效率。

本章小结

物品装卸搬运活动渗透到物流的各环节、各领域，具有联系物流活动各个子系统的功能，是物流顺利进行的关键，是提高效率、降低成本、改善条件、保证物流质量重要的物流环节之一。

装卸搬运的特点为装卸搬运作业量大、装卸搬运对象复杂、装卸搬运作业不均衡、装卸搬运对安全性要求高、具有附属性和伴生性、具有"保障性"和"服务性"、具有衔接性。除以上特点外，装卸搬运还具有均衡性与被动性、稳定性与多边性、局部性与社会性、单纯性和复杂性的特点。

装卸搬运在物流过程中的作用表现在附属作用、支持作用、衔接作用等方面，改善装卸搬运作业、不断提高装卸搬运合理化程度，对提高物流系统整体功能有着极其重要的作用。

在具体实施装卸搬运作业之前，需要对作业方式、作业过程、作业设备，以及作业人员进行一定的组织规划，以确保高效率地完成装卸搬运活动。要明确装卸搬运作业的任务，确定装卸搬运作业的方式，规划装卸搬运作业路线，选择装卸搬运的工具和设备，组织装卸搬运作业的人员。

因为装卸搬运作业是衔接运输、保管、包装、配送、流通加工等各物流环节的活动，其本身是不创造价值的，所以在进行装卸搬运作业时，可以遵循一些合理化原则，节约时间和费用，如单元化原则、移动距离最小化原则、优化装卸程序原则、配装满载原则、省力化原则、活性化原则、顺畅化原则、连续化原则、各环节均衡协调原则、人格化原则等。

在组织装卸搬运作业时，要使作业过程的各环节、各要素实现合理化，以提高装卸搬运作业活动的效率。装卸搬运作业合理化的要点有：防止和消除无效装卸；充分利用重力和消除重力影响；提高货物的装卸搬运活性；实现机械化作业；尽量使装卸搬运单元化、创建"复合终端"等。

案例分析

第 9 章 包 装 管 理

包装在整个物流活动中具有特殊的地位,包装材料、形式、方法以及外形设计都对物流环节产生重要的影响,在日趋激烈的竞争中,包装和产品内在质量一样影响着产品价值和企业的经济效益。包装的功能概括起来主要有:保护商品功能、便利流通消费功能、促进销售功能及增值功能。按不同的标准进行分类,如流通过程、包装功能、包装材料、包装目的等,可划分为不同的包装种类。包装材料是形成包装的物质基础,无论包装材质的选择还是包装技术的实施,都是为了保证和实现包装的保护性、方便性等;包装容器是包装材料和造型结合的产物;包装技术装备具有重大作用,它能大幅度地提高生产效率;包装的标识是判别商品特征、组织商品流转和维护商品质量的依据,对保障商品储运安全、加速流转、防止差错有着重要作用;"绿色包装",是指对生态环境不造成污染,对人体健康不造成危害,能循环使用和再生利用,可促进持续发展的包装。包装作为一个重要的产业,需要在包装过程中使用适当的材料和适当的技术,制成与物品相适的容器,节约包装费用,降低包装成本,既满足包装保护商品、方便储运、有利销售的要求,又提高包装的经济效益,追求包装的合理化。

本章主要介绍物流包装的定义、功能与分类,通过本章的学习,读者可以掌握包装材料、包装容器、包装标识、包装合理化与绿色包装的相关知识,了解物流包装未来的发展趋势。

9.1 物流包装概述

在生产企业和商业企业都进入微利时代的今天,物流已成为企业取得竞争优势的重要源泉,而包装在整个物流活动中具有特殊的地位,包装材料、形式、方法以及外形设计都对物流环节产生重要影响。为了避免商品在流通过程中的质量变化,防止商品的损耗和损失,就要掌握商品质量变化的现象和规律,研究相应的科学包装技术和包装方法,保护商品安全地通过流通领域进入消费领域。因此需要提高包装设计水平与质量,利用先进的物流信息技术和合理的包装,这样才能保证物流的质量,为企业创造更大的利润空间。

9.1.1 包装的定义

美国对包装的定义为:包装是使用适当的材料、容器并施以技术,使产品安全地到达目的地——在产品输送过程的每一个阶段，无论遭遇怎样的外来影响皆能保护其内容物，而不影响产品的价值。

英国标准协会对包装的定义为：包装是为货物的运输和销售所做的艺术、科学和技术上的准备工作。

日本工业规格对包装的定义为：包装是指在运输和保管物品时，为了保护其价值及原有状态，使用适当的材料、容器和包装技术包裹起来的状态。

加拿大包装协会对包装的定义为：包装是将产品由供应者送到顾客或消费者，而能保持产品处于完好状态的工具。

我国国家标准《物流术语》(GB/T 18354—2021)对包装的定义为：为在流通过程中保护产品、方便储运、促进销售，按一定技术方法而采用的容器、材料及辅助物等的总体名称。也指为了达到上述目的而采用容器、材料和辅助物的过程中施加一定技术方法等的操作活动。

以上是不同国家对包装的表述和理解，虽然对包装的具体定义不同，但都以包装的功能和作用为其核心内容。

广义的现代包装，可看成用高超的艺术和科学技术，以最合理的价格、精确的量值、适当的保护性材料，保证在预定的时间内，使产品经运输、保管、搬送，完美地到达预定地点入库，然后转运到商店等处销售或使用，以达到保护产品、便于使用和运输、储存，并有助于销售的一种技术措施。

在物流活动中，包装这一概念包含了静态和动态两层含义。包装的静态含义是指能够合理容纳商品、保护商品在流通过程中尽可能地免受各种外在不良因素的影响，顺利实现商品价值和使用价值的物体，如用各种包装材料制成的包装容器。而包装的动态含义则是指将商品置于包装物保护之下的工艺操作过程，如对商品进行包裹、捆扎等。

在社会再生产过程中，包装是生产的终点，也是物流的起点。从生产的角度来看，包装是产品生产的最后一道工序，对产品的包装一旦完成，就意味着该产品可以从生产领域进入流通领域。从物流的角度来看，对产品的包装完成之后，该产品就具备了流通的能力，就可以经过装卸搬运、储存、运输等一系列物流活动，最终销售给消费者。

9.1.2 包装的功能

在日趋激烈的竞争中，包装和产品内在质量一样影响着产品价值，决定着企业的经济效益。因此在新产品设计和老产品改造时，必须十分注意改善包装功能，从而提高产品价值。包装的功能概括起来主要有：保护商品功能、便利流通消费功能、促进销售功能及增值功能。

1. 保护商品功能

保护商品是包装最重要的功能之一。科学合理的包装，能使商品抵抗各种外界因素的破坏，从而保护商品的性能，保证商品质量和数量的完好。商品由生产者手中转移到消费者手中要经历许多流通环节，如装卸、运输、储存、销售等。在此过程中，不可避免地要受到各种因素的影响。

（1）外力的作用。例如，在商品运输过程中的震动、颠簸和冲击；在装卸搬运过程中的意外跌落；在储存过程中由于堆码摆放层数过多而导致底层商品承重过度等。

（2）外部自然环境的作用。例如，气温的升高或降低导致商品变质，阴雨天气和有害气体致使商品霉变、生锈等。

（3）有害生物的作用。例如，鼠、虫对商品的啃咬和蛀蚀，霉菌等微生物对商品的侵害。

这些影响因素有可能损害商品的使用价值。因此，良好的包装可以防止商品在流通过程中受外力作用而破损变形，受环境影响而发生化学变化，防止商品由于异物的混入而受到污染，还可以防止商品丢失、散失和盗失等。

2. 便利流通消费功能

包装有将商品以某种单位集中的功能，即单元化，包装单元化有利于提高物流过程的效率。因此可以根据商品本身的特性、物流的方式和条件以及消费的情况，较为灵活地决定商品的包装单位，并使包装形态、包装材料、包装标识、包装拆卸的难易程度等要素与之相适应，从而为装卸、运输、验收、储存、计量、销售等各个环节的作业以及消费者的购买和使用创造方便的条件。例如，用桶、罐等包装容器对液态商品进行封装，以便于运输；将零售的小件商品集装成较大的包装单位以便于装卸、搬运和储存，而拆除大包装后即可单件销售，以满足消费者的购买和使用要求；包装容器上的鲜明标记，可以方便物流过程中对商品的识别和清点，关于商品的说明可以指导消费者正确地使用商品。

3. 促进销售功能

恰当的包装能够唤起人们的购买欲望，与商流有关的包装功能是促进销售。在商业交易中，促进销售的手段很多，包装在其中占有重要地位。包装外部的形态、装潢和广告说明一样，是很好的宣传品，对顾客的购买起着说服的作用。

在销售现场，消费者首先接触到的不是商品本身，而是商品的包装。对商品包装的印象往往会成为消费者对商品的"第一印象"。包装的形态在一定意义上如广告说明一般发挥着宣传商品的作用。同时，精致、美观的商品包装可以增加商品的美感，吸引消费者的注意，唤起消费者美好的情感体验，诱发消费者的购买欲望与购买动机，最终产生购买行为。尤其在商品质量相同的条件下，包装在消费者制定购买决策的过程中发挥着重要的作用。包装的这一功能被形象地比喻为"无声的推销员"。

4. 增值功能

增值包装是新环境下的包装需求。在差异化竞争时代，化妆品为了在市场上处于竞争的优势地位，不断通过创新的设计、新材料的使用和特殊装饰手段的应用来突显品牌形象，增加视觉美感和提升产品价值，使之能够从货架上脱颖而出，成为消费者的首选。

包装材料和容器的选择、包装设计、包装技术与方法等多种因素都与包装的具体功能有直接联系。设计一个包装需要从多角度分析，最后才能确定一个包装件。随着社会的发展，包装业会有一个很大的发展，新的包装理念的形成也将是时代的必然产物。

9.1.3 包装的分类

现代产品品种多样,其性能和用途都是存在差异的,对包装要求的目的、功能、形态及方式也各不相同。包装的分类主要包括以下几种。

1. 按包装在流通过程中的作用分类

按包装在流通过程中的作用,包装可以分为单个包装、内包装、外包装。

单个包装也称为小包装,是物品送到使用者手中的最小单位,用袋或其他容器对物体的一部分或全部包裹起来,并且印有作为商品的标记或说明等信息资料。这种包装一般属于商业包装,应注意美观,以起到促进销售的作用。小包装主要发挥包装的促销作用和便于使用的作用。

内包装是将物品或单个包装,或数个归整包装,或置于中间容器中,目的是对物品及单个包装起保护作用。

外包装基于物品输送的目的,要起到保护作用并且考虑输送搬运作业方便,一般置入箱袋之中,根据需要对容器有缓冲防震、固定、防温、防水的技术措施要求。一般外包装有密封、增强功能,并且有相应的标志说明。常见的外包装有集装袋或集装包、托盘、集装箱。

内包装和外包装属于工业包装,更着重于对物品的保护,其包装作业过程可以认为是物流领域内的活动。而单个包装作业一般属于销售领域的活动,是商业包装。

2. 按包装功能分类

(1) 销售包装。销售包装又称为商业包装、消费者包装或内包装。销售包装的设计是为了方便顾客、增强市场吸引力以及保护商品的安全,是保护功能和便利功能的进一步延伸。物资通过包装的造型、色彩、说明等吸引消费者,从而达到宣传、介绍和推销商品的目的。也就是说,这类包装除必须具有保护商品的功能外,更应具有促销的功能,商业包装的功能包括定量功能、标志功能、便利功能和促销功能,目的在于促销或者便于商品在柜台上零售,或者提高作业效率。销售包装主要发挥包装的促销作用。

(2) 运输包装。运输包装又称为工业包装或外包装,是为了尽可能地降低运输流通过程对产品造成的损坏,保障产品的安全,方便储运装卸,加速交接、点验,以满足运输储存要求。它具有保障产品的安全,方便储运装卸,加速交接、点验等作用。运输包装应具有以下基本要求:具有足够的强度、刚度与稳定性;具有防水、防潮、防虫、防腐、防盗等防护能力;包装材料选用符合经济、安全的要求;包装重量、尺寸、标志、形式等应符合国际与国家标准。

3. 按包装的层次划分

(1) 内包装。内包装又称小包装、销售包装,是指以一个商品为一个销售单位的包装形式,其直接与商品接触,是产品的主要保护层。内包装包括金属罐、玻璃和塑料容器、包装袋和纸盒等,这类包装的装潢要求很高。

(2) 中包装。中包装是指由若干个单体商品或包装组成的一个小的整体包装,属于商品的内层包装。例如，铅笔 12 支装一打、香烟 10 包装一条。它主要便于运输、计量、陈列及销售。

（3）外包装。外包装又称大包装，是指商品的最外层包装，容纳一定数量中包装或小包装的大包装，主要便于计量和运输。因此，它对外观要求不高，但必须标明内容物、性质、体积、重量及出品单位等。

4. 按包装材料划分

（1）纸类包装，特点是成本低廉、透气性好，且印刷装饰性较好。
（2）塑料类包装，特点是种类繁多、综合性能比较好。
（3）金属类包装，主要有罐头、铁桶和钢瓶。
（4）玻璃和陶瓷类包装，特点是耐腐蚀性较好、比较稳定。
（5）木材包装。
（6）纤维织品包装，可使用的材料包括麻袋和维尼纶袋等。
（7）复合材料类包装，是指利用两种以上的材料复合制成的包装。
（8）其他材料包装，如竹、藤、苇等制成的包装。

5. 按包装的用途划分

（1）内销商品包装要求适合于国内中、短途运输，包装的大小、内装物数量要与国内消费习惯和消费水平相适应。内销商品包装一般具有简单、经济、实用的特点。

（2）出口商品包装要适合于国际长途运输，一般以远洋航运、空运、火车和汽车集装箱运输为主。市场销售以超级市场为主要形式，包装的装潢、色彩、形式等要考虑商品销售所在国的不同习惯和特点。出口商品包装的保护性、装饰性、竞争性要求更高。出口商品包装按照国际贸易经营习惯，一般分为储运包装和销售包装两大类。

（3）特殊商品包装一般是指工艺美术品、文物、精密贵重仪器及军需品等的包装。这些商品由于本身价格昂贵，比一般商品包装要求更高和更严格，因而包装成本也较高。

6. 按照包装的使用次数分类

（1）一次用包装。一次用包装是仅仅使用一次、不再回收复用的包装。这种包装往往随同商品出售或在销售过程中被消耗掉。绝大多数销售包装属于一次用包装。

（2）多次用包装。多次用包装是指回收后经过一定的整理或加工，仍然可以重复使用的包装。大部分商品的运输包装和一部分中包装可以多次使用。

（3）周转用包装。周转用包装是指生产企业和销售企业固定地用于周转、多次重复使用的包装，如装运啤酒的塑料包装箱。

7. 按照包装容器分类

按照包装容器的结构不同，可将包装划分为固定式包装和可拆卸折叠式包装。固定式包装的形状、尺寸等固定不变；可拆卸折叠式包装在空置时可以通过拆卸、折叠缩小包装物本身的体积，从而便于对其进行返运和管理。

按照包装容器的抗变形程度不同，可将包装划分为硬包装、半硬包装和软包装。硬包装也称刚性包装，这种包装的材质较为坚硬但缺乏弹性，因此包装容器不易变形。软包装又称柔性包装或挠性包装,这类包装的材质具有一定的韧性和弹性,包装容器的形状也可以发生一定的改变。半硬包装是介于硬包装和软包装之间的包装。

根据产品的特性不同,可将包装划分为特种商品包装和普通商品包装。特种商品包装是指根据某些特殊商品的特殊性质或特殊的重要性有针对性地设计的包装。例如,工艺美术品、文物、军需用品等,这些物品的包装在抗压、抗震和抗冲击等方面有高于其他商品包装的要求。普通商品包装则是指除特殊商品以外的一般商品的包装。

8. 按商品包装保护技术划分

1）防锈包装

防锈包装可以分为防锈油防锈蚀包装和气相防锈包装。防锈油防锈蚀包装是在金属制品上涂上一定厚度的油层,将金属与空气隔绝,把金属表面保护起来,达到防止金属被大气锈蚀的目的。气相防锈包装技术是用气相缓蚀剂（挥发性缓蚀剂），在密封包装容器中对金属制品进行防锈处理,起到抑制大气对金属锈蚀的作用。

2）防虫包装

防虫包装常用的是驱虫剂,即在包装中放入有一定毒性和臭味的药物,利用药物在包装中挥发的气体杀灭和驱除各种害虫。也可使用真空包装、充气包装、脱氧包装等技术,使害虫无生存环境,从而防止虫害。

3）防腐包装

在运输包装内装运食品和其他有机碳水化合物货物时,货物可能会腐烂、变质,因此,要采取特别防护措施。通常采用冷冻包装、真空包装或高温灭菌等方法。为了防止运输包装内的货物发霉,还可使用防霉剂。机电产品的大型封闭箱可酌情采取开设通风孔或通风窗等防霉措施。

4）防震包装

防震包装又称缓冲包装,包装本身具有一定的抗震保护作用。产品从生产出来到开始使用要经过一系列的运输、保管、堆码和装卸过程,有可能对产品造成损坏,这就要设法减小外力,减缓内装物受到的冲击和震动,保护其免受损坏。防震包装方法主要有三种:①全面防震包装方法,内装物和外包装之间全部用防震材料填满进行防震;②部分防震包装,对于整体性好的产品和有内装容器的产品,仅在产品或内包装的拐角或局部地方使用防震材料进行衬垫;③悬浮式防震包装,对于某些贵重、易损的物品,为了有效保证其在流通过程中不被损坏,可采用比较坚固的外包容器,然后用绳、带、弹簧等将被装物悬吊在包装容器内。

5）危险品包装

危险品有上千种,按其危险性质,交通运输和公安消防部门将其分为十大类,即爆炸性物品、氧化剂、压缩气体和液化气体、自燃物品、遇水自燃物品、易燃液体、易燃固体、毒害品、腐蚀性物品、放射性物品。

6）防潮包装

防潮包装是采用防潮材料对产品进行包封,以防止包装内部水分增加,达到抑制微生物的生长和繁殖,延长内装物的储存期的目的。

7）特种包装

特种包装包括充气包装、真空包装、收缩包装、拉伸包装和脱氧包装。充气包装是采用二氧化碳气体或氮气等不活泼气体转换包装容器中空气的一种包装方法，也称为气体转换包装。通过在密封的包装容器中改变气体的组成成分，降低氧气的浓度，抑制微生物的生理活性、酶的活性和鲜活商品的呼吸强度，达到防霉、防腐和保鲜的目的。真空包装是将物品装入气密性容器后，在容器封口之前抽成真空，使密封后的容器内基本没有空气。收缩包装是用收缩薄膜包裹物品，然后对薄膜进行适当的热处理，使薄膜收缩而紧贴于物品。拉伸包装是依靠机械装置在常温下将弹性薄膜围绕被包装件并拉伸、紧裹，并在其末端进行封合。脱氧包装是继真空包装和充气包装之后出现的一种新型除氧包装方法，在密封的包装容器中，使用能与氧气起化学作用的脱氧剂与之反应，从而除去包装容器中的氧气，以达到保护内装物的目的。

9.2 物流包装的方法

9.2.1 包装材料

包装材料是形成包装的物质基础，无论包装材质的选择还是包装技术的实施，都是为了保证和实现包装的保护性、方便性等。包装材料具有保护性能、加工操作性能、外观装饰性能、方便使用性能、节约费用性能、易处理性能等多种性能，所以包装材料的选择对保护产品有着非常重要的作用，是发展包装技术、提高包装质量、降低包装成本的重要基础。包装材料的性能，一方面决定于包装材料本身的性能，另一方面取决于各种材料的加工技术。随着科学技术的发展，新材料、新技术的不断出现，包装材料满足商品包装的性能会不断地完善。

包装材料种类繁多，归纳起来主要有以下几种类别。

1. 塑料包装材料

塑料包装材料有聚乙烯、聚丙烯、聚苯乙烯、聚氯乙烯以及钙塑材料等。聚乙烯又分为高压聚乙烯、中压聚乙烯和低压聚乙烯三种。其中，高压聚乙烯制成的薄膜，因透气性好、透明结实，适用于蔬菜、水果的保鲜包装。在美国，60%以上的包装塑料为聚乙烯；聚丙烯的优点是无毒，可制成薄膜、瓶子、盖子，用于食品和药品包装；聚苯乙烯可用来制作罐、盒、盘等包装容器和热缩性薄膜，发泡聚苯乙烯塑料，大都用来做包装衬垫和内装防震材料；聚氯乙烯是大家通常所说的 PVC，它可以用来制作周转塑料箱和硬质泡沫塑料，但在高温下可能分解出氯化氢气体，有腐蚀性；钙塑材料可用来制造钙塑瓦楞纸板、钙塑包装桶和包装盒等。

塑料包装具备的优点如下。

（1）塑料具有优良的物理机械性能，如有一定的强度、弹性、耐折叠、耐摩擦、抗震动、防潮、气体阻漏等性能。

（2）塑料的化学稳定性好，具有耐酸碱、耐化学试剂、耐油脂、防锈蚀、无毒等特点。

（3）塑料属于轻质材料，比重约为1，约为金属比重的1/5，为玻璃比重的1/2。

（4）塑料加工成型简单，可以多样化。它可制成薄膜、片材、管材、编织布、无纺布、发泡材料等。其成型技术有多种，如吹塑、挤压、铸塑、真空、热收缩、拉伸等。

（5）塑料具有优良的透明性和表面光泽，印刷和装饰性良好。

但塑料也存在很多不足，如强度不如钢铁、耐热性不及玻璃、在外界因素长期作用下易老化、有些塑料有异味、废弃物难处理、易产生公害等。

塑料包装制品的应用日益广泛，塑料袋及塑料交织袋已成为牛皮纸袋的代用品。塑料制品还可用于酒、食油等液体运输容器的革新，开发了纸袋结合包装，其方法是将折叠塑料袋容器放入瓦楞纸箱中，以代替传统的玻璃瓶、金属罐、木桶等。塑料成型容器也得到广泛的应用，如聚乙烯容器，包括箱、罐等，特别是颜料业和食品业等塑料通用箱发展很快。

2. 纸和纸板

利用纸进行包装的商品非常广泛，用量最多、品种最杂。运输用大型纸袋可用3~6层牛皮纸叠合而成，也可用牛皮纸和塑料薄膜做成复合多层构造。纸箱的原料是各种规格的白纸板和瓦楞纸板。瓦楞纸箱之所以被广泛使用，是因为它重量轻、耐冲击、容易进行机械加工和回收，价格也便宜，但要求其强度和耐压能力必须达到一定指标，在选材和尺寸设计时应加以注意。

纸和纸板包装具备的优点如下。

（1）纸和纸板的成型性和折叠性优良，便于加工并能高速连续生产。

（2）纸和纸板容易达到卫生要求。

（3）纸和纸板易于印刷，便于介绍和美化商品。

（4）纸和纸板的价格较低，不论单位面积价格还是单位容积价格，与其他材料相比都是经济的。

（5）纸和纸板本身重量轻，能降低运输费用。

（6）纸和纸板质地细腻、均匀、耐摩擦、耐冲击、容易黏合，不受温度影响，无毒、无味、易于加工，适用于不同包装的需要。

（7）纸和纸板的废弃物容易处理，可回收复用和再生，不造成公害，节约资源。

但纸和纸板也存在很多不足，如受潮后强度下降，气密性、防潮性、透明性差。

不同的包装可选用不同的纸。例如，牛皮纸可作为内包装和外包装，可做成纸袋，还可用作瓦楞纸面层；植物羊皮纸主要用于带装饰性的小包装，如用于包装食品、茶叶、药品等，可在长时间存放中防止受潮、干硬、走味，纸和纸板在包装材料中的应用最为广泛。

3. 金属包装材料

饮料、煤气、天然气等液体和气体一般用金属和金属板做包装材料，用于包装的金属材料主要包括：镀锡薄板，俗称马口铁，是表面镶有锡层的薄钢板，由于锡层的作用，它除了有一般薄钢板的优点以外，还有很强的耐腐蚀性，可加工成各种形状的容器，主要用于制造高档罐容器，如各种饮料罐、食品罐等；涂料铁，是在镀锡薄板一面涂以涂料加工制成的，适合盛装各种食品，主要用于制造食品罐；铝合金，是以铝为主要合金元素的各种合金，按照其他合金元素种类及含量的不同，它有许多型号，分别可制铝箔、饮料罐、薄板、铝板及型材，可制成各种包装物，如牙膏皮、饮料罐、食品罐、航空集装箱等。也可与塑料等材料复合制成复合薄膜，用作商业小包装材料。铝合金包装材料的主要特点是隔绝水、汽及一般腐蚀性物质的能力较强，强度重量比较大。

使用金属材料进行包装主要包括以下优点。

（1）金属材料牢固、不易破碎、不透气、防潮、防光，能有效地保护内装物。

（2）金属有良好的延伸性，容易加工成型。它们的加工技术成熟，钢板镀上锌、锡、铬等具有很好的防锈能力。

（3）金属表面有特殊的光泽，使金属包装容器具有良好的装潢效果。

（4）金属材料易于再生使用。

但是在包装的应用上，限制性因素为成本高、能耗大，在流通中易产生变形、生锈等。

4. 木质包装材料

木质包装材料一般用于外包装，为了节省木材，常使用框架箱、栅栏箱或木条胶合板箱，为了增加强度也有加铁箍的。对于重物包装，常在底部加木制垫货板。近年来，由于木材存在易于吸收水分、易于变形开裂、易腐朽、易受白蚁蛀蚀等缺点，再加上受资源限制、价格高等因素的影响，木质包装材料有逐步被其他材料替代的趋势。

但使用木质材料进行包装也有很多优点。

（1）木材具有优良的强度重量比，有一定的弹性，能承受冲击、震动、重压等作用。

（2）木材资源广泛，可以就地取材。

（3）木材加工方便，不需要复杂的加工机械设备。

（4）木材可加工成胶合板，外观好，可减轻包装重量，提高木材的均匀性，因此扩大了木材的应用范围。

5. 玻璃、陶瓷包装材料

玻璃用于运输包装，主要是指存装化工产品，如强酸类的大型容器；其次是指用玻璃纤维复合袋存装化工产品和矿物粉料。玻璃用于销售包装，主要是玻璃瓶和平底杯式的玻璃罐，用来存装酒、饮料、其他食品、药品、化学试剂、化妆品和文化用品等。

玻璃用于包装的优点主要包括以下几个方面。

（1）玻璃的保护性能良好，不透气、不透湿、有紫外线屏蔽性、化学稳定性高、耐风化、不变形、耐热、耐酸、耐磨、无毒无异味、有一定强度，能有效地保存内装物。

（2）玻璃的透明性好，易于造型，具有特殊的真实传达商品的效果。

（3）玻璃易于加工，可制成各种样式，对产品商品性的适应性强。

（4）随着玻璃的强化、轻量化技术及复合技术的发展，其对产品包装的适应性更强了，尤其是在一次性使用的包装材料中有较强的竞争力。

（5）玻璃包装容器易于复用、回收，便于洗刷、消毒、灭菌，能保持良好的清洁状态，一般不会造成公害。

（6）玻璃原材料资源丰富且便宜，价格较稳定。

但是玻璃用作包装材料存在着耐冲击强度低、碰撞时易破碎、自身重量大、运输成本高、能耗大等缺点，限制了玻璃的应用。

陶瓷作为包装容器时与玻璃具有相近的特性与优点，且二者同属于"硅酸盐工业"的范畴，在此不再对陶瓷做进一步的赘述。

6. 复合材料

复合材料由多种材料复合而成，常见的复合材料有几十种，得到广泛利用的有：塑料与塑料复合、塑料与玻璃复合、金属箔与塑料复合、纸与塑料复合以及金属箔、塑料、玻璃复合等。通过各种方法复合在一起，可以改造单一材料的性能，发挥更多材料的优点。

7. 包装辅助材料

包装用的辅助材料主要有黏合剂、黏合带、捆扎材料等。

1）黏合剂

黏合剂用于材料的制造、制袋、制箱及封口作业。黏合剂有水型、溶液型、热熔型和压敏型几种。近年来，由于普遍采用高速制箱及封口的自动包装机，所以大量使用短时间内能够黏结的热熔黏合剂。

2）黏合带

黏合带有橡胶带、热敏带、黏结带三种。橡胶带遇水可直接溶解，结合力强，黏结后完全固化，封口很结实；热敏带一经加热活化便产生黏结力，一旦结合，不好揭开且不易老化；黏结带是在带的一面涂上压敏性结合剂，如纸带、布带、玻璃纸带、聚乙烯树脂带等，也有两面涂胶的双面胶带，这种带子用手压便可结合，使用十分方便。

3）捆扎材料

捆扎的作用是打捆、压缩、缠绕、保持形状、提高强度、封口防盗、便于处置和防止破损等。现在已很少用天然捆扎材料，而多用聚乙烯绳、聚丙烯绳、纸带、聚丙烯带、钢带、尼龙布等。

8. 生物包装材料

随着人们环境保护意识的增强，消费者对产品包装的要求也在提高，不仅强调外观新颖美观，还注重包装材料的无污染、易回收、易降解等特点，因此从农业原料或副产品中生产生物包装材料具有十分广阔的市场前景。发展生物材料包装工业具有很多好处，一是可以综合利用农林产品和副产品，达到增值的目的。尤其是不少农林资源丰富又需要进口塑料、金属等包装材料的发展中国家和地区，发展生物材料包装工业的收益更大。二是生物包装材料易回收利用，可以加工成牲畜饲料。三是生物包装材料易发酵和降解，不污染环境，符合环保要求。

新的生物包装材料已在不少国家和地区出现，如从棉籽蛋白中生产的包装薄膜、从小麦蛋白中研制成功的包装材料、以膨胀的淀粉为原料生产的包装材料等。这些新型的生物包装材料一经问世，便显示出强大的生命力。德国一家个体农场利用玉米开发出可取代塑料包装材料的生物包装材料。该农场通过试验发现，把玉米粉制成浆料，通过压缩机挤压、膨胀后做成的颗粒，可有效承受冲击和压力，而且抗静电、防霉、不受潮、不污染环境。因此，它很快在医药和化妆品工业产品包装中找到了市场。随着经济、科技的发展和工业化程度的提高，世界生物材料包装工业将会有较大的发展。

9.2.2 包装容器

包装容器是包装材料和造型结合的产物，常用的包装容器主要有包装袋、包装盒、包装箱、包装瓶和包装罐（筒）。

1. 包装袋

包装袋是柔性包装中的重要技术，包装袋材料具有较高的韧性、抗拉强度和耐磨性。一般包装袋结构是筒管状的，一端预先封死，在包装结束后再封装另一端，一般采用充填操作。包装袋广泛适用于运输包装、商业包装、内装和外装。包装袋一般分为下述三种类型。

1）集装袋

这是一种大容积的运输包装袋，盛装重量在 1 吨以上。集装袋的顶部一般装有金属吊架或吊环等，用于铲车或起重机的吊装、搬运。卸货时可打开袋底的卸货孔，即可卸货，非常方便。集装袋装卸货物及搬运都很方便，所以装卸效率明显提高。

2）一般运输包装袋

这类包装袋的盛装重量是 0.5~100 千克，大部分是由植物纤维或合成树脂纤维纺织而成的织物袋，或者是由几层柔性材料构成的多层材料包装袋，如麻袋、草袋和水泥袋等，主要包装粉状、粒状和个体小的货物。

3）小型包装袋（或称普通包装袋）

这类包装袋盛装重量较少，通常用单层材料或双层材料制成。某些具有特殊要求的包装袋也可用多层不同材料复合而成。它的包装范围较广，液状、粉状、块状和异形物等可采用这种包装。

上述几种包装袋中，集装袋适用于运输包装，一般运输包装袋适用于外包装及运输包装，小型包装袋适用于内装、个装及商业包装。

2. 包装盒

包装盒是介于刚性和柔性包装之间的包装技术，包装材料有一定柔性，不易变形，有较高的抗压强度，刚性高于袋装材料。包装结构是规则几何形状的立方体，也可裁制成其他形状。包装操作一般采用码入或装填，然后将开闭装置闭合。

包装盒整体强度不大，包装量不大，因此，不适合做运输包装，而适合做商业包装、内包装，适合包装块状及各种异形物品。

3. 包装箱

包装箱是刚性包装技术中的重要一类。包装箱整体强度较大，抗变形能力强，包装量也较大，适合做运输包装、外包装，包装范围较广，主要用于固体杂货包装。包装箱的类型主要有以下四种。

1）瓦楞纸箱

瓦楞纸箱是用瓦楞纸板制成的箱形容器。按瓦楞纸箱的外形结构分类，它有折叠式瓦楞纸箱、固定式瓦楞纸箱和异形瓦楞纸箱三种。

2）木箱

木箱是流通领域中常用的一种包装容器，其用量很大。木箱主要有木板箱、框板箱、框架箱三种。这三种中比较常见的是木板箱，木板箱一般用作小型运输包装容器，能装载多种性质不同的物品，所起的作用是抗碰裂、溃散、戳穿，有较大的耐压强度，能承受较大负荷，制作方便。但木板箱的箱体较重，体积也较大，其本身没有防水性。

3）塑料箱

塑料箱一般用作小型运输包装容器，其优点是自重轻、耐蚀性好，可装载多种商品，整体性强，强度和耐用性能满足反复使用的要求；可制成多种色彩以对装载物进行分类，手握搬运方便，没有尖刺，不易伤手。

4）集装箱

集装箱为由钢材或铝材制成的大容积物流装运设备，从包装角度看，也属于一种大型包装箱，可归属于运输包装的类别中，也是大型反复使用的周转型包装箱。

4. 包装瓶

包装瓶是瓶身与瓶颈尺寸有较大差别的小型容器，主要由刚性材料制成，是刚性包装中的一种。包装瓶有较强的抗变形能力，刚性、韧性要求一般也较高。包装瓶的包装量一般不大，适合于美化装潢，主要做商业包装、内包装使用，主要包装液体、粉状货。

个别包装瓶介于刚性与柔性材料之间，瓶的形状在受到外力时可能发生一定程度的变形，但是外力一旦撤除，仍可恢复原来的瓶形。包装瓶结构的瓶颈口径远小于瓶身，且在瓶颈顶部开口；包装操作是填灌操作，然后将瓶口用瓶盖封闭。包装瓶按外形，可分为圆瓶、方瓶、高瓶、矮瓶和异形瓶等若干种。瓶口与瓶盖的封盖方式有螺纹式、凸耳式、齿冠式和包封式等。

5. 包装罐（筒）

包装罐（筒）是罐身各处横截面形状大致相同、罐颈短、罐颈内径比罐身内颈稍小或无罐颈的一种包装容器，是刚性包装的一种。包装罐强度较大，罐体抗变形能力强，包装操作是装填操作，然后将罐口封闭，可用作运输包装、外包装，也可用作商业包装、内包装。包装罐主要有三种：小型包装罐、中型包装罐、集装罐。

（1）小型包装罐：这是典型的罐体，可用金属材料或非金属材料制造，容量不大，一般用作销售包装、内包装，罐体可采用各种方式装饰美化。

（2）中型包装罐：外形也是典型罐体，容量较大，一般做化工原材料、土特产的外包装，起到运输包装作用。

（3）集装罐：这是一种大型罐体，外形有圆柱形、圆球形、椭球形等，卧式、立式都有。集装罐往往是罐体大而罐颈小，采取灌填式作业，灌填作业和排出作业往往不在同一罐口进行，而是另设卸货出口。集装罐是典型的运输包装，适合包装液状、粉状及颗粒状货物。

9.2.3 包装技术装备

包装技术装备指完成全部或部分包装过程的一类机器。包装过程包括充填、裹包、封口等主要包装工序，以及与其相关的前后工序，如清洗、干燥、杀菌、计量、成型、标记、紧固、多件集合、集装组装、拆卸及其他辅助工序。

包装技术装备具有重大的作用，它能大幅度地提高生产效率；改善劳动条件，降低劳动强度；节约原材料，降低产品成本；保证产品卫生，提高包装质量；降低包装成本，节约储运费用；延长保质期，方便产品流通；减少包装场地面积，节约基建投资。

包装技术装备种类繁多，从不同的角度考虑可有不同的分类方法，下面按包装装备的功能分类。

（1）充填技术装备（充填机）：将精确数量的包装品装入各种容器内，按计量方式不同，可分为容积式充填机、称重式充填机、计数式充填，如高黏（浓）度充填设备，可用来填充沙拉、年糕、豆馅、鱼酱、肉酱等。

（2）液体灌装技术装备（灌装机）：将液体产品按预定的量充填到包装容器内的机器。按灌装原理，可分为重力灌装机、负压力灌装机、等压灌装机、真空灌装机等。液体灌装机具有高效、全能的自动化控制、快速高压冲洗、卡瓶颈灌装抓盖封口等特点。

（3）裹包技术装备（裹包机）：裹包是用一层或多层柔性材料全部或局部裹包产品或包装件，按裹包方式，可分为全裹式裹包机、半裹式裹包机、缠绕式裹包机、拉伸式裹包机、贴体包装机、收缩包装机。

（4）封口技术装备：将容器的开口部分封闭起来的机器。按其封口方式，可分为无封口材料的封口机、有辅助封口材料的封口机。

（5）贴标技术装备：在产品或包装件上加贴标签，有半自动贴标机和全自动贴标机。

（6）清洗技术装备：清洗包装材料、包装件等，使其达到预期清洗程度的机器。按清洗方式不同，可分为机械式、电解式、化学式、干式、湿式、超声波式、静电式。

（7）干燥技术装备：是为了减少包装材料、包装件的水分，使其达到预期干燥程度的机器。按干燥方式，可分为技术与装备式干燥机、加热式干燥机、化学式干燥机。

（8）杀菌技术装备：是清除或杀死包装材料、产品或包装件上的微生物，使其降到允许范围内的机器。

（9）捆扎技术装备：用于捆扎或结扎封闭包装容器的机器。

（10）集装机械：将若干个产品或包装件包装在一起而形成一个销售和运输单元的机器。

9.2.4 包装标识

商品包装时，要在外部印刷、粘贴或书写上标识，标识的内容包括：商品名称、牌号、规格、等级、计量单位、数量、重量、体积、收货单位、发货单位以及装卸搬运和存放注意事项、图案和特定的代号等。

包装的标识是判别商品特征、组织商品流转和维护商品质量的依据，对保障商品储运安全、加速流转、防止差错有着重要作用。商品包装的标识通常分为商品包装的标记和商品包装的标志。

1. 包装标记

包装标记是根据物资本身的特征，用文字和阿拉伯数字等在包装上标明规定的记号，主要有一般包装标记、表示收发货地点和单位的标记以及标牌标记。

1）一般包装标记

一般包装标记也称为包装的基本标记，它是指在包装上写明物资的名称、规格、型号、计量单位、数量（毛重、净重）及长、宽、高、出厂时间等。对于使用时效性强的物资，还要写明储存期或保质期。

2）表示收发货地点和单位的标记

这是注明商品起运、到达地点和收、发货单位的文字记号，反映的内容是收、发货具体地点（收货人地点、发货人地点、收货站、收货港和发货站、发货港等）和收、发货单位的全称。

3）标牌标记

标牌标记是在物资包装上钉上表明商品性质、特征、规格、质量、产品批号、生产厂家等内容的标识牌。

2. 包装标志

商品包装的标志是用来指明被包装物资的性质以及为了物流活动安全和理货分运的需要而书写的文字和图像的说明。包装标志主要有：指示标志和危险品标志/警告标志。

1）指示标志

指示标志用来指示运输、装卸、保管人员在作业时要注意的事项，以保证物资的安全。指示标志包括运输包装收发货标志与包装储运图示标志。

（1）运输包装收发货标志，是指在商品的运输包装上书写、压印或刷制的图形、文字和数字。其主要作用是便于装卸、运输、保管过程中的有关人员识别，以防止错发错运。传统的运输标志包括几何图形、收货人代号、参考号码、原产地、目的地、体积、重量、件号等。后来，联合国欧洲经济委员会制定的简化的运输标志只包括四项内容：收货人代号、参考号码、目的地名称和货物件数。运输包装收发货标志具体如表9-1所示。

表9-1 运输包装收发货标志

序号	项目 代号	项目 中文	项目 英文	含义
1	FL	商品分类图示标志	classification marks	表示商品类别的特定符号
2	GH	供货号	contract no.	供应该批货物的供货清单号码（出口商品用合同号码）
3	HH	货号	art no.	商品顺序编号，以便出入库、收发货登记和核定商品价格
4	PG	品名规格	specifications	商品名称或代号，标明单一商品的规格、型号、尺寸、花色等
5	SL	数量	quantity	包装容器内含商品的数量
6	Zl	重量（毛重、净重）	gboss wt、net wt	包装件的重量，包括毛重和净重

续表

序号	项目			含义
	代号	中文	英文	
7	CQ	生产日期	date of production	产品生产的年、月、日
8	CC	生产工厂	manufacturer	生产该产品的工厂名称等
9	TJ	体积	volume	包装件的外件尺寸：长×宽×高=体积
10	XQ	有效期限	term of validity	商品有效期至某年某月
11	SH	收货地点和单位	place of destination and consignee	货物到达站、港和某单位（人）数
12	FH	发货单位	consignor	发货单位（人）
13	YH	运输号码	shipping no.	运输单号码
14	JS	发运件数	shipping pieces	发运的件数
说明	（1）分类标志一定要有，其他各项合理选用； （2）外贸出口商品根据国外用户要求，以中文、外文对照，印制相应的标志和附加标志； （3）国内销售的商品包装上不填英文项目			

（2）包装储运图示标志，又称指示标志或注意标志，用来指示运输、装卸、保管人员在作业时需要注意的事项，以保证物资的安全。根据国家标准《危险货物包装标志》（GB 190—2009）的规定，在有特殊要求的货物外包装上粘贴、涂打、钉附以下不同名称的标志，如向上、防湿、小心轻放、防热、防冻等。国际物流包装上的标志至少包括下列内容：目的地、装卸货标志。包装储运图示标志如图 9-1 所示。

图 9-1 包装储运图示标志

2）危险品标志

危险品标志是用来表示危险品的物理、化学性质以及危险程度的标志。它可提醒人们在运输、储存、保管、搬运等活动中引起注意。根据国家标准《危险货物包装标志》（GB 190—2009）的规定，在水、陆、空运危险货物的外包装上拴挂、印刷或标示以下不同的标志，如爆炸品、氧化剂、无毒不燃压缩气体、易燃压缩气体、有毒压缩气体、易燃物品、自燃物品、遇水燃烧品、有毒品、剧毒品、腐蚀性物品、放射性物品。

9.2.5 绿色包装

随着人们环境保护意识的增强，消费者对产品包装不仅要求外观新颖美观，还要求包装材料无污染、易回收、易降解。"绿色包装"，是指对生态环境不造成污染、对人体健康不造成危害、能循环使用和再生利用、促进可持续发展的包装。也就是说，包装产品从原材料选择、制造、使用、回收和废弃的整个过程均应符合生态环境保护的要求。它包括节省资源、能源，避免废弃物产生，易回收再循环利用，可焚烧或降解等具有生态环境保护要求的内容。

绿色包装不仅有利于环境治理，还可带来巨大的经济效益，如包装材料的回收、利用具有明显的经济效益和生态效益。绿色包装主要包括纸包装、可降解塑料包装、生物包装和可食性包装等。

随着包装工业规模日益扩大，我国的大量包装废弃物对环境的危害也增大了，包装废弃物处理已成为严重的问题。如果不对此进行治理，我们生活的空间将被垃圾所包围。尤其是近年来广泛使用的一次性轻型难以降解塑料包装材料，回收利用很难，带来了严重的环境影响。因此我国必须进行一次绿色包装革命。

发展绿色包装应从以下几方面做好工作。

1. 使用绿色包装材料

1）再生的包装材料

再生利用即回收之后重新使用，再生的方法有两种：一种是物理方法，是指直接彻底地净化粉碎，无任何污染物残留，处理后的包装材料用于再生包装容器；另一种是化学方法，是指将回收的塑料经粉碎、洗涤之后，使用解聚剂在碱性催化剂的作用下，使其解聚成单体或者部分解聚成低聚物，纯化后再将单体或者低聚物重新聚合成再生包装材料。

2）可食性包装材料

人工合成可食性包装膜在水中容易溶解，无色、无味、无毒，具有韧性、高抗油性能，可食用。

3）可降解材料

可降解材料是指在特定环境下，在特定时间内造成性能损失，其化学结构发生变化的一种塑料。它既具有传统塑料的功能和特性，又可以在完成使用寿命以后，通过阳光中紫外线的作用或者土壤和水中微生物的作用，在自然界中分裂、降解和还原，最终以无毒的形式重新进入生态环境中，回归自然。

4）以农业原料或副产品为包装材料

从农业原料或副产品中生产生物包装材料，具有十分广阔的市场前景。人们利用农林原料作为包装材料的历史很悠久。例如，利用香蕉树叶、棕榈叶、椰子树叶等作为包装食品的材料，在非洲以及太平洋和拉丁美洲一些地区极为普遍；利用植物乳汁或粮食提炼成的蛋白质糖衣或油脂薄膜作为食品包装材料，在亚洲一些国家也很盛行。

2. 可重复包装材料

可重复包装材料在包装物品时可以反复使用。

1）采用通用包装

按标准模数尺寸制造瓦楞纸、纸板及木制和塑料制通用外包装箱，这种包装箱不专门安排回收使用，由于其通用性强，无论在何地都可转用于其他包装。

2）周转包装

有一定数量规模并有较固定供应流转渠道的产品，如牛奶、啤酒、饮料等，可采用周转包装瓶、盒、箱，多次反复周转使用。

3）梯级利用

一次使用后的包装物，用完转为他用或用毕后进行简单处理便可转为他用。有的包装物在设计时，就设计成多用途，在一次使用完毕以后，可再使用其他功能。

3. 用法律、法规来规范包装

为了保护我国的环境，要加强在包装方面的立法工作，用法律手段来约束和打击不符合环境治理标准的包装。不少发达国家制定了包装法规，我国可以借鉴。

9.3 物流包装的合理化

包装是一个重要的产业，随着经济的发展和销售竞争的激烈化，包装所消耗的材料、资金越来越多，浪费现象、过剩包装现象十分严重，因此科学包装、减少浪费应引起足够的重视。包装在物流系统中发挥着一定的作用，在一定程度上增加了产品的价值，但也不可避免地增加了产品的重量、增大了产品的体积，使产品的成本上升。包装合理化，是指在包装过程中使用适当的材料和适当的技术，制成与物品相适的容器，节约包装费用，降低包装成本，既满足包装保护商品、方便储运、有利销售的要求，又提高包装的经济效益。

9.3.1 包装合理化要求

达到包装合理化，不是某一方面做好了就行了，而要从包装总体效果上考虑，从包装材料、包装技术、包装方式的合理运用上入手，并符合以下几方面要求。

1. 保护产品，造型美观

设计产品包装，首先要能保护产品。因此，设计要科学，要能够保证产品在运输和储存中不被损坏；同时，包装的造型要美观大方、生动形象，图案设计要新颖，对顾客有吸引力。

2. 包装样式的尺寸要考虑与货柜、货台、货架的尺寸相匹配，形成倍数关系

包装样式的尺寸要考虑与相应货柜、货台、货架的尺寸相匹配后进行设计，这样才能使载货的效率高。这样的匹配将降低输送成本，减少库存费用。

3. 每箱装货量标准化

每箱装货量都必须是一个标准整数。这样既能够提高装货效率，又简化了验收手续，还给库存管理带来方便。

4. 包装样式与保管、运输相适应

包装样式要利于运输的装载量和库存保管的堆高，特别是物流量大的产品，以提高运输和保管的效率。包装样式要尽可能简化，利用拼装、压缩等方式，才能提高装货率。

5. 包装样式要与搬运相适应

包装样式设计上要考虑搬运工作是否容易、迅捷。例如，纸箱包装两边各留一个洞孔，以便于把手插进搬运。

6. 必须易于入库，易于开包

工业包装的一大要求是易于入库和易于开包，以提高作业效率，所以设计优良的包装应考虑企业生产线的作业要求，能使入库和开包顺利进行。

7. 既坚固结实又容易处理

从保护品质的方面着想，应该采用坚固的包装，能够承受外部的压力与冲击；同时，为了废料的回收处理，包装材料也应便于迅速处理。

8. 注意所选包装材料的价值

包装材料及包装手续的费用在商品价格中占据一定的比重，要采用价值分析法降低包装成本，从而使物流总成本降低。例如，在选择材料时依据替代性原则，选择价格较低的材料。

9. 不断探索先进的包装作业方法

使用先进的包装作业方法，提高工作效率，有时甚至只变更施工顺序，就能提高工作效率、降低包装成本。

10. 包装设计经济实用

包装设计要尽可能做到既能节约包装费用，又能节约储运费用，而且使用方便。主要体现在以下几方面。

（1）选用的包装材料要尽量便宜。

（2）要设计多用途和能多次使用的包装。

（3）要尽可能合理地利用包装空间。

（4）要避免过分的包装。

11. 包装要与产品的价值相符合

由于产品包装已成为产品的一部分，所以产品包装必须与产品价值相符合，不搞"一等产品二等包装"。不考虑产品内容、用途和销售对象，而单纯追求包装装潢的精美华丽，以此来吸引顾客，其结果往往是主次颠倒、弄巧成拙。

12. 显示出产品的特点

要能够从包装的图案、形状和色彩等方面显示出产品的特点和独特的风格。例如，化妆品的包装，要色彩艳丽、造型优美、装潢雅致；贵重的工艺品的包装，要材质华贵、造型独特、装潢富丽；儿童品的包装，要五彩缤纷、活泼、美丽；食品的包装，要喜庆、吉祥。

13. 选用符合产品性质和消费者心理的色彩

色彩对人们的兴趣、爱好等心理活动有很大的调节作用。因此，在产品包装装潢的设计中要注意选用适当的颜色，要考虑不同年龄、不同地区、不同民族对色彩的不同爱好。例如，笨重的产品采用淡色的包装，会使人觉得比较轻巧；轻巧的产品采用深色包装，会产生庄重的感觉；食品和洗涤剂采用乳白色或淡绿色包装，会使人感到卫生、清洁；药品采用绿色包装，给人以健康安宁、充满生机的感受。

14. 文字设计一目了然

有些产品的性能、使用方法、使用效果常常不能直观显示，而需要用文字加以说明。在包装设计上，要抓住顾客对产品消费的需要，指导其消费。例如，药品类产品，要说明成分、功效、用量、禁忌及是否有副作用等；服装类产品，应说明用料、规格、尺码、洗涤和保存方法等。

9.3.2 包装合理化发展趋势

1. 包装的轻薄化

由于包装只是起附加作用，并不主要决定产品的使用价值。因此，在强度、寿命、成本相同的条件下，更轻、更薄、更短、更小的包装，可以节约材料、提高装卸搬运和运输的效率，减少废弃包装材料的数量，使包装的综合成本降低。

2. 包装的单纯化

包装的单纯化主要是从提高包装作业的效率考虑的。包装的单纯化要求包装材料及规格应尽量单纯化，包装形状和种类也应单纯化。包装材料品种少了，可使管理更方便，并减少了浪费；包装形状和规格单一，有利于提高作业效率，实现机械化。

有些商品采取无包装或简易包装的形式，比有包装或复杂包装更有利，总物流成本更合理。国外有的商店采取大包装或简易包装的办法，把节约下来的包装费用来降低商品售价，吸引消费者，这也是包装的营销策略之一。包装能简化的应尽量简化，没必要包装的可采用无包装化。无包装化物流既能节约包装费用、降低整体物流成本，又能省去包装物的回收和处理作业。散装水泥物流、管道运输等都是无包装化物流的例子。一些厂家不在提高产品质量上努力，而是把精力放在商品包装上，使商品过度包装，这是不应提倡的。

3. 符合集装单元化和标准化的要求

单元化和标准化是包装过程中必须考虑的问题。包装要符合集装单元化和标准化，要求包装的规格尺寸相一致，要与托盘、集装箱相匹配，要与运输车辆和搬运机械相匹配。因为只有包装规格尺寸一致，才能实行模块化包装；包装实现了单元化和标准化，才能批量化作业；有了批量化装卸搬运、保管和运输，才能提高效率、节约费用，物流才能实现机械化和自动化。包装单元化和标准化是现代化物流的重要标志，也是单元化物流的基础。

4. 包装的机械化与自动化

为了提高作业效率和包装的现代化水平，各种包装机械的开发和应用是很重要的。由于被包装物品种繁多，包装材料和包装方法又各不相同，所以出现了各式各样的包装机械。其中有高度自动化的，也有半自动化和手动的。一个相当庞大的包装机械产业为各种产品提供着包装技术装备。

5. 注意与其他环节的配合

包装是物流系统的一部分，需要和装卸搬运、运输、仓储等环节一起综合考虑、全面协调。包装要便于运输、保管和装卸搬运，要便于堆码、摆放、陈列、提取、携带，要便于回收和再生利用。

6. 有利于环保

包装是产生大量废弃物的环节，处理不好可能会造成环境污染。包装材料最好可反复多次使用，并能回收再生利用；在包装材料的选择上，还要考虑不对人体健康产生影响、对环境不造成污染的材料，即"绿色包装"。绿色包装将成为今后包装业发展的主流。

本章小结

在物流活动中，包装这一概念包含了静态和动态两层含义。在社会再生产过程中，包装是生产的终点，也是物流的起点。从生产的角度来看，包装是产品生产的最后一道工序，对产品的包装一旦完成，就意味着该产品可以从生产领域进入流通领域。

包装的功能概括起来主要有：保护商品功能、便利流通消费功能、促进销售功能及增值功能。包装材料和容器的选择、包装设计、包装技术与方法等多种因素都与包装的具体功能有直接联系。

按包装在流通过程中的作用分类，可分为单个包装、内包装与外包装；按包装功能分类，可分为销售包装与运输包装；按包装层次进行划分，可分为内包装、中包装、外包装；除此之外，还可按包装材料、包装用途、包装使用次数、包装容器、包装保护技术等进行划分。

包装材料是形成包装的物质基础，无论包装材质的选择还是包装技术的实施，都是为了保证和实现包装的保护性、方便性等。包装容器是包装材料和造型结合的产物，常用的包装容器主要有包装袋、包装盒、包装箱、包装瓶和包装罐（筒）。包装技术装备指完成全部或部分包装过程的一类机器。包装过程包括充填、裹包、封口等主要包装工序，以及与其相关的前后工序，如清洗、干燥、杀菌、计量、成型、标记、紧固、多件集合、集装组装、拆卸及其他辅助工序。

包装的标识是判别商品特征、组织商品流转和维护商品质量的依据，对保障商品储运安全、加速流转、防止差错有着重要作用。商品包装的标识通常分为商品包装的标记和商品包装的标志。

包装合理化，是指在包装过程中使用适当的材料和适当的技术，制成与物品相适的容器，节约包装费用，降低包装成本，既满足包装保护商品、方便储运、有利销售的要求，又提高包装的经济效益。包装合理化的要求有保护产品，造型美观；包装样式的尺寸要考虑与货柜、货台、货架的尺寸相匹配，形成倍数关系等。包装合理化发展趋势为包装的轻薄化、单纯化、单元化、标准化、机械化、自动化、协调化、环保化等。

拓展阅读+案例分析

第 10 章　流通加工管理

流通加工是生产加工在流通领域的延伸，是流通过程中辅助性的简单加工活动，其具有提升物流效率、降低物流成本、维护产品质量、促进销售等作用。根据加工目的不同，流通加工可以分为弥补性流通加工、服务性流通加工等八种类型。不同种类的产品性质、形状差异很大，所以流通加工方式也随着产品不同而改变。在考虑对某产品进行流通加工时，必须考虑流通加工的设置是否合理，不合理的流通加工会产生抵消效益的负效应，需要认识到不合理流通加工的常见形式。流通加工合理化的含义是实现流通加工的最优配置，不仅做到避免各种不合理加工，使流通加工有存在的价值，而且综合考虑流通加工与配送、合理运输、合理商流等有机结合，做到最优选择。在对流通加工进行管理时，应从投资管理、生产管理、质量管理、位置布局等方面入手，并通过一些技术经济指标，对流通加工进行更有效的评价与控制，提高管理的有效性。

流通加工是生产加工在流通领域中的延伸，是流通中的一种特殊形式，在提高物流效率、降低物流成本等方面发挥着重要作用。本章主要介绍流通加工的定义、特点、作用，探讨流通加工的分类及方式，梳理流通加工的合理化要求，并介绍流通加工的流程与管理。通过本章学习，读者能够掌握流通加工、流通加工管理、流通加工合理化等基本内容。

10.1　流通加工概述

10.1.1　流通加工的定义

流通和加工的概念本属于不同范畴：加工是通过改变物品的形态或性质（物理变化或化学变化）来创造价值、形成一定产品的活动，属于生产活动；而流通则是指改变物品的空间状态与时间状态的过程，其不改变物品的形态或性质。将二者结合起来，就可以形成一个全新的物流功能要素——流通加工，概念示意图如图 10-1 所示。

图 10-1　流通加工概念示意图

流通加工是物品在从生产地到使用地的过程中，根据需要施加包装、分割、计量、分拣、刷标志、拴标签、组装等简单作业的总称。一言蔽之，流通过程中辅助性的加工活动都称为流通加工。流通加工处于生产和流通的交叉领域，它不改变商品的基本形态和功能，只是完善商品的使用功能，提高商品的附加价值，并提高物流系统的效率，是生产加工在流通领域中的延伸，以提供更好的流通服务。流通加工的示意图如图 10-2 所示。

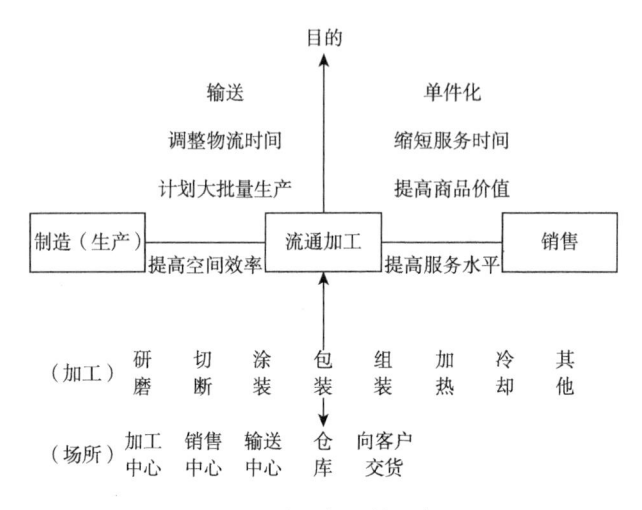

图 10-2 流通加工的示意图

随着经济发展与国际分工细化，流通加工在应对市场竞争、满足消费者多样化需求方面表现出了重要意义，其能够提升物流效率、降低物流成本，对流通加工进行管理成为物流管理的重要内容之一。

10.1.2 流通加工的特点

与生产加工相比，流通加工主要表现出以下几方面特点。

（1）从加工对象看，生产加工的对象不是最终产品，而是原材料、零部件或半成品；流通加工的对象则是进入流通领域的商品，具有商品的属性。

（2）从加工程度看，生产加工是复杂加工；而流通加工是对生产加工的辅助及补充，属于简单加工。当需要复杂加工时，应该专设生产加工过程，流通加工不能代替生产加工。

（3）从附加价值看，生产加工的目的在于创造产品的价值及使用价值，而流通加工的目的则在于完善其使用价值，并在不做大改变的前提下提高价值。

（4）从实施主体看，生产加工由生产企业来完成；而流通加工是由商业或物资流通企业密切结合流通的需要进行组织加工完成。

（5）从加工目的看，生产加工是以交换、消费为目的的商品生产；而流通加工除了以提高消费体验为目的外，有时也以自身流通为目的，为商品流通创造有利条件。

（6）从所处环节看，生产加工处于生产环节，而流通加工处于流通环节，是流通的特殊形式。流通加工与生产加工的特点如表 10-1 所示。

表 10-1　流通加工与生产加工的特点

比较项目	生产加工	流通加工
加工对象	原材料、零部件、半成品	进入流通领域的商品
加工程度	复杂加工，主要加工	简单加工，辅助加工
价值创造	创造价值和使用价值	完善其使用价值，并提高价值
实施主体	生产企业	流通企业
加工目的	交换、消费	消费、流通
所处环节	生产环节	流通环节

10.1.3　流通加工的作用

在物品从生产领域向消费领域流通的过程中，流通加工可以促进销售、维护产品质量和提高物流效率。具体而言，物流加工主要具有以下作用。

1. 提高加工效率和原材料利用率

通过集中进行的流通加工代替分散在各使用部门进行的分别加工，可以节省原材料，提高加工效率和加工质量。例如，按照生产建设的工艺要求，加工原始产品是流通加工的一项重要内容。将生产者发运来的原始产品进行定尺和合理剪切、锯裁等，其重要特点之一就是：进行作业时，使用专用设备在统一用户的要求的基础上集中下料（如集中剪切钢板、集中套裁玻璃等）。统筹安排、集中下料的结果，一是在销售或供应物资时可以做到小材大用、优材优用，做到物尽其用，大大提高原材料的利用率；二是由于加工量大，可以采用技术先进的专用加工设备，大大提高了加工效率和加工质量，通过规模效应降低了加工成本。

2. 弥补生产加工不足，完善产品功能

企业面对着众多客户，其需求多种多样，生产环节的各种加工活动往往不能完全满足客户的需求。流通加工可以弥补生产加工的不足，进一步完善产品功能，更好地满足客户的个性化需求，提高产品价值，增加销售收益。例如，某城市的许多制成品，如洋娃娃、工艺美术品、时装等在深圳进行简单的装潢加工，完善产品的外观功能，就可以使产品售价增加 20%以上。流通加工在提高商品的价值和使用价值的同时，也给流通企业带来了可观的利润。

3. 提高物流效率，降低物流成本

流通加工可以使运输更方便，自行车、铝制门窗框架等产品若以完整产品形式进行运输，将耗费很高的运输费用，所以往往将它们的零部件分别集中捆扎装箱，到达销售地点后再组装为成品，这样可以使运输更经济，有效降低了物流成本。流通加工可以减少附加重量，一些原材料如钢板、原木等，先通过流通加工完成必要的切割，去除不必要的部分，可以减少附加重量，合理利用车、船等运输工具的内容积，提高运输与装卸搬运的效率。流通加工能协调运输（外）包装和商业（内）包装。一般而言，运输包装要求轻薄、单位重量大一些，而商业包装需要夸张，有时以很小的重量搬上商品货架。所以，商品可以先以运输包装进入物流过程，在运达目的地后，再通过流通加工形成商业包装后，进入商品的货架，从而降低物流成本。

4. 促进物流合理化

物流企业要自行安排流通加工与配送，而流通加工又是配送的前提，根据流通加工形成的特点布置配送，使必要的辅助加工与配送很好地衔接，能使物流全过程顺利完成。另外，流通加工环节一般设置在消费地，流通过程中衔接生产地的大批量、高效率、长距离的输送和衔接消费地的少批量、多品种、多用户、短距离的输送之间存在很大的供需矛盾，通过流通加工可以有效解决该矛盾。以流通加工为分界点，从生产地到流通加工地可以利用火车、船舶形成大量的、高效率的定点输送，而从流通加工地到消费者则可以利用汽车等工具形成多品种、多用户的灵活输送，从而充分发挥各种运输手段的最高效率，加快运输速度，节省运力和运费，使物流更合理。

10.2 流通加工的类型与方式

10.2.1 流通加工的分类

从本质看，各种产品的各种形式的流通加工区别不大，均是生产过程在流通领域的延续；从加工技术、加工方法、加工目的等方面看，各种流通加工又存在一定的差别。按照加工目的的不同，可将流通加工分为以下几种类型。

1. 弥补性流通加工

许多产品在生产领域只能达到一定程度的粗加工，不能完全实现终极加工，如钢铁等，钢铁厂只能按照标准规格进行大规模生产，以保证生产具有较高的效率和效益，同时使产品具有较强的通用性。流通加工环节可以进一步深加工，弥补、完善产品功能。

2. 服务性流通加工

大批量生产往往不能满足客户对产品的多样化需求，为满足客户的个性化需求而对产品进行多样化的改制加工为服务性流通加工。例如，将平板玻璃按用户的需求规格进行开片加工，将木材集中开木下料，改制成各种规格的锯材等。

3. 保护性流通加工

在物流过程中，直到用户投入使用前都存在对产品的保护问题，防止产品在运输、储存、装卸、搬运、包装等过程中遭到损失，使其使用价值能顺利实现的流通加工为保护性流通加工。这种流通加工可以通过稳固、改装、冷冻、保鲜、涂油等方式减少运输途中的产品损失，并不改变产品的外形和性质。

4. 方便物流型流通加工

一些产品由于形状特殊，难以进行物流操作，通过适当的流通加工可以弥补这些产品的物流缺陷，使物流环节易于操作。例如，组装型商品（自行车）等在运输和保管途中处于散件状态，到达销售地后再组装加工为成品。这种加工暂时性地改变了产品的物理状态，但在最终销售时会恢复为原来的物理性能。

5. 装潢性流通加工

这种加工不改变产品主体，只进行简单的改装加工，以提高产品的附加价值，起到促进销售的作用。例如，将运输大包装或散货包装改换为小包装货物，或将以保护产品为主的运输包装改换成以促进销售为主的装潢性包装等，起到吸引消费、指导消费的作用。

6. 提高原材料利用率和加工效率型流通加工

这种流通加工以集中加工形式，解决了单个企业加工效率不高的弊端，以一家流通加工企业代替了若干生产企业初级加工工序，使单个企业简化生产工序，提高加工水平。同时，利用综合性强、用户多的特点，采用合理规划、集中下料的办法，能够提高加工效率和原材料的利用率。

7. 物流合理化型流通加工

在干线运输及支线运输的节点，设置流通加工环节，可以有效解决大批量、低成本、长距离运输及多品种、少批量、多批次末端运输和集货运输之间的衔接问题，在流通加工点与大生产企业间形成大批量、定点运输的渠道，又以流通加工中心为核心，组织对多用户的配送，从而有效衔接不同目的的运输方式，促进物流合理化。

8. 生产-流通一体化型流通加工

依靠生产企业和流通企业的联合，或者生产企业涉足流通，或者流通企业涉足生产，形成对生产与流通加工的合理分工、合理规划、合理组织，统筹进行生产与流通加工的安排，这就是生产-流通一体化型流通加工形式。这种形式可以促成产品结构及产业结构的调整，充分发挥企业集团的经济技术优势，是目前流通加工领域的新形式。

10.2.2 流通加工的方式

不同种类的产品的性质、形状差异很大，其加工作业在操作工艺和操作方法上也不尽相同，下面介绍几种主要产品的加工作业及其流通加工方式。

1. 钢材

钢材是使用范围广泛、消耗量大的原材料，按其形状进行划分，钢材包括型材、板材、管材和钢丝四大类。在批量生产的条件下，由于某些钢材的加工深度有限，因此，在使用这些钢材之前，一般都要根据具体情况进行延伸性加工。钢材的流通加工大体有以下几项内容。

（1）圆钢、角钢、扁钢、方钢等小型钢和部分管材的切割，线材的冷拉加工。

（2）薄钢板的剪切加工和带钢的平展、裁切加工。

（3）专用钢管的涂油和油漆加工。

一般情况下，钢材的流通加工是由设置在消费地区的加工中心在综合各用户需求和要求的基础上，采用集中下料的方式进行作业的。也有些分散性的钢材的流通加工是由专业流通组织在摸清需求规律的基础上，分头组织的。通常利用专门的设备将大规模的钢材切割（或剪切）成小尺寸的坯料，为的是便于零星用户购买钢材和有利于材料的充分利用。

2. 水泥熟料

在需要长途运入水泥的地区，运进水泥熟料半成品，在该地区的流通加工点（磨细工厂）磨细，并根据当地资源和需要的情况掺入混合材料及添加剂，制成不同品种及标号的水泥供应给当地用户，这是水泥流通加工的重要形式之一。在国外，这种物流形式已占据一定的比重。在需要经过长距离输送供应的情况下，以熟料形式代替传统的粉状水泥有很多优点。

（1）可以降低运费、节省运力。运输普通水泥和矿渣水泥平均有30%以上的运力消耗在矿渣及各种加入物上。在我国水泥需要量较大的地区，工业基础大都较好，当地又有大量废渣，如果在使用地区对熟料进行粉碎，可以根据当地的资源条件选择混合材料的种类，这样就节约了消耗在混合材料上的运力和运费。

（2）可按当地的实际需要掺加混合材料。以熟料为长距离输送的形态，在使用地区加工粉碎，就可以按实际需要生产各种标号的水泥，尤其可以大量生产低标号水泥，减少水泥长距离输送的数量。

（3）有利于实现大批量、高效率的输送。采用输送熟料的流通加工方式，可以充分利用站、场、仓库现有的装卸设备，又可以利用普通车皮装运，相比输送散装水泥方式具有更好的技术经济效果。

（4）降低水泥的输送损失。水泥的水硬性是在充分磨细之后才表现出来的，输送熟料可以防止由于受潮而造成的损失。

（5）能够衔接产需，方便顾客。采用长途输送熟料等方式，水泥厂可以和有限的熟料粉碎工厂之间形成固定的直达渠道，能实现经济效果较优的物流。水泥用户也可以不出本地区而直接向当地的熟料粉碎厂订货，因而更容易沟通产需关系。

3. 木材

（1）磨制木屑，压缩运送。这是一种为了实现流通的加工方式，从林区外送的原木中有相当一部分是造纸材，在林木生产地将原木磨成木屑，然后采取压缩方法使之成为容量较大、容易装运的形状，之后运至靠近消费地的造纸厂。采取这种方法可以比直接运送原木节约一半的运费。

（2）集中开木下料。在流通加工点将原木锯截成各种规格的锯材，甚至可以进行打眼、凿孔等初级加工，同时将边角余料加工成各种规格板。过去用户直接使用原木，不但加工复杂、加工场地大、加工设备多，更严重的是资源浪费大，木材利用率平均不到50%，平均出材率不到40%。实行集中下料，按用户要求供应规格料，可以使原木利用率提高到95%，出材率提高到72%左右，经济效果良好。

4. 机电产品

部分机电产品采用整装、整运的办法流转和储备有一定困难，组装散件（即零件和配件）的加工作业是该类机电产品流通加工的主要形式，其特点是：装配和技术要求不高，装配作业比较简单，零件装配成产品或半成品以后，不需要进行复杂的测试（或检验）即可进入消费领域。机电产品的组装加工不但能够促进该类产品的流通，而且有利于进行批量生产。

5. 煤炭

（1）除矸加工。除矸加工是以提高煤炭纯度为目的的加工形式。为了多运"纯物质"，少运矸石，可以充分利用运力、降低成本，在这种情况下，可以采用除矸的流通加工方法排除矸石。

（2）为管道输送煤浆进行的煤浆加工。煤炭运输主要采用铁路运输工具载运方法，运输中损失和浪费较大，又容易发生火灾。采用管道运输是近代兴起的一种先进技术，在流通的起始环节将煤炭磨成细粉，其本身已有了一定的流动性，再用水调和成浆状则更增加了它的流动性，从而可以像其他液体一样进行管道输送。这种方式不用与现有运输系统争夺运力，输送连续、稳定而且快速，是一种经济的运输方法。

（3）配煤加工。在使用地区设置加工点，将某种煤及其他一些发热物资，按不同配方进行掺配加工，生产出各种不同发热量的燃料，称作配煤加工。这种加工方式可以按需要的发热量生产和供应燃料，防止热能浪费、"大材小用"的情况，也防止发热量过小、不能满足使用要求的情况出现。工业用煤经过配煤加工还可以起到便于计量控制、稳定生产过程的作用，在经济及技术上都有重要价值。

6. 平板玻璃

平板玻璃的流通加工方式，即按用户提供的图纸对平板玻璃套裁开片，向用户供应产品，用户可以直接将其安装在采光面上。这种流通加工方式有以下几点优点。

（1）提高平板玻璃的利用率。

（2）促进平板玻璃包装方式的改革，从工厂向套裁中心运输平板玻璃，形成固定渠道后可以搞大规模集装，这不但节约了大量包装用的木材，而且可以防止流通中的大量破损。

（3）套裁中心按用户需要裁制，有利于玻璃生产厂简化规格，搞单品种、大批量生产。

（4）集中套裁可以广泛采用专用设备进行套裁，边角余料相对数量少，并且易于集中处理。

（5）增强服务功能。对于没有剪裁能力的零散客户，这是重要的服务方式。

7. 食品

（1）冷冻食品。这是为了保鲜和便于装卸、运输，将鲜鱼、鲜肉等食品放置在低温环境中（如冷冻库），使之迅速冻结的加工作业。

（2）分选农副产品。农副产品（如谷物、瓜果和一些经济作物等）的规格、品质差异很大，为了获得一定规格的产品，进一步说，为了使产品的等级达到优质优价的目的，常常需要在产品流通的过程中及挑选和划分产品（即分选产品）实践中，分选农副产品，有时可采取手工作业方式操作，有时必须借助于机械进行作业，如分拣谷物、果品等。

（3）分装食品。有些生鲜食品和副食品，其出厂时包装的规格、尺寸很大，但其零售起点却很低。为了便于销售，流通企业（或零售商）常常按照地点要求重新包装食品。具体来说，就是将大包装改成小包装，将散装品改成小包装物品。这种改换食品包装规格和形状的流通加工就是分装食品。

（4）精制食品。精制食品就是在食品和副食品的产地或销售区设置加工点，按照方便消费的要求去除其无用部分（如鱼的内脏、蔬菜的老叶和根须等），并将其洗净和分装的加工作业。这类加工活动不但大大方便了消费者，而且提高了加工对象的价值和价格，进而给经营者带来一定的利润。

10.3 流通加工合理化

10.3.1 不合理的流通加工形式

部分不合理的流通加工会产生抵消效益的负效应，不合理的流通加工形式主要有以下几种。

1. 流通加工地点设置不合理

流通加工地点的设置是决定整个流通加工是否有效的重要因素。一般来说，为了衔接单品种、大批量生产与多样化需求的流通加工，加工地点设置在需求地区，才能实现大批量的干线运输与多品种末端配送的物流优势。

若将流通加工地设置在生产地区，一方面，为了满足用户多样化的需求，会出现多品种、小批量的产品由生产地向需求地的长距离运输；另一方面，在生产地增加了一个加工环节，同时也会增加近距离运输、保管、装卸等一系列物流活动。所以，在这种情况下，不如由原生产单位完成这种加工，而无须设置专门的流通加工环节。

加工地点设置不合理的流通加工，会表现出交通不便，流通加工与生产企业或用户之间距离较远，流通加工点的投资过高（如受选地昂贵地价的影响），加工点周围的社会、环境条件不良等特征。

2. 流通加工方式选择不当

流通加工方式包括流通加工对象、流通加工工艺、流通加工技术、流通加工程度等。流通加工方式的确定实际上是与生产加工的合理分工。分工不合理，表现为把本来应由生产加工完成的作业错误地交给流通加工来完成，或者把本来应由流通加工完成的作业错误地交给生产加工去完成。流通加工不是对生产加工的代替，而是一种补充和完善。所以，一般来说，如果工艺复杂、技术装备要求较高，或加工可以由生产过程延续或轻易解决的，都不宜再设置流通加工。如果流通加工方式选择不当，就可能会出现生产争利的恶果。

3. 流通加工作用不大，形成多余环节

有的流通加工过于简单，或者对生产和消费的作用都不大，甚至有时由于流通加工

的盲目性，未能解决品种、规格、包装等问题，却增加了作业环节，这也是流通加工不合理的重要表现形式。

4. 流通加工成本过高，效益不佳

流通加工的一个重要优势就是它有较大的投入产出比。如果流通加工成本过高，就不能实现以较低投入实现更高使用价值的目的，会影响物流活动的经济效益。所以除了一些必需的、从政策要求即使亏损也应进行的加工外，成本不高、效益不佳的流通加工都应看成不合理的。

10.3.2 流通加工合理化的措施

流通加工合理化的含义是实现流通加工的最优配置，不仅做到避免各种不合理加工，使流通加工有存在的价值，而且综合考虑流通加工与配送、配套、合理运输、合理商流、节约等有机结合，做到最优的选择。

1. 流通加工与配送相结合

流通加工与配送相结合是将流通加工设置在配送点中，一方面，按配送的需要进行加工，另一方面，加工又是配送业务流程中分货、拣货、配货中的一环。加工后的产品直接投入配货作业，而无须单独在配送点之外设置加工中间环节。由于配送之前有加工，可使配送服务水平大大提高。

2. 流通加工与配套相结合

在对配套要求较高的流通中，配套的主体来自各个生产单位，但是，完全配套有时无法全部依靠现有的生产单位，进行适当的流通加工可以有效促成更广泛领域内的社会资源配套，更有效地发挥流通的桥梁与纽带作用。

3. 流通加工与合理运输相结合

流通加工能有效衔接干线运输与支线运输，促进两种运输形式的合理化。在运输的停顿过程中，按下一步干线或支线运输的要求进行适当加工，可大大提高运输及转载水平。

4. 流通加工与合理商流相结合

通过加工有效促进销售，使商流合理化，也是流通加工合理化的考虑方向之一。通过简单地改变包装加工，形成方便的购买行为，通过组装加工解除用户使用前进行组装、调试的难处，都是有效促进商流的例子。

5. 流通加工与节约相结合

节约能源、节约设备、节约人力、节约耗费是流通加工合理化重要的考虑因素，也是目前我国设置流通加工，考虑其合理化的较普遍形式。对于流通加工合理化的最终判断，是看其是否能实现社会和企业两方面的效益，而且是否取得了最优效益。对流通加工企业而言，应树立社会效益第一的观念，如果只是追求企业的微观效益，不适当地进行加工，甚至与生产企业争利，就有违于流通加工的初衷，或者其本身已不属于流通加工的范畴了。

10.4 流通加工的流程与管理

10.4.1 流通加工的流程

由于不同类型的流通加工有不同的加工目的和加工方式（包括加工对象、加工工艺、加工技术、加工程度等），所以也就有不同的加工流程。图 10-3 所示是服装的流通加工业务流程图，以此说明流通加工的流程。

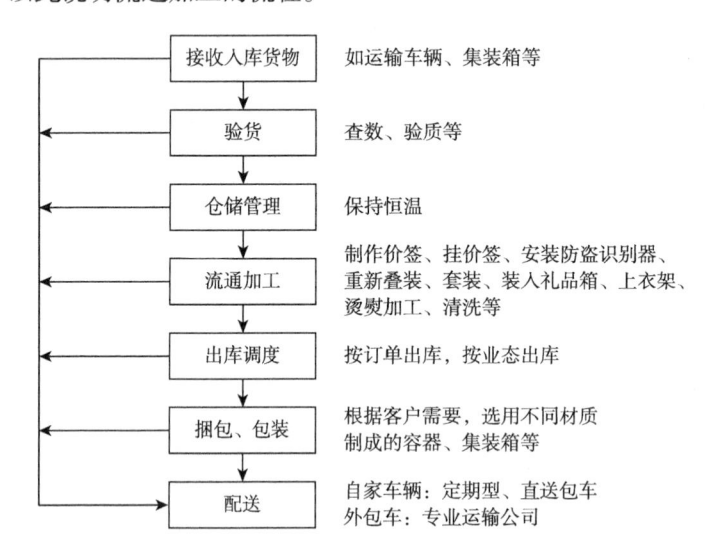

```
接收入库货物    如运输车辆、集装箱等
     ↓
    验货         查数、验质等
     ↓
   仓储管理      保持恒温
     ↓
   流通加工      制作价签、挂价签、安装防盗识别器、
                重新叠装、套装、装入礼品箱、上衣架、
                烫熨加工、清洗等
     ↓
   出库调度      按订单出库，按业态出库
     ↓
   捆包、包装    根据客户需要，选用不同材质
                制成的容器、集装箱等
     ↓
    配送         自家车辆：定期型、直送包车
                外包车：专业运输公司
```

图 10-3 服装的流通加工业务流程图

10.4.2 流通加工的管理

1. 流通加工的投资管理

由于流通加工是在产需之间增加了一个中间环节，它延长了商品的流通时间，增加了商品的生产成本，存在着许多降低经营效益的因素。因此，是否投资设置流通加工点、从事流通加工业务，必须进行认真的可行性分析，即投资管理。管理的内容有如下几点。

1）设置流通加工点的必要性

流通加工是对生产加工的辅助和补充，是否需要这种补充，主要取决于两个方面：一是生产厂家的产品是否可直接满足用户需要；二是用户对某种产品有无能力在流通领域进行进一步加工。只有当生产厂家的产品不能直接进入消费，用户又没有进一步加工能力时，流通加工才是必需的。当然，有时从社会效益和经济效益考虑，为了节约原材料、节约能源、组织合理运输，设置流通加工环节也是必要的。

2）设置流通加工环节的经济性

流通加工一般都是比较简单的加工，在技术上不会有太大的问题，投资建设时要重点考虑的是经济上是否划算。流通加工的经济效益主要取决于加工量的大小、加工设备和生产人员是否能充分发挥作用。如果任务量很小，生产断断续续，加工能力经常处于闲置状态，那么就可能出现亏损。因此加工量预测是流通加工点投资决策的主要依据。此外，还要分析该流通加工项目的发展前景，若发展前景良好，近期效益不理想也是可以接受的。

3）投资决策和经济效果评价

流通加工项目的投资决策和经济效果评价主要使用净现值法评估投资回收期和投资收益率。

2. 流通加工的生产管理

流通加工的生产管理是指对流通加工生产全过程的计划、组织、指挥、协调与控制，包括生产计划的制订，生产任务的下达，人力、物力的组织与协调，生产进度的控制等。在生产管理中，特别要加强生产的计划管理，提高生产的均衡性和连续性，充分发挥生产能力，提高生产效率。同时，还要制定科学的生产工艺流程和加工操作规程，实现加工过程的程序化和规范化。

3. 流通加工的质量管理

流通加工的质量管理是对加工产品的质量控制。由于加工成品一般是国家质量标准上没有的品种和规格，因此，进行这种质量控制的依据，主要是用户要求。各用户要求不一，质量宽严程度也不一，流通加工点必须能进行灵活的柔性生产才能满足质量要求。此外，全面质量管理中采用的方法也可以在此采用。除应满足用户对加工质量的要求以外，还应满足用户对品种、规格、数量、包装、交货期、运输等方面的服务要求。流通加工的服务质量，主要根据用户的满意程度进行评价。

4. 流通加工的技术经济指标

借助一定的技术经济指标，可以对流通加工进行更有效的评价与控制，提高管理的有效性。常用的有以下两类指标。

（1）流通加工建设可行性指标。流通加工仅是一种补充性加工，规模、投资都必然低于生产性企业，其投资特点是：投资额较低，投资空间小，建设周期短，投资回收速度快且投资效益较大。因此，投资可行性分析可采用静态分析法。

（2）流通加工日常管理指标。由于流通加工的特殊性，它不能全部搬用考核一般企业的指标。例如，在八项技术经济指标中，对流通加工较为重要的是劳动生产率、成本利润率指标，此外，还有反映流通加工特殊性的指标。

①增值指标：反映流通加工后单位产品的增值程度，表达式为

$$增值率 = \frac{产品加工后价值 - 产品加工前价值}{产品加工前价值} \times 100\%$$

②品种规格增长率：

$$品种规格增长率 = \frac{品种规格增长额}{加工前品种规格} \times 100\%$$

③资源增长率指标：

$$新增出材率 = 加工后出材率 - 原出材率$$
$$新增利用率 = 加工后利用率 - 原利用率$$

5. 流通加工中心的布局

流通加工中心的布局按其目的不同可分为以下两种。

（1）设置在靠近生产地区，以实现物流为主要目的的加工中心。这种加工中心的货物能顺利地、低成本地进入运输、储存等物流环节，如肉类、鱼类的冷冻食品加工中心，木材的制浆加工中心等。

（2）设置在靠近消费地区，以实现销售、强化服务为主要目的的流通加工中心。经这里加工过的货物能满足用户的具体要求，有利于销售，如平板玻璃的开片套裁加工中心等。

本章小结

流通加工是物品在从生产地到使用地的过程中，根据需要施加包装、分割、计量、分拣、刷标志、拴标签、组装等简单作业的总称。其处于生产和流通的交叉领域，不改变商品的基本形态和功能，只是完善商品的使用功能，提高商品的附加价值，并提高物流系统的效率，是生产加工在流通领域中的延伸。与生产加工相比，流通加工表现出几方面特点：加工对象是进入流通领域的商品；加工程度上是对生产加工的辅助及补充，属于简单加工；附加价值层面上，流通加工在于完善其使用价值；在实施主体上，其是由商业或物资流通企业密切结合流通的需要进行组织加工完成；在加工目的上，流通加工除了以提高消费体验为目的外，有时也以自身流通为目的；在所处环节上，流通加工处于流通环节，是流通的特殊形式。通过设置流通加工点，可以提高加工效率和原材料利用率；弥补生产加工不足，完善产品功能；提高物流效率，降低物流成本；促进物流合理化。

按照加工目的不同，可将流通加工分为弥补性流通加工、服务性流通加工、保护性流通加工、方便物流型流通加工、装潢性流通加工、提高原材料利用率和加工效率型流通加工、物流合理化型流通加工、生产-流通一体化型流通加工。由于产品的性质、形状不同，其加工作业在操作工艺和操作方法上也不尽相同，本章主要对钢材、水泥熟料、木材、机电产品、煤炭、平板玻璃、食品的常见流通加工方式做了简要介绍。

在考虑设置流通加工时，必须考虑流通加工是否合理。不合理的流通加工会产生抵消效益的负效应，常见形式包括：流通加工地点设置不合理；流通加工方式选择不当；流通加工作用不大，形成多余环节；流通加工成本过高，效益不佳。流通加工合理化就是实现流通加工的最优配置，不仅做到避免各种不合理加工，使流通加工有存在的价值，而且综合考虑流通加工与配送、配套、合理运输、合理商流、节约等有机结合，做到最优的选择。

不同类型的流通加工有不同的加工目的和加工方式，所以也就有不同的加工流程。

本章对服装行业的流通加工业务流程做了图示。在对流通加工进行管理时，主要从投资管理、生产管理、质量管理、位置布局等方面入手，并通过一些技术经济指标，对流通加工进行更有效的评价与控制，以提高管理的有效性。

案例分析

第 11 章 物流信息管理

物流信息是指与物流活动有关的信息，是反映物流各种活动内容的知识、资料、图像、数据、文件的总称，对物流活动的顺利进行起支持保证作用。物流信息管理就是对物流信息资源进行统一规划和组织，并对物流信息的收集、加工、存储、检索、传递和应用的全过程进行合理控制，可以推动物流行业数字化、信息化改革，提高供应链竞争力。在系统工程观点的发展下，常用建立物流信息系统的方法开展物流信息管理，物流信息系统是整个物流系统的心脏，是提高物流运作效率、降低物流成本的主要手段。物流信息系统的实现需要一系列设备和技术的支持，常用的基础技术有数据采集技术（如条形码技术、射频识别技术）、空间数据管理技术（如地理信息系统、全球定位系统）、EDI 技术等。作为企业的拓展，供应链的成功同样依托于信息管理。要想使供应链信息管理通畅，既需要供应链各成员企业自身的通畅，也需要企业间能顺利进行沟通和交流。

现代物流是实物流与信息流的集合，物流信息流动于物流活动的各个环节。分别在企业层面、供应链层面建立物流信息系统，物流信息进行有效管理，获取准确的物流信息，可以对物流活动的顺利进行起保障作用。本章对物流信息、物流信息管理、物流信息系统进行概述，并对物流活动中常用的信息管理技术进行介绍，在最后探讨供应链信息管理的有关内容。

11.1 物流信息管理概述

11.1.1 物流信息

物流信息是指与物流活动有关的信息，是反映物流各种活动内容的知识、资料、图像、数据、文件的总称。物流信息流动于物流活动的各个环节，如运输工具的选择、运输路线的选择、仓储的库存管理与控制、订单的处理等。现代物流的重要特征是物流信息化，现代物流本身也是实物流与信息流的结合，准确的物流信息对物流活动的顺利进行起着支持保证作用。

物流信息种类繁多，按照不同标准，有多种分类方式。按照信息领域不同，物流信息可分为物流系统内部信息和外部信息：内部信息是伴随物流活动而产生的信息，包括物料流转信息、物料作业信息、物流控制层信息和物流管理层信息四部分；外部信息是在物流活动以外发生，但提供给物流活动使用的信息，包括供货人信息、客户信息、订货合同信息、交通运输信息、市场信息、政策信息等。按照发挥的物流职能不同，可将物流信息分为运输信息、仓储信息、包装信息、流通加工信息、装卸搬运信息、配送信息。按照信息的加工程度不同，物流信息可分为原始的物流信息和加工的物流信息。按照信息的用途分类，物流信息可以分为计划信息、控制与作业信息、统计信息。

与商品信息和市场交易信息相比，物流信息具有以下四方面特征。

1. 信息量大

物流信息随着物流活动以及商品交易活动的展开而大量发生。多品种、少批量生产和多频度、小数量配送使库存、运输等物流活动的信息大量增加。零售商广泛应用 POS 系统读取销售时点的商品品种、价格、数量等即时销售信息，并对这些销售信息进行加工整理，通过 EDI 向相关企业传送。同时为了使库存补充作业合理化，许多企业采用 EOS。随着企业间合作倾向的增强和信息技术的发展，物流信息的信息量在今后将会越来越大。

2. 更新速度快

多品种、少批量生产，多频度、小数量配送，利用 POS 系统的即时销售使各种作业活动频繁发生，从而要求物流信息不断更新，而且更新的速度越来越快。

3. 渠道多样化

物流信息不仅包括企业内部的物流信息（如生产信息、库存信息等），而且包括企业间的物流信息和与物流活动有关的基础设施的信息。企业竞争优势的获得需要供应链内各参与企业之间相互协调合作，协调合作的手段之一是信息即时交换和共享传送，实现信息共享。随着物流业的发展，物流信息的种类更加繁多，来源更加复杂多样。

4. 具有明确的衡量标准

为了保证物流信息的科学性，要求物流信息具有准确性、完整性、实用性、共享性、安全性以及低成本性等特征。准确性是指物流信息能够正确地反映物流及相关活动的实际情况，且便于用户理解和使用；完整性是指信息没有冗余或不确切的含义，数据完整、统一；实用性是指信息要满足用户的使用要求，便于专业或非专业人员的访问；共享性是指物流活动的各个作业组成部分必须能够充分地利用和共享收集到的信息；安全性要求信息在系统中必须安全地传送，随着信息技术的迅猛发展，人们提出了多种信息安全措施，如防火墙、安全传输协议以及增强的用户验证系统等；低成本性则要求信息的收集、处理、存储必须考虑成本问题，只有在收益大于成本的前提下，才能开展相应的信息工作。

11.1.2 物流信息管理的定义与作用

物流信息管理就是对物流信息资源进行统一规划和组织，并对物流信息的收集、加工、存储、检索、传递和应用的全过程进行合理控制，从而使物流供应链中的各环节协调一致，实现信息共享和互动，减少信息冗余和错误，辅助决策支持，改善客户关系，最终实现信息流、资金流、商流、物流的高度统一，达到提高物流供应链竞争力的目的。

在物流活动中，物流信息管理具有重要的作用。

（1）物流信息管理是实现社会物流资源合理配置与整合的客观需要，是建立物流供需双方依存发展和开展交易活动的桥梁和纽带，是将市场需求与市场资源有效整合的必备手段。

（2）物流信息管理是确保现代物流企业高效运转的可靠保证。

（3）物流信息管理是提高企业科学管理决策水平的有力工具。

（4）物流信息管理是促进物流系统向自动化、网络化、智能化和柔性化方向发展的必由之路。

（5）物流信息管理是促进传统物流向现代物流转轨的一场革命。

11.1.3 物流信息系统

信息系统是一个管理数据采集、处理以及分配的系统。信息系统的首要问题是信息，战略和战术规划都要以信息为基础，经营成功的企业必然有高质量的信息系统，但是这并不意味着好的信息系统可以拯救一个在其他方面管理不善的企业。信息管理是一项支持性的功能，而不是一个企业的核心功能。

信息系统由输入、输出、模型、信息技术、数据库和控制六个基本模块组成，信息技术在其中起到黏合剂的作用，将六个基本模块紧密联系在一起。数据是信息系统最基本的模块，数据的形式会极大地影响整个系统的质量，数据库担负着管理庞大数据的责任。对于物流而言，数据库包含如图 11-1 所示的信息。

```
                          物流数据库
   ┌──────────┬──────────┬──────────┬──────────┬──────────┐
   订单处理系统    管理        操作数据      公司档案      行业数据      报告生成
   1.客户记录   1.竞争对手的  1.运费支付   1.资金成本   1.市场份额   1.订单履行
   2.订单记录     反应        2.运输历史   2.物流运营   2.现有产品   2.发货履行
   3.销售人员   2.销售预测   3.库存         成本         提供       3.损坏和退货
   4.收入       3.未来趋势/产 4.信用文件   3.标准费用   3.人口趋势   4.产品跟踪和
   5.订单状态     品提供      5.产品运输                4.经济趋势     预测
                4.新市场                                            5.物流绩效和
                                                                     成本报告
```

图 11-1 物流数据库

物流信息系统是指用系统的观点、思想和方法建立起来的，以电子计算机为基本信息处理手段，以现代通信设备为基本传输工具，并且能够为物流管理决策提供信息服务的人机系统。其能够进行物流信息的收集、传递、存储、加工、维护、使用，具有预测、控制和辅助决策等功能。物流信息系统是整个管理信息系统（management information system，MIS)的一部分，而不是与企业主体信息系统分离的系统。

物流信息系统是整个物流系统的心脏，是提高物流运作效率、降低物流成本的主要手段，在物流运作过程中发挥着不可替代的中枢作用，具有实时化、网络化、系统化、规模化、专业化、集成化、智能化等特点。

按照系统功能性质，物流信息系统可以分为事务型系统和决策型系统。事务型系统是主要用于支持具体的物流事务的信息系统，如电子订货系统、销售时点系统等；决策型系统是运用知识库的方法，对数据进行不同的分析、处理，并给用户提供决策依据的系统，如决策支持系统、专家系统等。按照物流的职能，物流信息系统可以分为运输管理信息系统、仓储管理信息系统、装卸搬运自动化控制系统、加工处理系统、配送管理信息系统、信息集中系统。

物流信息系统的层次结构如图 11-2 所示，包括作业层、管理层和决策层。作业层主要包含各类用于辅助物流各项作业活动事务处理的物流信息子系统；管理层主要包含用于辅助物流协调与控制的物流信息子系统；决策层主要包含综合统计、分析等用于辅助决策的物流信息子系统。

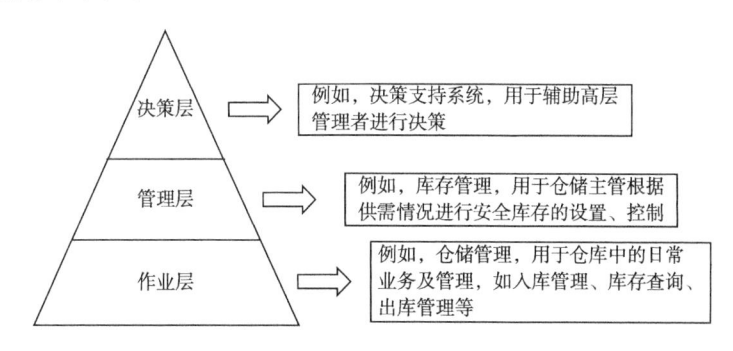

图 11-2 物流信息系统的层次结构

从功能结构上看，不同类型的物流信息系统的功能子系统是不同的。一般来说，物流信息系统的主要功能模块应包括物品管理子系统、仓储管理子系统、配送管理子系统、运输管理子系统、客户服务子系统、财务管理子系统、质量管理子系统、人力资源管理子系统等。

1）物品管理子系统

物品管理子系统是物流信息系统的重要组成部分，它是物流管理全面信息化的基础。物品管理子系统主要包括物品编码管理、物品类别管理、物品价格管理、物品库存控制参数等模块。

2）仓储管理子系统

仓储管理子系统是用来管理仓库内部人员、作业、库存、工作时间、订单和设备的信息系统，用于收集、处理在仓储作业过程中的仓储信息。仓储管理子系统主要包括入库管理、库存查询与统计、盘点管理、货位管理、出库管理等模块。

3）配送管理子系统

配送管理子系统主要包括供应商管理、采购进货管理、库存管理、销售出货管理、配送作业管理、绩效管理等模块。

4）运输管理子系统

运输管理子系统是对运输计划、运输工具、运输人员及运输过程的跟踪、调度、指挥等管理业务进行有效管理的人机系统。运输管理子系统主要包括运输基本数据管理、任务管理、运输资源管理、运输调度管理、货物跟踪、运输费用管理等模块。

5）客户服务子系统

客户服务子系统是物流公司和客户之间的接口和桥梁，也是物流公司进行采购、发货和运输的依据。客户服务子系统主要包括网上下单、货物跟踪、合同跟踪、网上支付、投诉处理等模块。

6）财务管理子系统

财务管理子系统是对物流各项活动的相关资金流动、成本利润进行统计分析的信息系统。

7）质量管理子系统

质量管理子系统是对物流服务质量进行评价分析的信息系统。

8）人力资源管理子系统

人力资源管理子系统是对物流工作人员的招聘、薪酬、培训等信息进行管理的信息系统。

11.2 物流信息管理技术

物流信息系统的实现需要一系列设备和技术的支持，它们是实现物流信息综合系统的支柱。下面介绍几种物流信息管理中主要的基础技术。

11.2.1 数据采集技术

条形码技术和射频识别技术作为物流信息系统中的数据自动采集单元技术，是实现物流信息自动采集与输入的重要技术。

1. 条形码技术

条形码技术是在计算机技术与信息技术基础上发展起来的一门集编码、印刷、识别、数据采集和处理于一身的新兴技术。条形码技术的核心内容是利用光电扫描设备识读条形码符号，从而实现机器的自动识别，并快速、准确地将信息录入计算机进行数据处理，以达到自动化管理的目的。条形码技术主要研究符号技术、识别技术、条形码应用系统设计等内容。

条形码是一系列粗细不等的线条和间隔组成的。线条和间隔的不同组合代表不同的字母。同一个组合在不同的代码中也可以代表不同的意思。已建立标准体系的条形码主要包括以下几种。

（1）通用产品代码（universal product code，UPC），用于识别零售产品，主要在美国和加拿大使用。

（2）欧洲商品编码（European article number，EAN）。它是在吸取 UPC 的经验基础上确立的物品标识符号。迄今为止，使用 EAN 条码的国家已有很多，除欧洲外，亚洲许多国家也使用此码。由于国际上存在以上两种编码系统，因此，我国产品销往美国、加拿大时需要使用 UPC，而出口到其他国家和地区则需要使用 EAN。

（3）Code39 条码。这是一种字母和数字的组合，是可以供使用者双向扫描的分散式条码，即相邻两个条码间必须包含一个无任何意义的空白，能够支持数字或字母。

（4）Code128 条码。它是对美国信息互换标准代码（American Standard Code for Information Interchange，ASCII）的 128 个字符实行标准化的编码，长度各异，条码和字符一一对应，有检验码，提供高密度的数字组合。与其他条码相比，Code128 条码较为复杂，并且可以与其他编码方式混合使用，所以应用弹性较大。

（5）交叉 25 码。它是只包含数字的高密度编码，应用于不需要字母组合编码的情况。

（6）二维条码。也被称为高密度条形码，是一种线性堆叠式条形码，一维平行，另一维垂直。具有信息容量大、可靠性高、保密防伪性强、易于制作、成本低等优点。

（7）多维码。它至今没有统一的标准，但医药行业和电子行业已开始探索推广 Code16K 或 Code49 码的可行性。此类二维条码为小商品应用带来了广阔的前景。

条形码中的信息需要专门的阅读器进行识别。条形码阅读器是用于读取条形码所包含的信息的设备。条形码阅读器的结构通常包括光源、接收装置、光电转换部件、译码电路和计算机接口。按照是否需要与条形码接触，可以分为接触式和非接触式两种。接触式阅读器是替代键盘或手工录入数据方式的最好工具。非接触式阅读器可以是便携式，也可以是固定式，包括固定光束扫描仪、移动光束扫描仪和光电耦合式扫描仪。非接触式阅读器采用固定光束、移动光束、摄像机或快速扫描技术读取条形码。大多数条形码扫描仪借助复杂的电子译码设备进行双向读码，这种设备可以分辨出各种编码独特的开始/终止码并进行编译。

2. 射频识别技术

射频识别（ratio frequency identification，RFID）技术是一种非接触式的自动识别技术，它通过射频信号自动识别目标对象并获取相关数据，识别工作无须人工干预，可工作于各种恶劣环境中。RFID 技术可识别高速运动的物体并可同时识别多个标签，操作快捷方便。

RFID 系统由电子标签和读写器两部分组成。电子标签由耦合元件及芯片组成，每个 RFID 标签具有唯一的电子编码，附着在物体上标识目标对象，俗称智能标签。读写器是读取/写入标签信息的设备，可设计为手持式或固定式。

RFID 的特点是利用无线电波来传送识别信息，不受空间限制，可快速地进行物品追踪和数据交换。工作时，RFID 标签与"识读器"的作用距离可达数十米甚至上百米。通过对多种状态下的远距离目标进行非接触式的信息采集，可对其进行自动识别和自动化管理。由于 RFID 技术免除了跟踪过程中的人工干预，在节省大量人力的同时可极大地提高工作效率，所以对物流和供应链管理具有巨大的吸引力。这种系统可以大大简化物品的库存管理,满足信息流量不断增大和信息处理速度不断提高的需求。表 11-1 对条形码技术和 RFID 技术进行了对比。

表 11-1　RFID 技术与条形码技术比较

技术	信息载体	信息量	读写性	读取方式	保密性	智能化	抗干扰能力	寿命	成本
条形码	纸、塑料薄膜、金属表面	小	只读	激光束扫描	差	无	差	较短	较低
RFID	EEPROM（电可擦除 ROM）	大	读/写	无线通信	好	有	很好	较长	较高

11.2.2　空间数据管理技术

物流活动范围广,常处于运动和非常分散的状态,因此空间数据的管理技术就变得非常重要。地理信息系统（geographic information system, GIS）和全球定位系统（global positioning system, GPS）能够对物品移动的空间数据进行有效管理。

1. GIS

GIS 是集计算机科学、地理学、信息科学等学科于一体的新兴边缘学科,可作为应用于多个领域的基础平台。这种集成是对信息的各种加工、处理过程的应用、融合和交叉渗透,并且实现各种信息的数字化的过程。

在 GIS 中,空间信息和属性信息是不可分割的整体,它们分别描述地理实体的两面,以地理实体为主线组织起来。空间信息还包括空间要素之间的几何关系,使 GIS 能够支持一般管理信息系统所不能支持的空间查询和空间分析,以便制定规划和决策。现在,网络地理信息系统（Web GIS）的兴起使其在越来越多的商业领域被用来作为一种信息查询和信息分析工具。凡是涉及地理分布的领域都可以应用 GIS 技术。

在物流与供应链管理中,供应商必须全面、准确、动态地掌握散布于各地的各个中转仓库、经销商、零售商以及各种运输环节中的产品流动状况,并以此制订生产和销售计划,及时调整市场策略。把 GIS 技术融入物流控制配送的过程中,就能更容易地处理物流中货物的运输、仓储、装卸、配送等各个环节,并对其中涉及的问题如运输路线的选择、仓库位置的选择、仓库容量的设置、合理装卸策略、运输车辆的调度和投递路线的选择等进行有效的管理和决策分析。

我们可以将 GIS 应用于物流分析,利用 GIS 强大的地理数据功能来完善物流分析技术。GIS 可以应用于以下物流分析模型中:车辆路线模型、最短路径模型、网络物流模型、分配集合模型和设施定位模型等。将 GIS 集成到上述分析模型中,就能够将表格型数据（无论它来自数据库、电子表格文件还是直接在程序中输入）转换为地理图形显示,然后对显示结果进行浏览、操作和分析。其显示范围可以从洲际地图到非常详细的街区地图,显示对象包括人口、销售情况、运输路线等。

2. GPS

GPS 由三部分组成:太空部分（通信卫星）、地面控制部分和用户部分（信号接收机和相关软件系统）。GPS 能对静态、动态对象进行动态空间信息的获取,采集空间信息快速、精度均匀、不受天气和时间的限制。

GPS 很多功能在物流领域的运用是卓有成效的,尤其是在货物运输配送领域中。货物运输配送是实物的空间位置转移过程,其涉及货物的运输、仓储、装卸等处理环节,这些环节都可以运用 GPS 的导航、车辆跟踪、信息查询等功能进行有效的管理。具体而言,GPS 在货物运输配送中主要发挥如下作用。

1)导航功能

三维导航是 GPS 的首要功能,也是它最基本的功能,其他功能都要在导航功能的基础上才能完全发挥。飞机、船舶、地面车辆以及步行者都可利用 GPS 导航接收器进行导航。GPS 导航是由 GPS 接收机接收 GPS 卫星信号(3 颗以上),得到该点的经纬度坐标、速度、时间等信息。为了提高汽车导航定位的精度,通常采用差分 GPS 技术。由 GPS 卫星导航和自律导航所测到的汽车位置坐标、前进的方向都与实际行驶的路线轨迹存在一定误差,为了修正这一误差,需要采用地图匹配技术。

2)车辆跟踪功能

GPS 与 GIS 技术、全球无线移动通信系统(global system for mobile communications, GSM)及计算机车辆管理系统相结合,可以实现车辆跟踪功能。利用 GPS 和 GIS 技术可以实时显示出车辆的实际位置,并将图像任意放大、缩小、还原和切换;可以随目标移动,使目标始终保持在屏幕上;还可以实现多窗口、多车辆、多屏幕同时跟踪,利用该功能可对重要车辆和货物进行运输跟踪管理。

目前,研究者已开发出把 GPS、GIS、GSM 技术结合起来对车辆进行实时定位、跟踪、报警、通信等的技术,能够满足掌握车辆基本信息、对车辆进行远程管理的需要,可有效避免车辆的空载现象。同时,客户也能通过互联网技术了解自己的货物在运输过程中的细节情况。

3)紧急援助功能

通过 GPS 定位和监控系统可以对遇有险情或发生事故的车辆进行紧急援助。监控台的电子地图可以显示求助信息和报警目标,并规划出最优援助方案。

11.2.3 EDI 技术

EDI 是一种在公司之间传输订单、发票等作业文件的电子化手段。国际标准化组织将 EDI 描述成"将贸易(商业)或行政事务处理按照一个公认的标准变成结构化的事务处理或信息数据格式,从计算机到计算机的电子传输"。简单地说,EDI 是通过电子方式,采用标准化的格式,利用计算机网络进行结构化数据的传输和交换。具体而言,EDI 是一套报文通信工具,它利用计算机的数据处理与通信功能,将交易双方彼此往来的商业文档(如询价单或订货单等)转换成标准格式,并通过通信网络传输给对方,俗称"无纸贸易"。

EDI 与其他通信手段如传真、电报、电子邮件等比较,有着很大的区别,主要表现在以下几个方面。

(1)EDI 传输的是格式化的标准文件,并具有格式校验功能;而传真、电报和电子邮件等传送的是自由格式的文件。

（2）EDI 是实现计算机到计算机的自动传输和自动处理，其对象是计算机系统；而其他通信手段传递信息的对象是人，必须有人为干预或人工处理。

（3）EDI 对于传送的文件具有跟踪、确认、防篡改、防冒领、电子签名等一系列安全保密功能；而其他通信手段没有这些功能。虽然电子信箱具有一些安全保密功能，但它比 EDI 的层次低。

（4）EDI 是企业之间传输商业文件数据的一种形式，EDI 的使用对象是有经常性业务联系的单位，EDI 文本具有法律效力。

EDI 的优势主要在于节省时间、提高质量和降低成本。在节省时间方面，相对于人工传送，EDI 的传送时间明显缩短，已经可以忽略人工接收过程的时间了。由于 EDI 能够直接加工数据，不再需要安排人员进行连续发送和接收，所以也降低了成本。EDI 的过程自动进行，避免了接收的错误，从而提高了质量。

近年来，EDI 在物流中广泛应用，被称为物流 EDI。物流 EDI 指货主、承运业主以及其他相关的单位之间，通过 EDI 系统进行物流数据交换，并以此为基础实施物流作业活动的方法。物流 EDI 的参与对象有货主（如生产厂家、贸易商、批发商、零售商等）、承运业主（如独立的物流承运企业等）、实际运送货物的交通运输企业、协助单位（如政府有关部门、金融企业等）和其他物流相关单位（如仓库业者、配送中心等）。物流 EDI 的框架结构如图 11-3 所示。

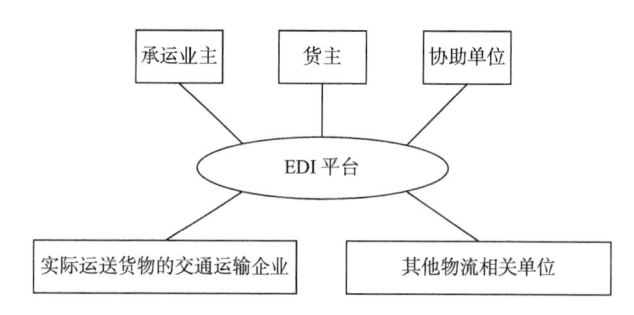

图 11-3 物流 EDI 的框架结构

物流 EDI 对缩短订单完成时间有显著的潜力，而较短的订单完成时间可以实现更低的库存量、更高的供货灵活性和更多的供货准备。JIT、质量控制（quality control, QC）和 ECR 都已经把使用 EDI 作为基础。为了跟踪订单状态，EDI 也可以在供应链中不同的节点企业之间进一步应用，使物流运作过程透明化。EDI 能力在某些行业中已经成为选择供应商及物流服务者的重要标准。

11.3 供应链信息管理

11.3.1 供应链中信息的特点

信息是供应链成功的关键。供应链作为企业的扩展，所要处理的信息包括来自上下游的纵向信息、来自企业内部的横向信息及宏观层面的信息等。如何传递和共享这些信息，将上下游企业的经济行为以及企业内部各部门、各岗位的职能行为协调起来，是供应链信息管理所要解决的核心问题。与单个企业相比，供应链在信息流动和获取方式上表现出以下特点。

1. 覆盖范围广

供应链中的信息流覆盖了从供应商、制造商到分销商再到零售商等供应链中的所有环节。供应链中的信息从供应链层次结构的角度可以分为个人信息、工作组信息、企业信息和供应链信息。从供应链环节的角度，供应链中的信息可以分为以下几类。

（1）供应源信息。供应源信息包括能在多长的订货供货期内、以什么样的价格、购买到什么产品、产品能被送到何处。供应源信息也包括订货状态更改以及支付安排。

（2）生产信息。生产信息包括能生产什么样的产品、数量是多少、在哪些工厂进行生产、需要多长的供货期、需要进行哪些权衡、成本多少、订货批量多大。

（3）配送和零售信息。配送和零售信息包括哪些货物需要运送到什么地方、数量多少、采用什么方式、价格如何、在每个地点的库存是多少、供货期多长。

（4）需求信息。需求信息包括哪些人将购买什么货物、在哪里购买、数量多少、价格多少。需求信息还包括需求预测和需求分布的有关信息。当需求信息从需方向供方流动时，便引发物流。同时，供应信息又同物料一起沿着供应链从供方向需方流动。单个企业下的信息流则主要限定在企业内部。

2. 获取途径多

由于供应链中的企业是处于一种协作关系中的利益共同体，因而供应链中的信息获取渠道众多，对于需求信息来说，既有来自顾客的，也有来自分销商和零售商的；供应信息则来自各供应商，这些信息通过供应链信息系统在所有的企业中流动与分享。对于单个企业的情况来说，由于没有与上下游企业形成利益共同体，上下游企业也就没有为它提供信息的责任和动力，因此，单个企业的信息获取途径更为单一，供应链获取信息的途径更为广泛。

3. 信息质量高

由于存在专业分工，分销商和零售商可以专门负责收集需求信息，供应商则收集供应信息，生产厂商收集产品信息等，供应链中的信息质量要高于单个企业中的信息质量。

在现实中，很多企业都拥有各自的信息系统，众多不通畅的系统横断在供应链成员企业之间，系统之间的协调运行大多效率低下，能够实现交易的更是寥寥无几。"信息孤岛"不仅在企业内部存在，而且在企业之间也客观存在。企业需要从供应链视角看待信息系统，而不能仅仅将其视为为了完成某项特定功能而生的工具。从供应链的角度，信息系统的特点应该是：能够便利化交易信息沟通，便捷化交易流程，并提供交易执行的监管与控制。

通畅供应链的基础首先应该是供应链各成员企业自身的通畅，即企业内部的信息系统也应该是柔性的，能够适应供应链环境变化，支持便捷交易、快速交付的信息系统。

所以，供应链管理信息系统应该具备两个条件：一是供应链成员企业应具有柔性、快捷、便于支持交易的信息系统；二是能够方便地进行企业间信息的沟通和交流。

企业间信息系统（inter-organizational information system，IOIS）在供应链信息管理中表现出极大的适用性。IOIS 是两个或多个企业间形成一个整合的数据处理和数据通信系统，是跨企业的信息系统，有时也称为跨组织信息系统（inter-organizational information system，IOS）。IOS 是企业与外界环境的其他组织如上下游厂商、相关企业甚至竞争者一起合作、为获取竞争优势所共同发展的信息系统。这种合作系统突破了组织界限，与传统的企业信息系统有所不同。

11.3.2 集成供应链信息技术

信息技术在供应链中得到广泛应用，涉及的主要领域包括产品、生产、财务与成本、市场营销、策略流程、支持服务、人力资源等多个方面，并主要从两方面应用于供应链管理：一方面是信息技术的功能对供应链管理的作用，如 Internet、多媒体、EDI、计算机辅助设计（computer aided design，CAD）、计算机辅助制造（computer aided manufacturing，CAM）、综合业务数字网（integrated service digital network，ISDN）等的应用；另一方面是信息技术本身所发挥的作用，如只读光盘（compact disc read-only memory，CD-ROM）、异步传输模式（asynchronous transfer mode，ATM）、光纤等的应用。利用信息技术可以提高供应链管理各个领域的运作绩效。

在供应链管理中，需要把各种信息技术集成在一起，这就需要分析信息技术的每一个组成部分对企业的贡献，然后根据企业和行业的特殊要求来做投资计划。以思爱普公司提出的评价企业供应链信息技术发展阶段的"卓越阶段"模型为例，模型不仅告诉企业它目前所处的发展阶段，而且根据行业的特点为企业指出未来的发展方向。

思爱普是企业资源规划软件的主要销售商，它提供的供应链管理价值计算器能够根据企业从事的行业、发展阶段、收入和利润，得出企业能从不同的供应链系统投资中的受益。因此，此模型对于评估企业目前的发展、其他企业的走向以及未来竞争优势所在都是较为有效的。发展阶段分为四个水平阶段，如表 11-2 所示。任何时候，企业不同的部分可能处于不同的发展阶段。此模型定义了组织在不同阶段的信息技术能力。

表 11-2 思爱普"卓越阶段"评价模型

发展阶段	信息系统状态	信息技术能力	阶段特点
第一阶段	分立系统	企业表现为许多独立系统的扩张，交流的是手写的东西，效率不高，该部分数据只是企业内部数据。企业在运作上是有组织的，但集成度低，没有利用网络	职能独立；无清晰、连续的供应链管理流程；无合格的供应链领导层；分立的系统；缺乏评估系统或缺乏与企业目标一致的评估系统
第二阶段	内外部界面	企业有组织地运作，集成度高，但没有利用网络。企业利用电子商务解决分散的信息系统和功能数据流，以及分散的外部连接等问题，可通过互联网和贸易伙伴交换信息与互动	一些功能和信息得以集成，以减少库存，提高效率；互联的系统，通常能够提供货物所处地点的准确信息；在各部门内使用统一度量指标

续表

发展阶段	信息系统状态	信息技术能力	阶段特点
第三阶段	内部集成和有限外部集成效率	企业各功能交错，企业内部使用集成的系统，但外部集成有限；企业与贸易伙伴一对一的互动已经建立；组织已经把自己的前端系统供应商和自己的后端系统买方连接起来	能够实现从供应商到顾客的整个供应链的信息整合；包括各组织在内的复杂流程；领导有远见并且具有专业水准；拥有能够将供应链信息提供给各相关部门的高效系统；能提供实时指导的复杂系统
第四阶段	多企业集成	企业各功能交错，企业在内部使用集成的系统，外部集成也取得最大化；由于实现了端和端之间的集成，整个网络的价值是可见的；交易伙伴的合作使他们看上去就像一家企业一样	供应链间的合作；供应链内部合作管理着眼于关键服务和实现财务目标；主管领导者能预见影响供应链的运作和流程的技能，并事先发展这些技能；拥有能集成整个企业相关信息的系统；将供应链结果和企业目标挂钩的完全集成化的管理系统

企业进行信息技术集成的最终目标是要在整个企业实现流程标准化，这样企业之间就能进行合作以降低成本，并能够与更多的商业伙伴打交道。

本章小结

物流信息是指与物流活动有关的信息，是反映物流各种活动内容的知识、资料、图像、数据、文件的总称，具有多种分类方式，与商品信息和市场交易信息相比，具有信息量大、更新速度快、渠道多样化、具有明确的衡量标准等特点。为了保证物流信息的科学性，要求物流信息具有准确性、完整性、实用性、共享性、安全性以及低成本性。物流信息管理就是对物流信息资源进行统一规划和组织，并对物流信息的收集、加工、存储、检索、传递和应用的全过程进行合理控制，使其能够有效配置整合物流资源、保证企业高效运转、推动传统物流向现代物流转型等。信息系统是一个管理数据采集、处理以及分配的系统。物流信息系统是指用系统的观点、思想和方法建立起来的，以电子计算机为基本信息处理手段，以现代通信设备为基本传输工具，并且能够为物流管理决策提供信息服务的人机系统。物流信息系统是整个物流系统的心脏，是提高物流运作效率、降低物流成本的主要手段，在物流运作过程中发挥着不可替代的中枢作用，具有实时化、网络化、系统化、规模化、专业化、集成化、智能化等特点。

物流信息系统的实现需要一系列设备和技术的支持。常用的基础信息技术包括数据采集技术（如条形码技术、RFID 技术）、空间数据管理技术（如 GIS、GPS）、EDI 技术等。信息技术在信息系统中起黏合剂的作用，将各个模块联系在一起。

供应链作为企业的扩展，在信息流动和获取方式上表现出覆盖范围广、获取途径多、信息质量高的特点。在现实中，很多企业拥有着各自的信息系统，但系统之间的协调运行大多效率低下。供应链管理信息系统的建立需要两个条件：一是供应链成员企业应具有柔性、快捷、便于支持交易的信息系统；二是能够方便地进行企业间信息的沟通和交流。企业间信息系统是两个或多个企业间形成一个整合的数据处理和数据通信系统，在供应链信息管理中表现出极大的适用性。在供应链管理中需要把各种信息技术集成在一起，这就需要分析信息技术的每一个组成部分对企业的贡献，然后根据企业和行业的特殊要求来做投资计划。以思爱普公司提出的评价企业供应链信息技术发展阶段的"卓越阶段"模型为例，模型将供应链信息系统发展阶段分为四个水平阶段，定义了组织在不同阶段的信息技术能力，并根据行业的特点为企业指出未来的发展方向。

拓展阅读+案例分析

第 12 章　物流成本管理

物流成本是伴随企业的物流活动而发生的各种费用，是物流活动中消耗的物化劳动和活劳动的货币表现。物流成本管理就是以成本为手段去管理物流，提高物流活动的经济效益，促进物流合理化。要想进行物流成本管理，首先要学会对物流成本进行核算，物流成本核算是物流成本管理的基础，其核算的准确性直接影响了物流成本管理的有效性，其中，作业成本法是一种准确、有发展前途的物流成本核算方法。物流成本管理从过程上来说可以分为分析、预测、决策、控制四个环节。物流成本分析是物流成本决策的基础，而物流成本预测则为企业物流成本决策提供依据，物流成本决策从众多可行性方案中筛选出最优改进方案，物流成本控制则减小实际发生成本与预测成本的误差，保证决策方案的执行，以完成物流成本管理目标。

随着成本管理实践的发展，人们对物流成本管理这项"第三利润源"越发重视，加强物流成本管理，以成本为手段去管理物流，可以促进物流合理化，提高物流活动的经济效益。本章对物流成本及其管理的相关概念、特点、构成、分类等进行介绍，并详述物流成本核算、作业成本法的方法与步骤，最后对物流成本管理过程的四个环节分别进行探讨。

12.1　物流成本管理的概念与特点

12.1.1　物流成本管理的概念

成本是企业为生产商品和提供劳务等所消耗的物化劳动、活劳动中必要劳动的货币表现，是商品价值的重要组成部分。

物流过程为了提供有关服务、开展各项业务活动，必然要占用和消耗一定的物化劳动和活劳动。物流成本是指伴随企业的物流活动而发生的各种费用，是物流活动中消耗的物化劳动和活劳动的货币表现，是物品在实物运动过程中，如运输、仓储、装卸搬运、包装、流通加工、配送、物流信息处理等各个环节支出的人力、财力、物力的总和。

物流成本有广义和狭义之分。狭义的物流成本，是指由于物品实体的位移而引起的有关运输、包装、装卸等成本。广义的物流成本，是指包括生产、流通、消费全过程的物品实体与价值变换而发生的全部成本。它具体包括从生产企业内部原材料协作件的采购、供应开始，经过生产制造过程中的半成品存放、搬运、装卸，成品包装及运送到流通领域，进入仓库验收、分类、储存、保管、配送、运输，最后到消费者手中的全过程发生的所有成本。

成本管理实践的发展使人们深刻地认识到，成本管理不能仅停留在原有的模式和内容上，要想大幅度降低成本、提高质量，必须注重物流这个"第三利润源"的管理。而人们对物流管理的关心首先是从关心物流成本开始的，因此要完善成本管理体系、推动成本管理发展，以及加强物流在企业经营中的职能，就必须加强物流成本管理（崔晓迪，2018）。

目前，对物流成本管理的研究还处于起步阶段，因此物流成本管理至今没有一个确切的定义。学术界有一种观点认为：物流成本管理不单是一项具体的可操作的任务，不是仅管理物流成本，而是通过成本去管理物流，可以说是以成本为手段的物流管理方法，通过对物流活动的管理，从而在既定的服务水平下达到降低物流成本的目的。本书采用的物流成本管理的定义为：物流成本管理是对物流相关费用进行的计划、协调与控制，通过成本去管理物流，即管理对象是物流（Shepherd，2011）。

12.1.2 物流成本管理的特点

由于现代物流活动贯穿于产品的整个生命周期，同时与企业运营的各个环节都有交叉影响，因此物流系统相当复杂，物流成本与其他运营成本有很大的不同，其特点表现在以下四个方面。

1. 复杂性

由于物流活动涉及企业运营的各个方面，且会各自产生一定的费用支出，而每个运营环节的费用组成又呈现出多样化的态势。因而，综合来说，物流成本的构成相当复杂。

（1）对于流通型企业而言，其物流成本主要集中在产品的流通环节，包括：①支付给企业员工的薪水和各种福利费用等人力资源的成本；②支付给外部企业的各种服务费用，如邮电费、运杂费等；③经营过程中必要、合理的损耗，如固定资产的折旧费用、商品难以避免的合理损耗等；④经营过程中的各项管理费用，如办公费用、差旅费用等。

（2）对于生产型企业而言，其物流成本发生在企业进行生产要素的购进、仓储、搬运及成品的销售过程中发生的运输、包装、仓储、配送、回收等方面。除去人力资源成本、管理成本、合理的消耗与折旧之外，生产型企业的物流成本还包括：①生产资料的采购费用；②产成品的营销费用；③仓库保管、维护的费用；④废弃物与破损产品回收的费用等。相比流通型企业，生产型企业的物流成本基本上都是与产品不可分割的。物流成本大体上体现于生产产品的成本之中。

总的来说，物流成本的构成受到企业运营环节的影响，成本点分散而复杂，因此对于企业物流成本构成的分析通常是相当困难的。

2. 背反性

用相对简单的语言描述，背反性就是当我们设法降低物流运营中某个环节的成本时，会引起另一个环节的物流成本的上升。这种物流成本点之间相互联系、相互矛盾的特征，就是背反性。例如，通过增大采购批量降低原材料的采购成本时，往往会大幅增加仓储成本、存货管理成本与存货损耗；其他例子还有运输成本与存货成本之间的背反、配送中心数量与运输成本之间的背反等。

3. 系统性

由于各个物流运营环节中物流成本点之间的背反现象的存在，对物流成本进行分析时，需要综合权衡各方面的因素，从系统的角度全面分析。系统地分析是指产品流通过程中，在各项运营环节物流成本间进行取舍，以期取得最优的物流成本组合，从而满足客户需求或企业需要。例如，为了适应产品营销的需要，企业可以适当地增加存货的数量、包装的费用以保障营销战略的实施；企业可通过提高运输支出、增加配送次数来降低企业原材料库存，实现准时制的战略等。可以说，企业物流成本的系统性分析与企业的目标息息相关，这也从侧面说明了企业物流成本的状况将直接影响到企业战略实施的成败。

4. 不确定性

尽管可从企业战略的高度系统地分析企业物流成本的状况，但由于我国现行财会制度的框架中，并没有将物流成本作为单独的会计项目进行记录，而是将物流成本分散记入不同的会计项目中。因此，企业的物流成本难以在现行的财务框架下进行确认与区分。

现行的企业会计核算体系，是按照劳动力和产品来分摊企业的成本，这一方式虽然能够提供一些对企业成本分析有用的数据，但这种方法掩盖了企业的各项活动与企业各项成本间的联系，导致了不同活动造成的同种成本的合并及同种活动造成的不同成本的分离。例如，同样是仓储成本，储存需要冷藏的产品与储存常规产品所需要的设备、管理措施、人力消耗都是不同的，然而在财务系统中，由于都属于仓储成本，折算到单位产品的成本却是相同的。两种截然不同的产品，需要的仓储管理活动也是完全不一样的，然而在财务系统中，折算单位成本后却是相同的，那么这个单位成本就不能体现出不同的仓储管理活动所产生的成本的区别。

由此可见，在现行的财会体系下，由于物流成本跨边界的特点，物流成本难以在财会体系中得到明确而清晰的认识。这种物流成本核算的不确定性和物流成本对企业战略的重要意义，构成了物流成本的特殊性。

根据国家统计局数据，2022年，我国社会物流总费用占GDP的比重为14.7%，与2015年的16.0%相比，下降了1.3个百分点。但横向来看，该指标不仅高于美国（约7%）、欧盟（约6%），与东盟10国的约10%相比，也高出近5个百分点。在2022年的17.6万亿元社会物流总费用中，包括了9.6万亿元的物流运输费用、5万余亿元的物流仓储费用，以及各种企业、部门管理成本支出费用共2万余亿元。如何降低我国社会物流成本，尽快抚平与周边国家的差距是我国物流业发展过程中迫切需要解决的问题。

12.2 物流成本的构成与分类

12.2.1 物流成本的构成

不同类型的企业对物流成本的理解不同。对专业物流企业而言，企业全部运营成本都可理解为物流成本；对于工业企业，物流成本则指物料采购、储存和产品销售过程中为了实现物品的物理性位移而引起的货币支出，通常不包括原材料、半成品在生产加工过程中的位移费用；在商品流通企业，物流成本则指商品采购、储存和销售过程中商品实体运动所发生的费用。

管理和决策上的成本概念与财务会计上的成本概念并不完全一致，前者包含并不实际支付的机会成本，如自有资金的利息；而会计成本的核算必须遵循实际发生原则，不能计算机会成本。因此，从财务会计部门取得的物流成本资料不能直接用于成本控制和管理，需要适当调整。

一般来说，一切由物流活动引起的支出都是物流成本，具体由以下五个部分构成。

（1）人工费用：从事物流工作人员的工资、奖金、津贴、社会保险、医疗保险、员工培训费等。

（2）作业消耗：物流作业过程的各种物质消耗，如包装材料、燃料、电力等的消耗及车辆、设备、场、站、库等固定资产的折旧费。

（3）物品损耗：物品在运输、装卸搬运、储存等物流作业过程中的合理损耗。

（4）利息支出：用于各种物流环节占有银行贷款的利息支付等，对工商企业而言，主要指存货占用资金的成本。

（5）管理费用：组织、控制物流活动的各种费用，如通信费、办公费、差旅费、咨询费、技术开发费等。

12.2.2 物流成本的分类

1. 按费用支出形式分类

从原理上讲，这种分类方法与财务会计的成本统计方法一致。按照费用支出形式不同，一般可以将物流成本分为企业内部支付的物流成本和企业外部支付的物流成本两大项，即直接物流成本和间接物流成本。如表 12-1 所示，直接物流成本可详细分解为材料费、工艺费、人工费、维护费、一般经费、特殊经费等；间接物流成本又称为委托物流成本，主要包括包装费、运输费、手续费、保管费等。一般而言，在这两种物流成本中，间接物流成本所占比重较大，一般在 70%左右。

表 12-1 物流成本按费用支出形式分类

分类		项目
直接物流成本	材料费	物资材料费、燃料费、包装材料费、低值易耗品摊销、其他费用
	工艺费	电费、水费、煤气费、冬季取暖费、绿化费、其他费用
	人工费	工资、奖金、税金、补贴、福利费、医疗费、劳保费、教育培训费、其他费用
	维护费	保养修理费、折旧费、房产费、土地车船使用费、租赁费、保险费、其他费用
	一般经费	差旅费、交通费、邮电费、城市维护建设费、能源建设费、物资商品损耗费、杂费及其他费用
	特殊经费	特殊折旧费、企业内利息、其他费用
	……	……
	合计	直接物流成本合计
间接物流成本	包装费	运输包装费、集合包装与解体费
	运输费	营业性运输费、自备运输费
	手续费	企业与政府、企业、顾客之间各种交接活动的手续费用
	保管费	物料保管费、养护费
	……	……
	合计	间接物流成本合计
企业物流成本合计		

2. 按物流活动构成分类

以物流活动的基本环节为依据，可以将物流成本划分为物流环节成本、情报信息成本和物流管理成本三个部分，其中物流环节成本在物流总成本中所占的比重一般为 60%~70%。

（1）物流环节成本，是指产品实体在空间位置转移所流经环节发生的成本，包括包装费、运费费、保管费、装卸费、加工费五个方面。

（2）情报信息成本，指为了实现产品价值变换，处理各种物流信息而发生的成本，包括与库存管理、订货处理、为客户服务等有关的成本，如入网费、线路租用费等。

（3）物流管理成本，指为了组织、计划、控制、调配物资活动而发生的各种管理费，包括现场物流管理费和机构物流管理费。

3. 按物流活动进程分类

以物流活动的时序进程为依据，可以将物流成本分为以下五种。

（1）物流筹备成本，主要包括物流计划成本、物流预算成本、物流准备成本。

（2）生产物流成本，包括装卸、运输、加工、包装、储存等各种生产性物流成本。

（3）销售物流成本，主要是指为销售服务的物流成本和储存、运输、包装等服务性物流成本。

（4）退货物流成本，指因退货引起的物流成本。

（5）废品物流成本，指废品、不合格产品的物流而形成的物流成本。

其中，生产物流成本和销售物流成本所占的比重较大，一般而言，分别约占总成本的30%和40%。

4. 按物流成本性态分类

成本性态也称为成本习性，是指成本总额和业务总量之间的依存关系。成本总额与业务总量之间的关系是客观存在的，而且具有一定的规律性。物流成本按性态划分为变动成本、固定成本两大类。这种分类方法有利于开展物流成本的预测、决策和控制。

（1）变动成本：成本总额随业务量的增减变化而近似成正比增减变化的成本，如材料的消耗、燃料的消耗、工人的工资等。这类成本的特征是业务量高，成本的发生额也高；业务量低，成本的发生额也低。成本的发生额与业务量近似呈正比关系。另外，在业务量不为零时，单位变动成本不受业务量的增减影响，始终保持不变。

（2）固定成本：在一定的业务量范围内，成本总额与业务量的增减变化无关的成本，如固定资产折旧费、管理部门的办公费等。这类成本的特征是在物流系统正常经营的条件下是必定要发生的，而且在一定的业务量范围内基本保持稳定，但是单位固定成本随业务量的增减而近似成反比变动。

5. 按成本的经济性质分类

（1）生产性流通成本：又称追加费用，是生产性费用在流通领域的继续，是为了使物品最终完成生产过程从而便于消费而发生的费用。生产性流通成本要追加到产品的价值中去，是必要劳动的追加费用。

（2）纯粹性流通成本：也称销售费用，是流通企业在经营管理过程中，因组织产品交换而发生的费用。纯粹性流通成本与商品的交换行为有关，虽然不创造新的价值，但也是一种必要劳动，是物品价值实现过程中必不可少的费用。

物流成本还有其他分类。例如，按可控性分类，可将物流成本分为可控成本和不可控成本；按核算目标分类，可将物流成本分为业务成本、责任成本和质量成本；按其相关性分类，可将物流成本分为相关成本和无关成本；按计算方法分类，物流成本可分为实际成本和标准成本等。总之，无论采用什么样的分类方式，都是围绕着如何加强物流成本的管理、如何降低物流成本等目的来进行的。

12.3 物流成本的核算

12.3.1 物流成本核算的概念、目的与对象

物流成本核算是指企业按物流管理目标对物流耗费进行确认、计量和报告，是加强物流企业管理，特别是加强物流成本管理、降低物流成本、减少资金占用、提高物流企业经济效益的重要手段。物流成本核算是物流成本管理的基础，其输出的物流成本数据是制订物流计划、控制物流作业以及评价物流业绩等活动不可缺少的资料。物流成本核算是否科学、准确，影响着物流成本管理水平的高低。

物流成本核算的目的表现为以下几点。

（1）通过对物流成本的全面核算，弄清物流成本的大小，从而提高企业内部对物流重要性的认识。

（2）为了正确地观察物流成本的变化情况，与其他公司、其他行业进行比较。

（3）制订物流活动计划，并进行调控或评估。

（4）了解并评估物流部门对企业效益的贡献程度。

（5）谋求提高物流设备效率、降低物流成本的途径。

（6）为物流服务收费水平的制定及有效的客户管理提供决策依据。

成本核算对象，是指企业或成本管理部门为归集和分配各项成本费用而确定的、以一定时间和空间范围为条件而存在的成本计算实体。一般来说，物流成本核算对象有以下九种。

（1）以物流功能为对象：即根据需要，以包装、运输、储存等物流功能为对象进行计算。这种核算方式对于加强每个物流功能环节的管理、提高每个环节的作业水平，具有重要的意义。

（2）以物流部门为对象：如以仓库、运输队、装配车间等部门为对象进行计算。这种核算对加强责任中心管理、开展责任成本管理以及对部门的绩效考核是十分有利的。

（3）以服务客户作为对象：这种核算方式对于加强客户服务管理、制定有竞争力且可盈利的收费价格是很有必要的。特别是对于物流服务企业来说，在为大客户提供物流服务时，应分别认真核算在为各个大客户提供服务时所发生的实际成本。

（4）以产品为对象：主要是指货主企业在进行物流成本计算时，以每种产品作为计算对象，计算为组织该产品的生产和销售所花费的物流成本。据此可进一步了解各产品的物流费用开支情况，以便进行重点管理。

（5）以企业生产过程为对象：如以供应、生产、销售、退货等某一过程为对象进行计算。

（6）以物流成本项目为对象：把一定时期的物流成本从财务会计的计算项目中抽出，按照成本费用项目进行分类计算。

（7）以地区为对象：计算在该地区组织供应和销售所花费的物流成本，据此可进一步了解各地区的物流费用开支情况，以便进行重点管理。

（8）以物流设备和工具为对象：如以某一运输车辆为对象进行计算。

（9）以企业全部物流活动为对象：确定企业为组织物流活动所花费的全部物流成本支出。

12.3.2 物流成本核算的步骤

1. 基本步骤

从总体核算过程来看，物流成本核算可分为以下三个基本步骤。

1）确定物流成本核算期间

物流活动是持续不断进行的，必须截取其中的某一段时间作为汇集物流经营费用、计算物流成本的时间范围。这个时间范围就是物流成本核算期间。物流成本核算期间可以以年、季、月为周期，也可以是某项作业周期，应当视具体情况而定。

2）确定物流成本核算范围

物流成本核算范围是物流成本计算的具体内容，即应选取哪些成本费用项目来进行物流成本核算。根据物流成本分析控制的需要，从物流活动范围的角度看，确定供应物流费、企业内物流费、销售物流费、回收物流费和废弃物物流费中的哪些应纳入物流成本核算范围；从物流功能范围的角度看，在运输、搬运、储存、包装、流通加工等物流功能中，确定应选取哪些功能作为物流成本核算对象；从会计计算科目来看，确定把计算科目中的哪些项列为核算对象。在计算科目中，既有运费开支、保管费开支等企业外部开支，也有人工费、折旧费、修理费、燃料费等企业内部开支。这些开支项目把哪些列为成本核算科目，对物流成本的大小是有影响的。企业在计算某一物流成本时，既可实行部分科目计算，也可实行全部（总额）成本计算。另外，还可按费用发生的地点计算外部费用和内部费用。其中，内部费用存在一个费用分解问题，即把物流费用从其他有关费用中分解出来。

3）确定物流成本承担者

成本承担者是指发生并应合理承担各项费用的特定经营成果的体现形式。物流成本承担者根据实际情况，可以是某一客户、某一作业种类、物流责任中心，乃至整个企业。

通过以上三个步骤，即可确定物流成本核算对象，收集物流成本数据，进行物流成本核算。

2. 具体步骤

物流成本核算方法可以从"按支付形态不同分类"入手，从企业财务会计核算的全部相关科目中抽出所包含的物流成本，然后以表格的形式从不同角度逐步计算出各类物流成本。

1）分类计算物流成本

按支付形态不同分类，将物流成本从相关科目中抽出并进行计算。

（1）材料费：是物流中消耗材料而产生的费用。直接材料费可以用各种材料的实际消耗量乘以实际的购进价格计算。材料的实际消耗量可以按物流成本核算期末统计的材料支出数量计算，在难以通过材料支出单据进行统计时，也可以采用盘存计算法，即

$$本期消耗量=期初结存+本期购进-期末结存$$

材料的购进价格应包括材料的购买费、进货运杂费、保险费、关税等。

（2）人工费：是指对物流活动中消耗的劳务所支付的费用。物流人工费的范围包括职工所有报酬（工资、奖金、其他补贴）、职工劳动保护费、保险费、按规定提取的福利基金、职工教育培训费及其他费用。

在计算人工费的本期实际支付额时，报酬总额按计算期内支付给该从事物流活动的人员的报酬总额或按整个企业职工的平均报酬额计算。职工劳动保护费、保险费、按规

定提取的福利基金以及职工教育培训费等都需要从企业这些费用项目的总额中把用于物流人员的费用部分抽出。但当实际费用难以抽出时，也可将这些费用的总额按从事物流活动的职工人数比例分摊到物流成本中。

（3）公共服务费：是指对公共事业所提供的公共服务（自来水、电、煤气、取暖、绿化等）支付的费用。严格地讲，每个物流设施都应安装计量仪表直接计费。但对没有安装计量仪表的企业，此部分费用可以从整个企业支出的公益费中按物流设施的面积和物流人员的比例分摊计算。

（4）维护费：根据本期实际发生额计算，对于经过多个期间统一支付的费用（如租赁费、保险费等），可按期间分摊计入本期相应的费用中。对于物流业务中可以按业务量或物流设施来掌握和直接计算的物流费，在可能的限度内直接算出维护费，对于不能直接计算的物流费，可以根据建筑物面积和设备金额等分摊到物流成本中。

折旧额应根据固定资产原值和预计经济使用年限，以残值为零，采用使用年限法计算，计算公式为

固定资产折旧额=固定资产原值/固定资产预计经济使用年限

对于使用年限长且有价格变动的物流固定资产折旧，可采用重置价格计算。

（5）一般经费：相当于财务会计中的一般管理费。其中，对于差旅费、交通费、会议费、书报资料费等使用目的明确的费用，直接计入物流成本。对于一般经费中不能直接计入物流成本的费用，可按职工人数或设备比例分摊到物流成本中。

（6）特别经费：包括按实际使用年限计算的折旧费和企业内利息等。

企业内利息在物流成本核算中采用与财务会计不同的计算方法。企业内利息实际上是物流活动所占用的全部资金的资金成本。由于这部分资金成本不是以银行利率而是以企业内部利率来计算的，所以称为企业内利息。

利息在财务会计中是以有利率负债的金额为基础，根据融资期间和规定的利率计算的。但在物流成本的计算中，企业内部物流利息却是以对固定资产征收固定资产占用税时的计价额为基础，对存货以账面价值为基础，根据期末余额和企业内利率计算。

（7）委托物流费：根据本期实际发生额计算，包括托运费、市内运输费、包装费、装卸费、保管费和出入库费、委托物流加工费等。除此之外的间接委托的物流费按一定标准分摊到各功能的费用中。

（8）其他企业支付的物流费：以本期发生的对其他企业的购进或销售的商品的重量或件数为基础，乘以相应的费用估价来计算。

其他企业支付的物流费的计算，必须依靠估价的费用单价，但当本企业也承担与此相当的物流费时，也可以用本企业相当的物流费来代替。

2）编制物流成本计算表

根据物流成本计算的需要，可以编制物流成本计算表如表12-2所示。也可以针对运输费、报关费等每一种物流功能分别编制物流成本计算表，若只计算某几项物流功能的费用，可以根据实际需要对表格进行重新编制。

表 12-2　物流成本计算表

支付形态			供应物流费	企业内物流费	销售物流费	退货物流费	废弃物物流费	合计
企业物流费	本企业支付物流费	企业本身物流	材料费					
			人工费					
			维护费					
			一般经费					
			特别经费					
			企业本身物流费					
		委托物流费						
		本企业支付的物流费						
	其他企业支付的物流费							
	企业物流费总计							

如果要了解按物流功能、支付形态分类的物流成本，编制如表 12-3 所示的汇总表，可以明确看出哪种物流功能的成本最大以及都发生在哪些物流活动中。

表 12-3　物流成本计算表（按形态、功能）

支付形态			物品流通				信息流通费	物流管理费	合计
			包装费	运输费	保管费	装卸费			
企业物流费	本企业支付物流费	企业本身物流	材料费						
			人工费						
			维护费						
			一般经费						
			特别经费						
			企业本身物流费						
		委托物流费							
		本企业支付的物流费							
	其他企业支付的物流费								
	企业物流费总计								

也可以编制按物流范围、功能分类的物流成本汇总表，如表 12-4 所示。可以了解哪个范围、哪种功能的物流成本最大，还可以计算销售额与物流成本的比例。

表 12-4 物流成本计算表（按范围、功能）

功能	物品流通				信息流通费	物流管理费	合计
	包装费	运输费	保管费	装卸费			
供应物流费							
企业内部物流费							
销售物流费							
退货物流费							
废弃物物流费							
合计							
销售额							
销售成本							
销售数量							

12.3.3 作业成本法

作业是企业为提供一定的产品或劳务而发生的以资源为重要特征的各项业务活动的统称。对于物流而言，作业范围包括运输作业、储存与保管作业、包装作业、装卸搬运作业、流通加工作业、信息处理作业等，这些作业构成了物流整体作业。

作业成本法立足于成本对象与物流作业耗费的因果关系，是一种更为准确、更有发展前途的物流成本核算方法。物流作业成本法是以作业成本计算为指导，将物流间接成本更为准确地分配到物流作业、运作过程、产品、服务及顾客中的一种成本核算方法。

作业成本法的基本思想是在资源和产品之间引入一个中介——作业。由于产品的生产要受不同作业活动的影响，不同作业活动消耗资源费用的水平不同，因而不能把耗用的资源按产量等因素均衡地分配到产品中，而应先按作业活动归集发生的间接费用，然后根据决定或影响作业活动发生的因素，将其分配给不同产品。其基本原则是：产品消耗作业，作业消耗资源；生产导致作业的产生，作业导致成本的发生。作业成本法首先以作业为间接费用归集对象，归集间接费用，形成作业成本；再按不同作业的形成原因（成本动因），将其逐一分配到产品或产品线中。

物流作业成本法的计算步骤如下。

1. 分析和确定物流作业构成，建立物流作业成本库

首先要辨别和确认物流作业，作业是工作的单位，作业的类型和数量会随着企业的不同而不同。例如，一个顾客服务部门，作业包括处理顾客订单、解决产品问题及提供顾客报告三项。物流作业主要有以下五种。

（1）原材料或劳务的接收、储存、分配，如原材料搬运、车辆调度等。

（2）生产物流活动，如材料准备、设备测试等。

（3）产品集中储存和销售，如库存管理、送货车辆管理、订单处理等。

（4）产品或服务营销，如报价、定价等。

（5）仓库、物流设备设施等投入活动，企业物流管理、物流会计等活动。

在对物流作业进行确认以后，可以着手建立物流作业成本库。物流作业成本是成本归集和分配的基本单位，由一项作业或一组性质相似的作业组成。建立物流作业成本库时，需从以下几方面考虑。

（1）核算目的：若为了获得相对准确的物流成本信息，则应对质相似和量相关的物流作业进行高度合并；若为了加强物流作业管理，则应以利于部门管理为目的，在作业质相似的前提下，将次要物流作业合并到主要物流作业中。

（2）作业重要性：对现在和将来重要的物流作业，应将其单独设立为一个物流作业中心。

（3）作业相似性：根据实际情况，合理合并作业动因相同、相似的物流作业。

正确确定物流作业，并建立物流作业中心，是进行物流作业成本计算必不可少的环节，应当引起企业的足够重视。

2. 分析和确定物流资源

资源是成本的源泉，一个企业的资源包括直接人工、直接材料、生产维持成本（如采购人员的工资成本）、间接制造费用及生产过程以外的成本（如广告费用）。资源的界定是在作业界定的基础上进行的，每项作业必涉及相关的资源，与作业无关的资源应从物流核算中剔除。

3. 确认物流成本动因

成本动因是指诱发企业成本发生的各种因素，也是引起成本发生和变化的原因，可分为资源动因和作业动因。物流资源动因反映了物流作业量与资源耗费间的因果关系，说明资源被各作业消耗的原因、方式和数量。因此，物流资源动因是把资源分摊到作业中的衡量标准。作业成本计算要观察、分析物流资源，为每项物流资源确定动因，如仓库面积、体积是仓库折旧的资源动因。物流作业动因是最终成本对象耗费物流作业的原因和方式，反映成本对象使用物流作业的频度和强度，如商品检验活动的作业动因是商品检验的次数，是分配、计算商品检验成本的依据。进行物流作业成本计算时，物流成本动因的确认是难度最大，也是最关键的步骤，物流成本动因确认不当，将影响物流成本的计算。物流成本动因可分为以下五种。

（1）作业批次数量：它引起了物流作业计划的制订、机械设备调试成本的发生。

（2）购货单数量：它引起了采购、收货部门物流成本的发生。

（3）发货单数量：它引起了发货部门物流成本的发生。

（4）销货单和用户的数量：它驱动了销售部门物流成本的发生。

（5）物流职工人数和工作通知单的数量：它是后勤服务和管理部门物流成本发生的原因。

应辨别成本动因的种类，以此确定适当的物流成本动因。例如，生产准备部工人的工资分配，以人工小时为资源动因，以生产准备次数为作业动因；采购部职员的工资分配，以职工人数为资源动因，以采购合同为作业动因。

4. 分配计算物流成本至成本对象

物流资源是物流成本耗费的基础，分配计算物流成本从分配计算物流资源开始。首先确定好物流资源，根据资源动因，把物流资源分配至各物流作业中心，形成物流作业成本库；然后根据作业动因，将各作业成本库中的物流成本分摊至各成本计算对象。

5. 计算各成本对象的物流总成本

将成本对象中分摊的各物流作业加总，即得到成本对象负担的间接物流成本，再加上直接物流成本，就是各成本对象的物流总成本，并可据以计算单位物流成本。

物流作业成本法深入到作业，为对间接成本和辅助资源进行更为合理的分配和计算，提供了更科学、更准确的物流成本数据。

例 12-1 作业成本法计算。

某家用电器制造公司生产两种产品 X 和 Y，与制造费用相关的作业成本及其他有关资料，见表 12-5。

表 12-5 作业成本资料

产品	机器工时/小时	调整准备/次	检验/批次	材料订购验收/次
产品 X	1 500	50	50	200
产品 Y	1 500	25	100	100
制造费用/元	300 000	7 500	9 000	30 000

（1）确认每个成本库的成本动因，计算每个成本库的费用分配率。
（2）按每个成本库的分配率，将制造费用分配于产品 X 和 Y。

【解析】

（1）确认成本动因，计算费用分配率，如表 12-6 所示。

表 12-6 制造费用分配率表

成本动因	动因数量			制造费用 a/元	分配率 $e=a/d$
	产品 X b	产品 Y c	合计 $d=b+c$		
机器工时/小时	1 500	1 500	3 000	300 000	100
调整准备/次	50	25	75	7 500	100
检验/批次	50	100	150	9 000	60
材料订购验收/次	200	100	300	30 000	100
合计					

（2）分配制造费用，如表 12-7 所示。

表 12-7 制造费用分配表

作业活动	分配率 a	产品 X 动因量 b	产品 X 分配费用 $c=a\times b$ /元	产品 Y 动因量 d	产品 Y 分配费用 $e=a\times d$ /元	制造费用 $f=c+e$ /元
机器工时/小时	100	1 500	150 000	1 500	150 000	300 000
调整准备/次	100	50	5 000	25	2 500	7 500
检验/批次	60	50	3 000	100	6 000	9 000
材料订购验收/次	100	200	20 000	100	10 000	30 000
合计			178 000		168 500	346 500

12.4 物流成本管理过程

物流成本管理过程可以分为分析、预测、决策、控制四个环节。物流成本分析是物流成本决策的基础，而物流成本预测则为企业物流成本决策提供依据。根据物流成本分析提供的素材，企业可制定各类物流成本决策，从而达到降低物流成本、提高物流成本使用效益及优化物流管理的目的。物流成本预测是企业物流成本管理的一个重要环节，能与物流成本分析一起为企业的物流成本决策提供科学的依据，以减少物流成本决策中的主观性和盲目性。在完成决策后，还需要对物流成本进行控制，减小实际发生成本与预测成本的误差，以实现物流成本管理目标。

12.4.1 物流成本分析

物流成本分析就是利用物流成本核算结果及其他有关资料，分析物流成本水平与构成变动的情况，研究影响物流成本升降的各种因素及其变动原因，寻找降低物流成本的途径。

物流成本分析的主要任务有：依据物流核算资料，对照成本计划和历史同期成本指标，了解物流计划完成情况和变动趋势，查找影响物流成本变动的原因，测定其影响程度，为改进物流成本管理工作、降低产品成本提供依据和建议。

物流成本分析贯穿于成本管理工作的始终，包括事前成本分析、事中成本控制分析和事后成本分析。事前成本分析是指事前预计和测算有关因素对成本的影响程度，主要包括两方面内容，即成本预测分析和成本决策分析。事中成本控制分析是指以计划、定额成本为依据，通过分析实际成本与计划成本、定额成本的差异，对成本进行控制。事后成本分析指将产品生产过程中发生的实际成本与计划成本进行比较，对产生的差异进行分析，找出成本升降的原因，这是成本分析的主要形式。事后成本分析主要包括全部产品成本分析、可比产品成本分析、主要产品单位成本分析、产品成本技术经济分析。

物流成本分析需要遵循以下四项主要原则。

（1）目标导向原则：指物流成本分析要为物流成本管理服务，不是简单地为了分析而分析，要求分析的物流成本数据能够为企业进行科学的管理决策和业绩考评提供帮助。

（2）经济性原则：指企业所选择的物流成本分析模式要坚持成本效益原则，即获取有关管理方面的信息时应充分考虑经济上的合理性。如果花费了大量的人力、物力、财力，事无巨细地追求详尽或精确的成本分析，结果可能是得不偿失的。

（3）相容性原则：物流成本与物流服务是一种此消彼长的关系，不计后果地追求降低物流成本、提高经济效益，不仅可能损害客户的利益，而且最终可能导致企业自身的毁灭；而无限度地追求更高水平的物流服务，在导致物流成本迅速上升的同时，可能引发物流服务效率的下降。因此，物流成本分析就是要使处于竞争状态的企业，在物流成本一定的情况下实现物流服务水平的提高，或在降低物流成本的同时实现较高的物流服务水平。

（4）协调性原则：物流各个部门的活动常常处于一种相互矛盾的体系之中，由于物流中的效益背反现象是客观存在的，所以协调性原则要求为了追求企业的最佳利益，妥善协调各部门之间的关系，从而实现成本最小化、效益最大化的管理目标。

物流成本分析的步骤如下。

（1）确定分析目标：分析时，首先要明确物流成本分析所要达到的目标，然后才能根据实际情况进行分析。

（2）明确分析目标：物流成本的构成相当复杂，有些成本是显而易见的，有些又隐含在其他成本之中，出于降低物流整体成本的需要，也要把后者考虑在内。这样就必须明确物流成本分析的出发点，明确分析的对象。

（3）制订分析计划：对于一个比较系统的分析来说，制订计划是非常必要的，因此在开始进行分析前，应制订一个可行的分析计划。

（4）收集基本数据：进行成本分析的数据都来自企业已有的实践，这些数据应尽可能收集得完整和精确，只有这样才能计算出正确的结果。

（5）统计与核算：对收集到的数据，要用一定的数学工具进行统计与核算，从而得出科学的结论，以此为企业提供物流方面决策的依据。

（6）得出分析结果，提出改进建议：根据上面的步骤得出的分析结果，有针对性地提出降低整体物流成本和提升企业绩效的意见。

12.4.2　物流成本预测

物流成本预测，就是指依据物流成本与各种技术经济因素的依存关系，结合发展前景及采取的各种措施，利用一定的科学方法，对未来的物流成本水平及其变化趋势做出科学的推测和估计。在物流成本管理工作中，物流成本预测具有非常重要的意义。物流成本预测能使企业对未来的物流成本水平及其变化趋势做到"心中有数"，并能与物流成本分析一起为企业的物流成本决策提供科学的依据，以减少物流成本决策中的主观性和盲目性。

物流成本预测是企业物流成本管理的一个重要环节，在企业物流成本管理过程中有着不可替代的作用，主要表现为以下三点。

（1）为企业物流成本决策提供依据。物流成本预测是从客观实际出发，系统地研究物流过程中有关的信息资料，并对客观实际情况做出科学的论断，提出物流过程成本支出的若干可行性方案，以供企业决策。

（2）为确定目标成本打下基础。物流成本预测是物流成本管理的重要组成部分，是物流成本预算过程中必不可少的科学分析阶段。在物流过程之前，必须进行科学的分析论证，对每一步物流过程都应当有精心的成本预测，以免造成不应有的失误。

（3）帮助确定最佳的物流成本投入方案。物流成本预测可对物流各功能成本投入的多少及物流过程中的设计等方面进行分析、考核、测算，并以此为依据，提供若干套方案，根据多方面的综合平衡，测算企业最终的物流成本。

物流成本预测的内容包括：运输成本的预测、仓储成本的预测、配送成本的预测、包装成本的预测、流通加工成本的预测、物流信息成本的预测。为了保证预测结果的客观性，企业在进行物流成本预测时，通常分为以下五个具体步骤。

（1）确定预测目标。物流成本预测的目标取决于企业对未来的生产经营活动所欲达成的总目标。物流成本预测目标确定之后，便可明确物流成本、预测的具体内容，据以收集必要的统计资料和采用合适的预测方法。

（2）收集和审核预测资料。物流成本指标是一项综合性指标，涉及企业的生产技术、生产组织和经营管理等各个方面。在进行物流成本预测前，必须掌握大量的、全面的、有用的数据和情况，并对原始资料进行加工整理和审核推算，以便去伪存真、去粗取精。要对审核调整后的数据进行初步分析。

（3）选择预测模型并进行预测。在进行预测时，要对已收集到的有关资料进行分析研究，了解预测对象的特性，同时根据预测的目标和各种预测方法的适用条件及性能，选择出合适的预测模型，借以揭示有关变量之间的规律性联系。预测方法是否选用得当，将直接影响预测的精确度和可靠性。

（4）分析评价。分析评价是对预测结果的准确性和可靠性进行验证。预测结果受到资料的质量、预测人员的分析判断能力、预测方法本身的局限性等因素的影响，未必能确切地估计预测对象的未来状态。此外，各种影响预测对象的外部因素在预测期限内也可能出现新的变化。因而要分析各种影响预测精确度的因素，研究这些因素的影响程度和范围，进而估计预测误差的大小，评价预测的结果。预测误差虽然不可避免，但若超出了允许范围，就要分析产生误差的原因，以决定是否需要对预测模型加以修正。在分析评价的基础上，通常还要对原来的预测值进行修正，得到最终的预测结果。

（5）提交预测报告。将预测的最终结果编制成文件和报告，提交上级有关部门，作为编制计划、制定决策和拟定策略的依据。预测报告应概括预测研究的主要活动过程，列出预测的目标、预测对象及有关因素的分析结论、主要资料和数据、预测方法的选择和模型的建立，以及模型预测值的评价和修正等内容。

12.4.3 物流成本决策

物流成本决策是指针对物流成本，在调查研究的基础上确定行动的目标，拟定多个可行方案，然后运用统一的标准，选定适合本企业的最佳方案的全过程。

物流成本决策必须遵从一些基本原则，包括最优化原则、系统原则、信息准全原则、可行性原则和集团决策原则。最优化原则要求以最小的物质消耗取得最大的经济效益，或以最低的成本取得最高的产量和最大的市场份额，获取最大的利润等；系统原则要求决策时要应用系统工程的理论与方法，以系统的总体目标为核心，以满足系统优化为准绳，强调系统配套、系统完整和系统平衡，从整个经营管理系统出发来权衡利弊；信息准全原则要求不仅决策前要使用信息，而且决策后也要使用信息，通过信息反馈，了解决策环境的变化与决策实施后果同目标的偏离情况，以便进行反馈调节，根据反馈信号适当修改原来的决策；可行性原则要求决策必须可行，决策前必须从技术、经济以及社会效益等方面全面考虑；集团决策原则要求决策不能靠少数领导"拍脑袋"，也不是找某几个专家简单地讨论一下，或靠少数服从多数的方式进行决策，而是依靠和充分运用智囊团，对要决策的问题进行系统的调查研究，然后通过方案论证和综合评估以及对比择优，提出切实可行的方案供决策者参考。

物流成本决策所要解决的以及所面临的问题是多方面的，因此会有不同类型的决策，具体而言，决策可分为战略决策与战术决策、规范性决策与非规范性决策、单目标决策与多目标决策、个人决策与集体决策、确定性决策与非确定性决策等。

物流成本决策主要基于以下四个程序进行。

1. 确定决策目标

物流成本决策的总目标就是在所处理的生产经营活动中，资金耗费水平达到最低，所取得的经济效益最大。在某一具体问题中，可采取各种不同的形式，但总的原则是必须兼顾企业目前和长远的利益，并且要能够通过自身努力实现。为了针对具体问题建立物流成本决策目标，应注意以下问题：认真分析决策的性质、以需要和可能为基础、选择适当的目标约束条件、目标必须具体明确等。

2. 广泛收集资料

广泛地收集资料是决策可靠的基础。一般来讲，全面、真实、具体是收集工作的基本要求。若做不到，决策便很难保证正确、可信。

3. 拟定可行性方案

物流成本决策的可行性方案，就是指保证成本目标实现、具备实施条件的措施。进行决策必须拟定多个可行性方案，才能从中择优。换言之，一个成功的决策应该有一定数量的可行性方案做保证。拟定可行性方案时，一般应把握两个基本原则：一是保持方案的全面完整性；二是满足方案之间的互斥性。当然，在实际工作中，这些原则可以根据具体情况，灵活地掌握和应用。

4. 做出选优决策

对各种可行性方案，应在比较分析之后根据一定的标准，采取合理的方法进行筛选，做出成本最优决策。对可行性方案的选优决策主要应把握两点：一是确定合理的优劣评价标准，包括成本标准和效益标准；二是选取适宜的抉择方法，包括定量方法和定性方法。企业组织物流成本决策的方法，因决策内容、类型及资料等的不同而体现出差异和多样性，如差量分析法、决策表法、均衡分析法等。

12.4.4 物流成本控制

物流成本控制就是在物流成本的形成过程中，对物流活动过程进行规划、指导、限制和监督，使之符合有关成本管理的各项法规、政策、目标、计划和定额，及时发现偏差，采取措施校正偏差，将各项消耗控制在预定的范围内。物流成本控制侧重于事后进行分析评价，并总结推广先进经验和实施改进措施，在此基础上修订并建立新的成本目标，促进企业不断降低整个物流系统的活动成本，达到有效管理物流活动的目的。

一般情况下，物流成本控制可按成本发生的时间先后划分为事前控制、事中控制和事后控制三类，即成本控制过程中的设计阶段、执行阶段和考核阶段。物流成本事前控制通常采用目标成本法，也采用预算法，是指经过物流成本预测和决策，确定目标成本，并将目标成本分解，结合责任制，层层控制。物流成本事前控制主要涉及物流系统的设计，如物流配送中心的建设，物流设施、设备的配备，物流作业过程改进控制，物流信息系统投资控制等。据估计，物流中有60%~80%的部分在物流系统设计阶段就已经确定了，因此物流成本事前控制是极为重要的环节，它直接影响到以后物流作业流程成本的高低。物流成本事中控制通常采用标准成本法，是对物流活动过程中发生的各项费用按预定的成本标准（如设备耗费、人工耗费、劳动工具耗费和其他费用支出等）进行严格审核和监督，通过计算差异、分析差异和及时的信息反馈来纠正差异。物流成本事后控制是对目标成本的实际发生情况进行分析评价，揭示问题并查明原因，为以后进行成本控制和制定新的成本目标提供依据。

从狭义上讲，一般谈到的物流成本控制仅指事中控制，是指在物流过程中，从物流过程开始到结束，对物流成本形成和偏离物流成本要素指标的差异进行的日常控制。物流成本控制是加强物流成本管理的一项重要手段，经过一系列的成本控制，可有效分析物流成本居高不下的原因，并找到相应的对策，促使企业不断提高物流管理水平，提高企业的经济效益。

由于物流成本管理的系统性、背反性等特点，物流成本控制需要遵循以下五项原则，才能提高控制的有效性。

（1）物流成本控制与服务质量控制相结合。提高物流服务质量水平与降低物流成本之间存在着一种"效益背反"的矛盾关系，即要想降低物流成本，物流服务质量水平就有可能会下降，反之，如果提高物流服务质量水平，物流成本又可能会上升。因此，在进行物流成本控制时，必须搞好服务质量控制与物流成本控制的结合。要正确处理降低成本与提高服务质量的关系，从而在二者的最佳组合上，谋求物流效益的提高。

（2）局部控制与系统控制相结合。局部控制是指对某一物流功能或环节所耗成本的控制，而系统控制是指对全部物流成本的整体控制。物流成本控制最重要的原则是对总成本进行控制，这就要求将整个系统及各个辅助系统有机地结合起来进行整体控制。总成本的系统控制是决定物流现代化成败的决定性因素，物流成本控制应以降低物流总成本为目标。

（3）全面控制和重点控制相结合。物流系统是一个多环节、多领域、多功能的全方位的开放体系。物流系统的这一特点也从根本上要求我们进行成本控制时，必须遵循全面控制的原则。首先，无论产品设计、工艺准备、采购供应，还是生产制造、产品销售，抑或售后服务各项工作都会直接或间接地引起物流成本的变化。为此，要对整个生产经营活动实施全过程的控制。其次，物流成本的发生直接受制于企业供、产、销各部门的工作，因此要实施物流成本的全部门和全员控制。再次，物流成本是各物流功能成本所构成的统一整体，各功能成本的高低直接影响物流总成本的升降，因此，还要实施全功能的物流成本控制。最后，从构成物流成本的经济内容来看，物流成本主要由材料费、人工费、折旧费、委托物流费等因素构成。因此，要实施物流成本的全因素控制。

（4）经济控制与技术控制相结合。这就是要求把物流成本日常控制系统与物流成本经济管理系统结合起来，进行物流成本的综合管理。物流成本是一个经济范畴，实施物流成本管理，必须遵循经济规律，广泛地利用利息、奖金、定额、利润等经济范畴和责任结算、绩效考核等经济手段。同时，物流管理又是一项技术性很强的工作。要降低物流成本，必须从物流技术的改善和物流管理水平的提高上下功夫。通过物流作业的机械化和自动化，以及运输管理、库存管理、配送管理等技术的充分应用，来提高物流效率、降低物流成本。

（5）专业控制与全员控制相结合。与物流成本形成有关的部门（单位）有必要对自己进行物流成本控制，这也是这些部门（单位）的基本职责之一。例如，运输部门对运输费用的控制、仓储部门对保管费用的控制、财会部门对所有费用的控制等。有了专业部门的物流成本控制，就能对物流成本的形成过程进行连续的全面控制，这也是进行物流成本控制的一项必要工作。通过全员的成本控制，形成严密的物流成本控制网络，从而可以有效地把握物流成本过程的各个环节和各个方面，厉行节约、杜绝浪费，降低物流成本，保证物流合理化措施的顺利进行。

物流成本控制主要基于以下程序进行。

（1）制定物流成本标准。物流成本标准是物流成本控制的准绳，物流成本标准首先包括物流成本预算中规定的各项指标，但物流成本预算中的一些指标都比较综合，还不能满足具体控制的要求，这就必须规定一系列具体的标准。确定这些标准的方法大致有三种。

①计划指标分解法：将大指标分解为小指标，可按部门、单位分解，也可按功能分解。

②预算法：用制定预算的办法来制定控制标准。有的企业基本上根据年度的生产销售计划来制定费用开支预算，并把它作为物流成本控制的标准。采用这种方法特别要注意从实际出发来制定预算。

③定额法：建立定额和费用开支限额，并将这些定额和限额作为控制标准来进行控制。在企业中，凡是能建立定额的地方，都应把定额建立起来。实行定额控制的办法有利于物流成本控制的具体化和经常化。

在采用上述方法确定物流成本控制标准时，一定要进行充分的调查研究和科学计算，同时还要正确处理物流成本指标与其他技术经济指标的关系（如和质量、生产效率等的关系），从完成企业的总体目标出发，经过综合平衡，防止片面性，必要时还应进行多种方案的择优选用。

（2）监督物流成本的形成。应根据控制标准对物流成本形成的各个项目，经常地进行检查、评比和监督。不仅要检查指标本身的执行情况，而且要检查和监督影响指标的各项条件，如设备、工作环境等，所以物流成本日常控制要与生产作业控制等结合起来进行。日常控制不仅要有专人负责和监督，而且要使费用发生的执行者实行自我控制，还应当在责任制中加以规定，这样才能调动全体职工的积极性，使物流成本的日常控制有群众基础。

（3）及时纠正偏差。针对物流成本差异发生的原因查明责任者，然后分析具体情况，分清轻重缓急，提出改进措施，加以贯彻执行。对于重大差异项目的纠正，一般采用下列环节。

①提出课题：从各种物流成本超支的原因中，提出降低物流成本的课题，这些课题首先应当是那些物流成本降低潜力大、各方关心、可能实行的项目。

②讨论和决策：发动有关部门和人员进行广泛的研究讨论。对重大课题可能要提出多种解决方案，然后进行各种方案的对比分析，从中选出最优方案。

③确定方案实施的方法与步骤及负责执行的部门和人员。

④贯彻执行确定的方案。

本章小结

物流成本是指伴随企业的物流活动而发生的各种费用，是物流活动中消耗的物化劳动和活劳动的货币表现，作为"第三利润源"，越发被人们所重视。要想完善成本管理体系、推动成本管理发展、加强物流在企业经营中的职能，就必须加强物流成本管理，物流成本管理是对物流相关费用进行的计划、协调与控制，是通过成本去管理物流。物流成本与其他运营成本有很大不同，表现为复杂性、背反性、系统性、不确定性等特点。

一般来说，物流成本由人工费用、作业消耗、物品损耗、利息支出、管理费用五个部分组成。按照费用支出形式不同，可以将物流成本分为直接物流成本和间接物流成本；以物流活动的基本环节为依据，可以将物流成本划分为物流环节成本、情报信息成本和物流管理成本三个部分；以物流活动的时序进程为依据，可以将物流成本分为物流筹备成本、生产物流成本、销售物流成本、退货物流成本、废品物流成本等五种；按成本性态，物流成本可分为变动成本、固定成本两大类；按经济性质，物流成本可分为生产性流通成本、纯粹性流通成本；等等。

物流成本核算是指企业按物流管理目标对物流耗费进行确认、计量和报告，是加强物流企业管理，特别是加强物流成本管理、降低物流成本、减少资金占用、提高物流企业经济效益的重要手段。从总体核算过程来看，分为确定物流成本核算期间、确定物流成本核算范围、确定物流成本承担者这三个基本步骤。物流作业成本法是以作业成本计算为指导，将物流间接成本更为准确地分配到物流作业、运作过程、产品、服务及顾客中的一种成本计算方法。

物流成本管理的过程可以分为分析、预测、决策、控制四个环节。物流成本分析就是利用物流成本核算结果及其他有关资料，分析物流成本水平与构成变动的情况，研究影响物流成本升降的各种因素及其变动原因，寻找降低物流成本的途径。物流成本预测，就是指依据物流成本与各种技术经济因素的依存关系，结合发展前景及采取的各种措施，利用一定的科学方法，对未来的物流成本水平及其变化趋势做出科学的推测和估计。物流成本决策是指针对物流成本，在调查研究的基础上确定行动的目标，拟定多个可行方案，然后运用统一的标准，选定适合本企业的最佳方案的全过程。物流成本控制就是在物流成本的形成过程中，对物流活动过程进行规划、指导、限制和监督，使之符合有关成本管理的各项法规、政策、目标、计划和定额，及时发现偏差，采取措施校正偏差，将各项消耗控制在预定的范围内。

拓展阅读+案例分析

第 13 章　物流质量管理

随着物流业的发展，物流质量越发受到人们的重视。物流质量是一个系统概念，具体包含四方面的内容：物流商品质量、物流服务质量、物流工作质量和物流工程质量。反映物流质量优劣的特性包括功能性、经济性、安全性、时间性、舒适性和文明性。物流质量管理，是通过制定科学合理的基本标准，对物流活动实施的全对象、全过程、全员参与的质量控制过程。其以客户满意为根本导向，对物流质量包含的四方面内容进行管理。

标准化是质量管理的重要方式之一，是对产品、工作、工程或服务等普遍的活动规定统一的标准，并且对这个标准进行贯彻实施的整个过程。标准化是国民经济管理和企业管理的重要内容，也是现代科学体系的重要组成部分。物流标准化事关物流业发展大计，它的贯彻实施，可以加速运输、装卸的速度，降低暂存费用，减少中间损失，提高工作效率，获得显著的经济效益。

随着物流行业逐渐发展成熟，质量管理的理念逐渐深入物流领域中，高质量的物流服务能赢取客户的口碑，成为企业赢下市场的重要手段，物流质量管理应运而生，并逐渐应用到物流实践中。本章对质量、物流质量、物流质量管理的概念进行介绍，对物流质量管理包含的四部分内容分开阐述，最后介绍物流标准化的相关知识。

13.1　物流质量管理概述

13.1.1　质量与物流质量

长期以来，物流行业的数量意识较为牢靠，而质量意识较为淡薄。物流从业者往往强调解决产、需在时间、空间的分离，而忽视在创造时间及场所效用中质量的作用。对质量的忽视导致了许多物流事故的发生，如车祸造成货物、人员、装备的损失；沉船造成巨大的损失；物流过程中丢失、损坏、变质、延误等事故，不仅使物流中货物的数量受到损失，而且使货物质量受到损失，最终使物流活动本身和企业经营活动都受到打击。

随着物流行业逐渐发展成熟，质量管理的理念逐渐深入物流领域中，人们慢慢意识到，物流作为企业与外界系统连接的"接口"，其质量直接与用户相关，从而也与本企业生命攸关的市场占有率相关，低劣的质量会使用户另寻其他合作伙伴，从而导致企业的战略发展受挫；而高质量的物流服务能赢取客户的口碑，成为企业赢下市场的重要手段。

质量是一个宽泛的概念,指反映产品满足明确需要和隐含需要的能力的特性之总和。产品包括硬件、软件、流程性材料和服务四大类型,既可以是有形产品,如机床、电机、钢材、水泥、汽油、计算机等装配型产品或流程材料,也可以是无形产品,如概念、知识、计算机程序、情报和某项服务等。需要指顾客、第三方或社会的要求,明确需要指在合同环境下特定客户对实体提出的明确的需要;隐含需要则是客户或社会对实体的期望,或指那些虽然没有通过任何形式给予明确规定,但却为人们普遍认同的、无须事先申明的需要。对产品质量优劣的考量,通常可以从性能、可靠性、耐用性、一致性、多功能性、美观性、可维护性、品牌认知度八个方面进行考虑。

物流质量是一个系统概念。一方面,在物流活动过程中,对各种资源、技术、设备、工艺环节等,一般可以使用定性、定量的标准来描述它们的质量,可以直接地确定它们的质量规格或操作规程;另一方面,物流是为客户提供时间、空间效应的服务,需要根据客户的不同需求来提供,物流服务提供企业必须有一套完整的服务质量考核体系,物流服务质量将直接由客户根据满足其需求的期望值来评价。物流质量具体包含四方面的内容:物流商品质量、物流服务质量、物流工作质量和物流工程质量。

反映物流质量优劣的特性包括功能性、经济性、安全性、时间性、舒适性和文明性。

(1)功能性:指服务实现的效能和作用。例如,售货的功能是使顾客买到所需商品;交通运输的功能是把旅客和货物送达目的地;邮政通信的功能是传递有关信息;咨询的功能是帮助客户做出合理决策……让客户得到这些服务功能,是对物流活动的最基本要求。因此,功能性是物流服务质量的最基本特性。

(2)经济性:指客户为了得到相应物流服务所需花费的合理程度。这里所说的费用是指服务周期总费用,即客户在接受服务的全过程中直接、间接支付的相关费用总和。

(3)安全性:指物流服务提供方在对客户进行服务的过程中,保证客户及企业员工人身不受伤害、财物不受损坏的能力水平。安全性的提高或改善与服务设施、环境有关,也与服务过程的组织、服务人员的技能及态度等有关。

(4)时间性:指服务能否及时、准时、省时地满足服务需求的能力。

(5)舒适性:指服务对象在接受服务的过程中感受到的舒适程度。大体上包括服务设施是否适用、方便和舒服,服务环境是否清洁、美观和有秩序等。

(6)文明性:指客户在接受服务的过程中满足精神需求的程度。营造一个自由、宽松的环境气氛和友好、和谐的人际关系,是服务竞争的一个重要手段。

13.1.2 物流质量管理的基本特点

物流质量管理,是通过制定科学合理的基本标准,对物流活动实施的全对象、全过程、全员参与的质量控制过程。

物流质量管理包括以下基本特点。

(1)全员参与:物流管理的全员性,正是物流的综合性、物流质量问题的重要性和复杂性所决定的。

(2)全程控制:物流质量管理是对货品的包装、储存、运输、配送、流通加工等若干过程进行的全过程管理。

（3）全面管理，整体发展：影响物流质量的因素具有综合性、复杂性，加强物流质量管理就必须全面分析各种相关因素，把握内在规律。

对物流质量管理的运作体系进行考核评价，可从以下几方面建立指标体系。

（1）运作质量指标，即衡量物流配送实物操作水平的监控指标。

（2）仓储服务质量指标，即在仓储管理中对库存管理、理货操作等方面的服务质量进行监控的指标。

（3）信息服务质量指标，即物流服务中客户预约、信息跟踪反馈、签收单反馈等信息服务质量的监控指标。

（4）客户满意度监控指标，即关系到客户直观感受，由客户反馈的质量指标。

在物流运作质量指标考核过程中，需要注意以下问题。

（1）转变观念，树立现代物流整体质量管理思想。

（2）根据实际需要和预期客户期望满意程度，制定质量考核指标体系。

（3）加强基础资料的收集，保证服务质量监控的客观真实。

13.2 物流质量管理内容

13.2.1 物流商品质量

物流商品，即物流服务所承载的商品，其质量在生产企业严格的质量保证条例要求下，一出厂即具有本身的质量标准。在物流过程中，必须采用一定的技术手段，保证商品的质量（包括外观质量和内在质量等）不受损坏，并且通过物流服务，提高客户的愉悦性和满意度，实质上是提高了客户对商品质量的满意度。

另外，有的商品在交给用户使用后，需要持续提供保修等售后服务，只有高质量的售后服务，才能让用户用得放心、用得开心，提高用户满意度。例如，汽车销售4S店就是商品服务延续的一种组织。

物流商品质量管理是物流质量管理的基本内容，也是其他物流质量管理开展的前提。一旦物流承载的商品对象质量受损，则意味着物流活动在很大程度上已经失败。对物流商品质量的保证要从运输、仓储、配送等物流各个环节入手，根据商品种类及特性的不同，采用对应的保养、保存技术，并做好预防各种灾害和突发事故的预备措施，识别、化解各种可能导致商品质量受损的风险因素。

13.2.2 物流服务质量

物流服务质量，指物流企业为用户提供服务、使用户满意的程度。"服务"是一种无形产品，但服务的提供过程往往以有形产品为载体，物流服务以物流商品作为载体。

物流活动本身并不是目的，而是为了达到某种生产或流通目的而进行的一项服务性附属活动。产业化的物流即第三方物流属于第三产业范畴，它的主要作用就是通过提供物流服务、满足客户要求来获取相应的报酬和利润。无论内部还是外部的"客户"，他们要求的服务质量都各不相同，因此，物流服务的过程中需要掌握和了解"客户"的需求，如商品质量的保持程度、流通加工对商品质量的提高程度、批量及数量的满足程度、配送额度、间隔期及交货期的保证程度、配送和运输方式的满足程度、成本水平及物流费用的满足程度、相关服务（如信息提供、索赔及纠纷处理等）的满足程度等方面现实的和潜在的需求，以最大限度地满足客户的需求为导向。此外，物流服务质量是变化发展的，随着物流领域绿色物流、柔性物流等新的服务概念的提出，物流服务也会形成相应的新的服务质量要求。

当客户需求从少品种、大批量、少批次、长周期转变为多品种、小批量、多批次、短周期时，商品流通的渠道就发生了巨变，传统仓储、物流业面临着严峻的挑战。我国的物流企业要想在激烈的市场竞争中生存、发展、壮大，就必须进一步认清物流产业属于服务业这一基本性质，运用服务经济理论认真分析物流产业的物流过程，打破传统物流业仅进行产品的运输和仓储的服务模式，根据企业的实际情况调整服务结构，向物流服务的广度和深度拓展和延伸，同时还必须按照服务管理原则寻找适合物流业的服务品质标准，通过 ISO 9000 认证指标的实施来提高客户满意度，创建物流业的服务品牌。

从本质上看，物流业与一般制造业和销售业不同，它具有运输、仓储等公共职能，是为生产、销售提供物流服务的产业，所以物流服务就是物流业为他人的物流需要提供的一切物流活动。它是以客户的委托为基础，按照货主的要求，为克服货物在空间和时间上的间隔而进行的物流业务活动。物流服务的内容是满足货主需求、保障供给，即在适量性、多批次、广泛性上满足货主的数量要求，在安全、准确、迅速、经济方面满足货主的质量需求。

按照服务经济理论，物流服务除了具有服务的基本性质之外，还具有从属性、即时性、移动性和分散性、较强的需求波动性和可替代性，所以我们不能忘记物流服务必须从属于货主企业物流系统，表现在流通货物的种类、流通时间、流通方式、提货配送方式都是由货主选择决定的，物流业只是按照货主的需求，站在被动的地位来提供物流服务。同时，不能忽视物流服务属于非物质形态的劳动，它生产的不是有形的产品，而是一种伴随销售和消费同时发展的即时服务，物流服务以分布广泛、大多数不固定的客户为对象，数量众多而又不固定的客户的需求在方式和数量上是多变的，它的移动性和分散性会使产业局部的供需不平衡，从而给经营管理带来一定的难度。另外，一般企业都可能具有运输、保管等自营物流的能力，这会使物流经营者从质和量上调整物流服务的供给变得相对困难。

正是物流服务特性对物流业经营管理的影响，要求企业经营者的管理思维和决策必须以服务为导向，把物流服务作为一个产品，关注物流服务质量。当我们将物流服务作为一种产品来研究时，就可以把物流服务看作生产、营销、消费的对象，它是各种有形和无形服务的集合，包括核心服务、便利性服务和支持性服务。物流服务的核心是围绕输送、保管、装卸搬运、包装及相关信息活动提供服务。用来方便核心服务所使用的附加的服务称为便利性服务；用来提高服务价值或者使服务与其他竞争对手相区别的服务称为支持性服务。将物流服务作为一种产品来研究时，物流业服务领域的扩大、服务功能的增加应当围绕核心服务,增加便利性服务和支持性服务。例如,在包装箱上标明条形码,使物流过程中的各方都便于搬运和点数;建立方便的订货动态系统,使物流链中的有关各方能够迅速获得有关订货执行情况的准确信息;一体化配送中心的配货、配送和各种提高附加值的流通加工服务,会使物流功能向协作化方向发展;提供产品与信息从原材料到最终消费者之间的增值服务,提供长距离的物流服务,在研究货主企业的生产经营发展流程设计的基础上提供全方位、优质的物流系统服务,会使物流企业更具竞争实力。从核心服务、便利性服务到支持性服务,物流服务的复杂程度也逐渐加大,形成了梯形的物流层次。

由于物流服务从属于货主企业物流,是伴随销售和消费同时发展的即时服务,将物流服务作为一种产品分析的同时,不能忘记物流服务必须以客户为导向,即物流服务产品还是客户感知的物流服务集合。为此,对物流服务产品的分析还必须注重客户的感知,要分析核心服务及其他服务是如何被客户接受的、买卖双方的相互作用是如何形成的,以及客户在服务过程中是如何准备参与的。因为只有注重客户的感知,才能使服务具有可接近性,使各种物流服务的使用者感到便利;也只有考虑了服务的可接近性、相互作用和客户的参与,新的便利性服务和支持性服务才能够真正成为企业的竞争优势。

13.2.3 物流工作质量

物流工作质量是指物流服务各环节、各工作、各岗位具体的工作质量,是将物流服务的质量总目标分解成各个工作岗位可以具体实现的质量,是提高服务质量所做的技术、管理、操作等方面的努力。为了实现总的服务质量,要确定具体的工作要求,明确工作完成后要达到的质量目标。

在物流企业的物流项目运作中,为了能够正常运作物流项目、更好地提供物流服务,科学、全面地分析和评价物流服务质量就成为一个非常重要的问题。物流工作质量涉及物流各环节、各工种、各岗位的具体工作质量,需用绩效考评的办法来进行具体考核。在我国,对物流活动的绩效进行考核还比较少见,考核的方法也比较少。这里,我们从物流企业项目运作的角度出发,来制定考评供应链运行绩效的关键业绩指标(key process indication,KPI)体系。

KPI 是通过对组织内部流程的输入端、输出端的关键参数进行设置、取样、计算、分析,来衡量流程绩效的一种目标式量化管理指标,是把企业的战略目标分解为可操作的工作目标的工具,是企业绩效管理的基础。KPI 可以使部门主管明确部门的主要责任,并以此为基础,明确部门人员的业绩衡量指标。KPI 同样可以用于项目管理,用于衡量其整体运行状况。建立明确的、切实可行的 KPI 体系,是做好绩效管理的关键。

物流企业在制定 KPI 指标系统时,必须把握以下几个要点。

(1)以满足客户的需要为出发点来制定标准,要始终着眼于客户的满意度。

(2)不能只看到当前本企业物流项目运作的优势,而应向整个行业优秀的第三方物流企业学习。

(3)要从不同的角度看待 KPI 的制定。

确定 KPI 指标系统的一个重要原则是 SMART 原则。SMART 是五个英文单词首字母的组合，S 代表具体（specific），指绩效考核要切中特定的工作指标，不能笼统；M 代表可度量（measurable），指绩效指标是数量化或者行为化的，验证这些绩效指标的数据或者信息是可以获得的；A 代表可实现（attainable），指绩效指标在付出努力的情况下可以实现，避免设立过高或过低的目标；R 代表实现性（realistic），指绩效指标是实实在在的，可以证明和观察；T 代表有时限（time bound），注重完成绩效指标的特定期限。与物流企业物流项目运作相关的 KPI 绩效指标系统分为五大块：运输计划、运输过程、库存过程、客户服务、财务指标。

物流工作质量管理是针对物流各环节、各工种、各岗位具体工作质量的管理，确定质量方针、目标和职责，并在质量体系中通过质量策划、质量控制、质量保证和质量改进，使其实施全部管理职能的所有活动。物流工作质量管理分为物流活动决策支持的工作质量管理、物流调度管理控制的工作质量管理和物流业务的工作质量管理三个组成部分，涉及物流组织的各级管理者和操作者的工作职责，由最高管理者领导，工作质量管理的实施涉及组织中的所有成员，同时在工作质量管理中要考虑到经济性因素。

物流活动决策支持的工作质量管理是物流企业高级管理者工作质量的管理，是对物流活动和物流业务的绩效进行评估和成本-收益分析工作的质量进行管理，以及对由此涉及的企业高层领导及管理人员的决策、管理质量进行有效的管理。涉及物流体系的设计和评估质量的管理，包括战略性规划和供应链合作伙伴之间的费用、资源关系，物流系统最低成本的实现等管理工作的质量管理，它不仅是企业当前总体运行质量的集中表现，而且是企业长期发展目标的可行性管理的科学管理支持依据。

物流调度管理控制的工作质量管理是对企业中层管理工作者的工作质量的管理，它是为了实现企业目标、有效利用资源的具体过程的工作质量的管理。

物流业务的工作质量管理是物流企业基层的具体业务操作者的工作质量管理，它是确保某项特定的业务能够有效地、有效率地执行的质量管理工作。

物流工作质量管理是物流企业围绕其经营活动所开展的策划、组织、计划、实施、操作、检查和监督审核等所有管理活动的工作质量的总和，是物流企业管理的一个中心环节，其职能是负责确定并实施质量方针、目标和职能。一个物流企业要以质量求生存，以及时、周到、全方位的物流服务求发展，积极参与到国际竞争中，就必须制定正确的质量方针和适宜的质量目标，而要保证方针、目标的实现，就必须建立健全质量体系，并使之有效运行。建立质量体系工作的重点是质量职能的展开与落实。

物流工作的质量管理必须由企业的最高管理者领导，同时也对最高管理者的工作质量进行监管，这是实施物流企业工作质量管理的一个最基本的条件。质量目标和职责要逐级分解，各级管理者都要对目标的实现负责。质量管理的实施涉及企业的所有成员，每个成员都要参与到质量管理活动之中，这也是全面质量管理的一个重要特征。

13.2.4 物流工程质量

物流工程是流通领域及其他有物流活动领域的工程系统。对流通领域而言，物流工程是这一领域独特的工程系统,其主要作用是支持流通活动、提高活动的水平并最终实现交易物的有效转移。物流工程受到物流技术水平、管理水平、技术装备、工程设施等因素的影响。物流工程是支撑物流活动总体的工程系统,任何物流企业的物流运作,都必须依靠有效的工程系统来实现。工程系统既包括自建的,如自建仓库、配送中心、机场等工程设施,也包括已建好的工程设施,如国家建设的物流设施基础平台。

物流工程可以分为总体的网络工程系统和具体的技术工程系统两大类别。实际上,任何物流企业的物流运作,包括第三方物流企业接受外包的物流运作,都不可能是空手运作,必须依靠有效的工程系统来实现这种运作。当然,工程系统有可能是自建的,世界上很多大型物流公司都有自己的仓库、配送中心、机场、货机等工程设施,有些则需要依靠组织的办法来利用别人提供的工程设施,国家建设的物流设施基础平台就是这样一种基础性工程设施。任何物流企业都必须依靠有效的工程系统来保证其高质量的服务。

工程设施、技术装备的质量从根本上决定了物流整体的质量,因而需要对其进行有效控制。例如,采用大型集装箱联运系统之后杜绝了物流过程中单件货物的丢失,就是工程系统所起作用的实例。所以,和产品生产的情况类似,物流质量不但取决于工作质量,而且取决于工程质量,优良的工作质量对物流质量的保证程度,受制于物流技术水平、管理水平、技术装备。好的物流质量是在整个物流过程中形成的,要想"事前控制"物流质量、预防物流损失,必须对影响物流质量的诸因素进行有效控制。提高工程质量是进行物流质量管理的基础工作,提高物流工程质量,就能做到"预防为主"的质量管理。

物流工程质量是指把物流质量体系作为一个系统来考察,用系统论的观点和方法,对影响物流质量的诸要素进行分析、计划,并进行有效控制。物流工程质量管理,就是指工程设施、技术装备质量的综合管理。物流工程质量管理需要强调以下几个方面的工作。

(1)预防为主,不断改进。好的物流工程质量是设计、生产、实施出来的,不是靠最后检查出来的。根据这一基本原理,物流工程质量的管理要求把管理工作的重点从"事后把关"转移到"事先预防"上来。从"管结果"变为"管因素",实施"预防为主"的方针,将不合格的工程质量消灭在物流工程建设的过程之中,做到"防患于未然",但仍要加强各环节的质量检验职能。

(2)严于律己,用户至上。实行物流工程建设全过程的管理,要求各个环节都必须树立"下一环节就是用户"、"严于律己,用户至上"、努力为下一个环节服务的思想。现代物流工程建设是一环扣一环的,前一个环节的质量影响后一个环节的质量,若一个环节的质量出了问题,就会影响整个生产过程以致影响产品质量。因此,要求每一个环节的成果的质量都能经得起下一个环节(用户)的检验,满足下一个环节的要求。应在物流工程建设过程中的各环节,特别是一些关键环节,开展复查上一环节的工作,保证本环节质量,优质、准时地为下一环节服务的活动,并经常组织上下环节、相关环节之间的互相访问和互做质量保证,最终保证优质物流工程的建设。

(3)用事实和数据说话。也就是要求在物流工程建设的质量管理工作中要有科学、严谨的态度和作风,不能满足一知半解和表面现象;要对问题进行深入分析,除定性分析外，还要尽可能进行定量分析，做到心中有数，避免主观性、盲目性。

（4）质量第一。任何物流工程的建设都必须达到要求的质量水平，否则就没有实现或未完全实现其使用价值，从而给物流的具体业务造成麻烦，带来不必要的损失。从这个意义上讲，物流工程的建设必须把质量放在第一位。

（5）以人为本，科学管理。在质量管理诸要素中，人是最活跃、最重要的因素。质量管理是人们有目的的活动，要搞好质量管理工作，必须树立以人为主体的管理思想。

（6）质量与经济的统一。质量第一、质量至上固然正确，但从经济的角度出发，也应该是质量与成本统一，确定最适宜的质量标准。物流工程质量管理者应追求的是，在满足需求条件的前提下尽可能减少投入，完成"适宜"、物美、价廉的工程，以取得高质量与高性价比的统一。根据这一思想，既不可以片面追求过剩质量而使成本大大提高，也不应该为了降低成本而降低质量，影响质量的适宜性。

13.3 物流标准化

13.3.1 物流标准化概念

标准化是对产品、工作、工程或服务等普遍的活动规定统一的标准，并且对这个标准进行贯彻实施的整个过程。标准化是国民经济管理和企业管理的重要内容，也是现代科学体系的重要组成部分，是社会大分化、生产大分工之后，为合理组织生产、促进技术进步、协调社会生活所出现的事物。标准化管理是权威的、有法律效力的管理。

标准化的内容，实际上就是经过优选之后的共同规则，为了推行这种共同规则，世界上的大多数国家都有标准化组织，例如英国标准协会、我国的国家市场监督管理总局等，国际标准化组织负责协调世界范围的标准化问题。目前，标准化工作开展较普遍的领域是产品标准，这也是标准化的核心，围绕产品标准，工程标准、工作标准、环境标准、服务标准等也出现了发展的势头。

物流标准化指的是以物流为一个大系统的标准化体系，包括系统设施、机械装备专用工具等各个分系统的技术标准；系统内各个分领域如包装、装卸、运输等方面的工作标准；以系统为出发点，各个分系统与分领域中技术标准与工作标准的配合性，按配合性要求，统一整个物流系统的标准；物流系统与相关其他系统的衔接与配合；等等。物流标准化事关物流业发展大计，随着我国物流业的迅速发展，物流标准化已成为使用频率极高的一个词语。物流标准化要求在物流服务过程中依据客户的货物特性和服务要求，采用标准的设备、标准的工具、标准的流程、标准的技能等手段，为客户提供增值的差别化服务。物流标准化的贯彻实施，可以加速运输、装卸的速度，降低暂存费用，减少中间损失，提高工作效率，获得显著的经济效益。

物流标准化的特点体现在以下几点。

（1）和一般标准化系统不同，物流系统的标准化涉及面更为广泛，其对象也不像一般标准化系统那样单一，而是包括了机电、建筑、工具、工作方法等许多种类。虽然处于一个大系统中，但缺乏共性，从而造成标准种类繁多、标准内容复杂，也给标准的统一性及配合性带来了很大困难。

（2）物流标准化系统属于二次系统，这是由于物流及物流管理思想诞生较晚，组成物流大系统的各个分系统，过去在没有归入物流系统之前，早已分别实现了本系统的标准化，并且经多年的应用，不断发展和巩固，已很难改变。在推行物流标准化时，必须以此为依据，个别情况固然可将有关的旧标准化体系推翻，按物流系统所提出的要求重建新的标准化体系，但通常还是在各个分系统标准化的基础上建立物流标准化系统。这就必然从适应及协调角度建立新的物流标准化系统，而不可能全部创新。

（3）物流标准化要求体现科学性、民主性和经济性。

（4）物流标准化有非常强的国际性。

（5）贯彻安全与保险的原则。

13.3.2 物流标准化种类

1. 基础标准

基础标准是制定其他物流标准应遵循的、全国统一的标准，是制定物流标准必须遵循的技术基础与方法指南，主要包括以下几个方面。

（1）专业计量单位标准：物流标准是建立在一般标准化基础之上的专业标准化系统，除国家规定的统一计量标准外，物流系统还要有自身独特的专业计量标准。同时，由于物流的国际性很突出，专业计量标准需要考虑国际计量方式的不一致性，要考虑国际习惯用法，不能以国家计量标准为唯一依据。

（2）物流基础模数尺寸标准：基础模数尺寸是指标准化的共同单位尺寸，或系统各标准尺寸的最小公约尺寸。在制定各个具体的尺寸标准时，要以基础模数尺寸为依据，选取其整数倍为规定的尺寸标准，这样，可以大大减少尺寸的复杂性，使物流系统各个环节协调配合，并成为系列化的基础。

（3）集装基础模数尺寸标准：集装基础模数尺寸是最小的集装尺寸，它是在物流基础模数尺寸基础上，按倍数推导出来的各种集装设备的基础尺寸。在物流系统中，由于集装尺寸必须与各环节的物流设施、设备相配合，在对整个物流系统进行设计时，通常是以集装尺寸为核心。集装模数尺寸是物流系统各个环节标准化的核心，它决定和影响着其他物流环节的标准化。

（4）物流建筑基础模数尺寸标准：主要是指物流系统中各种建筑物所使用的基础模数，在设计建筑物的长、宽、高尺寸，门窗尺寸以及跨度、深度等尺寸时，要以此为依据。

（5）物流专业术语标准：包括物流专业名词的统一化、专业名词的统一编码以及术语的统一解释等。物流专业术语标准化可以避免由于人们对物流词汇的不同理解而造成物流工作的混乱。物流专业术语标准化不但包括物流用语的统一化及定义的统一解释，还包括专业名词的统一编码。

（6）物流核算、统计标准：物流核算、统计标准是建立系统情报网，对系统进行统一管理的重要前提条件，也是对系统进行宏观控制与微观监测的必备前提。

（7）标志、图示和识别标准：物流中的货物、工具、机具都在不断运动，因此识别和区分工作十分重要。对于物流对象，需要设置既易识别又易区分的标记，有时还需要自动识别——用复杂的条形码来代替用肉眼识别。标记、条形码的标准化是物流系统中重要的标准化内容。

除了上述标准之外，物流基础标准还包括物流企业分类与评估标准和物流专业人员的资质标准等内容。

2. 分系统技术标准

（1）运输车辆标准：标准对象是从事货物空间位置转移的各种运输设备，如货船、货车等，从各种设备有效衔接、货物及集装的装运与固定设施衔接等角度制定车厢和船舱的尺寸标准、载重能力标准、运输环境条件标准等。此外，还涉及环保标准，如噪声等级、废气排放等。

（2）作业车辆标准：标准对象是物流设施内部使用的各种作业车辆，如叉车、台车、手推车等，包括尺寸、运行方式、作业范围、作业重量、作业速度等方面的技术标准。

（3）传输机具标准：标准对象包括进行水平、垂直输送的各种机械，如气动式起重机、传送机、提升机的尺寸和传输能力等技术标准。

（4）仓库技术标准：包括仓库尺寸、建筑面积、有效面积、通道比例、单位储存能力、总吞吐能力、温湿度等技术标准。

（5）站台技术标准：包括站台高度、作业能力等技术标准。

（6）包装、托盘、集装箱标准：包括包装、托盘、集装箱系列尺寸标准，包装物强度标准，包装、托盘、集装箱荷重标准以及各种集装、包装的材料、材质等标准。

（7）货架、储罐标准：包括货架净空间、载重能力、储存容积尺寸等标准。

3. 工作标准及作业规范

物流工作标准是指针对各项物流工作制定的统一要求和规范化制度，主要包括以下几方面。

（1）各岗位的职责及权限范围。

（2）完成各项任务的程序和方法，以及与相关岗位的协调、信息传递方式，工作人员的考核与奖罚方法等。

（3）物流设施、建筑的检查验收规范。

（4）吊钩、索具的使用、放置规定。

（5）火车的运行时刻表、运行速度限制，以及异常情况的处理方法等。

物流作业规范是指在物流作业过程中物流设备的运行、作业程序、作业要求等标准，这是实现作业规范化、效率化以及保证作业质量的基础。

13.3.3 物流标准化原则

1. 市场导向原则

物流是社会分工专业化的产物，它与经济水平和市场发达程度密切相关。我国的物流标准化工作已从"行政需求"转向"市场需求"，因此，应根据各个社会角色的具体要求制定相应的物流标准。

2. 一致性与协调性原则

物流标准化涉及众多的行业和部门,所以要根据各地的物流标准化现状和企业需求制订一套完整、科学、可操作性强的物流标准化推进计划,通过各行业、各部门的相互配合与协调,推动各地物流标准化的进程。

3. 科学发展原则

物流标准化是一项系统性的工作,要做好这项工作,就必须坚持科学发展的原则,把基础打牢打实,用动态的、不断发展的观点指导物流标准化的进程。

4. 推进创新原则

物流标准化不是为了限制或制约企业的正常生产经营活动,而是要通过实施标准促进企业不断进行提升和创新。因此,除强制推广一些涉及安全、环保、产业衔接、基础信息、基础管理与技术、服务质量、消费者权益保护等方面的标准外,还应鼓励企业制定和完善企业的标准,以不断提高企业的核心竞争力。

13.3.4 物流标准化管理

从全球范围来看,各个国家的物流体系标准化工作都还处于初始阶段,对应物流技术的应用与普及,以及现代物流的发展程度,其物流标准化的状况也不同,重点在于通过制定标准规格尺寸来实现全物流系统的贯通,取得提高物流效率的初步成果。

1. 确定物流基础模数尺寸

物流基础模数尺寸的作用和建筑模数尺寸的作用大体是相同的,其考虑的基点主要是简单化。基础模数尺寸一旦确定,设备的制造、设施的建设、物流系统中各环节的配合协调、物流系统与其他系统的配合就有了依据。目前,国际标准化组织及欧洲各国已基本认定 600 毫米 × 400 毫米为基础模数尺寸。

确定基础模数尺寸的方法是:由于物流标准化系统比其他标准化系统建立得晚,所以,确定基础模数尺寸主要考虑了目前对物流系统影响最大而又最难改变的事物,即输送设备。采取"逆推法",由输送设备的尺寸来推算最佳的基础模数尺寸。当然,在确定基础模数尺寸时也考虑到了现在已通行的包装模数和已使用的集装设备,并从行为科学的角度研究了人及社会的影响。从其与人的关系看,基础模数尺寸是适合人体操作的高限尺寸。

2. 确定物流模数

物流模数即集装基础模数尺寸。由于物流标准化的基点应建立在集装的基础上,所以在基础模数尺寸之上还要确定集装的基础模数尺寸(即最小的集装尺寸)。

集装基础模数尺寸可以从 600 毫米 × 400 毫米按倍数系列推导出来,也可以在满足 600 毫米 × 400 毫米的基础模数尺寸的前提下,从货车或大型集装箱的分割系列推导出来。日本在确定物流模数时采用后一种方法,以货车(早已大量生产并实现了标准化)的车厢宽度为确定物流模数的起点,推导出集装基础模数尺寸。

3. 以分割及组合的方法确定物流尺寸

物流模数作为物流系统各环节标准化的核心，是形成系列化的基础。依据物流模数进一步确定有关系列的大小及尺寸，再从中选择全部或部分确定为定型的生产制造尺寸，这就形成了某一环节的标准系列。根据物流模数可以推导出大量的系列尺寸。与其他领域不同，我国物流尚处于起步阶段，还没有形成被全国接受的标准化体系。

本章小结

质量是反映产品满足明确和隐含需要的能力的特性之总和。物流质量管理，是通过制定科学合理的基本标准，对物流活动实施的全对象、全过程、全员参与的质量控制过程。对物流质量管理的运作体系进行考核评价，可从运作质量指标、仓储服务质量指标、信息服务质量指标、客户满意度监控指标四个方面建立指标体系。

物流质量具体包含四方面的内容：物流商品质量、物流服务质量、物流工作质量和物流工程质量。物流商品，即物流服务所承载的商品，其质量在生产企业严格的质量保证条例要求下，一出厂即具有本身的质量标准。在物流过程中，必须采用一定的技术手段，保证商品的质量（包括外观质量和内在质量等）不受损坏。物流服务质量指物流企业为用户提供服务、使用户满意的程度。物流服务的内容是满足货主需求、保障供给，即在适量性、多批次、广泛性上满足货主的数量要求，在安全、准确、迅速、经济方面满足货主的质量需求。物流工作质量是指物流服务各环节、各工作、各岗位具体的工作质量，是将物流服务的质量总目标分解成各个工作岗位可以具体实现的质量，是提高服务质量所做的技术、管理、操作等方面的努力。物流工程质量是指把物流质量体系作为一个系统来考察，用系统论的观点和方法，对影响物流质量的诸要素进行分析、计划，并进行有效控制。物流工程质量管理，就是指工程设施、技术装备质量的综合管理。

标准化是对产品、工作、工程或服务等普遍的活动规定统一的标准，并且对这个标准进行贯彻实施的整个过程。物流标准化要求在物流服务过程中依据客户的货物特性和服务要求，采用标准的设备、标准的工具、标准的流程、标准的技能等手段，为客户提供增值的差别化服务。物流标准化的贯彻实施，可以加速运输、装卸的速度，降低暂存费用，减少中间损失，提高工作效率，获得显著的经济效益。物流标准化分为基础标准、分系统技术标准、工作标准及作业规范三类，遵循市场导向原则、一致性与协调性原则、科学发展原则、推进创新原则。推行物流标准化管理主要从确定物流基础模数尺寸、确定物流模数、以分割及组合的方法确定物流尺寸三个环节入手。

拓展阅读+案例分析

第 14 章　第三方物流管理

第三方物流是由供方与需方以外的物流企业提供物流服务的业务模式，相较传统物流模式，能够提供更加现代化、系统的物流服务，凭借规模经营优势、专业化优势、知识人才优势和细致化与个性化服务优势，有效地为企业节省投资和费用，减少库存、降低风险、提供增值服务，成为货主企业重要的战略伙伴。从广义上说，第三方物流是相对于自营物流而言的；从狭义上讲，第三方物流主要是指能够提供现代化的、系统的物流服务的第三方的物流活动。相较传统物流，其依托现代电子信息技术，以合同为导向，提供个性化服务，与货主企业等形成联盟关系。第三方物流服务的对象主要有两类，一类是生产型客户，另一类是流通和消费型客户；其能提供的服务业务既有传统的单一物流要素服务，也有增值服务业务。对于供应链企业而言，对第三方物流的评价与选择，要经过分析企业的物流系统、对第三方物流企业进行评价、第三方物流实施等几个步骤。21 世纪是倡导个性化消费和个性化服务的时代，多品种、多批次、小批量的门到门服务将是物流服务的主导形式，而不同的企业和行业对第三方物流服务将会有更加具体化和个性化的要求。因此第三方物流提供者之间的竞争将会出现对差异性和个性化的对决，而非单一的成本竞争。

本章首先介绍第三方物流的概念、特点及企业类型，其次对第三方物流的服务及运作管理展开探讨，最后对第三方物流的发展状况及趋势进行介绍。

14.1　第三方物流概述

14.1.1　第三方物流的概念

随着现代企业生产经营方式的变革和市场外部条件的变化，"第三方物流"这种物流形态开始引起人们的重视。在西方发达国家，先进企业的物流模式已开始向第三方物流甚至第四方物流方向转变。

第三方物流的概念源自管理学中的外包，意指企业动态地配置自身和其他企业的功能和服务，利用外部的资源为企业内部的生产经营服务。将外包引入物流管理领域，就产生了第三方物流的概念。其概念模型如图 14-1 所示。

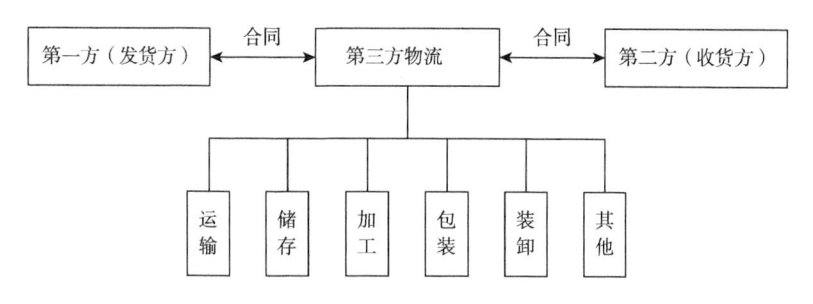

图 14-1 第三方物流概念模型

"第三方"一词来源于物流服务提供者作为发货人(甲方)和收货人(乙方)之间的第三方这样一个事实。第三方物流是指生产经营企业为集中精力搞好主业,把原来属于自己处理的物流活动,以合同的方式委托给专业物流服务企业,同时通过信息系统与物流服务企业,与第三方物流的管理与运作保持密切的联系,以达到对物流全程的管理和控制的一种物流运作与管理方式。因此第三方物流又叫合同制物流。我国国家标准《物流术语》(GB/T 18354—2021)中将第三方物流定义为:由独立于物流服务供需双方之外且以物流服务为主营业务的组织提供物流服务的模式。

提供第三方物流服务的企业,其前身一般从事运输业、仓储业等物流活动及相关的行业。从事第三方物流的企业在委托方物流需求的推动下,从简单的储存、运输等单项活动转为提供全面的物流服务,其中包括物流活动的组织、协调和管理,设计最优物流方案,物流全程的信息收集和管理等。

除了第三方物流外,还有一些其他术语也表示着相近的含义,如合同物流(contract logistics)、物流外包(logistics outsourcing)、全方位物流服务公司(full-service distribution company,FSDC)、物流联盟(logistics alliance)等。

对第三方物流的理解还有广义和狭义之分。从广义上说,第三方物流是相对于自营物流而言的。凡是由社会化的专业物流企业按照货主的要求,所从事的物流活动都可以包含在第三方物流范围之内,至于第三方物流从事的是哪一个阶段的物流、物流服务的深度和服务水平,这与货主的要求有密切关系。从狭义上说,第三方物流主要是指能够提供现代化的、系统的物流服务的第三方物流活动。在我国,小生产式的物流服务活动相当多,并且还不能在很短时间内解决这个问题,如果把这些企业都包括在第三方物流企业中,必然会混淆人们对第三方物流的认识。所以,我们在讲第三方物流时,主要从狭义的角度去理解,把它看成一种高水平、专业化、现代化的物流服务形式。

14.1.2 第三方物流的特点

第三方物流能够提供现代化的、系统的物流服务,它表现出以下特点。

1. 建立在现代电子信息技术的基础上

信息技术的发展是第三方物流出现的必要条件,信息技术实现了数据的快速、准确传递,提高了库存管理、装卸、运输、采购、订货、配送、订单处理的自动化水平,使订货、包装、保管、运输、流通加工实现一体化；企业可以更方便地使用信息技术与物流企业进行交流和协作，企业间的协调和合作有可能在短时间内迅速完成；同时，计算机软件的飞速发展，使混杂在其他业务中的物流活动的成本能被精确地计算出来，还能有效管理物流渠道中的商流，这就使企业有可能把原来在内部完成的物流作业交由物流公司运作。常用于支撑第三方物流的信息技术有：实现信息快速交换的 EDI 技术、实现资金快速支付的 EFT 技术、实现信息快速输入的条形码技术和实现网上交易的电子商务技术。

2. 是合同导向的一系列服务

第三方物流有别于传统的外协，外协只局限于一项或一系列分散的物流功能，如运输公司提供运输服务、仓储公司提供仓储服务。第三方物流则根据合同条款规定的要求，提供多功能甚至全方位的物流服务，而不是临时需求。

3. 是个性化物流服务

第三方物流服务的对象一般都较少，只有一家或数家，服务时间却较长，往往长达几年。这是因为需求方的业务流程各不相同，而物流、信息流是随价值流流动的，因而要求第三方物流服务应按照客户的业务流程来制定。

4. 企业之间为联盟关系

依靠现代电子信息技术的支撑，第三方物流与企业之间充分共享信息，这就要求双方相互信任、合作双赢，以达到比单独从事物流活动所能取得的更好效果。而且，从物流服务提供者的收费原则来看，它们之间是共担风险、共享收益的关系；再者，企业之间所发生的关联并非一两次的市场交易，在交易维持一定时间之后，可以相互更换交易对象。在行为上，各自既非采用追求自身利益最大化的行为，也非完全采取追求共同利益最大化的行为，而是通过契约结成优势互补、风险共担、要素双向或多向流动的中间组织，因此，企业之间是物流联盟关系。

对第三方物流特点的理解，也可以从其和传统物流的差异的角度来理解。第三方物流与传统物流的比较如表 14-1 所示。

表 14-1　第三方物流与传统物流的比较

功能要素	第三方物流	传统物流
合约关系	一对多	一对一
法人构成	数量少（对用户）	数量多（对用户）
业务关系	一对一	一对多
服务功能	多功能	单功能
物流成本	较低	较高
增值服务	较多	较少
质量控制	难	易
运营风险	大	小
供应链因素	多	少

14.1.3 第三方物流企业的类型

第三方物流是商业发展到一定阶段的产物，按照不同标准，可将第三方物流企业划分为不同类型。

1. 单向型物流企业和综合型物流企业

按照物流企业完成的物流业务范围的大小和所承担物流功能的不同，可将物流企业分为单向型物流企业和综合型物流企业。单向型物流企业也称为功能型物流企业，即它仅仅承担和完成某一项或少数几项物流功能。这类物流企业按照其主营的业务范围，又可进一步分为运输企业、仓储企业、流通加工企业等，如美国的联邦快递公司、总统轮船公司，日本的佐川急便等。综合型物流企业是能够完成和承担多项甚至全部物流功能的企业，包括从配送中心的设计到物流的战略策划乃至商品实物运输等多方面。综合型物流企业一般规模大、资金雄厚，并且有着良好的物流服务信誉。这类企业由于承担综合物流服务，所要求的管理水平比较高，具有相当大的竞争力。目前，综合型物流企业有许多是跨国公司，如日本的日通公司，它的服务网络连接世界几百个城市，通过全球服务系统为世界客户服务。在日本国内，日通公司在27个港口建有战略性运输中心，其中任何一个都可以进行国际运输。

2. 物流自理企业和物流代理企业

按照企业是自行完成和承担物流业务，还是委托他人进行操作，可将物流企业分为物流自理企业和物流代理企业。

物流自理企业是自行完成全部或大部分物流业务的企业。同样，它还可进一步按照业务范围进行细分，分为综合型物流自理企业和单向型物流自理企业。物流代理企业同样可以按照物流业务代理的范围，分为综合型物流代理企业和单向型物流代理企业。从事综合物流代理业务的企业可以不进行大的固定资产投入，用低成本经营和简便入市的方式，将主要的业务操作及大部分工作委托他方处理，着力建设自己的销售队伍和管理网络，实行特许代理制，将协作单位纳入自己的经营轨道。公司的核心业务就是实行综合物流代理业务的销售、采购、协调管理和组织设计，并且注重业务流程创新。单向型物流代理企业按照其功能的不同，又包括运输代理企业、仓储代理企业、包装和流通加工企业等。

近年来，随着中国电子商务的快速发展，顺丰速运、邮政特快专递服务、京东快递、圆通速递、申通快递、百世快递、韵达速递、天天快递、宅急送等一大批第三方物流公司应运而生。国内专业化的物流企业主要是由原来的国家大型仓储、运输企业以及中外合资或外商投资创办的专业物流公司发展而来。这些企业的营业范围涉及全国配送、国际物流服务、多式联运和邮件快递、冷链物流等，均在不同程度地进行着综合物流代理运作模式的探索和实践。

3. 物流联盟

物流联盟是指两个或两个以上的经济组织为实现特定的物流目标而采取的长期联合与合作，其目的是实现联盟参与方的"共赢"。物流联盟具有相互依赖、核心专业化及强调合作的特点，是一种介于自营和外包之间的物流模式，可以降低前两种模式的风险。物流联盟是为了达到比单独从事物流活动更好的效果而使企业间形成相互信任、共担风险、共享收益的物流伙伴关系。联盟是动态的，只要合同结束，双方就变成追求自身利益最大化的单独个体。

狭义的物流联盟存在于非物流企业之间，广义的物流联盟包括物流企业之间的合作，本章指的是通过物流联盟形成的第三方物流服务。一般来说，组成物流联盟的企业之间具有很强的依赖性。物流联盟的各个组成企业明确自身在整个物流联盟中的优势及担当的角色，内部的对抗和冲突减少，分工明晰，使供应商把注意力集中在提供客户指定的服务上，最终提高了企业的竞争能力和竞争效率，满足企业跨地区、全方位物流服务的要求。

例如，2013年，阿里巴巴集团、银泰集团联合复星集团、富春控股集团、顺丰集团、"三通一达"（申通、圆通、中通、韵达），以及相关金融机构各方共同组建的"菜鸟网络科技有限公司"，其目标是通过5~8年的努力打造一个开放的社会化物流大平台，在全国任意一个地区做到24小时送达。通过打造智能物流骨干网，对生产流通的数据进行整合运作，实现信息的高速流转，而生产资料、货物则尽量减少流动，以提升效率。

14.2 第三方物流的服务与运作

14.2.1 第三方物流服务的分类

第三方物流服务的对象主要有两类，一类是生产型客户，另一类是流通和消费型客户。针对不同类型的客户，为其提供物流服务的方式和侧重点、时间和质量要求都有所不同，如图14-2所示。

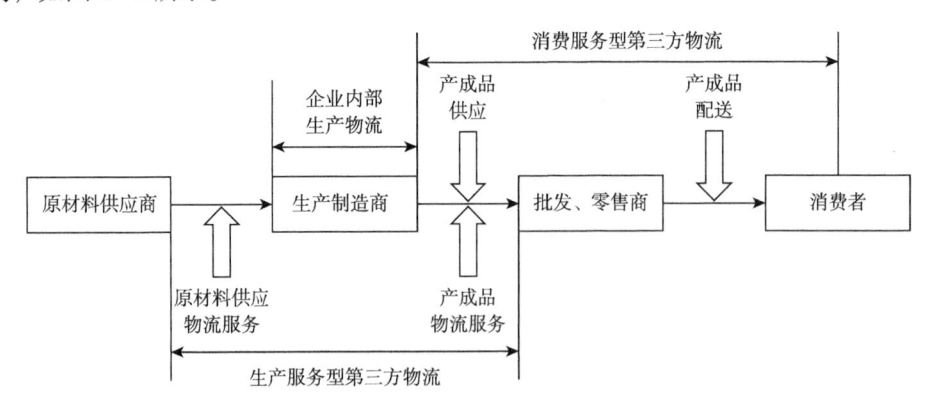

图14-2 第三方物流服务的构成及范围

1. 消费服务型

消费服务型第三方物流在实践中通常表现的形态为专门为流通企业和最终消费者提供物流服务的物流企业、快递企业等。这类企业通常能够提供商品包装、商品储存、商品配送、装卸搬运、流通加工、物流信息处理、分销物流网络规划与设计、物流网点内部的物流管理等活动。其中，流通企业的自营物流与社会物流又形成一个衔接点，所涉及的产品需求数量较大，品种相对较多。

消费服务型第三方物流企业通常位于供应链末端，一般来说，也是消费者必须直接面对的业态。所以，流通企业的客户服务直接体现供应链整体服务水平，其物流要求必须尽量及时、准确、完好地送到客户指定的地点。为了保证流通企业物流的顺利进行、降低各个环节的成本、为客户提供满意的服务、实现较高的收益，企业需要做好商品包装、储存、订单信息的处理、运输、装卸搬运等方面的工作。

2. 生产服务型

企业生产物流是指生产制造企业在生产运营过程中的物品实体流动、信息传递及与企业生产运营相联系的活动。企业生产物流从企业的生产和服务范围角度来分，可分为企业内部物流和企业外部物流两大部分。

1）企业内部物流

企业内部物流主要是指在企业内部的生产组织管理和经营过程中所发生的物料配送、加工、检查、搬运、仓储、包装、配送及生产过程中的信息传递活动。

一般情况下，企业内部物流是指从原材料（零部件）进入企业生产现场到产成品销售出库的工作范围，是企业管理的重要工作项目。企业要想实现稳定生产，必须先组织好内部物流的工作。

2）企业外部物流

企业外部物流指在企业生产经营活动中与供应链中的各企业或相关联的各部门之间的实体物流及信息活动。对于生产企业而言，在考虑将企业物流外包时，通常会将企业的外部物流承包给专业的第三方物流企业，自身则集中精力和资金能力于企业的生产核心力的培养，引进或研发先进的生产技术和方法，不断创新产品，专心搞好生产的计划和组织安排，提高企业在市场上的份额和竞争力。而第三方物流企业承担生产企业的原材料供应和产成品的储存、运输等物流业务，能以更专业、更快速的服务满足生产企业的物流要求，达到双赢的目标。

3. 电商服务型

电商物流又称为电子商务时代的物流，是电子商务发展的衍生产业。也有人认为电商物流是与电子商务发展相配套的物流或物流企业的电子商务化。电商物流是按照买卖双方的需要设置物流中转站，对商品进行保管、配货、发货、退货及信息服务的物流管理体系。物流企业对整个物流过程的所有活动进行统一管理。

电子商务的迅速发展，使不同领域的商家利用互联网电商的技术和平台把行业整合起来，物流供应商和物流软件领域的服务商将迎来巨大的机会。之前，海运、空运、零担货运和供应链物流是中国物流行业的主要增长点，快递业还不值一提。随着电子商务的发展，快递行业在信息技术、客户服务、流程管理、战略规划方面进步迅速，其爆炸式的增长速度遥遥领先物流业其他分支。电子商务的发展给我国快递业注入了新的活力，带来了发展的生机。

基于电子商务服务的第三方物流呈现出以下发展趋势。

1）电子商务物流行业兼并重组

电商物流竞争日趋白热化、兼并重组常态化，电子商务的急速发展迫使物流业不得不加快改革的脚步。现今的物流业正逐渐走向垂直细分，区域物流中的小企业由于不具备竞争实力，正被大的平台商排挤和兼并，成了电子商务物流行业兼并重组的重点。如果没有充足的资本和网络支撑，中小快递企业很难在竞争中胜出。电子商务市场旺盛的物流需求成为吸引新加入者的重要动力。个性化、专业化以及差异化的物流服务已成为电子商务物流行业的发展趋势。

2）用户结构多样化、电商渠道下沉

电子商务企业的核心用户结构正在悄然发生变化，电商产品的品类已从图书、信息技术数码产品变为服装鞋帽、日用百货，一、二线城市电商市场日趋饱和。网购生鲜产品越来越受到人们的欢迎，而农村是生鲜的原产地，导致三、四线城市以及广大的农村成为电商发展的新市场。要想争夺农村用户，就必须先建立通向农村市场的物流体系。货物品种的不同也为物流整体体系结构带来了变化，使电子商务企业不断地将重点下沉到三、四线城市。建立密集的仓储基地，不仅要求电商物流整合调配物流的成本、物流的包装、物流的时效性、配载的空间利用、物流的服务质量、产品质量等各方面的资源，打通电商上下游，提升用户体验，最主要的是需要从供应链角度整体参与客户的设计、采购、包装等业务，提供全程无缝的服务。

3）电商促销竞争常态化引发物流"竞速"

阿里巴巴创造的"双11"奇迹极大地激发了各大电商的促销战略，促销竞争日趋常态化。为电子商务企业提供保障的物流企业竞速赛也随之打响。苏宁易购依靠自身在线上到线下（online to offline，O2O）模式上的优势，在2014年"818"店庆时全面实施了"半日达""急速达""一日三送"等三大主力物流服务；京东推出了"一日四送"的"极速达""夜间配""定时达"等新业务；一号店推出"当日达"和"准时达"的"双达"服务；当当网在全国400个城市实现"111"全天达（上午11点前下单当日达，凌晨1点前下单次日达）服务承诺；国美在线针对VIP用户开展"定时送"并承诺送晚就赔的特色物流服务等都使电商配送时效记录大幅度刷新。提高物流时效，"没有最快，只有更快"，成为各电子商务企业争夺市场及用户的重要竞争手段。

4）跨境电商成热点，物流呈现多元化业态

2015年，国务院发布的《关于促进跨境电子商务健康快速发展的指导意见》使"跨境电商"这一由来已久的市场热点获得了重要支撑，呈现出了强劲的发展势头，跨境电商物流也迎来了发展契机。天猫国际和六大跨境电商试点合作，依托港口，将所需商品批量海运、空运到保税区，以此来降低物流成本。同时，传统的物流企业也加大了对保税仓、第三方转运等业务的延伸布局。多种事实表明，跨境电商的发展促使着物流正在从单一的邮政包裹演变为"邮政包裹为主，其他模式并存"的多元化业态。

14.2.2　第三方物流服务业务

第三方物流所提供的服务内容范围很广：它可以简单到只是帮助客户安排一批货物

的运输，也可以复杂到设计、实施和运作一个公司的整个分销和物流系统。第三方物流企业与传统运输、仓储企业的最大区别就在于，传统企业所能提供的仅是单一、脱节的物流要素，而第三方物流企业则能够将各个物流要素有机整合起来，提供系统化、系列化的增值服务，具体而言，包括以下服务业务。

1. 运输类服务业务

1）运输网络的设计和规划

运输类服务业务中，从物流服务的技术含量看，应该首推运输网络的设计。对于覆盖全球的跨国公司而言，其采购、生产、销售和售后服务网络非常复杂，要设计一个高效并在某种程度上协同的运输网络非常困难。在更复杂的运输网络设计中，要考虑工厂和仓库等的选址问题，复杂性会进一步增加。在技术比较领先的第三方物流公司中，一般都有专门的专家队伍，通过计算机模型完成运输网络设计工作。

2）"一站式"全方位运输服务

"一站式"全方位运输服务是由物流企业提供多个运输环节的整合，为客户提供门到门的服务，如国外非常流行的多式联运业务。在世界范围内，已出现了海运公司上岸的热潮，这些海运公司可以提供国际海运、进出口代理、陆上配送等业务，将原来的港到港的服务，延伸为门到门的服务。

3）帮助客户管理运输的能力

这是一类比较新型的物流业务，客户企业自身拥有运输能力，如运输工具和人员，但在物流业务外包时，将这些运输能力转给物流公司，由物流公司负责运输工具的使用和维护及运输人员的工作调配。这类服务在国外比较常见，尤其是很多企业在采用第三方物流服务前，一般都拥有自己的运输部门，在采用第三方物流服务后，原来的运输部门一般没有必要设置，将这一部分能力交给第三方物流企业管理是一种比较好的做法。在我国，企业"小而全、大而全"的现象十分普遍，大多数生产制造类企业都有自己的运输部门，这些部门的存在往往成为企业采用第三方物流的障碍，因此，采用由第三方物流管理客户企业运输工具和人员的做法值得推广。

4）动态运输计划

动态运输计划就是根据企业的采购、生产和销售情况，合理安排车辆和人员，保证运输的效率和低成本。在国外，动态运输计划一般是由计算机自动完成的。在我国，大多数企业的动态运输计划仍然采用人工设计的模式。

2. 仓储及配送类服务业务

1）配送网络的设计

配送网络的设计包括仓库定位、配送中心能力和系统设计等，是仓储及配送类服务业务中最具备技术含量的领域之一，这一部分服务功能可以作为独立的咨询项目而存在，也可以作为物流服务整体方案的一部分。

2）订单处理

订单处理是仓储及配送类服务业务中最常见的第三方物流服务项目，在取得订单后，通过第三方物流企业完成拣货、配货和送货的工作。

3）库存管理

库存管理实际上是物流管理中最核心和最专业的领域之一。完整的库存管理包含市场、销售、生产、采购和物流等诸多环节，一般企业不会将库存管理全部外包给第三方物流企业，而是由客户企业自身完成库存管理中最复杂的预测和计划部分，但在库存管理的执行环节，第三方物流却大有作为，如与仓储相关的库存管理主要涉及存货量的统计、补货策略等。在"一站式"物流服务中，第三方物流企业甚至可以通过对客户历史数据的挖掘，为客户的库存管理提供专业化建议。

4）仓储管理

仓储管理一般包括货物转移、装卸、储存等活动，是最常见的传统物流服务项目。

5）代管仓库

代管仓库也是一种比较常见的合作形式。这种形式一般发生在客户企业自己拥有仓库设施，在寻求物流服务商时，将自己仓库的管理权一并交给物流企业管理。

6）包装及促销包装

促销包装是仓储及配送类服务业务中的重要服务内容之一。随着物流模式的创新，包装服务内容也更加丰富，如运输保护性包装、促销包装、配货包装等。

3. 增值服务业务

1）延后处理

延后处理是一种先进的物流模式。企业在生产过程中，在生产线上完成标准化生产，但对其中个性化的部分，根据客户需求再进行生产或加工。我国许多第三方物流企业提供的贴标签服务或在包装箱上注明发货区域等服务，都属于简单的延后处理。

2）零件成套

零件成套就是将不同的零部件在进入生产线前完成预装配的环节。例如，汽车制造厂一般委托第三方物流企业管理零配件仓库，在将零配件送到装配线之前，在仓库内完成部分零件的装配。

3）供应商管理

第三方物流提供的供应商管理包括两类：一类是运输、仓储等提供物流服务的供应商的管理，第三方物流中的"第三"本身就体现了对作为第二方物流供应商管理职能的补充；另一类供应商管理是近几年才出现的，由第三方物流对客户企业的原材料和零配件供应商进行管理。供应商管理一般包括供应商的选择、供应商的供货、供应商产品质量的检验、供应商的结费等内容。

4）货运付费

货运付费是第三方物流最常见的业务。在第三方物流服务过程中，第三方物流企业一般代替客户支付运费，称作代垫、代付费用。

5）支持 JIT 制造

这是一种新型的第三方物流服务。在及时制生产中，第三方物流提供的服务有及时采购运输和生产线的及时供货。

6）咨询服务

第三方物流企业提供的咨询服务有物流相关政策调查分析、流程设计、设施选址和设计、运输方式选择、信息系统选择等。

7）售后服务

售后服务是第三方物流一个新的服务领域，一般包括退货管理、维修保养、产品调查等项目。

4. 信息服务业务

在发达国家，信息服务是第三方物流非常重要的服务内容；在我国，由于第三方物流的信息化基础比较薄弱，这一类服务内容还没有得到应有的重视。第三方物流的信息服务一般包括以下内容。

1）信息平台服务

客户通过第三方物流的信息平台，实现与海关、银行、合作伙伴等的连接，完成物流过程的电子化。我国有些城市目前正在推行电子通关服务，将来大量的第三方物流企业都要实现海关系统的连接，客户可以借助第三方物流企业的信息系统，实现电子通关。

2）物流业务处理系统

客户使用第三方物流企业的物流业务处理系统，如仓库管理系统和订单处理系统等完成物流过程的管理。随着物流复杂性的增加和物流业务管理系统的完善，这方面的信息服务还会不断加强。

3）运输过程跟踪

信息跟踪是一类信息服务。就目前的市场来看，信息跟踪服务主要集中在运输过程的跟踪方面。在西方发达国家，通过 GPS、GIS 等跟踪手段，已经做到了运输过程和订单的实时跟踪，如 FedEx 等快递公司，为客户提供全程跟踪服务。在我国，对运输过程的信息跟踪服务也有大量的需求，而且国内已经具备了先进的跟踪技术和手段。

14.2.3 第三方物流在供应链企业内部的运作管理

企业物流模式主要有自营物流和第三方物流等。企业在进行物流决策时，应根据自己的需要和资源条件，综合考虑各主要因素，慎重选择物流模式，以提高企业的市场竞争力。对第三方物流的评价与选择，要经过分析企业的物流系统、对第三方物流企业进行评价、第三方物流的实施等几个步骤。

1. 分析企业的物流系统

首先看企业是否有自营物流的能力，如果没有，就将物流外包；如果有自营物流的能力，就要考虑企业物流系统的战略地位、物流总成本和服务水平。

1）企业物流系统的战略地位

企业的自营物流能力是指企业自己经营物流的能力，即企业具备的物流设施和技术。企业物流系统的战略地位一般可从以下几方面进行判断。

（1）它们是否高度影响企业业务流程？
（2）它们是否需要相对先进的技术，采用这种技术能否使公司在行业中领先？
（3）它们在短期内是否不能被其他企业模仿？

如果能得到肯定的回答，那么就可以断定物流子系统在战略上处于重要地位。由于物流系统是多功能的集合，各功能的重要性和相对能力水平在系统中是不平衡的，因此，还要对各功能进行分析。某项功能是否具有战略意义，关键就看它的替代性。如果其替代性很弱，很少有物流公司能够完成，几乎只有本企业才具备这项能力，企业就应保护好、发展好该项功能，使其保持旺盛的竞争力。

2）企业对物流控制力的要求

越是竞争激烈的产业，企业越是要求对供应和分销渠道的控制，此时企业应该选择自营物流。通常情况下，主机厂或最终产品制造商对渠道或供应链过程的控制力比较强，一般都选择自营物流，也就是作为核心企业来组织全过程的物流活动和制定物流服务标准。

3）企业产品自身的物流特点

对于大宗工业品原料的运输或鲜活产品的分销，应利用相对固定的专业物流服务供应商和短渠道物流；对全球市场的分销，宜采用地区性的专业物流公司提供支援；对产品线单一的或为主机厂做配套的企业，则应在核心企业的统一下使用自营物流；对于技术性较强的物流服务，如口岸物流服务，企业应采用委托代理的方式；对非标准设备的制造商来说，企业自营虽有利可图，但还是应该交给专业物流服务公司去做。

4）企业规模和实力

一般来说，大中型企业由于实力较雄厚，有能力建立自己的物流系统，可制订合适的物流需求计划，保证物流服务的质量。另外，还可以利用过剩的物流网络资源拓展外部业务（为其他企业提供物流服务）。而规模较小的企业则受人员、资金和管理的资源的限制，物流管理效率难以提高。此时，企业为了把资源用于主要的核心业务上，把物流管理交给第三方专业物流代理公司就是明智的选择。例如，实力雄厚的麦当劳公司，为了保证每天把汉堡等保鲜食品准确、及时地运往各地，就组建了专门的货运公司进行物流配送。

5）企业物流系统的总成本

在选择是自营还是物流外协时，必须弄清两种模式下物流系统总成本的情况，选择成本较低的方式进行运营。

6）物流服务水平

物流服务水平是物流能力的综合体现，是指消费者对物流服务的满意度。工商企业重视物流不仅仅是为了节约成本，更因为越来越认识到物流对提高客户服务水平的重要性。这种物流服务水平的衡量包括三个部分，即事前要素、事中要素和事后要素。客户服务的事前要素是指公司的有关政策和计划，如服务政策、组织结构和系统的灵活性；客户服务的事中要素是指在提供物流服务的过程中，是否满足客户的需求，如订货周期、库存水平、运送的可靠性等；客户服务的事后要素是指产品在使用中的维护情况，如维修服务、对客户的产品进行退换等。

采用自营物流还是寻找其他管理方式取决于下列两个因素的平衡与否：物流对于企业的重要程度与企业管理物流的能力。物流决策状态如图14-3所示，图中企业所处的位置决定了其奉行的战略。

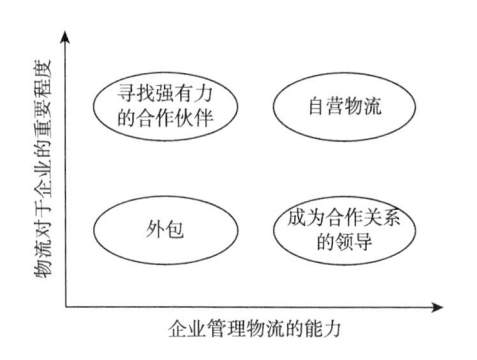

图14-3　企业物流模式决策分析维度

如果公司对客户服务要求高，物流成本占总成本的比例大，且已经有高素质的人员对物流运作进行有效的管理，那么该企业就不应将物流活动外包出去，而应当自营。沃尔玛就是这样的公司，其供应渠道的管理非常出色。另外，如果对于一家公司来说，物流并不是其核心战略，企业内部物流管理水平也不高，那么将物流活动外包给第三方物流供应商就有利于降低成本、提高客户服务质量。戴尔公司认为其核心竞争力是营销，是制造高科技的个人计算机硬件，而不是物流，因此戴尔公司在世界各地直销时，就与几家第三方物流企业合作，在一定地理范围内分销商品。如果物流是企业战略的核心，但企业物流管理能力很低，那么寻找物流合作伙伴将会给该公司带来很多收益。好的合作伙伴在公司现有的，甚至还未进入的市场上拥有物流设施，可以为企业提供自营物流无法获得的运输服务及专业化的管理。相反，如果公司的物流活动不那么重要，但是由专业人员管理、物流能力很强，那么该公司就会主动寻找需要物流服务的伙伴，通过共享物流系统提高货物流量，实现规模经济效益，降低企业的成本。

2. 对第三方物流企业进行评价

当企业不具备自营物流的能力时，就要将物流业务外包出去。企业可以将物流业务外包给一家第三方物流企业，也可以外包给多家第三方物流企业。要想选好第三方物流企业，就必须对第三方物流企业进行合理的评价。

1）第三方物流供应商的核心竞争力

在挑选第三方物流供应商时，应首先考虑第三方物流供应商的核心竞争力是什么。例如，美国联邦快递和联合包裹服务公司最擅长的服务是包裹的限时速递，中国储运总公司的核心竞争力在于其拥有大型的仓库。

2）第三方物流供应商是自有资产还是非自有资产

自有资产第三方物流，是指有自己的运输工具和仓库，从事实实在在物流操作的专业物流公司。它有较大的规模、雄厚的客户基础、到位的系统，专业化程度较高，但灵活性受到一定限制。非自有资产第三方物流，是指不拥有硬件设施或只租赁运输工具等少量资产，主要负责物流系统设计、库存管理和物流信息管理等职能，而将货物运输和仓储保管等具体作业活动由其他物流企业承担，但对系统运营承担责任的物流管理公司。这类公司运作灵活，能根据服务内容自由组合、调配供应商，管理费用较低。企业应根据自己的需要对两种模式加以选择和利用。

3）第三方物流供应商服务的地理范围

第三方物流供应商按照其所服务的地理范围可分为：全球性、国家性和地区性。选择第三方物流供应商时要与本企业的业务范围相一致。

4）第三方物流供应商服务的成本

在计算第三方物流服务的成本时，首先要弄清自营物流的成本，然后两者对应起来进行比较，对于物流服务的成本计算，与企业的物流系统的成本计算相同。

5）第三方物流供应商的服务水平

在选择物流模式时，尽管考虑成本很重要，但第三方物流为本企业及企业客户提供服务的能力对于选择物流服务是至关重要的。也就是说，第三方物流在及时满足企业对原材料需求的能力和可靠性，以及对企业的零售商和最终客户不断变化的需求的反应能力等方面应该作为首要的因素来考虑。在评价第三方物流的服务水平时，评价方法与企业的物流系统的评价方法相同。

3. 第三方物流的实施

企业选定了第三方物流供应商后，通过合同的形式达成协议。企业与第三方物流供应商要想成功地合作，应该注意以下几个问题。

1）处理好双方的关系

企业与第三方物流供应商之间的关系应该是合作伙伴关系。双方应该牢记，这是一个互惠互利、风险共担的合作联盟。企业应该考虑如何将第三方物流供应商融入自己的物流战略规划。企业必须能够为第三方物流供应商提供所需的信息。第三方物流供应商必须彻底、认真地考虑和讨论这些需求，并制订出具体的解决方案。双方都必须投入足够的时间和精力以确保合作成功。

2）有效沟通

有效沟通对于任何一个外包项目走向成功都是非常必要的。首先，对于企业来说，各个部门的管理者之间、管理者与员工之间必须相互沟通，明确为什么进行物流业务外包、从外包中期望得到什么。这样，所有的相关部门才能与第三方物流供应商密切配合，员工也不会产生抵触的心理。其次，企业与第三方物流供应商也要进行有效的沟通，确保合作的顺利进行。

3）第三方物流供应商必须对企业所提供的数据保密

第三方物流供应商与企业衡量绩效的方式必须一致；讨论附属合同的特定标准；在达成合同前要考虑争议仲裁问题；协商合同中的免责条款；确保通过物流供应商的定期报告来实现绩效目标。

14.3 第三方物流的发展及其趋势

14.3.1 我国第三方物流的发展

纵观我国第三方物流的发展，从早期的计划经济的商业储运中发展而来的运输仓储整合，到今天完全开放的物流准入制度和不断扩大的市场空间，大多数中小规模的本土物流企业仍然处于低水准运作的状态。这主要表现为地区发展的不平衡与宏观策略的不一致，传统物流服务意识薄弱，不能很好地参与到贯穿供应链上下游的购销业务中。在中国加入了世界贸易组织与经济全球化加速发展的背景下，无论国有、民营还是私营的物流企业都面临多方面的挑战。

首先，国内不同所有制物流企业的培育背景和发展道路大相径庭。商务部曾把34家国有大型物流企业列为重点扶持对象，政策和资金向这些企业倾斜。而民营和私营物流企业受到来自海外和本土企业的竞争，自身的体制存在先天不足，发展道路十分坎坷。

其次，所有物流企业都要面对我国基础物流业务低起点、高消耗的整体不良运作环境。我国物流成本占GDP的百分比相较于西方发达国家而言，由于能耗过高而占比过高，企业间是一种粗放的管理和竞争格局。加上许多外围企业盲目跟风，导致各地的物流企业数量和基础投资猛增，低价恶性竞争严重扰乱市场秩序，再加上各环节缺乏信誉管理机制，造成物流企业普遍业绩不佳，发展后劲不足。

最后，我国物流行业虽不乏亮点，但是整体仍然有较大的发展空间。目前，对于中国物流市场，一些有实力的跨国物流公司已经通过各种可能的途径纷纷占领了中国物流市场的战略制高点。这些企业将借助它们牢固的物流网络及物流联盟，运用先进的物流专业知识和经验，为客户提供完善的综合物流服务。它们的到来将给国内物流市场形成巨大的冲击。

面对中国第三方物流发展的背景，中国第三方物流企业除了通过整合提高服务能力、增强竞争力之外别无选择。显然，机遇与挑战并存，在制定策略的过程中，物流企业应以全新的思路来解决企业的经营策略。应该强调建立在拥有快速反应能力、了解和贴近国内客户之上的竞争优势，以创造价值的理念来取代传统的"开源"，以避免成本发生和总成本最优的策略来取代"节流"。同时还要拥有真正以客户为本的经营理念，利用现代物流科学管理，走出一条适合中国的第三方物流的新路。

14.3.2 第三方物流的发展趋势

21世纪是倡导个性化消费和个性化服务的时代，多品种、多批次、小批量的门到门服务必将是物流服务的主导形式，而不同的企业和行业对第三方物流服务将会有更加具体化和个性化的要求。因此第三方物流提供者之间的竞争将会出现对差异性和个性化的对决，而非单一的成本竞争。同时我们也看到，21世纪也是一个知识经济的时代，第三方物流将以知识化服务为主要特征，更加注重综合运用专业化、细致化、科学化的现代物流知识，为客户提供物流体系的设立、改进、整合，全面提升企业运作效率与效益。

由企业个性化的物流需求拉动的第三方服务的供应，其根本的立足点在于特殊的客户服务理念。第三方物流内涵下的客户服务似乎已经变为其能够生存发展的独特载体，它已经超越了物流产品的简单买卖关系，而是伴随着客户服务的活动导致物流产品或服务的价值增值，此价值增值活动基本上以中长期的战略合作伙伴关系为基础。通过第三方物流提供者和货主企业共同构建的物流平台，对企业的供应链加以整合和持续改进，目的是在特定市场范围内使货主企业增强行业竞争力，提高终端客户的满意度，保持市场占有率。一般而言，第三方物流提供者需要深刻理解货主企业的市场战略，至少要参与企业的基本物流战术的制定。第三方物流提供者水平的高低不仅取决于货主企业的评定，还和终端客户的评价有关。第三方物流的客户服务有四个传统的要素：时间、可靠性、沟通性和灵活性。这四个要素是货主企业和终端客户对一个第三方物流企业考核和评价的基本点。

第三方物流更加注重供应链上各节点之间优势互补、利益共享的共生关系。新型的企业管理理论认为：一个企业的迅速发展仅靠自身的资源和力量是远远不够的，也未必科学和经济。因此企业必须寻找战略合作伙伴，通过联盟的力量获得竞争优势。第三方物流企业之间、第三方物流企业与货主企业之间、第三方物流企业与相关行业之间将形成相互交错的战略合作伙伴关系。供应链管理与优化已经成为第三方物流的核心服务内容。从长远来看，第三方物流服务领域将进一步扩展到客户的市场营销体系以及相关的服务支持体系中。这已经在西方发达国家的外协采购、仓储运输协同大型设备的安装调试与维护、转包分销的供应链运作中有所体现，并且大有愈演愈烈之势。

总之，21世纪的第三方物流将凭借规模经营优势、专业化优势、知识人才优势和细致化与个性化服务优势，有效地为企业节省投资和费用，减少库存、降低风险、提供增值服务，使货主企业专注主业，增强核心竞争力，全面提升企业形象，平衡优化总成本，从而成为货主企业有效获得竞争优势的重要战略伙伴。

本章小结

第三方物流的概念源自外包，指生产经营企业为集中精力搞好主业，把原来属于自己处理的物流活动，以合同的方式委托给专业物流服务企业，同时通过信息系统与物流服务企业，与第三方物流的管理与运作保持密切联系，以达到对物流全程的管理和控制的一种物流运作与管理方式。从广义上说，第三方物流是相对于自营物流而言的，凡是由社会化的专业物流企业按照货主的要求，所从事的物流活动都可以包含在第三方物流范围之内；从狭义上讲，第三方物流主要是指能够提供现代化的、系统的物流服务的第三方的物流活动。相较于传统物流，其依托现代电子信息技术，以合同为导向，提供个性化服务，与货主企业等形成联盟关系。按照不同标准，可将第三方物流企业划分为单向型物流企业和综合型物流企业、物流自理企业和物流代理企业、物流联盟等类型。

第三方物流服务的对象主要有两类，一类是生产型客户，另一类是流通和消费型客户。消费服务型第三方物流专门为流通企业和最终消费者提供物流服务；企业生产物流是指生产制造企业在生产运营过程中的物品实体流动、信息传递及与企业生产运营相联系的活动。除了以上两类，还包括电商物流，又称为电子商务时代的物流，是电子商务发展的衍生产业。电商物流是按照买卖双方的需要设置物流中转站，对商品进行保管、配货、发货、退货及信息服务的物流管理体系。

　　第三方物流所提供的服务内容范围广泛，既包括运输类服务业务、仓储及配送类服务业务等传统单一物流要素服务，也包括延后处理等增值服务业务、信息平台服务等信息服务业务。企业在进行物流决策时，应根据自己的需要和资源条件，综合考虑各主要因素，慎重选择物流模式，以提高企业的市场竞争力。对第三方物流的评价与选择，要经过分析企业的物流系统、对第三方物流企业进行评价、第三方物流的实施等几个步骤。

　　我国第三方物流发展至今，无论国有、民营还是私营的物流企业都面临多方面挑战。我国第三方物流企业要进一步整合提高服务能力、增强竞争力，以创造价值的理念来取代传统的"开源"，以避免成本发生和总成本最优的策略来取代"节流"。同时还要拥有真正以客户为本的经营理念，利用现代物流科学管理，走出一条适合中国的第三方物流新路。

拓展阅读+案例分析

第 15 章　电子商务物流

电子商务的发展与现代物流行业的发展息息相关，物流现代化是电子商务的基础，电子商务的发展则为物流业发展注入新的动力。电子商务是企业利用计算机技术或网络技术等现代信息技术进行的各种商务活动；电子商务物流也叫网上物流，是基于互联网技术，旨在创造性地推动物流行业发展的新商业模式，其运作模式分为企业自营物流模式、第三方物流模式、物流一体化模式、物流联盟模式四种。电子商务的发展大大提高了物流业的地位，而物流现代化是电子商务发展的基础和保证，它提高了电子商务的效益和效率，扩大了电子商务的市场范围，协调了电子商务的目标。

电子商务物流管理就是研究并应用电子商务物流活动规律对物流全过程、各环节和各方面进行的管理，具有计划、组织、协调、指挥、控制管理职能。开展电子商务物流管理，制订物流方案，需要从消费者的区域分布、消费商品的品种、配送细节、服务提供者、物流成本、库存控制等因素进行考虑。

在电子商务条件下，我国物流业发展还存在成本较高、物流保管技术较差、物流服务信息化程度较低等问题。要从培育现代物流产业、加强运输保管、创建物流信息系统等方面入手，进一步发展电子商务条件下的物流服务。

本章围绕电子商务物流管理理论与实践的主线，首先概述电子商务、电子商务物流的概念、特点等，并对电子商务与物流的关系进行说明；随后探讨电子商务物流运作的四种模式，并对电子商务下的物流管理的含义、职能、内容、目标、考虑因素进行介绍。最后对电子商务物流的发展现状及趋势进行简介。

15.1　电子商务及电子商务物流概述

电子商务以快捷、高效完成信息和所有权的交换（商流）而著称，然而，只有商品通过现代化物流系统以最快的速度到达消费者手中，才标志着电子商务活动的最终实现。因此，物流现代化是电子商务的基础，它提高了电子商务的效益和效率，扩大了电子商务的市场范围，协调了电子商务的目标。物流是电子商务的要素之一。随着电子商务的进一步发展，物流对电子商务的作用日益突出。在我国，物流起步较晚，在电子商务时代的今天，能够支持电子商务活动的现代物流发展还存在诸多问题。为此，我们需要对电子商务物流理论知识进行进一步学习和探讨，以加快我国电子商务物流事业的发展步伐。

15.1.1 电子商务概述

1. 电子商务的概念

IBM 公司于 1996 年提出了 Electronic Commerce（E-Commerce）的概念，到了 1997 年，该公司又提出了 Electronic Business（E-Business）的概念。现在，我们普遍认为 E-Business 为广义的电子商务，即使用各种电子工具通过电子手段从事商务活动；E-Commerce 为狭义的电子商务，即通过使用互联网在全球范围内进行的商务活动。不管哪种理解，其内容包含两个方面：一是电子方式；二是商贸活动。

简而言之，电子商务是企业利用计算机技术或网络技术等现代信息技术进行的各种商务活动，包含三个主要内容：服务贸易、货物贸易和知识产权贸易。对电子商务概念的理解，需要把握以下几点。

（1）电子商务实质上是一种采用先进信息技术的买卖方式。交易各方将自身的各类供求信息按照标准的格式要求输入电子商务网络，电子商务网络根据客户的需求，搜寻相关信息并将多种买卖选择提供给客户。客户确定后，就可以安排合同各项事宜，以及收付款、产品运输交易等流程。这样，卖方就能够以较高的价格出售商品，买方也能以较低的价格买入原材料和商品。

（2）电子商务实质上是一个用来进行虚拟交易的市场交换场所。电子商务跨越时间、空间界限，可以及时为客户提供各种优质服务，包括产品需求量与供应量和交易各方的具体资料等，让交易各方便于分析市场，更准确地掌握市场发展方向。

（3）要从商务和现代信息技术角度理解电子商务。电子商务中的现代信息技术包含了各类以电子信息技术为基础的通信方式。另外，商务从宏观理解，包括契约型或非契约型的所有商务性关系所导致的各类活动。电子商务是商务和现代信息技术的重合部分，就是电子商务中会广泛提到的 Intranet 和电子数据交换。图 15-1 表示了三者的关系。

图 15-1　电子商务概念理解

（4）电子商务并不单指将商务进行电子化。电子商务包括很多方面，包括公司前台业务电子化、后台所有工作体系的电子化与信息化，以及改善调整公司的业务经营活动。简而言之，真正意义上的电子商务，是指以公司整体系统信息化为主，利用电子方式对公司的一系列物流流程进行全面、系统的指挥。

狭义的电子商务是指依靠互联网进行的商务过程；相反地，广义的电子商务所定义的电子商务是指通过 Internet 和局域网（local area network，LAN）等很多不同类型的网络进行的商务过程。不能简单地认为电子商务只利用 Internet 进行商业贸易，而需要把通过电子信息网络进行的设计、开发、广告、销售、采购、结算等都放入电子商务内容中。美国专家瑞维卡拉与安德鲁认为"电子商务不失为一种适应当代商业的发展形式"。它为了满足企业、销售方和客户所需，不断提高企业经营效率和服务水平，从而减少成本。

2. 电子商务的特点

电子商务是互联网发展的直接产物，是网络技术应用的全新发展，互联网本身具有的开放性、全球性、低成本、高效率的特点，也成为电子商务的内在特征，与传统的商务活动方式相比，电子商务具有以下几个特点。

1）交易虚拟化

通过以 Internet 为代表的计算机互联网进行的贸易，贸易双方从贸易磋商、签订合同到支付等，无须当面进行，均通过计算机互联网完成，整个交易完全虚拟化。

2）交易开放性

互联网上没有时间和空间限制，它可以每周 7 天，每天 24 小时运行，它可以连接到世界每一个地方，网络的支撑使电子商务具有开放性和全球性的特点。这使所有的企业都可以以相近的成本、相同的机会进入全球电子化市场，为企业创造了更多的贸易机会，使中小企业有可能拥有和大企业一样的信息资源，提高了中小企业的竞争力。

3）交易成本低

电子商务使买卖双方的交易成本大大降低。一是距离越远，网络上进行信息传递的成本相对于信件、电话、传真而言就越低。此外，缩短时间及减少重复的数据录入也降低了信息成本。二是买卖双方通过网络进行商务活动，无须中介者参与，减少了交易的有关环节。三是卖方可通过互联网进行产品介绍、宣传，避免了在传统方式下做广告、发印刷品等大量费用。四是电子商务实行"无纸贸易"，企业内部可实现"无纸办公"，可减少 90% 的文件处理费用，并提高了信息传递的效率。五是互联网使买卖双方即时沟通供需信息，从而使库存成本下降。

4）交易效率高

电子商务用网络传递商务信息，将商务流程电子化、数字化，提高了交易的及时性、准确性、可靠性，克服了传统贸易方式费用高、易出错、处理速度慢等不足，极大地缩短了交易时间，使整个交易变得快捷、高效。

5）交易透明化

交易透明化体现在 Internet 本身具有开放性和全球性的特点上，买卖双方从交易的洽谈、签约到货款的支付、交货通知等整个交易过程都在网络上进行，通畅、快捷的信息传输可以保证各种信息之间互相核对，可以防止伪造信息的流通。例如，在典型的许可证 EDI 系统中，由于加强了发证单位和验证单位的通信、核对，假的许可证就不易漏网（Ferrantino and Koten，2019）。

3. 电子商务的分类

1）按照交易对象

按照交易对象，可将电子商务分为企业对消费者（business-to-customer，B2C）电子商务、企业对企业（business-to-business，B2B）电子商务、企业对政府（business-to-government，B2G）电子商务。B2C 电子商务是企业与消费者之间的电子商务，就如同联机服务中的产品交易过程，将零售电子化、网络化，通过计算机网络提高顾客直接参与度。B2B 电子商务指企业与企业之间的电子商务。B2B 分为特定公司间的电子商务与非特定公司间的电子商务两个不同种类。非特定公司间的电子商务是指公司会在一个开放的网络平台中寻找最佳交易伙伴，然后进行交易。特定公司间的电子商务存在于有着持续交易关系或未来要保持交易关系的公司之间，它们有着一致的目标，能够实现共同合作，进而提高双方的经济效益，优化公司管理系统。B2G 电子商务是企业和政府的电子商务，其涉及企业和政府机构间的各类事务活动。在美国，政府组织采购清单，利用 Internet 向公司发布，公司可以通过网络进行反馈。

2）按照商务活动内容

按照商务活动内容，可将电子商务分为间接电子商务和直接电子商务。前者是指现实商品的交易，所以还是要依靠常见的快递运输配送手段进行商品货物的配送；而后者是指虚拟的、无形的商品交易，如网络软件、网络信息服务等。一个公司往往都经营着直接和间接电子商务，它们是公司的"左膀右臂"，能够增加公司的经营成果。间接电子商务对运输配送环节依赖性较强，而直接电子商务可以让交易双方超越空间直接进行交易活动，最大限度地开发全球市场的消费潜力。

3）按照使用类型

按照使用类型，可将电子商务分为 EDI 商务、Internet 商务和 Intranet 商务，三者的关系如图 15-2 所示。EDI 商务是指将商务或行政事务按照一个公认的标准，形成结构化的事务或文档数据格式，从计算机到计算机的电子传输方法。简而言之，EDI 是根据合同规定，将企业商业资料标准化与格式化，利用网络在企业合作方的计算机网络系统之间分析处理企业数据。Internet 是组织松散、国际合作的互联网络，其通过自主遵守计算的协议和过程，支持主机之间的通信。Internet 使大量计算机运用一种叫作传输控制协议/网际协议（transmission control protocol/internet protocol，TCP/IP）的协议来及时进行信息交换。Intranet 是在 Internet 上延伸出的企业内网，其增加了新的软件系统，连接局域网与 Internet，进而组建了公司内部的虚拟网络。Intranet 与 Internet 最大的区别是：Intranet 内的敏感或享有产权的信息受到企业防火墙安全网点的保护，它只允许授权者进入内部 Web 站点。Intranet 将大中型企业分布在各地的分支机构及企业内部有关部门和各种信息通过网络予以连通，使企业各级管理人员能够通过网络读取自己所需的信息，利用在线网络代替传统纸张完成信息流动和贸易，从而有效地降低交易成本，提高经营效益。

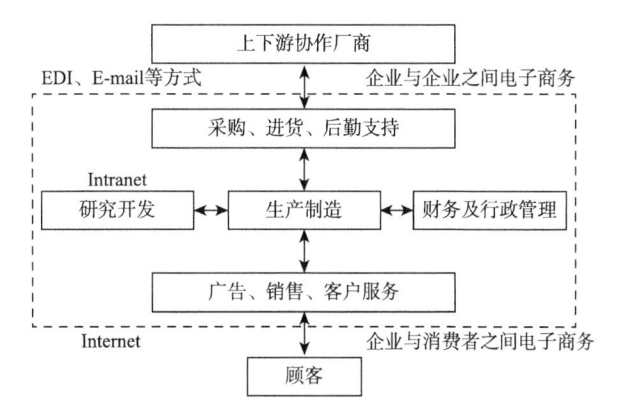

图 15-2 Internet 商务、EDI 商务和 Intranet 商务的关系

4. 电子商务的一般流程

由于交易主体不同以及所经营产品的性质不同，所以有很多不同的经营方式及付费方式。不管采用何种方式，对于消费者来说，电子商务的流程大致相同，如图15-3所示。

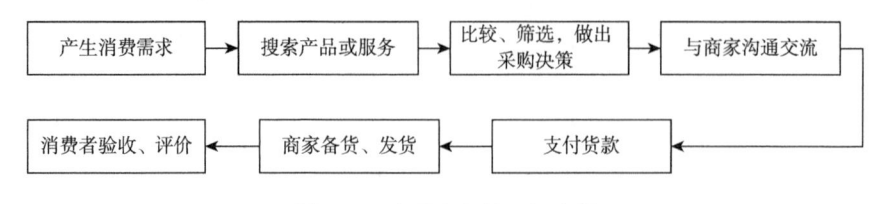

图 15-3　电子商务的一般流程

（1）消费者产生消费需求，这是消费者进行电子商务活动的内在动机。

（2）消费者通过 Internet 网址、广告、搜索引擎等方式搜索得到自己有用的信息，进入有关的网站并查询自己所需要的产品或服务。

（3）消费者进行比较、筛选，确定具体要选择的网站与商品或服务。

（4）消费者和商家服务人员进行沟通、洽谈，包括需要购买的商品或服务、购买多少、发货时间、送货方式和付款方式等信息。

（5）顾客选择付款方式，如货到付款（现金支付）或者选择信用卡、各大银行的网上银行、微信钱包、支付宝等网上支付方式。

（6）商家确认消费者付款后，备货、发货，消费者等待收货。

（7）消费者收货、验收、消费商品或体验服务，最后进行购后评价。

15.1.2　电子商务物流概述

1. 电子商务物流的概念

电子商务物流也叫网上物流，是基于互联网技术，旨在创造性地推动物流行业发展的新商业模式。通过互联网，物流公司可以被更多客户知晓并与之进行联系，进而能在全国甚至全球范围内开展企业活动；工厂也可以更快地找到最佳性价比的物流企业。电子商务物流把全球有物流需求的客户，以及可以提供物流服务的物流企业都集中在网络上，组成一个自由的网上物流交易市场，方便交易双方进行贸易活动。

电子商务物流就是在电子商务特定的时间和空间内，将要移动的产品、包装设备、运输工具、仓储设施、工作人员等约束条件集成为具有特定功能的系统整体。电子商务物流是随着电子商务技术与经济需求的发展而诞生的，它是电子商务不可或缺的环节。电子商务物流不同于一般物流，它不仅具有电子化、信息化、自动化等特点，还具有快捷迅速、低价灵活等优点。电子商务物流也称作 ERP 系统，虽然计算机上显示了物流资料和有关操作指示，但物流还是要靠人与机器共同进行搬运活动。换句话说，电子商务物流是"鼠标+车轮"。

2. 电子商务物流的特点

电子商务促进了物流的发展，同时也使物流具有了电子商务的特点。

1）信息化

信息化是电子商务的基石。物流信息化是指实现物流信息电子化，以及物流信息存储的数据化与标准化等。数据库（database）技术、条码（bar code）技术、EOS、EDI、快速响应机制、有效客户反应机制等先进的技术与理论都将会被广泛应用到物流行业中。如果没有信息化，不管拥有的设备及技术多么先进，最后都不可能将其运用到物流活动中。

2）自动化

自动化的最大特点是实现无人化，节省人力；此外还可以增强物流活力，实现劳动生产率的提高，尽量减少人工的误差等。物流自动化设备很多，如条形码、语音、射频自动识别系统、自动分拣与存取系统、自动导向车、货物自动跟踪系统等。

3）网络化

物流网络化有两个内容，一个是物流系统的计算机通信网络，通过网络平台与交易各方进行联系。例如，物流配送中心向供应商发出订货通知，便可借助计算机通信手段，还可借助增值网（value added network，VAN）上特有的电子订货系统、电子数据交换技术。另一个是组织的网络化，即企业内网（Intranet）。

4）智能化

在进行物流活动时，会存在大规模的信息、决策等需要及时进行处理，如控制好仓储问题、如何正确选择运输手段、掌握自动导向车的运行、高效使用自动分拣机、配送资源优化等，这些都要依靠智能化与信息化解决。所以，只有依靠物流智能化，物流总体自动化才能得到更好的实现。现如今，全球的智能机器人技术已有了较大发展，在今后电子商务公司的物流发展过程中，物流智能化将会大放异彩。

5）柔性化

生产柔性化是为了实现客户至上原则。要实现生产柔性化，就意味着要时刻关注客户需求的变化，进而以此为依据来调整生产环节和服务。在生产环节广泛应用的弹性制造系统、计算机集成制造系统、公司与生产制造资源规划，以及供应链管理的理念与技术等，将生产与流通环节进行集成，根据客户所需进行生产，确定相应的物流流程，被称为新型柔性化物流模式。物流配送中心也要确定对应的配送方式，灵活开展配送工作，体现客户对产品需求"品种全、批量小、批次多、周期短"的特性。

除了以上五点外，电子商务物流还具有设施/包装标准化、社会化等特点。

15.1.3 电子商务与物流的关系

1. 物流对电子商务的作用

1）物流是生产过程的保证

无论在传统的贸易方式下，还是在电子商务下，生产都是商品流通之本，而生产的顺利进行需要各类物流活动的支持，整个生产过程实际上包含了系列化的物流活动。相反，缺少了现代化的物流，生产将难以顺利进行，无论电子商务是多么便捷的贸易形式，仍将是无米之炊。

2）物流是电子商务过程的基本要素

商务活动中，必须有信息的传递、资金的流通和商品的时空转移，最终完成商品特定权利（全部或者部分的所有权）的让渡与转移，即商流的实现。这是商务活动中所涉及的"四流"——信息流、资金流、物流、商流，电子商务也不例外。电子商务活动过程中的任何一笔交易，都是由信息流、资金流、物流、商流组成的，物流是电子商务特殊而重要的组成部分，指通过运输、储存、配送、装卸搬运、流通加工、信息处理等各种活动对物品实体的空间位置的转移过程。

3）物流是实现电子商务的顺利保障

物流作为电子商务的重要组成部分，是实现电子商务的重要保证。在电子商务环境下，商流、资金流与信息流这三流的处理都可以通过计算机和网络通信设备实现。唯有物流，作为四流中最为特殊的一种，具体指仓储、运输、包装、配送、装卸搬运、流通加工、物流信息处理等各种活动，是指物品实体的流动过程。仅有少数商品和服务，可以直接通过网络传输的方式进行配送，如各种电子出版物、信息咨询服务等。而对于大多数商品和服务来说，物流仍要经由线下的物理方式传输，只有商品和服务真正到达顾客手中，商务活动才终结。在整个电子商务中，物流实际上是以商流的后续者和服务者的姿态出现的。没有现代化的物流，轻松的商务活动只会退化为一纸空文。

4）物流是实现以"顾客为中心"的根本保证

电子商务的出现，电子商务的便捷性、高效率和全球化改变了传统的消费方式，在最大程度上方便了消费者。他们只要坐在计算机前上网浏览、查看、筛选、支付就可以完成商务活动。但试想，若他们所购商品迟迟不能到货，或拿到已破损的货物，更甚者发生交易纠纷，他们还会选择这种看似便捷的消费方式吗？物流是电子商务实现以顾客为中心理念的最终保证，缺少现代化物流技术与管理，电子商务给消费者带来的便捷等于零，消费者必然会转向他们认为更为可靠的传统消费方式上。

5）物流是电子商务发展的瓶颈

在电子商务时代，商流、资金流与信息流都得到了电子化和网络化，使交易各方的时空距离几乎变为零，但物流只能由网络外的物理方式实现，和其他的三流相比较而言，相对滞后性的缺点非常明显，成为制约电子商务发展的瓶颈，成为电子商务摆脱不掉的短板。过慢的物流速度、过高的物流成本、恶劣的物流服务，使网上瞬间完成的电子商务所带来的效益被消耗殆尽，现代物流发展已成为制约电子商务发展的重要因素。

6）物流配送系统提高了社会经济运行效率

物流配送企业采用网络化的计算机技术和现代化的硬件设备、软件系统及先进的管理手段，严格按用户的订货要求进行分类、编配、整理、分工、配货等系列理货工作，定时、定点、定量地交给各类用户，满足其对商品的需求。物流配送以一种全新的面貌，成为流通领域革新的先锋，代表了现代市场营销的主方向。新型物流配送比传统物流方式更容易实现信息化、自动化、现代化、社会化、智能化、简单化，使货畅其流，物尽其用，既减少生产企业库存、加速资金周转、提高物流效率、降低物流成本，又刺激了社会需求，促进经济的健康发展。

2. 电子商务对物流的影响

1）电子商务为物流业提供了技术条件和市场环境

物流系统中货物的快速移动完全依赖信息，物流信息系统缺乏精确性是当今物流渠道集成的最大障碍。目前，多数公司仍把主要精力集中在交易系统上，虽然交易系统对公司的日常操作也十分重要，但它们不能解决快速反应和战略决策问题，而快速反应能力是物流企业高水平管理和高效率运作的重要标志。电子商务的兴起，为物流产业带来了更为广阔的增值空间，网络技术为物流企业建立高效、节省的物流信息网提供了最佳手段。当然，目前物流业因不能适应电子商务快速发展而暴露出种种不尽如人意之处，但这恰恰是现代物流服务产业无限商机的源泉。

2）电子商务为物流功能集成创造了有利条件

电子商务的发展必将加剧物流业的竞争，竞争的主要方面不是硬件而是软件，是高新技术支持下的服务。电子商务可以表现为很多技术的应用，但只有通过技术和业务的相互促进，才能实现形式与内容的统一。电子商务公司希望物流企业提供的配送不仅仅是送货，而是最终成为电子商务公司的客户服务商，协助电子商务公司完成售后服务，提供更多增值服务内容，如跟踪产品订单、提供销售统计、代买卖双方结算货款、进行市场调查与预测、提供采购信息及咨询服务等系列化服务，增加电子商务公司的核心服务价值。

3）电子商务为物流企业实现规模化经营创造了有利条件

电子商务为物流企业实施网络化与规模化经营搭建了理想的业务平台，便于物流企业建立自己的营销网、信息网、配送网。当然网络化经营的运作方式不一定全部要由物流企业自己来完成，第三方物流企业更多的应是集成商，通过对现有资源的整合来完善自己的网络，实现物流功能的集成化。现在，越来越多的企业认识到物流是获得竞争优势的重要手段，把"价值链"的概念引入物流管理，形成了"供应链"的概念，把物流称为一体化供应链，物流系统的竞争优势主要取决于它的一体化即功能整合与集成的程度。

4）电子商务的虚拟技术为物流企业提高管理水平提供了工具

虚拟化与全球化发展趋势促使物流企业加强自身网络组织建设，电子商务的发展要求物流配送企业具备在短时间内完成广阔区域物流任务的能力，同时保持合理的物流成本。物流企业应该通过互联网整合现有的物流手段，加强与其他物流服务商的联系，加快海陆空一体化物流平台的建设，发展物流网，完善交易市场，从而提高物流资源综合利用率和服务水平。

5）电子商务环境要求物流企业创新客户服务模式

电子商务的即时性要求物流企业创新其客户响应模式，建立良好的信息处理系统和传输系统，以便对客户的要求在第一时间做出反应。在电子商务条件下，速度已上升为物流企业最主要的竞争手段，所以在物流系统内采用EDI技术成为一种重要趋势。

物流能力的强弱对电子商务发展的制约作用越来越明显，物流的重要性对电子商务活动的影响被越来越多的人注意到。物流与电子商务的关系是极为密切的。物流对电子商务的实现很重要，电子商务对物流的影响也极为巨大。物流在未来的发展与电子商务的影响是密不可分的。物流本身的矛盾促使其发展，而电子商务恰恰提供了解决这种矛盾的手段；反过来，电子商务也对物流提出了新的要求，企业需要创新物流服务模式来迎合电子商务的发展。

同时，物流业的地位大大提高。电子商务是一次高科技和信息化的革命，它把商务、广告、订货、购买、支付、认证等实物和事务处理虚拟化、信息化，使它们变成脱离实体而能在网络上处理的信息，又将信息处理电子化，强化了信息处理，弱化了实体处理。这必然导致产业大重组。产业重组的结果使产业只剩下两类行业：一类是实业，包括制造业和物流业；另一类是信息业，包括服务、信息处理业等。在实业中，物流企业会逐渐强化，主要是因为在电子商务环境中，它必须要承担更重要的任务。

15.2 电子商务物流运作模式

根据电子商务的发展情况和电子商务条件下物流的特点，结合国外发达国家的经验，我国企业在电子商务条件下可采取的物流模式主要有以下 4 种。

15.2.1 企业自营物流模式

企业自营物流是指企业自身经营物流业务，组建全资或控股的子公司完成企业物流配送业务。对于已开展普通商务的公司，可以建立基于互联网的电子销售商务系统，同时可以利用原有的物质资源承担电子商务的物流业务。拥有完善流通渠道（包括物流渠道）的制造商或经销商开展电子商务业务，比互联网服务提供商（internet service provider，ISP）、网络内容服务商（internet content provider，ICP）或互联网经营者为从事电子商务而开辟销售渠道和物流系统更加方便。电子商务企业自建物流体系如图 15-4 所示。

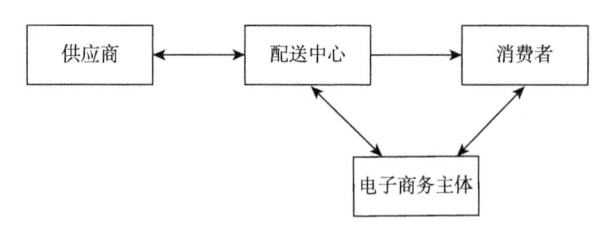

图 15-4 电子商务企业自建物流体系

国内从事普通销售业务的公司主要包括制造商、批发商、零售商等。制造商进行销售的倾向在 20 世纪 90 年代表现得比较明显，从专业分工的角度看，制造商的核心业务是商品开发、设计、制造，但越来越多的制造商不仅拥有庞大的销售网络，而且还有覆盖整个销售区域的物流配送网，制造企业的物流设施普遍要比专业物流公司的物流设施先进。这些制造企业完全可以利用原有的物流网络和设施支持电子商务业务，开展电子商务不需要新增物流、配送投资。对这些企业来讲，比投资更为重要的是物流系统的设计和物流资源的合理规划。

15.2.2 第三方物流模式

第三方物流随着物流业的发展而发展，是指为适应电子商务发展而采用的一种全新物流模式，又称物流代理，是物流专业化的重要形式。物流业发展到一定阶段必然会出现第三方物流，且它的占有率与物流业的水平之间有着非常紧密的相关性。第三方物流的发展程度反映和体现着一个国家物流业发展的整体水平。第三方物流模式如图 15-5 所示。

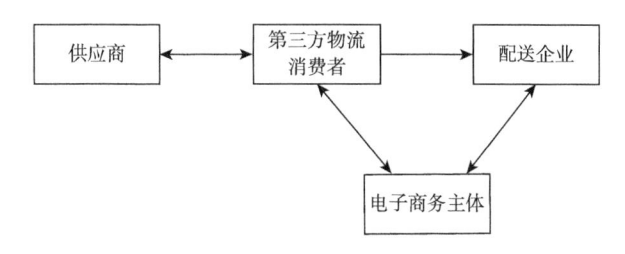

图 15-5　第三方物流模式

现代意义上的第三方物流是一个有着 20 年左右历史的行业。第三方物流是现代物流服务发展的趋势所在，第三方物流作为我国物流业发展过程中一种新型的管理模式，已经通过近几年实践的检验，并在实践中不断发展完善。

1. 物流业务的范围不断扩大

一方面，商业机构和各大公司面对日趋激烈的竞争，不得不将主要精力放在核心业务上，将运输、仓储等相关业务环节交由更专业的物流企业进行操作，以求节约和高效；另一方面，物流企业为了提高服务质量，也在不断拓宽业务范围，提供配套服务。

2. 提供客户定制的物流服务

很多成功的物流企业根据第一方、第二方的谈判条款，分析、比较自理的操作成本和代理费用，灵活运用自理和第三方两种方式，提供客户定制的物流服务。

3. 物流产业的发展潜力巨大，具有广阔的发展前景

第三方物流已经成为适应电子商务的一种全新的物流模式。这种集成模式的发展，来自电子商务成功的经验，并加快了物流一体化的发展进程。

15.2.3 物流一体化模式

物流一体化是以物流系统为核心的由生产企业经由物流企业、销售企业直至消费者的供应链的整体化和系统化。它是在第三方物流基础上发展起来的新的物流模式。在这种模式下，物流企业通过与生产企业建立广泛的代理或买断关系，与销售企业形成较为稳定的契约关系，从而将生产企业的商品或信息进行统一处理后，按部门订单要求配送到店铺。这种模式还表现为用户之间广泛交流供应信息，从而起到调剂余缺、合理利用、

共享资源的作用。在电子商务时代，这是一种比较完整意义上的物流配送模式，国内海尔集团的物流配送模式基本上达到了物流一体化模式的标准。

15.2.4 物流联盟模式

物流联盟是指两个或两个以上的经济组织为实现特定的物流目标而采取的长期联合与合作，其目的是实现联盟参与方的"共赢"。物流联盟具有相互依赖、核心专业化及强调合作的特点，是一种介于自营和外包之间的物流模式，它可以降低这两种模式的风险。物流联盟模式如图15-6所示。

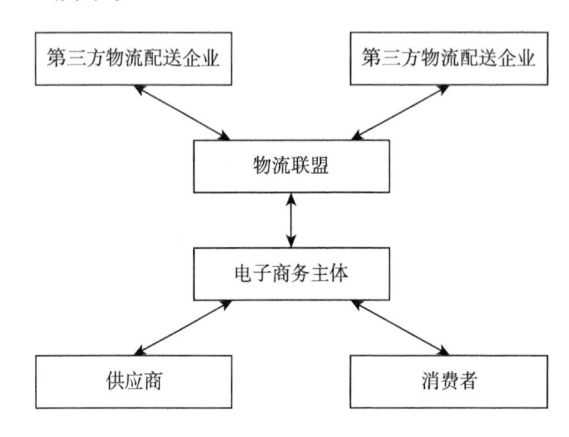

图 15-6 物流联盟模式

物流联盟是为了达到比单独从事物流活动更好的效果而使企业间形成相互信任、共担风险、共享收益的物流伙伴关系。企业之间不完全采取导致自身利益最大化的行为，也不完全采取导致共同利益最大化的行为，只是在物流方面通过契约形式形成优势互补、要素双向或多向流动的中间组织。联盟是动态的，只要合同结束，双方就变成追求自身利益最大化的单独个体。狭义的物流联盟存在于非物流企业之间，广义的物流联盟包括第三方物流，本书指的是狭义的物流联盟。

15.3 电子商务环境下的物流管理

15.3.1 电子商务物流管理的含义和职能

电子商务物流管理是指在社会再生产过程中，根据物质资料实体流动的规律，应用管理的基本原理和科学方法，对电子商务物流活动进行计划、组织、指挥、协调、控制和决策，使各项物流活动实现最佳协调与配合，以降低物流成本、提高物流效率和经济效益。简而言之，电子商务物流管理就是研究并应用电子商务物流活动规律，对物流全过程、各环节和各方面的管理。

电子商务物流管理具有以下职能。

（1）组织职能。组织职能的主要工作内容有：确定物流系统的机构设置、劳动分工和定额定员；配合有关部门进行物流的空间、时间的组织设计，对电子商务中的各项职能进行合理分工，各个环节的职能进行专业化协调。

（2）计划职能。计划职能主要是编制和执行年度物流的供给和需求计划；月度供应作业计划；物流各环节的具体作业计划，如运输、仓储等；物流运营相关的经济财务计划等。

（3）协调职能。协调职能对电子商务物流尤其重要，除物流业务运作本身的协调功能外，更需要进行物流与商流、资金流、信息流之间的协调，才能保证电子商务用户 5R[即适时（right time）、适质（right quality）、适量（right quantity）、适价（right price）、适地（right place）]的服务要求。

（4）指挥职能。指挥职能物流过程是物资从原材料供应到最终消费者的一体化过程，指挥就是物流供应管理的基本保证，它涉及物流管理部门直接指挥的下属机构和直接控制的物流对象，如产成品、在制品、待售和售后产品、待运和在运货物等。

（5）控制职能。由于电子商务涉及面广，其物流活动参与人员众多、波动大，所以，物流管理的标准化、标准的执行与督查及偏差的发现与矫正等控制职能应具有广泛性和随机性。

（6）激励职能。激励职能主要是物流系统内职员的挑选与培训、绩效的考核与评估、工作报酬与福利、激励与约束机制的设计。

（7）决策职能。物流管理的决策更多地与物流技术挂钩，如库存合理定额的决策以及采购量和采购时间决策。

15.3.2 电子商务物流管理的内容和目标

电子商务作为一种新的数字化生存方式，代表着未来的贸易、消费和服务方式，因此要完善整体生存环境，就需要打破原有工业的传统格局，发展建立商品代理和配送为主要特征，物流、商流、信息流有机结合的社会化物流配送体系。

电子商务所具有的电子化、信息化、自动化等特点，以及高速、廉价、灵活等诸多好处，使电子商务下的物流在运作、管理等方面也有别于一般物流。电子商务物流管理的主要内容有以下 6 点。

（1）物流战略管理。物流战略管理是为了达到某个目标，物流企业或职能部门在特定的时期和特定的市场范围内，根据企业的组织结构，利用某种方式，向某个方向发展的全过程管理。物流战略管理具有全局性、整体性、战略性、系统性的特点。

（2）物流业务管理。物流业务管理主要包括物流的运输、仓储、保管、装卸搬运、包装、协同配送、流通加工以及物流信息处理等基本过程。

（3）物流企业管理。物流企业管理主要包括合同管理、设备管理、风险管理、人力资源管理和质量管理等。

（4）物流经济管理。物流经济管理主要涉及物流成本费用管理、物流投资融资管理、物流财务分析以及物流经济活动分析。

（5）物流信息管理。物流信息管理主要包括物流 MIS、物流 MIS 与电子商务系统的关系及物流 MIS 的开发与推广。

（6）物流管理现代化。物流管理现代化主要是物流管理思想和管理理论的更新、先进物流技术的发明和采用。

概括地讲，电子商务下的物流管理应实现以下 4 个目标。

（1）高水平的企业管理。电子商务物流作为一种全新的流通模式和运作结构，要求达到科学和现代化的管理水平。管理科学的发展为流通管理的现代化、科学化提供了条件，促进流通产业的有序发展，同时要加强对市场的监管和调控力度，使之有序化和规范化。

（2）高素质人员配置。电子商务物流能否充分发挥各项功能和作用、完成应承担的任务，人才配置是关键。电子商务物流的发展需要大量的各种专业人才从事经营、管理、科研、仓储、配送、流通加工、通信设备和计算机系统维护、贸易等业务。因此，必须加大人才培养的投入，利用各种先进的科学技术和科学方法，促进物流配送产业向知识密集型方向发展。

（3）高水平的装备配置。专业化的生产和严密组织的大流通对物流手段的现代化提出了更高的要求，如对自动分拣输送系统、立体仓库、水平货架、垂直货架、分层旋转货架、自动导向系统（automatic guided vehicle，AGV）、商品条码分类系统及悬挂式输送机这些新型、高效、大规模的物流配送机械系统有着广泛而迫切的需求（Abosuliman and Almagrabi，2021）。

（4）实现对电子商务下物流全过程的科学管理。实现对电子商务下物流全过程的科学管理的主要内容包括电子商务物流目标的管理、电子商务物流运作流程的管理、电子商务物流运作形态的管理、电子商务物流资源的管理、电子商务客户服务的管理、电子商务物流的成本管理。

15.3.3 电子商务物流方案的主要考虑因素

在进行电子商务物流管理时，需要一套科学合理的物流方案，在制订方案的过程中主要应考虑以下因素。

1. 消费者的区域分布

在进行商务活动时，可以根据销售资源来设定销售网点，各个销售网点有既定的销售目标和销售范围。例如，可以按照城市分区来安排销售网点，各个区都配备人力及设备，然后交通最为发达的区用作配送中心，配送货物给销售网点。同样地，销售网点可以向配送中心要求进行补、退货，配送中心收到订单后按时将产品送达。电子商务也存在这种作业，不过电子商务的顾客在区域分布上是不集中的，它的物流网络并不像 Internet 那样拥有广大的覆盖面，因此不能及时进行配送。为了实现经济性，提供电子商务服务的企业也要与实体商铺类似，需要定位自身的销售范围，一定要确保在人口集中地实现及时物流。还有一种方式，就是在各地销售点有针对性地选取不同的物流服务活动。

2. 销售商品的品种

在电子商务刚刚起步时，必须以不同商品的消费特点及流通特点作为出发点，选择最适合利用电子商务来零售的产品。电影、书籍、游戏视频、计算机软件、歌曲等可利用网络来传达信息的商品，其产品交易、物流过程都能够在网上完成，使用电子商务销售再适合不过。例如，顾客在网上选购歌曲，进行订购、付款，然后收听歌曲的一系列活动便是物流作业的流程，歌曲播放完毕意味着该物流活动顺利完成。顾客若存在更多的人性化需求，如想要得到产品的实际物体，如小型光盘、录音带等，最终还是要依靠物流，把实物产品送到顾客手中。简而言之，几乎所有商品都适用电子商务的销售手段，不过因为流通本身的规律，要先做好产品的定位。不存在一个企业可以销售所有的产品的情况，但可以确认最适合企业自身零售的产品。企业如果要推行电子商务，就要清楚哪些产品不适合采用电子商务方式进行交易。

3. 配送细节

与有形市场相似，物流方案中的配送环节是构成电子商务的关键要素，是进行物流活动时不可或缺的部分。配送细节需要进行合理安排，并确定配送方案。配送细节要注意以下几点：库存的可供性、反应速度、首次报修修复率、送货频率、送货的可靠性、配送货物的质量，同时还要设计配套的投诉程序，提供技术支持和订货状况信息等。

4. 服务提供商

ISP、ICP、传统零售商店、传统批发企业、制造企业等均有条件开展电子商务业务，但不同电子商务服务提供商具有不同的组织商流、物流、信息流、资金流的能力。从物流的角度来看，传统的零售商、批发商的物流能力要优于纯粹的 ISP、ICP，也优于一般的制造商，但从商流、信息流和资金流的角度来看，可能正好相反。所以，企业在确定物流方案时，要将电子商务服务提供商进行分类，找出差异，然后放大各自的强项，实现供应链集成，为顾客提供高质量的物流服务。

5. 物流成本

电子商务的物流费用会比实际店铺的物流费用高。电子商务虽有种类多、批量小、周期短、次数多的特点，但是因为无法形成规模经济，物流费用会比较高。例如，顾客到店铺里选购一台电视机，店铺向顾客提供免费配送服务，假设一次的配送成本是50 元，那么店铺会把处于同一条路线上的其他顾客选购的产品放在同一送货车里进行一次性配送。例如，进行 5 台电视机的配送，每台电视机的配送费用是 10 元。在使用电子商务时，企业无法在短时间内做到只用一台送货车完成多顾客的配送，所以会导致配送分散，增加了配送批次，也就加大了配送费用。所以，电子商务服务提供商必须扩大在特定的销售区域内顾客群体的数量，若是没有形成一定的物流规模，物流费用就太高了。

6. 库存控制

对于产品的销售量永远没有办法进行精准预测，所以在库存控制方面，电子商务企业也存在着不少难题。戴尔公司是个特例，它采用直销方式，得到订单后，立刻按订单进行生产作业，然后把产品配送到顾客手中。不过，直销对于顾客而言并无好处，因为顾客不仅要等待，还要花更多的钱，甚至有时要预付。若是企业没有向顾客提供承诺，给予相对应的服务，顾客也不会选择这个交易方式。另外，直销方式要严格规定生产流程，普通制造公司没有按单生产的条件，所以不是所有企业都可以利用直销手段解决库存控制的难题。

许多制造商和销售公司根据对历史与实时数据的分析，采用库存控制技术，对客户的未来需求进行一定的预测。电子商务企业相比实体店铺，存在难以解决的库存控制问题。在制订电子商务的物流方案时，还应制订好运输配送的方式、设备等。

15.4 电子商务物流发展状况

15.4.1 电子商务条件下物流业务的主要问题

1. 物流的高成本限制电子商务物流服务发展

物流成本是进行物流服务的约束条件。在我国，高物流费用是各个电子商务公司中的一个难题。虽然物流是电子商务发展的重要部分，但是许多正在发展的公司没有相对独立的送货系统与中心仓库，也没有和大企业一样先进的设备和技术，只能借助自己地区原有的资源，采取一定的措施降低物流综合费用。例如，亚马逊这样的大企业，在初期开展网上书店时就已经有了很大成果，但后来因为忽略了物流综合费用，最终导致销售额受到影响。

由于电子商务的 B2C 模式在很大程度上依赖物流技术和管理水平进一步提高，因而许多专家预测，代表电子商务未来的是 B2B 模式。不过就算公司间存在单笔交易额较大的现象，但买卖次数少，运用 B2B 模式进行服务比使用 B2C 模式更容易解决问题。然而无论选用何种物流服务模式，都无法最终解决物流综合费用高的问题。

2. 运输和保管技术有待提高

目前，我国专业化的配送中心不多，加上历史形成的条块分割体制，以及"大而全""小而全""自成体系"等传统观念，大多数电子商务企业虽然在经营产品配送，但没有对运输环境进行充分了解，配送方式不够灵活，总是会出现多次重复搬运现象等。另外，公司的配送部门积极性不高、作业效率低，最后使运输费用很高。我国资源配置与地区经济发展并不平衡，各地区物流量存在很多不同。在物流量大的地区，道路紧张局面接连出现，这样不仅会增加运输成本、仓储成本和产品破损率，还会使到货时间变长，降低公司的物流服务水平，影响公司形象。

3. 物流服务还未起到战略性作用

为所有客户提供服务或产品，是企业要做的。但是，若将有限的物流服务平均分配给所有的客户或产品，那就毫无意义可言。现今，我国大多数企业的物流服务还是没有针对性，缺乏战略性，对客户运用无差别的物流服务。客户一般可划分为关键客户和普通客户。关键客户是指能够为企业提供大量销售额的那一部分客户。如果在限制费用情况下，使用一样水准的服务水平服务所有的客户，自然会降低一部分关键客户的积极性，会有失去这一部分关键客户的风险。

4. 物流服务信息化程度较低

如今，网络技术飞速发展，然而物流配送系统尚未跟上其步伐。许多物流公司未实现网上经营业务，还是使用原有的信息传递技术与控制手段。其信息流主要是以书面为主，致使信息落后且失真，现代化程度低。这些不但会拉低企业的物流服务能力，也在很大程度上影响着我国物流业的整体发展水平。物流送货体系与电子商务发展不一致，会减缓电子商务的推广与应用速度，变成电子商务发展的障碍。

5. 缺乏电子商务物流专业人才

如今，我国物流市场缺乏专业物流管理技术人才，这是物流行业发展遇到的很难越过的山丘。由于缺少电子商务人才，物流企业的物流管理能力较弱，创新性不足，使物流市场渐渐失去活力。

15.4.2　电子商务条件下发展物流服务的措施和建议

1. 把现代物流产业作为我国国民经济的重要产业

国外相当重视现代物流产业，甚至将其作为促进国民经济发展的主要动力。因此，我国要将物流资源进行优化配置，实现物流系统的集成重组，以此来加快物流产业的发展步伐。第一，随着国民经济的不断发展，可利用的物流资源量较大，可尽量提高资源利用率，促进物流业从传统物流向现代化物流转型，从而实现国民经济的增长；第二，立足实际，合理配置物流资源，运用先进的科学技术进行物流行业的重组与优化，振兴现代物流行业，使其更具生命力与创新力；第三，把现代物流产业作为推动国民经济发展的重要产业，也要求政府为物流产业提供经济与政策方面的支持，升级物流基础设备，加大研发力度，促进物流产业成长为新的经济增长点，为其在新兴行业领域立足提供有力的保障。

2. 加强运输和保管

由于运输是构成物流服务的关键要素，政府组织应加大对交通基础设施建设的投资，以此来缓解交通拥堵问题；大企业可将公司的运输业务外包给专门从事运输的组织，进行联合运输和托盘化运输，降低企业运输费用，同时也能满足客户对于快捷到货的需求。

企业应引进更为先进的库存管理技术，如资源需求计划和准时生产方式等，有利于提高服务水平，提升仓储保管服务水平，减少库存及提高公司的投资回报率。大企业还可以把自己的传统仓库改造成配送型仓库，方便满足客户需求，提升公司竞争力。另外，物流服务应具有社会属性，物流服务只有在为客户服务、给公司创造经济利益、给社会造福时才能被称为真正的公司战略性竞争方式。只有这样，物流服务才会存在蓬勃的生命力和竞争力，从而拉动企业的发展，推动社会可持续发展。

3. 按客户或产品的重要性依次进行有等级的物流服务

物流服务有着成本费用的限制，合理安排物流服务十分重要。ABC分类管理法可以帮助企业制定物流服务安排，使用合理的系统方式来确保客户需求得到满足。按照所销售的产品进行物流服务的分配，为普通产品与战略产品提供不同的物流服务。对于发展前景较好的"明星产品"，应借助水平较高的物流服务来加大产品销售量；而对于普通产品，则只维持当下的物流服务水平，稳定其销售量；对于存在明显缺点的产品，公司不仅要引起重视，更要及时进行分析，给出解决措施，总结经验；最后对于处于衰退期的产品，没有发展前景，公司可以将其放弃，退出市场竞争。

4. 进行物流信息系统的创建

物流信息系统管理包括对物流系统软件、硬件及系统的管理，是应用计算机技术与通信技术来进行物流活动的集合。信息网络技术是现代物流的基础，如利用信息传递，与客户、制造商及供应商等进行资源共享，有利于对物流各个流程进行实时跟踪，实现合理控制和有效管理。应建立科研团队来进行技术研发工作，实现高效、有序的信息管理，建立数据库信息系统，有效处理大量数据；加快物流信息处理速度，确保信息的时效性，及时制订工作流程和工作方案；学习国外先进的物流管理技术，结合国情，加大研发适合的服务标准的力度。

5. 加大电子商务物流管理理论研究及重视人才培养

有关部门要在科学、系统的指导下，立足于系统发展的基本要求，加大对系统化管理技术的研究力度，推动我国物流业蓬勃发展。政府组织要利用相关科研教育单位的专业知识，对企业物流、社会物流的技术、经济、管理等方面进行一系列全面研究。在有关院校进行物流管理相关技能知识的宣传活动，尽可能地培育出具有综合物流管理能力的专业人员，同时积极参与国际物流交流会议。加强与其他国家之间的物流协同合作，以及学习借鉴国外先进的物流管理知识，吸纳具有创新性的物流科学技术，加强合作意识，在电子商务迅速发展的条件下，实现物流管理理念与人才培育的共同发展。

■ 本章小结

电子商务是企业利用计算机技术或网络技术等现代信息技术进行的各种商务活动，它包含三个主要内容：服务贸易、货物贸易和知识产权贸易。电子商务具有交易虚拟化、交易开放性、交易成本低、交易效率高、交易透明化等特点，可按照交易对象、商务活动内容、使用类型等标准进行分类。

电子商务物流不同于一般物流，它不仅具有电子化、信息化、自动化等特点，还具有快捷迅速、低价灵活等优点。电子商务物流是随着电子商务技术与经济需求的发展而诞生的，它是电子商务不可或缺的环节。

电子商务与物流发展息息相关。电子商务的发展大大提高了物流业的地位，使物流企业得到了强化；而物流现代化是电子商务发展的基础和保证，提高了电子商务的效益和效率，扩大了电子商务的市场范围，协调了电子商务的目标。

我国企业在电子商务条件下可采取的物流模式主要有企业自营物流模式、第三方物流模式、物流一体化模式、物流联盟模式四种。企业自营物流是指企业自身经营物流业务，组建全资或控股的子公司完成企业物流配送业务。第三方物流随着物流业的发展而发展，又称物流代理，是物流专业化的重要形式。物流一体化是以物流系统为核心的由生产企业经由物流企业、销售企业直至消费者的供应链的整体化和系统化。物流联盟是指两个或两个以上的经济组织为实现特定的物流目标而采取的长期联合与合作，其目的是实现联盟参与方的"共赢"，具有相互依赖、核心专业化及强调合作的特点，是一种介于自营和外包之间的物流模式。

电子商务物流管理的主要内容包括：物流战略管理、物流业务管理、物流企业管理、物流经济管理、物流信息管理、物流管理现代化。在进行电子商务物流管理时，需要一套科学合理的物流方案，在制订方案的过程中主要考虑消费者的区域分布、销售商品的品种、配送细节、服务提供商、物流成本、库存控制等因素。

在电子商务条件下，我国物流业发展还存在成本较高、物流保管技术较差、物流服务信息化程度较低、物流服务缺乏战略作用、缺乏专业人才等问题。要从培育现代物流产业、加强运输和保管、创建物流信息系统、物流服务重要性分级、重视培养人才等方面入手，进一步发展电子商务条件下的物流服务。

拓展阅读+案例分析

第 16 章 现代物流发展趋势

现代物流发展呈现出向绿色物流、智慧物流、物流金融等方向发展的趋势。绿色供应链是以供应链技术和绿色制造理论为基础，涉及供应商、生产商、零售商和消费者，综合考虑资源效率和环境影响的现代管理模式，可细分为生产系统、消费系统、物流系统和环境系统四个子系统，具有生态性、闭环性、集成性、共享性等特点。对绿色供应链管理的研究，主要是从供应链的起始端到末端的各个环节出发，研究生产企业、供应企业、物流企业、销售企业在整个供应链中的任务。

智慧物流是一种以信息技术为支撑，在物流的运输、仓储、包装、装卸搬运、流通加工、配送、信息服务等各个环节实现系统感知、全面分析、及时处理及自我调整功能，实现物流规整智慧、发现智慧、创新智慧和系统智慧的现代综合性物流系统。智慧物流概念的提出，顺应历史潮流，也符合现代物流业自动化、网络化、可视化、实时化、跟踪与智能控制的发展新趋势，符合物联网发展的趋势，有利于降低物流成本、提高效率、控制风险、节能环保、改善服务。

物流金融是指在面向物流业的运营过程中，通过应用和开发各种金融产品，有效地组织和调剂物流领域中货币资金的运动。物流金融是物流与金融相结合的复合业务概念，它不仅能提升第三方物流企业的业务能力及效益，而且可为企业融资并提升资本运用的效率。

现代物流着重发展绿色供应链、智慧物流与物流金融。本章首先对绿色供应链的概念、体系结构、管理特征、业务流程进行介绍，随后阐述智慧物流的起源、概念、功能与实现方法等内容，最后探讨物流金融的概念、国内外发展现状、运作模式、作用及分类等。

16.1 绿色供应链管理

16.1.1 绿色供应链概念

在绿色供应链这一崭新的领域，各国研究机构和学者都提出了各自对绿色供应链的认识。

1996 年，美国密歇根州立大学的制造研究协会在一项"环境负责制造"的研究中，正式提出绿色供应链的概念。当时绿色供应链又称环境意识供应链或环境供应链，其定义为：绿色供应链是以供应链技术和绿色制造理论为基础，涉及供应商、生产商、零售商和消费者,综合考虑资源效率和环境影响的现代管理模式,其目的是使产品在原材料采购、加工、包装、储存、运输、废弃物处理的整个过程中,达到对环境的影响最小以及资源效率最高的目的(Fahimnia, et al., 2015)。

Narasimhan等(2000)提出绿色供应链是"采购部门在废弃物减少、再循环、再使用和材料替代等活动中的努力"。

但斌和刘飞(2000)提出,绿色供应链是"一种在整个供应链中综合考虑环境影响和资源效率的现代管理模式,它以绿色制造理论和供应链管理技术为基础,涉及供应商、生产厂、销售商和用户,其目的是使产品在物料获取、加工、包装、仓储、运输、使用到报废处理的整个过程中,对环境的影响作用最小,资源效率最高"。

王能民等(2005)提出:绿色供应链是指在以资源最优配置、增进福利、实现与环境相容为目标的以代际公平和代内公平为原则的从资源开发到产品的消费过程中,包括物料获取、加工、包装、仓储、运输、销售、使用到报废处理、回收等一系列活动的集合,是由供应商、制造商、销售商、零售商、消费者、环境、规则及文化等要素组成的系统,是物流、信息流、资金流、知识流等运动的集成。

绿色供应链可细分为生产系统、消费系统、物流系统和环境系统四个子系统。这一划分有利于分析绿色供应链管理的目标,也符合三维发展观。绿色供应链中的生产系统包括从资源的投入到产品制造的全过程;消费系统包括产品销售和消费者最终消费的过程;物流系统包括货物储存、配送和废弃物的回收处理过程,环境系统包括资源的提供与消耗以及上述各项活动实现与环境的相容,可以建立如图16-1所示的概念模型。

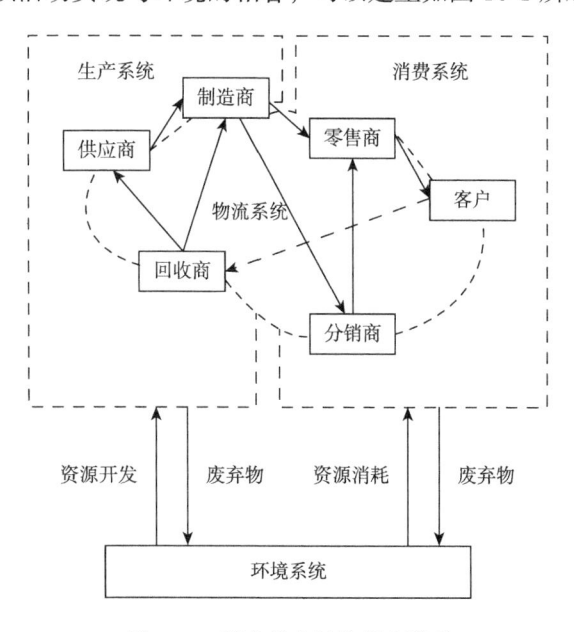

图16-1 绿色供应链的概念模型

实现产业链供应链绿色低碳发展已成为全球发展面临的共同要求,但在全球产业链分工背景下,涉及多样化的利益主体,涉及上下游等多个环节之间的协调,导致实现绿色低碳发展面临着一系列难题。在全球产业链分工早期，随着发达国家环境要求的提升，跨国公司往往把资源消耗大、环境污染高的生产活动转移到发展中国家，但随着全球对绿色低碳发展的呼声越来越高，跨国公司逐步将绿色标准纳入其供应链体系，一批中小企业被排除到绿色供应链体系之外，由此导致其产业链供应链的绿色低碳发展面临着技术的制约。我国在提升产业链供应链现代化水平时，通过发挥示范城市和示范企业的引领、示范作用，发挥核心龙头企业的引领带动作用，推行产品全生命周期绿色、低碳脱碳管理，推动供应链的绿色、低碳脱碳监管，推动绿色、低碳脱碳物流体系建设，推动绿色消费市场的培育，推动逆向物流体系建设等，塑造绿色低碳体系化能力，促进全链条衔接、全方位提升、多主体协同，体现了中国式现代化对促进人与自然和谐共生的本质要求。

16.1.2 绿色供应链管理的体系结构

绿色供应链管理的体系结构主要包括绿色供应链技术基础、实施对象、研究内容和目标，如图 16-2 所示。

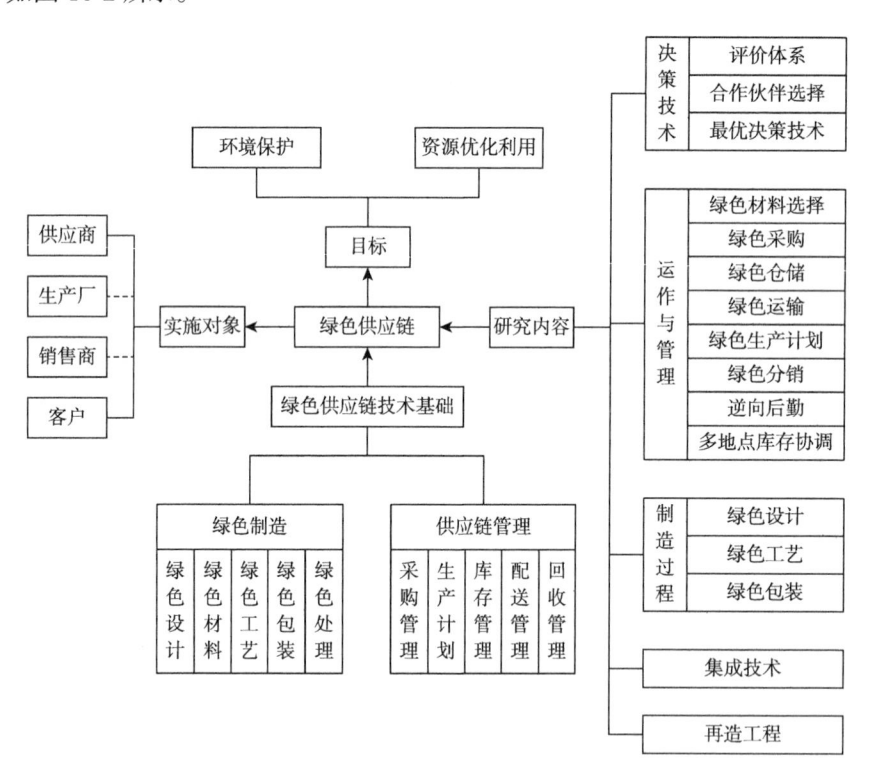

图 16-2 绿色供应链的体系结构

16.1.3 绿色供应链管理的特征

绿色供应链管理具有区别于传统供应链管理的特征，要求设计、材料、工艺、包装、处理在产品的各个阶段的绿色化。而设计、材料、工艺、包装、处理绿色化的关键在于，在产品的各个阶段内能否达到绿色化的要求。与传统供应链管理相比，绿色供应链管理有以下几大特征。

1. 生态性

传统的供应链管理是对供应链中实物流、信息流、资金流和工作流进行计划、组织、协调和控制。它是以客户需求为中心将供应链各个环节联系起来的全过程集成化管理。它强调在正确的时间和地点以正确的方式将产品送达客户，但它仅仅局限于供应链内部资源的充分利用，没有充分考虑在供应过程中所选择的方案会对周围环境和人员产生何种影响、是否合理利用资源、是否节约能源、废弃物和排放物如何处理与回收等，而这些正是绿色供应链管理所具备的新功能。

绿色供应链管理是以提高包括企业经济效益与社会效益在内的综合效益为目标，把可持续性哲理应用于产品生命周期的全过程，是供应、制造、消费等各子系统的集成，要求各子系统主体均遵循"与环境相容"的原则。

传统的供应链只包括物流、信息流、资金流和工作流。绿色供应链把"绿色"理念融入供应链当中，称为生态流，如绿色设计、绿色工艺、环境成本等知识的应用，并增加了相应的生态监控指标，目的是能在制造资源与制造工艺、包装等方面进行可持续创新，从而使环境效益最大化。

2. 闭环性

绿色供应链中流动的实物流不仅是普通的原材料、中间产品和最终产品，更具有"绿色"的特性。产品在使用寿命结束之后通过回收处理系统，部分或全部的材料或零部件再次进入供应链系统，提高了系统的资源利用率，降低了系统的环境影响。

绿色供应链改变了传统供应链的开环结构，增加了回收商这个角色，回收商可以由制造商或专门的回收企业来充当。通过回收过程，实现产品或部分零部件的重新使用，或者材料和能量的回收，从而形成物流闭环，这不仅提高了资源的利用率，还减少了废旧产品对环境的影响，同时降低了制造商的经营成本。回收流程（逆向物流）的管理，尤其是回收物流与生产物流的协调管理是绿色供应链管理的重点。例如，在生产过程中产生的废品、废料和在运输、仓储、销售过程中产生的损坏件及被客户淘汰的产品均需进行回收处理。经处理后可继续使用的产品可重新销售；拆卸后可重新使用的零部件可返回到制造厂；可重新回炉的报废零部件可作为原材料使用。当报废产品或其零部件经回收处理后可以再使用或可作为原材料重复利用时，绿色供应链就没有终止点，可以称为"从摇篮到再现"。

3. 集成性

绿色供应链应用系统工程的思想统筹规划企业的各种实物流、信息流、资金流、工作流、生态流，将企业内部和相关成员企业共同的产、购、销、人、财、物管理看作供应链的整体功能。将企业内、外的供应链集成起来，消除传统供应链中采购、生产、分销和配送之间的障碍，力求从整个供应链的角度综合考虑环境影响和资源效率，强调综合最优，因此，集成技术在绿色供应链中显得十分重要。同时，绿色供应链强调对产品整个生命周期的绿色运作和管理,并且在追求资源消耗和环境影响最小的同时追求降低供应链成本,因此,绿色供应链更具有系统性、集成性和实用性,在企业中实施绿色供应链战略能取得比单个企业绿色制造好得多的实际效果,实现对企业内外的动态控制和各种资源的集成与优化,进一步提高供应链管理效率并在市场上获得竞争优势。

4. 共享性

绿色供应链管理中的共享数据包含绿色材料的选取、产品设计、对供应商的评估和挑选、绿色生产、运输、分销、包装、销售和废物回收等过程的数据。

网络技术的发展和应用加速了全球经济一体化的进程,也为绿色供应链的发展提供了机遇。企业利用网络完成产品设计、制造,寻找合适的产品生产合作伙伴,以实现企业间的资源共享和优化组合利用,减少加工任务、资源耗费和全社会的产品库存;通过电子商务搜寻产品的市场供求信息,减少销售渠道;通过网络技术进行集中资源配送,减少运输对环境的影响。供应商、制造商和回收商以及执法部门和客户之间的联系都是通过互联网来实现的。因此,绿色供应链管理的信息数据流动是双向互动的,并通过网络来支撑(Liu,2019)。

16.1.4 绿色供应链管理的业务流程

绿色供应链管理主要研究三个问题:一是供应链管理;二是环境保护问题;三是资源优化问题。具体内容有以下五点。

1. 绿色产品设计

绿色产品设计是指在产品设计(开发)过程中论证产品在整个生命周期内对环境和资源的影响。在充分考虑产品的功能、质量、开发周期和成本的同时,优化各有关因素,使产品对环境的影响和资源消耗最小。绿色产品设计是从可持续发展的高度来审视产品的整个生命周期,提倡无废物、可回收设计技术,将3R(reduce,reuse,recycling)直接引入产品研发阶段。绿色产品设计的核心思想在于彻底抛弃传统的"先污染、后治理"的环境治理方式,代之以"预防为主、治理为辅"的环境保护策略。

2. 绿色采购

供应端是供应链的上游,供应端的绿色化能极大地提高整个供应链的环境效应。通过与供应商的良好沟通,企业根据绿色制造工程的需要向供货方提出要求,选择绿色原材料。绿色原材料的选择,指的是生产企业在对产品所需原材料进行选择的过程中,充分考虑到原材料对环境的影响,尽量选择那些对环境污染小、资源消耗少、成本低的原材料。选择要按照一定的标准、参数进行,如原材料的辐射性、毒害性、可回收性等。因此,在绿色供应链管理中,对原材料的选择要比传统供应链管理更复杂,在兼顾质量的同时,更注重环境保护和资源使用效率,把环境作为成本中的一个重要因素,反对不顾环境而只重生产的做法。

3. 绿色制造

绿色制造也称为绿色生产或清洁生产，它要求生产过程中的所有活动均按 ISO 14000 的标准生产，这意味着对生产过程、产品和服务持续运用整体预防的环境战略，以期推行绿色生产，提高生产效率，减少对环境的污染。绿色制造能节约原材料和能源，取消使用有毒原材料，并要求在生产过程中排放废弃物之前减少废弃物的数量和毒性。

4. 绿色物流

绿色物流，就是以降低对环境的污染、减少资源消耗为目标，利用先进技术规划和实施运输、仓储、装卸搬运、流通加工、配送、包装等的物流活动。旨在物流过程中抑制物流对环境造成危害的同时，实现对物流环境的净化，使物流资源得到最充分的利用。绿色物流其实是物流管理与环境科学交叉的一门分支。在研究社会物流和企业物流时，我们必须考虑到环境问题。尤其在原材料的取得和产品的分销过程中，运输作为主要的物流活动，对环境可能会产生一系列的影响。而且，废旧物品如何合理回收、减少对环境的污染且最大可能地再利用也是物流管理所需要考虑的内容。

目前，对绿色物流还没有形成较为成熟的定义，随着供应链管理理论的发展，绿色物流理论主要构成一种"资源—产品—再生资源"的闭环型物资流动系统。绿色物流是从可持续发展的角度出发，认为现代物流是一个循环物流系统，它是由正向物流和逆向物流共同组成的系统，研究现代物流必须在综合考虑物流、经济、资源、环境等因素的前提下，分析现代物流系统的运行机理、发展战略和模式。实施绿色物流发展战略，大力加强对物流绿色化的政策和理论体系的建立和完善，对物流系统目标、物流设施设备和物流活动组织等进行改进与调整，实现物流系统的整体最优化和对环境的最低损害，不仅有利于环境保护和经济的可持续发展，还有利于我国物流管理水平的整体提高，对我国经济的发展意义重大。

制造业历来被视为立国之本和强国之基，乃国家经济命脉所系，而流通产业则是国内大循环的基础骨架，以及国内国际双循环的必要市场接口，主导着国民经济循环效率与质量。而在整个社会化大流通中，伴随电子信息、生物科技、计算机等高端产业快速发展，现代物流已被视作企业的"第三利润源"，正扮演着日益重要的角色，并伴随产业化、集群化、数字化不断发展，在各细分领域都涌现出一些佼佼者，例如顺丰、通达系等三方快递企业以及菜鸟网络、京东物流等。

而在低碳新经济背景下，主导产业亦"绿意浓厚"，有两个最为直观的现象是：一是在电商狂欢节，不少电商平台开始打出"低碳"牌，2021 年 10 月 27 日，天猫启动"双十一"减碳计划，首次上线绿色会场，苏宁易购发布"低碳消费力"战报等；二是背后的绿色物流也在加速"破圈"，包括绿色包装、绿色配送、绿色回收等在内的全链路绿色物流体系建设不断提档升级。

自改革开放以来，物流业快速发展，为经济社会持续发展奠定了坚实的基础，中国也逐步成为全球最大的物流市场。但物流业的高速发展也给我国资源、环境、社会带来了巨大压力，仅快递行业每年就会面临千亿个包裹的垃圾负担。所以，绿色物流发展刻不容缓，愈发受到政府、物流行业及企业等广泛重视，是现代物流发展的必然趋势。

绿色物流是经济发展的必然选择，且是一个持续的系统性工程，不仅涵盖政策、人才、物流组织模式、软硬件基础设施（包括交通运输网络、先进设备与工具、信息化技术）等方方面面，还涉及包装及逆向物流等重点环节。绿色物流已是大势所趋，且当前正迈入新阶段，这也可以说是中国经济循环增长模式在物流业的映射，背后反映出物流业正面临深刻的变革与机遇。

5. 绿色营销

企业的营销活动是与客户直接接触的活动，绿色营销以减少物质消费的占有量、提高消费者满意度为目的，要求企业在满足消费者需求的同时，其营销行为还要满足环境保护的需要和社会合理有序发展的要求。企业通过绿色营销，可以让客户了解到企业在实施绿色战略中所做的努力，将企业的绿色思想灌输到客户头脑当中，提高客户及消费群体的环保意识。企业通过与客户的交流，了解客户在产品方面的需求，并反馈给供应链的所有成员，以对供应链进行改进。这是一种需求拉动的过程，以绿色营销理念为基础，将传统供应链管理提升为绿色供应链管理，以此提高供应链的市场竞争能力。

16.2 智慧物流

16.2.1 智慧物流起源、概念与功能

1. 智慧物流的起源

智慧物流首次由 IBM 提出，2009 年 12 月，中国物流信息中心、华夏物联网、《物流技术与应用》编辑部联合提出概念。

物流是在空间、时间变化中的商品等物质资料的动态状态。因此，在很大程度上，物流管理是对商品、资料的空间信息和属性信息的管理。在以物联网为基础的智能物流技术流程中，智能终端利用 RFID 技术、红外感应、激光扫描等传感技术获取商品的各种属性信息，再通过通信手段传递到智能数据中心对数据进行集中统计、分析、管理、共享、利用，从而为物流管理甚至整体商业经营提供决策支持。

据相关资料，2021 年我国社会物流总费用为 16.7 万亿元，占 GDP 的比例为 14.6%，比上年回落 0.1 个百分点，与 1991 年的 24%相比，更是下降明显。但是与发达国家的 8.9%相比，社会物流总额还是高出很多，也意味着我国的整体物流成本仍处于高位，物流行业发展空间巨大，物流标准化程度低、缺乏拥有自主知识产权的信息系统、提供基础信息和公共服务的平台发展缓慢等成为现阶段物流发展的制约。

在智慧物流概念出世的同一年，国务院《物流业调整和振兴规划》提出，积极推进企业物流管理信息化，促进信息技术的广泛应用；积极开发和利用全球导航卫星系统（global navigation satellite system，GNSS）、GIS、道路交通信息通信系统（vehicle information and communication system，VICS）、不停车自动交费系统（electronic toll collection，ETC）、智能交通系统（intelligent traffic system，ITS）等运输领域新技术，加强物流信息系统安全体系研究。

2011年8月,《国务院办公厅关于促进物流业健康发展政策措施的意见》持续强调,加强物流新技术的自主研发,重点支持货物跟踪定位、无线射频识别、物流信息平台、智能交通、物流管理软件、移动物流信息服务等关键技术攻关。适时启动物联网在物流领域的应用示范。两项政策都从国家宏观层面强调了发挥GIS等关键信息技术在物流信息化中的作用。

物流业是最早接触到物联网的行业,也是最早应用物联网技术、实现物流作业智能化、网络化和自动化的行业。

很多先进的现代物流系统已经具备了信息化、数字化、网络化、集成化、智能化、柔性化、敏捷化、可视化、自动化等先进技术特征。很多物流系统和网络也采用了最新的红外、激光、无线、编码、认址、自动识别、定位、无接触供电、光纤、数据库、传感器、RFID、卫星定位等技术,这种集光、机、电、信息等技术于一体的新技术在物流系统的集成应用就是物联网技术在物流业应用的体现。

智慧物流理念的提出,顺应历史潮流,也符合现代物流业发展的自动化、网络化、可视化、实时化、跟踪与智能控制的发展新趋势,符合物联网发展的趋势(东方,2021)。

强化物流科技创新支撑,是国家《"十四五"现代物流发展规划》中的重要内容,为此,要依托国家企业技术中心、高等院校、科研院所等开展物流重大基础研究和示范应用,推动设立一批物流技术创新平台。建立以企业为主体的协同创新机制,鼓励企业与高等院校、科研院所联合设立产学研结合的物流科创中心,开展创新技术集中攻关、先进模式示范推广,建立成果转化工作机制。鼓励物流领域研究开发、创业孵化、技术转移、检验检测认证、科技咨询等创新服务机构发展,提升专业化服务能力。

2. 智慧物流的概念

IBM于2009年提出建立一个面向未来的具有先进、互联和智能三大特征的供应链,通过感应器、RFID标签、制动器、GPS和其他设备及系统生成实时信息的"智慧供应链"概念,更重视将物联网、传感网与现有的互联网整合起来,通过进行精细、动态、科学的管理,实现物流的自动化、可视化、可控化、智能化、网络化,从而提高资源利用率和生产力水平,创造更丰富的社会价值的综合内涵。

2009年,奥巴马提出将"智慧的地球"作为美国国家战略,认为信息技术产业下一阶段的任务是把新一代信息技术充分运用在各行各业之中,具体地说,就是把感应器嵌入和装备到电网、铁路、桥梁、隧道、公路、建筑、供水系统、大坝、油气管道等各种物体中,并且进行普遍连接,形成"物联网",然后将"物联网"与现有的互联网整合起来,实现人类社会与物理系统的整合,在这个整合的网络当中,存在能力超级强大的中心计算机群,能够对整合网络内的人员、机器、设备和基础设施实施实时的管理和控制,在此基础上,人类可以以更加精细和动态的方式管理生产和生活,达到"智慧"状态,提高资源利用率和生产力水平,改善人与自然的关系。

中国物联网校企联盟认为,智慧物流是利用集成智能化技术,使物流系统能模仿人的智能,具有思维、感知、学习、推理判断和自行解决物流中某些问题的能力。即在流通过程中获取信息,从而分析信息并做出决策,使商品从源头开始被实施跟踪与管理,实现信息流快于实物流,即可通过 RFID、传感器、移动通信技术等让配送货物自动化、信息化和网络化。

本章将智慧物流定义为"智慧物流是一种以信息技术为支撑,在物流的运输、仓储、包装、装卸搬运、流通加工、配送、信息服务等各个环节实现系统感知、全面分析、及时处理及自我调整功能,实现物流规整智慧、发现智慧、创新智慧和系统智慧的现代综合性物流系统"。

3. 智慧物流的功能

1) 降低物流成本,提高企业利润

智慧物流能大大降低制造业、物流业等各行业的成本,实打实地提高企业的利润,生产商、批发商、零售商三方通过智慧物流相互协作,信息共享,物流企业便能更节省成本。其关键技术如物体标识及标识追踪、无线定位等新型信息技术的应用,能够有效实现物流的智能调度管理、整合物流核心业务流程,加强了物流管理的合理化,降低了物流消耗,从而降低物流成本、减少流通费用、增加利润。

2) 加速物流产业的发展,成为物流业的信息技术支撑

智慧物流的建设,将加速当地物流产业的发展,集仓储、运输、配送、信息服务等多功能于一体,打破行业限制,协调部门利益,实现集约化高效经营,优化社会物流资源配置。同时,将物流企业整合在一起,将过去分散于多处的物流资源进行集中处理,发挥整体优势和规模优势,实现传统物流企业的现代化、专业化和互补性。此外,这些企业还可以共享基础设施、配套服务和信息,降低运营成本和费用支出,获得规模效益。

3) 为企业生产、采购和销售系统的智能融合打基础

随着 RFID 技术与传感器网络的普及,物与物的互联互通将给企业的物流系统、生产系统、采购系统与销售系统的智能融合打下基础,而网络的融合必将产生智慧生产与智慧供应链的融合,企业物流完全智慧地融入企业经营之中,打破工序、流程界限,打造智慧企业。

4) 使消费者节约成本,轻松、放心地购物

智慧物流通过提供货物源头自助查询和跟踪等多种服务,尤其是对食品类货物的源头查询,能够让消费者买得放心,吃得放心,在增加消费者的购买信心的同时促进消费,最终对整体市场产生良性影响。

5) 提高政府部门工作效率,有助于政治体制改革

智慧物流可全方位、全程监管食品的生产、运输、销售,在大大节省相关政府部门的工作压力的同时,使监管更彻底、更透明。通过计算机和网络的应用,政府部门的工作效率将大大提高,有助于我国政治体制的改革,精简政府机构,裁汰冗员,从而削减政府开支。

6) 促进当地经济进一步发展,提升综合竞争力

智慧物流集多种服务功能于一体,体现了现代经济运作的需求,即强调信息流与物质流快速、高效、通畅地运转,从而降低社会成本、提高生产效率、整合社会资源。

16.2.2 智慧物流的实现方法

智慧物流最重要的应用是无人化，通过无人化提高物流运营效率、降低物流成本、创新经营模式。不少物流公司在仓库引入了机器人和物联网技术，进行智能分拣，提高了效率、降低了分拣员的劳动强度，在配送环节，无人机等无人配送体系也被提上日程。相比传统物流，无人机物流具有点对点、低碳排放、地域限制小、节省人力等优势，可有效打通物流运输的第一公里和最后一公里，为解决产品下乡和山货出山提供空中通道。此背景下，技术驱动的电商巨头纷纷将智慧物流上升到战略层面。2017年9月，菜鸟网络计划在五年内进一步投入1000亿元，推进智能仓库、智能配送、全球超级物流枢纽等核心领域建设，在通过电子面单等手段将电子商务物流电子化后，"智能化"是菜鸟网络下一个阶段要做的事情。京东宣布要把智能化提高到战略高度，继无人仓、无人机、配送机器人等的常态化运营后，京东物流的无人轻型货车、无人配送站点也将开始运营。京东已在西安建立全球物流总部，成立了全域无人系统产业总部，建立了融合智慧物流平台，布局智慧物流。

实现智慧物流，主要包括以下几种途径。

1. "智慧+共享"物流

"智慧+共享"物流=智慧化物流智能技术体系+共享化物流共享互动机制+降本增效耦合动力机制，并赋予其如下定义："智慧+共享"物流是指将智慧化和共享化两种理念共同融入现代化物流运作系统，在降本增效等耦合动力机制作用下实现智慧化的物流智能技术体系和共享化的物流共享互动机制之间的关联要素相互耦合衔接，推动物流系统主要功能环节相互适应、耦合协调、相辅相成并最终达成物流运作流程高效智能化、物流资源高度共享化、物流系统功能全面转型升级的新型物流运作模式。

"智慧+共享"物流融合了智慧化和共享化两种理念，推动物流系统主要功能环节相互适应、耦合协调、相辅相成，并最终促进物流运作流程高效智能化、物流资源高度共享化以及物流功能全面转型升级。

物流企业"智慧+共享"耦合的制约因素可划分为物流智慧化水平、物流共享化水平、耦合环境、耦合机制、耦合能力、耦合意愿、企业特质等7个主范畴以及23个副范畴。内驱因素、外驱因素、中介因素和调节因素构成四大机制及各作用路径交互融合，共同推动物流企业"智慧+共享"耦合运行。

物流智慧化和共享化具有天然耦合"基因"，共享物流"智慧化"、智慧物流"共享化"是未来物流企业的发展趋势，物流企业的"智慧+共享"耦合运作、共融共生将打破传统行业的企业边界，实现多方利益主体的协同合作，打造互联共享的智慧共享物流生态圈。

2. 应用信息资源

物流公共信息平台是指基于计算机通信网络技术，提供物流信息、技术、设备等资源共享服务的信息平台。它具有整合供应链各环节物流信息、物流监管、物流技术和设备等资源，面向社会用户提供信息服务、管理服务、技术服务和交易服务的基本特征。

物流公共信息平台包括三方面的内涵：物流电子政务平台，承担政府监管和服务的职能，电子口岸即属于此类；物流电子商务平台，用于供应链一体化网上商业活动；电子物流平台，用于物流运输全过程实时监控管理。

智慧物流具有联通性强、融合度广、运行效率高等优势，代表着现代物流业的发展方向。数据是智慧物流的基础要素，制约数据有序流动和合理交换的关键因素是确权，以明确数据价值开发和共享规则。物流行业数据来源复杂，在守住数据主权、数据安全和隐私保护的前提下，通过流通把数据用起来才能创造新的价值。同时依法严防和打击数据垄断、窃取等不正当竞争行为。

3. 全新的市场价值定位

融合各条物流具体工作流，并在第三方服务机构等主体的参与下，建立一站式集成化服务的物流平台。

4. 有力的控制技术与安全保障

在技术定位上，采用云计算、物联网、三网融合等新一代技术，打造智慧物流体系的物流平台。

16.3 物流金融

16.3.1 物流金融的概念

物流金融的资金运动包括发生在物流过程中的各种存款、贷款、投资、信托、租赁、抵押、贴现、保险、有价证券发行与交易，以及金融机构所办理的各类涉及物流业的中间业务等。

物流金融是为物流产业提供资金融通、结算、保险等服务的金融业务，它伴随着物流产业的发展而产生。在物流金融中涉及三个主体：物流企业、客户和金融机构。物流企业与金融机构联合起来为资金需求方企业提供融资，物流金融的开展对这三方都有非常迫切的现实需要。物流和金融的紧密融合能有力地支持社会商品的流通，促使流通体制改革顺利进行。物流金融正成为国内银行一项重要的金融业务，并逐步显现其作用。

对于金融业务来说，物流金融的功能是帮助金融机构扩大贷款规模、降低信贷风险，在业务扩展服务上能协助金融机构处置部分不良资产、有效管理客户，提供质押物评估、企业理财顾问等服务项目。从企业行为研究出发，可以看到物流金融发展起源于"以物融资"业务活动。物流金融服务是伴随着现代第三方物流企业而生的，在物流金融服务中，现代第三方物流企业业务更加复杂，除了要提供现代物流服务外，还要与金融机构合作，一起提供部分金融服务。于是，物流金融在实践上已经迈开了步子，将"物流金融学术理论"远远地甩在了后边。

16.3.2 国内外物流金融发展现状

物流金融是一种创新型的第三方物流服务产品，它为金融机构、供应链企业以及第三方物流服务商业间的紧密合作提供了良好的平台，使合作能达到"共赢"的效果。它为物流产业提供资金融通、结算、保险等服务的金融业务，它伴随着物流产业的发展而产生。

1. 国外物流金融发展现状

国际上，最全面的物流金融规范体系在北美（美国和加拿大）以及菲律宾等地。以美国为例，其物流金融的主要业务模式之一是面向农产品的仓单质押。仓单既可以作为向银行贷款的抵押，也可以在贸易中作为支付手段进行流通。美国的物流金融体系是以政府为基础的。早在1916年，美国就颁布了《美国仓库存储法案》，并以此建立起一整套关于仓单质押的系统规则。这一体系不仅成为家庭式农场融资的主要手段之一，也提高了整个农业营销系统的效率、降低了运作成本。

相对于发达国家，发展中国家的物流金融业务开始得较晚，业务制度也不够完善。非洲贸易的自由化很早就吸引了众多外国企业作为审查公司进入当地。这些公司以银行、借款人和质押经理为主体，设立三方质押管理协议，审查公司往往作为仓储运营商兼任质押经理。通过该协议，存货人，即借款人在银行方面获得一定信用而得到融资机会。此类仓单直接开具给提供资金的银行而非借款人，并且这种仓单不能流通转移。

在非洲各国中，较为成功的例子是赞比亚的物流金融体系。赞比亚没有采用北美以政府为基础的体系模式，而是在自然资源研究所的帮助下，创立了与政府保持一定距离、不受政府监管的自营机构——赞比亚农业产品代理公司。该公司参照发达国家的体系担负物流金融系统的开发和管理，同时避免了政府的干预，从而更能适应非洲国家的政治经济环境。

2. 我国物流金融发展现状

国外物流金融服务的推动者更多是金融机构，而国内物流金融服务的推动者主要是第三方物流公司。物流金融服务是伴随着现代第三方物流企业而生的，在物流金融服务中，现代第三方物流企业业务更加复杂，除了要提供现代物流服务外，还要和金融机构合作一起提供部分金融服务。国内学者关于物流金融相关领域的研究主要是物资银行、融通仓等方面的探讨，然而这些研究主要是基于传统物流金融服务展开的，未能从供应链、物流发展的角度探讨相应的金融服务问题。

罗齐等（2002）提出物流企业融通仓服务的概念和运作模式探讨；任文超（1998）探讨了引用物资银行概念解决企业三角债的问题。在国内实践中，中国物资储运集团有限公司从1999年开始从事物流金融部分业务。物流金融给中国储运集团带来了新的发展机遇，该集团公司总结了部分物流金融业务模式，并在集团所有子公司进行推广。

16.3.3 物流金融的运作模式

当前，我国物流金融服务已经突破了最初的模式，其实施方式主要有如下几种。

1. 物流质押金融模式

物流质押金融模式（核心模式）源自物流金融产生的初始激励。第三方物流企业通过传统的物流服务监管资金不足的企业流动资产，保证银行为资金不足的企业提供商业贷款服务，这类业务被称为物流金融的核心模式。可见，这种核心模式的主导角色是第三方物流企业。第三方物流企业利用自身的业务优势可以与银行结成联盟，协助银行监管企业的资产，激励银行为企业提供融资服务。于是，第三方物流企业和银行结盟体将为企业提供物流和金融集成的服务，这种服务不仅使第三方物流企业、银行以及各种资金不足的企业实现共赢，也能大大地提升第三方物流企业的核心竞争能力。

2. 物流结算金融模式

物流结算金融模式是指利用各种结算方式为物流企业及客户融资的金融活动，主要有代收货款、垫付货款、承兑汇票等业务形式。

3. 物流仓单金融模式——融通仓

融通仓是一种集物流、信息流、资金流于一体的综合管理创新业务。它以质押物的价值评估、质押物的仓储管理与监管、公共仓储、物流配送及拍卖为核心，内容包括物流服务、金融服务、中介服务、风险管理及这些服务间的组合与互动，核心思想是在各种流的整合和互补互动关系中寻找机会和时机，目的是提升客户服务质量、提高经营效率、减少运营资本、拓宽服务内容、降低风险、优化资源使用、协调多方行为、提升供应链整体绩效和增强整个供应链的竞争力。

16.3.4　物流金融的作用

未来的物流企业，谁能够提供金融产品和金融服务，谁就能成为市场的主导者，时下，物流金融已经成为某些国际物流巨头的第一利润来源。物流金融成为获得客户资源以及垄断资源的重要手段，在目前物流金融刚刚兴起的过程中，谁能够领先介入物流金融，谁就能够率先抢占先机。

物流金融在宏观经济结构中的功能与作用为：物流金融在国民经济核算体系中，对提高流通服务质量、减少物资积压与消耗、加快宏观货币回笼周转起着不可取代的杠杆作用。

物流金融在微观经济结构中功能突出的表现为物流金融服务，特别是在供应链中第三方物流企业提供的一种金融与物流集成式的创新服务，其主要服务内容包括：物流、流通加工、融资、评估、监管、资产处理、金融咨询等。物流金融不仅能为客户提供高质量、高附加值的物流与加工服务，还为客户提供间接或直接的金融服务，以提高供应链整体绩效和客户的经营与资本运作效率等。物流金融也是供应链的金融服务创新产品，物流金融的提供商可以通过自身或自身与金融机构的紧密协作关系，为供应链的企业提供物流和金融的集成式服务。

在第四方物流出现后，物流金融才真正进入"金融家族"，在这里物流被看成一种特殊的"货币"，伴随着物流的流转一起发生在金融交易活动之中，"物流金融"利用它特殊的身份将物流活动演化成一种金融交易的衍生活动，而"物流金融"这时变成一种特有的金融业务工具、一种特有的复合概念、一种特有的金融与物流的交叉学科。然后，从这个学科中去追踪它的存在及发展的可行性、需求乃至对策。

物流与金融业务的相互需求与作用，在交易的过程中产生了互为前提、互为条件的物流金融圈。从供应链的角度看，厂商在发展的过程中面临的最大威胁是流动资金不足，而存货占用的大量资金使厂商可能处于流动资金不足的困境。开展物流金融服务是各方互利的选择，但是，不可回避的是风险问题。实现风险管理的现代化，首先必须使物流金融业树立全面风险管理的理念。根据《新巴塞尔资本协议》，风险管理要覆盖信用风险、市场风险、操作风险三方面。

在传统的物流金融活动中，物流金融组织被视为进行资金融通的组织和机构；现代物流金融理论则强调：物流金融组织就是生产金融产品、提供金融服务、帮助客户分担风险，同时能够有效管理自身风险以获利的机构，物流金融组织盈利的来源就是承担风险的风险溢价。所以，物流金融风险的内涵应从利益价值与风险价值的精算逻辑去挖掘，且不可因惧怕风险而丢了市场。

16.3.5 物流金融的分类

随着对信贷金融服务需求的增加，物流运营中物流与资金流的衔接问题日益凸显。结算类及中间业务是由于现代物流业资金流量大，特别是现代物流的布点多元化、网络化的发展趋势更要求银行能够为其提供高效、快捷和安全的资金结算网络以及安装企业银行系统，以保证物流、信息流和资金流的统一。

物流金融业务在国际结算中的应用，完整地继承了国际货物运输金融服务的标准规范，并逐步改造为本土内贸企业试行。特别是加入世界贸易组织后，中国的物流业将全面对外开放，由于克服贸易壁垒的费用下降将推动进出口贸易的迅速增长，一些跨国物流公司也将加入国内物流业的竞争，使本土的物流业趋向国际化，各银行将为物流企业提供优质的信用证开证、结售汇、多币种汇入汇出汇款、出口托收和进口代收、进出口托收、进出口押汇、打包贷款等全功能贸易融资服务和非贸易国际结算服务。同时也开办了保证业务，为保证资金及时安全回收、减少资金占用，物流企业需要银行提供与其贸易结构相适应的应收账款保理业务及其他保证业务，主要包括关税保付保证、保释金保证、付款保证、为港口施工企业提供投标保函、履约保函、预付款退款保函等。这些带有国际金融性质的物流金融服务产品，比单一的物流金融信贷有了长足的发展，它除了带有国际金融、国际贸易结算的历史痕迹外，还借鉴了国际保险与金融证券业务的功能特征，使今天的物流金融业务为向规范化、国际化迈进奠定了基础。物流金融业务扩展方向与特征还表现在其个性化服务方面，针对不同规模的物流企业，物流金融业务可采用不同的平台实现其扩展功能。例如，网上银行的 B2B 业务主要适用于中小型规模的物流企业。

随着现代金融和现代物流的不断发展，物流金融的形式越来越多，按照金融在现代物流中的业务内容，物流金融分为物流结算金融、物流仓单金融、物流授信金融。

物流结算金融是指利用各种结算方式为物流企业及其客户融资的金融活动。目前主要有代收货款、垫付货款、承兑汇票等业务形式。

代收货款业务是物流公司为企业（大多数为各类邮购公司、电子商务公司、商贸企业、金融机构等）提供传递实物的同时，帮助供方向买方收取现款，然后将货款转交给投递企业并从中收取一定比例的费用。代收货款模式是物流金融的初级阶段，从盈利来看，它直接带来的利益属于物流公司，同时厂家和消费者获得的是方便、快捷的服务。

垫付货款业务是指当物流公司为发货人承运一批货物时，物流公司首先代提货人预付一半货款；当提货人取货时则交付给物流公司全部货款。为消除垫付货款对物流公司的资金占用，垫付货款还有另一种模式：发货人将货权转移给银行，银行根据市场情况按一定比例提供融资，当提货人向银行偿还货款后，银行向第三方物流企业发出放货指示，将货权还给提货人。这种模式下，物流公司的角色发生了变化，由原来的商业信用主体变成了为银行提供货物信息、承担货物运送、协助控制风险的配角。

从盈利来看，厂商获得了融资，银行获得了利息收入，而物流企业也因为提供了物流信息、物流监管等服务而获得了利润。承兑汇票业务也称保兑仓业务，其业务模式为：开始实施前，买方企业、卖方企业、物流企业、银行要先签订《保兑仓协议书》，物流公司提供承兑担保，买方企业以货物对物流公司进行反担保，并承诺回购货物；需要采购材料的借款企业，向银行申请开出承兑汇票并缴纳一定比例的保证金；银行先开出银行承兑汇票；借款企业凭银行承兑汇票向供应商采购货品，并交由物流公司评估入库作为质押物；金融机构在承兑汇票到期时兑现，将款项划拨到供应商账户；物流公司根据金融机构的要求，在借款企业履行了还款义务后释放质押物。如果借款企业违约，则质押物可由供应商或物流公司回购。从盈利来看，买方企业通过向银行申请承兑汇票，实际上是获得了间接融资，缓解了企业流动资金紧张的状况。供方企业在承兑汇票到期兑现后即可获得银行的支付，不必等买方向银行付款。银行通过为买方企业开出承兑汇票而获取了业务收入。物流企业的收益来自两个方面：第一，存放与管理货物，向买方企业收取费用；第二，为银行提供价值评估与质押监管中介服务，收取一定比例的费用。

物流仓单金融主要是指融通仓融资，其基本原理是：生产经营企业先以其采购的原材料或产成品作为质押物或反担保品存入融通仓并据此获得协作银行的贷款，然后在其后续生产经营过程中或质押产品销售过程中分阶段还款。第三方物流企业提供质押物品的保管、价值评估、去向监管、信用担保等服务，从而架起银行和企业间资金融通的桥梁。其实质就是将银行不太愿意接受的动产（主要是原材料、产成品）转变成其乐意接受的动产质押产品，以此作为质押担保品或反担保品进行信贷融资。从盈利来看，供方企业可以通过原材料、产成品等流动资产实现融资。银行可以拓展流动资产贷款业务，既减少了存贷差产生的费用，也增加了贷款的利息收入。物流企业的收益来自两个方面：第一，存放与管理货物，向供方企业收取费用；第二，为供方企业和银行提供价值评估与质押监管中介服务，收取一定比例的费用。

另外，随着现代物流和金融的发展，物流仓单金融也在不断创新，出现了多物流中心仓单模式和反向担保模式等新仓单金融模式。多物流中心仓单模式是在仓单模式的基础上，对地理位置的一种拓展：第三方物流企业根据客户的不同，整合社会仓库资源甚至客户自身的仓库，就近进行质押监管，极大地降低了客户的质押成本。反向担保模式对质押主体进行了拓展：不是直接以流动资产交付银行做抵押物，而是由物流企业控制质押物，这样极大地简化了程序，提高了灵活性，降低了交易成本。

物流授信金融是指金融机构根据物流企业的规模、经营业绩、运营现状、资产负债比例以及信用程度，授予物流企业一定的信贷额度，物流企业直接利用这些信贷额度为相关企业提供灵活的质押贷款业务，由物流企业直接监控质押贷款业务的全过程，金融机构则基本上不参与该质押贷款项目的具体运作。该模式有利于企业更加便捷地获得融资，减少原来质押贷款中一些烦琐的环节；也有利于银行提高对质押贷款的全过程监控能力，更加灵活地开展质押贷款服务，优化其质押贷款的业务流程和工作环节，降低贷款风险。

从盈利来看，授信金融模式和仓单金融模式的各方收益基本相似，但是由于银行不参与质押贷款项目的具体运作，质押贷款由物流公司发放，此程序更加简单，形式更加灵活。同时，也大大节省了银行与供方企业的相关交易费用。

本章小结

现代物流着重发展绿色物流、智慧物流与物流金融。绿色供应链是指在以资源最优配置、增进福利、实现与环境相容为目标的以代际公平和代内公平为原则的从资源开发到产品的消费过程中，包括物料获取、加工、包装、仓储、运输、销售、使用到报废处理、回收等一系列活动的集合，是由供应商、制造商、销售商、零售商、消费者、环境、规则及文化等要素组成的系统，是物流、信息流、资金流、知识流等运动的集成。绿色供应链可细分为生产系统、消费系统、物流系统和环境系统四个子系统。这一划分有利于分析绿色供应链管理的目标，也符合三维发展观。

绿色供应链管理的体系结构主要包括绿色供应链技术基础、实施对象、研究内容和目标。绿色供应链管理要求设计、材料、工艺、包装、处理在产品的各个阶段的绿色化。具体特征包括生态性、闭环性、集成性与共享性等。其具体作业内容与流程为绿色产品设计、绿色采购、绿色制造、绿色物流与绿色营销。

智慧物流是一种以信息技术为支撑，在物流的运输、仓储、包装、装卸搬运、流通加工、配送、信息服务等各个环节实现系统感知、全面分析、及时处理及自我调整功能，实现物流规整智慧、发现智慧、创新智慧和系统智慧的现代综合性物流系统，有利于降低物流成本、提高效率、控制风险、节能环保、改善服务。实现智慧物流需要采取"智慧+共享"物流方式，应用信息资源，进行全新的市场价值定位，具有有力的控制技术与安全保障。

物流金融是指在面向物流业的运营过程中，通过应用和开发各种金融产品，有效地组织和调剂物流领域中货币资金的运动。物流金融的实施方式主要有物流质押金融模式、物流结算金融模式、物流仓单金融模式——融通仓。物流金融业务在国际结算中的应用，完整地继承了国际货物运输金融服务的标准规范,并逐步改造为本土内贸企业试行,符合现代物流的布点多元化、网络化的发展趋势。

拓展阅读+案例分析

参 考 文 献

崔晓迪. 2018. 对社会物流成本与竞争力衡量指标的新思考. 中国流通经济,（9）：11-19.
但斌，刘飞. 2000. 绿色供应链及其体系结构研究. 中国机械工程，11（11）：1232-1234.
东方. 2021. 新发展格局下智慧物流产业发展关键问题及对策建议. 经济纵横,（10）：77-84.
刘鹏飞，谢如鹤. 2005. 美国的物流概念演变分析. 商场现代化,（6）：90-91.
卢山，姜秀山，张文杰. 1999. 物流概念的发展及内涵. 商品储运与养护,（3）：17-19, 29.
罗齐，朱道立，陈伯铭. 2002. 第三方物流服务创新：融通仓及其运作模式初探. 中国流通经济,（2）：11-14.
任文超. 1998. 物资"银行"的构思与操作. 资本市场,（5）：50-51.
王能民，孙林岩，杨彤. 2005. 绿色制造战略的障碍性因素分析. 中国机械工程,（8）：693-696, 711.
肖汛. 2013. 对物流概念的再认识与补充. 中国物流与采购,（6）：72-73.
张兆民，韩彪. 2018. 社会物流费用占 GDP 比重分解与中美比较. 中国流通经济,（7）：27-35.
Abosuliman S S, Almagrabi A O. 2021. Routing and scheduling of intelligent autonomous vehicles in industrial logistics systems. Soft Computing：A Fusion of Foundations, Methodologies and Applications, 25（18）：11975.
Ballou R H. 2007. The evolution and future of logistics and supply chain management. European Business Review, 19（4）：332-348.
Buscher U, Lasch R, Schönberger J. 2021. Logistics management：Contributions of the Section Logistics of the German Academic Association for Business Research Cham：Springer-Verlag.
Fahimnia B, Bell M G H, Hensher D A, et al. 2015. Green logistics and transportation：A sustainable supply chain perspective. Cham：Springer-Verlag.
Ferrantino M J, Koten E E. 2019. The Measurement and Analysis of E-Commerce：Frameworks for Improving Data Availability. Washington, D.C.：World Bank Group.
Fleischmann B, Klose A. 2005. Distribution logistics：Advanced solutions to practical problems. Berlin：Springer-Verlag.
Liu X. 2019. Environmental Sustainability in Asian Logistics and Supply Chains. Singapore：Springer-Verlag.
Narasimhan R, Aram J J, Carter A J. 2000. An empirical examination of the underlying dimensions of purchasing competence. Production and Operations Management, 10：1-15.
Shaw A W. 1915. Some Problems in Market Distribution：Illustrating the Application of a Basic Philosophy of Business.Cambridge：Harvard University Press.
Shepherd B. 2011. Logistics Costs and Competitiveness. Measurement and Trade Policy Applications. Washington, D.C.：World Bank Group.